JN268753

〈キャッチアップ型工業化論〉
アジア経済の軌跡と展望

Akira Suehiro
末廣 昭 著

名古屋大学出版会

マレーシアの紙幣：「イスタナ・ヌガラ」（王宮）から「開発」へ

　写真は，マレーシアの紙幣の旧シリーズ（①と②）と新シリーズ（③，④，⑥，⑦）である。旧シリーズも新シリーズも表のデザインは，独立時の国王であるトゥンク・アブドゥール・ラーマン（ヌグリスンビラン州のスルタン）の肖像を掲げている（写真⑤）。一方，裏の図柄をみると，旧シリーズの「5リンギ紙幣」（写真①）がイスタナ・ヌガラ（王宮）であり，「10リンギ紙幣」（写真②）が植民地時代の面影を残すクアラルンプルのマラヤ鉄道中央駅の建物である。

　これに対して，新シリーズはがらりと趣きが変わる。「新5リンギ紙幣」（写真③）は右上にスランゴール州の地図，真中に「開発」の象徴であるツインタワー，左下に新たに開港したクラルンプル新国際空港を配置し，「新10リンギ紙幣」（写真④）は，クアラルンプル市内を走る高架式軽便鉄道（LRT）を，「新50リンギ紙幣」（写真⑥）はトレンガヌ沖の海底油田開発を，「新100リンギ紙幣」（写真⑦）は，重工業化の象徴であるプロトン社の国民車「プロトン・サガ」の組み立て風景を，それぞれ印刷している。スルタンの宮殿や植民地時代の記念建物から「開発」の成果物に図案を一新させたマハティール首相時代のマレーシア紙幣には，「開発」に邁進するアジア諸国の姿が象徴的に示されていると言えよう（鳥居高氏の協力による）。

目　次

序　章　「キャッチアップ型工業化」とは何か ……………… 1
　　1　アジア経済論と日本経済論　1
　　2　「キャッチアップ型工業化」の2つの特徴　4
　　3　4つの前提と4つの批判　6
　　4　本書の狙い　9
　　　コラム0-1　地域研究とアジア研究　2
　　　コラム0-2　開発経済学を学びたい人のために　10
　　　コラム0-3　アジア経済論を学びたい人のために　12

第Ⅰ部　視角と方法

第1章　視角：政府，市場，制度・組織 ……………………… 16
　　1　NICs（ニックス）の衝撃　16
　　2　従属論，多国籍企業支配論，儒教資本主義論　19
　　3　新古典派経済学の復権と国家主義論の台頭　22
　　4　制度・組織論と企業システム論　27
　　5　アジア経済論と世界銀行報告　31
　　　コラム1-1　NICsとアジアNIES　19
　　　コラム1-2　アジアNICs・NIES論のアプローチ　23
　　　コラム1-3　政治学の「制度・組織論」と経済学の「比較制度分析」　30

第2章　後発国モデル・雁行形態論・国の競争優位 ………… 35
　　1　後発国モデルの原型　35
　　2　後発性の利益と不利益　39
　　3　雁行形態論とプロダクトサイクル・モデル　42

4　「キャッチアップ型工業化」モデル　49
　　　5　「国の競争優位」論　57
　　　　　コラム 2-1　宇野経済学と「後発国モデル」　37
　　　　　コラム 2-2　一橋大学グループと「後発国モデル」　48

第3章　工業化の社会的能力と「革新的結合」　60

　　　1　工業化の社会的能力　60
　　　2　政府，企業，職場の能力　63
　　　3　シュムペーターの「新結合」と「創造的反応」　67
　　　4　「革新」の発展段階論　69
　　　5　アジアにおける企業家の「革新的結合」　73
　　　6　「キャッチアップ型工業化」論の課題　77
　　　　　コラム 3-1　政府の能力とは何か　64
　　　　　コラム 3-2　日本の「革新」を描いたルポルタージュ　72

第4章　アジア経済：「奇跡」から「危機」へ　80

　　　1　「世界の成長軸のアジア」と「東アジアの奇跡」　80
　　　2　通貨・経済危機のプロセス　84
　　　3　経済危機の説明：3つの要因　91
　　　4　IMF・世界銀行の方針と制度改革　98
　　　5　タイ政府の経済社会再構築計画　100
　　　6　通貨・経済危機と「キャッチアップ型工業化」　104
　　　　　コラム 4-1　バブル経済とは何か　87
　　　　　コラム 4-2　アジア通貨・経済危機論の文献案内　92

　　　　　　　第II部　イデオロギー，担い手，制度・組織

第5章　開発主義と「開発独裁」　110

　　　1　開発主義とは何か　110
　　　2　開発主義と政治体制　113
　　　3　開発政策の展開と制度化　116

  4 冷戦体制と経済開発 119
  5 国民主義と成長イデオロギー 122
  6 開発主義のゆらぎ 124
    コラム 5-1 アジア開発独裁論 114
    コラム 5-2 「ポスト開発論」と「開発と文化論」 127

第 6 章　輸入代替・輸出振興・産業政策　……………………………… 128

  1 ミントの問題提起 128
  2 一次産品輸出・輸入代替・輸出振興 131
  3 もうひとつの輸出代替：NAIC 型工業化 137
  4 輸入代替の局面転換と産業政策 143
  5 アジア諸国の産業政策 146
  6 自由化政策と危機後の産業構造調整 151
    コラム 6-1 「二重経済モデル」とルイスについて 133
    コラム 6-2 アジア諸国の工業化戦略の文献案内 137
    コラム 6-3 アジア諸国の産業政策について 145

第 7 章　支配的資本の「鼎構造」と国営・公企業　……………… 154

  1 後発国の企業の分類 154
  2 アジア諸国の大企業と支配的資本 160
  3 「三者同盟論」と「鼎構造論」 163
  4 国営・公企業の発展 167
  5 国営・公企業の産業基盤と設立背景 169
  6 国営・公企業の民営化問題 172
    コラム 7-1 東南アジアの華人系企業と華人社会 158
    コラム 7-2 東南アジアの国営・公企業と軍・政治指導者 166

第 8 章　多国籍企業の役割と経済支配　……………………………… 175

  1 多国籍企業とは何か 175
  2 多国籍企業の産業基盤と独占的優位 182
  3 企業国際化論と企業進化論 185
  4 多国籍企業の経済支配とその制約 188

5　経済ブーム・経済危機と多国籍企業　193
　　　コラム 8-1　ハイマーの多国籍企業論の衝撃　177
　　　コラム 8-2　なぜ人々は多国籍企業の製品を買うのか？　184

第9章　ファミリービジネスとコーポレート・ガバナンス　199

　　1　ファミリービジネスと財閥　199
　　2　関係ネットワーク論と企業間関係の類型　202
　　3　ファミリービジネスと後発国工業化論　205
　　4　ファミリービジネスの所有と経営　207
　　5　CPグループの経営改革　213
　　6　ファミリービジネスの事業多角化　218
　　7　経済危機と「コーポレート・ガバナンス」　221
　　　コラム 9-1　家族資本主義と反工業的性格　206
　　　コラム 9-2　2つの「コーポレート・ガバナンス論」　225

第10章　技術移転と技術形成の能力 …………………………… 227

　　1　モノを作る技術：3つの分類　227
　　2　技能形成の3類型　229
　　3　技術移転の発展段階論　234
　　4　技術形成の組織的能力　240
　　5　日本的生産システムのアジアへの波及　243
　　6　日本的生産システムの適用と適応　248
　　　コラム 10-1　日本的生産システムの文献案内　233
　　　コラム 10-2　トラック組立にみる多品種少量生産　245
　　　コラム 10-3　マレーシア・プロトン社のモデルチェンジ　246

第11章　労働市場と「管理と競争」 ……………………………… 253

　　1　ドーアの「イギリスの工場・日本の工場」　253
　　2　労働市場の4つの特質　257
　　3　「働きやすい職場」と「管理と競争」　266
　　4　労働運動の抑圧と包摂　271
　　5　通貨・経済危機と労働問題　275

　　　　コラム 11-1　工業化とインフォーマルセクター　260
　　　　コラム 11-2　アジア労働問題・労働運動の文献案内　273

第12章　教育制度と学歴競争社会　277

　1　教育制度と経済発展　277
　2　「教育の経済学」から「経済の教育社会学」へ　281
　3　資格制度教育と普通教育の大衆化　286
　4　学歴と選抜・昇進の競争社会　290
　5　受験競争と過労死社会　295
　　　　コラム 12-1　教育社会学の文献案内　282
　　　　コラム 12-2　タイの小説にみる教育と出世　296

終　章　「国の競争優位」論を超えて　299

　1　2つの報告書　299
　2　ポーターの「国の競争優位」の再検討　302
　3　「キャッチアップ型工業化」の存続　306
　4　「国の競争優位」を超えて　310

付　録　統計の探し方・読み方・作り方　313

　1　国際機関の経済統計　313
　2　統計を自分で探す　316
　3　探した統計を読む　318
　4　統計を自分で作る　326

あとがき　329

文献目録　335

図表一覧　361

人名索引　364

事項索引　368

序章
「キャッチアップ型工業化」とは何か

1 アジア経済論と日本経済論

　本書は，アジア諸国の経済発展を，「キャッチアップ型工業化」という視点から統一的に捉えようとした本である。本書で私が試みようとしているのは，アジア諸国の工業化の概説書や，開発経済学に関する一般書の執筆ではない。私自身は，過去20年間，タイを中心にさまざまな産業や企業，工場の実態調査を重ねてきた。その経験をもとに「アジア経済論」，より正確には私なりの「アジア経済を理解するための方法と視角」を提示することが，本書執筆の意図であり課題である。その意味では，本書は「一地域研究者」によるアジア経済論を目指している（コラム0-1）。

　「アジア経済」については，これまでにもじつに多くの本が刊行され，さまざまな議論や分析枠組みの提示がなされてきた。同時に，アジア諸国が1970年代以降，高い成長率を達成したり，外的ショック（石油危機など）から他の地域に先駆けて回復し，相対的に安定した成長を維持してきた時代には，「アジアNICs・アジアNIES論」や「東アジアの奇跡」が話題となった。そして，成長の背景や要因をさぐる議論がさかんになされた。一方，97年7月，通貨・経済危機がタイから始まるや，「アジア特殊論」や「アジア神話の崩壊」

Column 0-1

地域研究とアジア研究

　地域研究（area study）という言葉は，1950年代の日本では北米，ヨーロッパ，アジア，中近東など，各「地域」の地理や政治経済社会を理解するための外国研究と捉えられてきた。ところが，60年代に入ってから「地域研究」はほぼ発展途上諸国の研究と同義となっていく。そして80年代に入ると，「地域研究とは何か」という問いがさかんになされるようになり，それに関する本も数多く出版されるようになった。

　通常，地域研究は「3つの現地主義」で表現される。つまり，①研究対象地域社会に一定期間滞在する，②その社会の言語を学ぶ，③その社会の歴史を学ぶ，この3つがそれである（堀井 1998年，286）。私がアジア経済研究所に入所したときに，諸先輩から与えられた最初のメッセージがそうであった。また，アジア経済研究所の初代所長である東畑精一東京大学名誉教授は，『アジア経済』通巻100号記念特集号（1969年6月）の巻頭言のなかで，「後進の新興国の国民の生活と生産の営みのなかにこそ，アジアを語り，アフリカを伝える『野の言葉』があるであろう。この態度こそ新鮮な経験を生み，それに即した新しき解釈を加える道とはならないか」と述べた。そして，第一に欧米の既存研究の輸入やリコピーに安易に頼った日本の外国研究，第二に戦前のアジア研究に見られる国家の意図に左右されるような外国研究を，厳しく批判した。日本における地域研究の原点は，この「東畑イズム」にあると私は考えている（末廣 1997a年，50-54）。第二次大戦後にアメリカで生まれた「area study」の単純な輸入ではなかったのである。

　一方，ではそれによって何を明らかにするのか，研究手法の客観性は何か，地域研究そのものがディシプリンか，それとも地域研究の前提として既存の社会科学のディシプリン（経済学や政治学，文化人類学など）が必要か，そういった問題をめぐって多様な論争が生まれた。地域研究は「政策科学か批判科学か？」，「既存のディシプリンに対して地域研究はパートナーかライバルか？」といった設問がそれである。ちなみに私自身は，地域研究には社会科学のディシプリンの習得が不可欠であり，現地滞在や現地語の習得は「他者理解」「外国理解」のための一手段であるという立場をとっている。

　さて，日本における地域研究の代表的機関は，先に述べたアジア経済研究所と京都大学東南アジア研究センターの2つであるが，その設立経緯に

> ついては末廣（1997a年）を参照されたい。また，アジア経済研究所が1991年から刊行を開始した地域研究シリーズ（全10巻）の位置付けについては，山口博一（1991年）が参考になる。個々のアジア研究者が，個人として身に付けた地域研究の手法を展開した注目すべき業績として，政治的文化主義の立場をとる土屋健治（1991年），民際学を提唱した中村尚司（1994年），世界単位論を展開した高谷好一（1996年），社会文化生態力学という新しいアプローチを提唱した立本成文（1996年）がある。なお入手がやや困難であるが，タイの歴史，宗教，言語の研究者であり，東南アジア歴史認識の再構築を図ろうとする石井米雄（1999年）の講演記録『地域研究の40年』や，南アジアの研究者7名が自らのレゾンデートルを熱っぽく語った押川文子編（1999年）も示唆に富む。

がこれに代わり，議論は一転してアジアの成長要因ではなく，その制度的後進性や脆弱性，崩壊を招いた原因の追究に向かっていった。世界銀行は93年に刊行した『東アジアの奇跡』の全面的な見なおしを行ない，2001年6月には『Rethinking the East Asian Miracle』と題する新しい報告書を刊行している。何が，アジア諸国に「奇跡」（miracle）をもたらし「崩壊」（meltdown）へと導いたのか，2つのMの解明が主たる課題として浮上してきたのである。

　この過程で議論になったのは，政府と市場の関係，政府と企業の関係，国家と社会の関係，そしてアジア的価値観（Asian value）であった。具体的には，政府主導の工業化政策，政府と大企業の癒着関係，開発志向の国家の存在，儒教をベースとする企業家精神と貯蓄・勤労意欲などがそれである。そして，これらの特徴は高成長期には，「東アジア型工業化モデル」として積極的に評価されるか，抑圧的な政治社会体制，いわゆる「開発独裁」として批判の対象となるか，そのどちらかであった。一方，通貨・経済危機を迎えると，東アジア型工業化の限界が指摘され，「開発独裁の終焉」が主張されるに至った。アジア地域は，発展途上国にとっての「工業化モデル」から，国際基準や市場メカニズムの原則を逸脱する「特殊な類型」へと変わったのである。

　注意すべきは，こうした議論がじつは過去日本でなされてきた「日本経済

論」や「日本資本主義論」と，多くの点で重なっている事実である。すなわち，1950年代には日本の政治・経済の後進性や対米従属性が強調され，一方では欧米諸国に「追い付け・追い越せ」の議論が，他方では「アメリカからの自立」の主張がさかんになされた。ついで60年代以降の高度成長期をへて，70年代の2回の石油危機を乗り切ると，今度は日本企業の国際競争力の強さや，日本的経営システムの独自性を強調する議論が登場した（例えば，経済企画庁編1990年；同1992年）。従来の「日本経済特殊論」に対して，欧米とは異なるもうひとつの経済システム，あるいは日本型経済システムの合理性を主張する視点が浮上したのである。

　ところが，1980年代末のバブル経済の崩壊と90年代の長期不況を契機に，日本的生産・経営システムの合理性や優位性を強調する議論は後退し，代わりに国際基準に合致した構造改革の必要性が，声高に言われるようになる。グローバル化，規制緩和，ビッグバン，市場原理などが，マスメディアのみならず，政界，財界，学界のキャッチフレーズとなった。こうした社会現象は，経済危機を迎えたアジア諸国でもまったく同じである。それは，明治期以降の日本の経済発展を，次いで60年代以降のアジア諸国の経済発展を，根底から特徴づけてきた「キャッチアップ型工業化」に対する疑問，批判，見なおしの開始でもあった。

2　「キャッチアップ型工業化」の2つの特徴

　それでは「キャッチアップ型工業化」とは何か。一言でいえば，遅れて工業化にのりだした国，つまり後発国（late comer），後発工業国（late-starting industrializer）がとろうとする，そしてとらざるをえない工業化のパターンが，「キャッチアップ型工業化」である。なお，ここでいう「後発国」とは，あくまで工業化を開始したタイミングを問題とするネイミングであり，先進国と後進国，中心国と周辺国，支配国と従属国といった，一定の価値基準や世界認識を前提とはしていない。後発国であるがゆえに文化水準が低いとか，世界の政治経済的システムのなかで従属的な地位にあるといった想定は，ここではとっ

ていない。むしろ議論の焦点は，後発国が工業化を主要な課題としたときに，どのような戦略をとるのか，工業化パターンの特徴はどこにあるのか，そうした問題を整理し検討することにある。したがって，「キャッチアップ型工業化論」は，工業化を通じて先進国（先発工業国）との所得水準の格差を縮めようとする，発展途上国の経済開発の問題とも重なる。

　さて，「キャッチアップ型工業化」に共通する特徴は，次の2つである。

　ひとつ目は，後発であるがゆえに，先発工業国がすでに開発し使用しているさまざまの技術や知識の体系を利用できる優位性をもつという点である。言うまでもなく，ある国が新規の技術や製品を自前で開発し，生産体制や経営組織を独自に発展させるためには，莫大な時間と資金が必要となる。後発国は必要な技術や知識を先発工業国から導入することによって，この時間と資金を節約することが可能となる。

　したがって，後発国の政府や企業からすると，輸入技術や海外の制度をいかにスムーズに導入し，定着させ，改良していくかが重要な課題となる。その結果，政府の主導性，金融機関の積極的な役割（自己資本ではなく商業銀行に依存した設備投資），政府と民間，アセンブラーとサプライヤーの間における情報共有システムの発展（中間組織や系列など），企業経営にみるファミリービジネス（財閥）の存続，職場における独自の生産管理システムの発展（カイゼンや労働者の経営へのコミットメント）など，つまり「キャッチアップ型工業化」に顕著な特徴が現れるのである。

　ふたつ目は，後発であるがゆえに，工業製品はその大半を輸入から始めなければならないという点である。輸入に必要な外貨は，当面は自国が保有する天然資源か農水産物の輸出で賄うしかない。この輸入を減らすために，労働集約的で技術集積度の低い産業から順次，輸入代替・国内生産を開始する。例えば，繊維製品の場合がそうである。仮に化合繊製品の国内生産を開始したとしよう。そうすると今度は，化学原料や機械・設備の輸入が必要となる。そこで，一方では必要な外貨を稼得するために繊維製品を輸出し，他方では繊維機械などの国内生産に乗り出さざるをえなくなる。

　その結果，ひとつの産業は輸入→国内生産→輸出（もしくは海外生産）→再

輸入というサイクルを描く。同時に，輸入代替と輸出振興を軸とする貿易政策と，保護・育成を目的とする産業政策が重要になる。すなわち，貿易と産業が不可分の関係になっているのである。したがって，この初期条件としての「輸入依存」「外貨の制約」を前提に，いかにして国内の経済諸資源を効率的に配分し，あるいは集中的に管理するかが，「キャッチアップ型工業化」では大きな課題となる。その結果，政府によるさまざまな規制（貿易，関税，投資）や輸出主導の工業化，外国資本と結び付いた輸出産業の育成など一連の政策体系が，「キャッチアップ型工業化」のもうひとつの特徴として登場するのである。

3　4つの前提と4つの批判

　本書で展開する「キャッチアップ型工業化」は，アジア諸国に固有の工業化パターンではない。後発国（発展途上国）であればどの国でも，程度の差はあれ観察できるパターンだからだ。アジア地域で言えば，まず日本がそうであり，次いで韓国，台湾が，さらに東南アジア諸国がこの路線をとってきた。社会主義諸国の場合も，技術導入や貿易の相手国に制限があったとはいえ，ほぼ同じパターンをとってきた。そして，経済開放政策（市場経済化）以降は，この路線がより明確になっている。

　ところで，「キャッチアップ型工業化論」には，いくつかの重要な前提が存在する。

　第一に，この議論はなにより「国」を経済単位の基本にすえる。国内の地域住民社会（community）とか，EU，NAFTAにみられるような国を越えた地域経済協力体（regional economy）は，当面想定していない。政府の役割を重視するのもそのためである。

　逆に「キャッチアップ型工業化論」に対する第一の批判は，経済のグローバル化が，そして企業経営のグローバル化が進むなかで，今後とも国民国家が主たる経済単位であり続けるかどうか，それに対する疑問として現われる。そして，国民国家から離れた経済単位の設定が可能かどうかに，その批判は向かう

ことになる。

　第二に,「キャッチアップ型工業化論」は経済発展の中心を工業化(広くは産業化：industrialization)の進展とその深化に置く。近代経済成長論(modern economic growth theory)が想定するように,成長を一人当たりの実質国民所得の持続的な増加と捉え,労働人口と付加価値総額にしめる製造業の比率の上昇を,工業発展の指標とみなす。この想定は,後発国(途上国)の最大の課題が,国民の所得の向上と分配の平等化にあり,これを達成するためのもっとも有効な手段が産業化であるという前提に立っている。したがって,経済セクターのなかでは製造業や実物経済(real economy)が議論の対象となる。

　そのため,「発展」(開発)とは何か,「ゆたかさ」とは何かという,より根本的な問いかけは,「キャッチアップ型工業化論」では射程に入れていない。そこで批判の第二は,この前提を問い直すことから始まっている。「ローマクラブ」以来の成長至上主義への批判,「もうひとつの開発」(alternative development)や自然環境への負荷を考慮した「持続可能な成長」(sustainable growth)論は,そうした議論の代表であろう。また,世界銀行の経済開発重視に対して,国連の社会開発・人間開発の理論的支柱になってきたアマルティア・センの「分配と人間の能力の開発」や「自由としての開発」を重視するアプローチも,こうした批判のひとつに加えてよいのかもしれない(セン,石塚訳 2000年；絵所 1997年,第4章)。

　第三に,議論の中心を製造業に置くために,考察の対象とする技術と知識の領域は,もっぱら生産技術,製品知識,そして工業化を促すような制度・組織に収斂する。そしてこの生産技術や製品知識の取得には一定の時間がかかり,取得の順番には一定の序列があると仮定する(つまり,技術の飛び越えや後発国による革新技術の独自開発はないと想定する)。したがって,輸入技術の「導入・定着・改良」のプロセスは,学習の時間と受け入れ側の主体的能力に依存するのであって,ある程度将来を予測することが可能な世界となる。別言すると,「キャッチアップ型工業化」は先発国への「追跡的」工業化であると同時に,後発国内部での「積み重ね型」工業化であり,突然変異や飛躍した工業化はありえないと考える。

ところが，最近の金融のグローバル化と情報技術（Information Technology：IT）の急テンポの革新は，こうした前提をゆるがすようになっている。情報の伝達速度は著しく速くなっているし，その波及範囲もインターネットによって，大きく変わろうとしている。また，金融セクターの技術や情報サービス産業の知識資源の分野では，「飛び越え」の可能性も十分ありえる（経済企画庁調査局編2000年，第2章）。一方製造業の分野では，仮に着実に技術の定着と改良を重ねていても，ヘッジファンドの攻撃で自国通貨が大幅に切り下げられると，過去の労苦が「水の泡」と化すことも生じえる。今回のアジア通貨危機がまさにそうであった。したがって，金融セクターや情報産業が工業セクター以上に大きな比重を占めるようになると，製造業や生産技術を重視する「キャッチアップ型工業化論」の有効性や適用可能性も問題となろう。これが第三の批判の根拠となる（本書の終章，参照）。

　第四に，「キャッチアップ型工業化論」は結局のところ「国の競争優位論」(the competitive advantage of nations) にゆきつく（本書の第3章を参照）。というのも，世界市場で自国の工業製品のシェアが拡大することが，工業面でのキャッチアップの度合いを測る最も重要な指標とみなされるからである。この点は，「キャッチアップ型工業化論」が国民国家を経済単位とみなし，産業化に力点をおき，貿易と産業を不可分の関係にあると捉える以上，当然の帰結であろう。しかも，従来の国を単位とする貿易の比較優位論と違って，この議論は，「国の競争優位」は主要な輸出産業の競争優位によって規定され，さらに「主要産業の競争優位」は当該産業をリードする主要大企業の競争優位によって規定されると考える。つまり，「キャッチアップ型工業化」では，工場の生産管理システムやオフィスでの業務運営を担う作業組織や職場組織を底辺に，個別企業，個別産業，国民国家という重層的な構造のなかで，それぞれが競争優位を休みなく追求することを要請されているのである。

　その結果，「キャッチアップ型工業化」を採用した国は，いきおい個人や家族を巻き込んだ苛酷な競争社会の様相を帯びる。選抜と競争を基本的特徴とする「学歴主義」「銘柄大学主義」の教育システムなどは，そのひとつの例であろう（竹内1981年）。また，会社の中に取り込まれた会社人間を批判する「日

本人社畜論」（内橋・佐高 1991 年），競争，管理，会社主義（3K 社会）の行きつく先としての「過労死社会」（川人 1996 年）への警鐘も，ゆとりを失った過剰競争社会体質への批判と捉えることができる（本書の第 12 章）。

4 本書の狙い

　「キャッチアップ型工業化論」の前提もしくはそれを支える条件は，アジア通貨・経済危機を契機に現在では多くの批判にさらされている（第 4 章）。しかにもかかわらず，私自身は，アジア諸国の経済の過去と現状，さらには将来を検討する上で，「キャッチアップ型工業化」という視角は依然として重要だと考えている。国際金融や情報技術の重要性は十分認めた上で，なお，製造業を中心とする「モノ作り」の世界を重視したいからである。

　アジア通貨・経済危機以降，農業の見なおし・再評価や開発の中身を問い直す議論が盛んになってきた。こうした議論の意義を軽視するわけでは決してないが，所得の向上と雇用の確保を考えるとき，安易な「農本主義論」や具体的なヴィジョンに欠けた「ポスト開発論」は，今後のアジア地域の経済社会やシステムの再構築を展望する上で有効とは思えない。また，従来の「キャッチアップ型工業化」の路線がすでに限界に直面していると捉えるならば，単なる批判ではなく，その背景と特徴，そしてそれを克服するための諸条件の学際的な検討が不可欠となろう。

　冒頭に述べたように，本書は開発経済学の概説を試みるものではない。すでにこの分野はいくつかのすぐれた業績をもっているからである（コラム 0-2，参照）。したがって，開発経済学の紹介や問題点の検討は本書の課題ではない。むしろ，タイを中心として私がこれまで考えてきた着想なり論点を整理し，同時に生き生きとしたアジア経済の軌跡とそのダイナミズムを描くことが，本書の狙いである。

　私はこれまで，研究対象国であるタイを，経済のみならず，政治，社会も含めて「まるごと理解する」ことを目指してきた（末廣 1993a 年）。そして，企業活動や政策を取り上げる場合にも，できるだけ経済主体，つまり「ひと」

| Column 0-2 |

開発経済学を学びたい人のために

　アジア研究を志し，かつ開発経済学に関心のある読者にまず薦めたいのは，絵所秀紀の2つの著作である。絵所（1991年）は，開発経済学の系譜を，「インドモデル」と「韓国モデル」という2つの国の経験を基礎に分かりやすく展開している。また，その続編にあたる絵所（1997年）は，開発経済学の系譜をより明確に，①構造主義，②新古典派アプローチ，③改良主義，④「パラダイム転換」に分類して，厖大かつ有益な参照文献と共に，主要な論点の整理を行なっている。アジア研究を志すものの入門書としては最適の書物のひとつであろう。

　その上で，アジアに関する開発経済学の古典ともいえる，ミャンマー出身のミントのロンドン大学における講義録の邦訳（ミント，木村・渡辺訳 1981年），工業化戦略を中心に開発経済学の課題を興味深く紹介した渡辺利夫（1986年，新版1996年），アジア経済研究所の若手研究者が中心となって編集した朽木ほか（1997年）などの本に進むとよい。さらに，もっと本格的に学びたい人には，一定程度の経済学の素養が必要となるが，経済発展の初期条件と制度・組織を重視する石川滋（1990年），農村共同体の役割を組み込んで開発経済学の野心的な再構築を試みる速水佑次郎（1995年，新版2000年）の本がお薦めである。速水の本は，論理の明晰さと目配りのよさで群を抜いている。

　次に，経済成長論，経済発展論，開発経済学一般を学びたい人には，西川潤（1976年），安場保吉（1980年）の2冊を薦めたい。いずれもスタンダードな教科書であると同時に，示唆に富む。英語のテキストでは，次の4冊が国際的な評価をすでに得ている。Chenery & Srinivasan eds. (1988, 1989), Behrman & Srinivasan eds. (1995), Todaro (1994；トダロ，OCDI開発経済研究会訳 1997年)。一方，マルクス経済学や政治経済学の立場から，過去の経済開発論（開発論）の主要な議論を個々に整理し，ルイス，ヌルクセ，ハーシュマンなど初期開発経済学者から，マンデルなどの後期マルクス主義者の議論，さらにはアミンの周辺資本主義論やウォーラシュテインの世界システム論までカバーしたものとして，小野一一郎編（1981年），本山美彦編（1995年）の2冊を挙げておく。

「担い手」「アクター」の側面に注目するように努めてきた。単に経済関連統計を収集・整理するだけでなく，個別企業の発展史，個人（経済官僚，資本家，技術者，労働指導者など）の経歴を可能な限り探求し，データベース化し，タイ社会を理解するためのインフラストラクチャー（土台）の構築に努めてきた。本書は，そうしたインフラストラクチャーの上に，ささやかながらも私なりの家（アジア経済論）を建ててみようとする試みである。

したがって，本書の「アジア経済論」は次の4つを基本的な特徴とする。

第一に，「キャッチアップ型工業化論」を軸に，工業化を推進してきた「社会的能力」を重視する。つまり，政府，企業，職場の3つのレベルで，「工業化の担い手」(agents of industrialization) である経済テクノクラート，企業家，技術者・熟練労働者の主体的能力と，彼らを取り巻く制度・組織（institutions）を検討する。その意味では，本書は「担い手アプローチ」と「制度・組織論的アプローチ」の結合を目論んでいる。

第二に，工業化に関わる問題を経済分野に限定せず，できるだけ政治や社会との関係に拡大する。というのも，「キャッチアップ型工業化」の基本的な問題は，政府と市場，政府と企業のあいだに見られる独特の関係であると同時に，国家と社会の相互関係に関わっていると考えるからである。本書が政府の工業化政策を検討するとき，開発主義イデオロギーの形成に関心をもち，企業の行動を検討するとき，家族制度や経営システムに言及し，技術移転を検討するとき，技術形成の組織的能力や教育システムにこだわるのも，基本的には工業化の社会的側面に注目したいからである。したがって，アジア諸国の工業化の歴史は経済変動の歴史であると同時に，すぐれて社会変動の歴史であり，そうした側面に着目することが本書の眼目のひとつになっている。

第三に，アジア諸国全体を対象としたり，各国のマクロ統計上の比較による「アジア経済」への接近方法はできるだけ避ける。むしろ，特定の国（タイ）にこだわり，必要に応じて他の国・地域にも言及しながら，上記の課題に取り組むという方法をとりたい。その理由は，国別の概説書やマクロ経済統計を主に使った「アジア経済論」（コラム0-3）は，すでにいくつか刊行されているのと，アジア各国のデータを並べて議論を展開するだけでは，それぞれの国の説

Column 0-3

アジア経済論を学びたい人のために

　アジアの特定の国について，その政治経済社会を学びたい読者は，まずアジア経済研究所編『日本における発展途上地域研究』をひもとくことをお薦めする。このシリーズは，同研究所が発行する『アジア経済』が通巻100号を迎えるたびに，特集形式で国別に日本の研究状況を回顧するもので，現在までに合計4回行なわれている（アジア経済研究所編 1969年；同 1978a 年；同 1978b 年；同 1986 年；同 1995a 年；同 1995b 年）。また，第2回目以降は，国別とは別にテーマ別のサーヴェイもなされており，大変便利である。

　一方，国別の工業化のプロセスと産業別の実態を知りたい読者は，1980年代までしかカバーしていないが，アジア経済研究所が「アジア工業化シリーズ」として刊行した15冊の本をまず見るべきであろう。このうち10冊が国・地域別分析であり，刊行順に紹介すると，韓国（服部編 1987年），タイ（末廣・安田編 1987年），台湾（谷浦編 1988年），インド（伊藤編 1988年），香港（小島編 1989年），フィリピン（福島編 1989年），シンガポール（林編 1990年），マレーシア（堀井編 1990年），中国（丸山編 1991年），インドネシア（三平・佐藤編 1991年）となっている。

　開発経済学の立場からテーマ別に問題を整理しコンパクトにまとめた好著として大野健一・桜井宏二郎（1997年）が，東南アジアの実態を事例に新古典派経済学批判を目指した本として原洋之介（1992年，1994年）が，国別分析を集めたものとして柳田侃編（1993年），原洋之介編（1999年），西口章雄・朴一編著（2000年）が，それぞれある。アジア NICs・NIES 論については，平川均（1992年）の労作がまず読まれるべきであり，巻末の文献目録は利用価値が高い。アジア通貨・経済危機の文献案内については，本書第4章のコラム4-1を参照されたい。

　国別年次別の経済データについては，各国の原データにあたるのが本筋であるが，他国と比較するためには，世界銀行『世界開発報告』，アジア開発銀行『Key Indicators』，アジア経済研究所『アジア・中東動向年報』（1971年から），経済企画庁調査局『アジア経済』（1995年から）などが手頃である。アジア諸国の経済統計の利用に関する注意事項については，本書の付録「統計の探し方・読み方・作り方」を参照されたい。

明が現実性を失ってしまうからである。もちろん，韓国とタイ，タイとマレーシアでは，状況は大きく異なるし，タイの実態や経験を安易に敷衍することは慎むべきであろう。その点は本書に適宜挿入した国別の比較表でカバーしつつ，本書では，タイの事例をタイの固有性に押し込めるのではなく，逆にアジア諸国の経済を理解するための「導きの糸」にするように努めたい。

第四に，工業化に関わる各分野において，日本の経験や日本に関する研究を「引照基準」にすえ，国際比較の対象とする。政策のデザイン，企業システム，生産管理システム，技術形成のパターンなどの検討がこれに該当する。そうした試みは，青木ほか（白鳥訳1997年）や大野・桜井（1997年）たちによっても，部分的になされている。

日本との比較を重視するひとつの理由は，「キャッチアップ型工業化」のもっとも典型的な例が日本であったとの理解に立っているからである。同時に，アジア地域における工業化の進展は，単に製品や資本の流入だけではなく，日本的生産・企業システムのアジアにおける拡大と普及のなかで進んできた（馬場1988年，末廣1995年）。「後発工業国」である日本と「後々発工業国」である東アジア，東南アジア諸国の経験を明示的に比較することで，アメリカをもっぱら「システム」の輸入相手国としてきた日本とは異なる，つまり，アメリカと日本という二重の経路を通じて「キャッチアップ型工業化」を達成してきたアジア諸国の経済発展の特徴を明らかにしていきたい。

以上4つのアプローチを念頭に置きつつ，第Ⅰ部では，アジア経済論の視角と方法を取り上げ，基本的な概念の説明を試みる。なお第Ⅰ部第4章では，今回のアジア通貨・経済危機のプロセスとその背景，現在進んでいる経済社会再構築の様子を紹介しておいた。こちらに関心のある読者は，まず第4章から読み始めて第1章に戻っていただいても差し支えない。

次いで第Ⅱ部では，工業化の社会的能力を構成する「担い手」とその枠組みとして，イデオロギーとしての「開発主義」の形成，輸入代替・輸出振興・産業政策などの主要な政策の展開，企業（国営・公企業，多国籍企業，ファミリービジネス）の活動，技術の導入と形成，労働市場と労使関係，教育制度と職業選抜を扱う。いずれの章でも，まず第一に，取り上げたテーマの論点の整理を

行ない，第二にそのフレームワークにそってアジア諸国やタイでの事例を紹介し，第三に1997年以降の通貨・経済危機のなかで明らかになりつつある問題点を指摘し，体系的に問題が把握できるように努めた．

　また付録では，読者の便宜を図るために，アジア諸国に関する経済統計の探し方，読み方，作り方を，私の経験にもとづいて具体的にまとめておいた．

　なお，本書では私自身が関心をもちつつ紹介できなかったいくつかの重要な論点がある．具体的には，農業・農民問題，都市化，消費社会化とマスメディアの役割，環境問題，エスニシティ，地域経済協力などがそれである．紙幅の関係と，「キャッチアップ型工業化論」としてのまとまりの問題から，本書で取り上げることを見合わせた．将来の課題として残しておきたい．

第 I 部

視角と方法

第1章

視角：政府, 市場, 制度・組織

　本章では，アジア諸国の急速な工業化に世界の関心が向かう直接の契機となった，NICs あるいはアジア NIES をめぐる議論をまず取り上げ，それを手掛かりとしてアジア経済論がどのように変わってきたのかをみる。具体的には，1970 年代の NICs 論を紹介したあと，東アジアの工業化に占める政府の政策とその評価をめぐる議論，つまり市場メカニズムの正常化の促進か，市場メカニズムへの合目的的な介入かをめぐる議論を検討する。次いで，政府の政策だけではなく，工業化を促す制度・組織の整備を強調する議論や，生産管理体制・企業経営システムといった，よりミクロレベルの側面に注目する議論へと，アジア経済論が力点をシフトさせていったプロセスを概観する。最後に世界銀行にみられるアジア経済論の視角の変遷を整理する。なお，世界銀行の『東アジアの奇跡』(1993 年) については第4章で紹介する。

1　NICs（ニックス）の衝撃

　アジア経済が注目を浴びるきっかけとなったのは，NICs 論の登場であろう[1]。NICs（Newly Industrializing Countries 新興工業諸国）という言葉を，最初に本のタイトルに使ったのは，OECD（経済協力開発機構）が 1979 年に刊行し

---

[1] NICs 論の系譜については，Browett (1985), Haggard (1986) が参考になる。

たレポート,『新興工業国の挑戦』(OECD 1979) である。次いで,当時世界銀行の調査部で指導的役割を果たしていたジョンホプキンス大学のバラッサ教授が『世界経済の中の NICs』(Balassa 1981) を,さらにブラッドフォードが「世界規模の輸出者,NICs の台頭」(Bradford 1982) を,それぞれ発表した。

もっとも,これらの議論はアジア地域の国に限っていたわけではない。取り上げた国も一部は重なっているが,ラテンアメリカ,東欧,南欧,中近東など,かなり広範な地域に及んでいた。さらに NICs を選ぶときにも,OECD やブラッドフォードと,世界銀行のバラッサの間では,その選択の基準が異なっていた(表 1-1,参照)。OECD のレポートなどが,工業製品輸出を最重要のメルクマールと捉えていたのに対し,バラッサの本は一人当たり実質国民所得の水準や工業化の進展度合いの方を重視していたからである[2]。

ここではさしあたり,OECD の基準を採用することにしよう。つまり,①外向きの工業化戦略をとり,先進国市場向け工業製品輸出を増加させている,②雇用に占める工業セクターの比重が上昇している,③それによって先進国との一人当たり実質国民所得の格差を持続的に縮小させている。以上 3 つの基準をみたす国を,「NICs」と呼ぶことにする(表 1-2)。

ところが皮肉なことに,NICs 論が登場したまさにその頃から,世界経済は第二次石油危機(1979 年)の影響で大きく変わりはじめた。1970 年代に未曾有の成長率(平均 19.6%)を記録した世界貿易は 80 年代には 4%台に激落し(奥村ほか 1990 年,19),70 年代に平均 1%台だった長期利子率の平均も,80 年代に入ると 6%台にはねあがった。そうした中で,OECD が取り上げたブラジル,メキシコのいわゆる「ラ米 NICs」は債務累積危機に陥り,スペイン,ポルトガル,ギリシャなどの「南欧 NICs」は工業製品輸出の伸びが鈍化し,外貨を観光収入でもっぱら稼ぐ国へ転化していった(コラム 1-1,参照)。

こうして他の地域が NICs から脱落していく中で,「アジア NICs」のみが 1980 年代初頭に経済不況からいち早く脱却し,繊維・衣類や電子部品に代表

---

[2] 当時の世界銀行は,NICs と「準工業国」(semi-industrial countries) をほぼ同義で使用しており,工業製品輸出の伸びや外向きの工業化戦略を,もっとも重要なメルクマールにしていたわけではない。

表 1-1 NICs に分類された諸国

国・地域／刊行年	OECD 報告書 1979 年	世界銀行/Balassa 1981 年	Bradford 1982 年
選考基準	①工業製品輸出 ②雇用にしめる製造業 ③一人当たり国民所得	①一人当たり国民所得 1100-3500 米ドル ②対 GDP 比製造業の比重が 20％以上。	①工業製品輸出
アジア	韓国 台湾 香港 シンガポール	韓国 台湾 香港 シンガポール	韓国 台湾 香港 シンガポール インド
ラテンアメリカ	ブラジル メキシコ	ブラジル メキシコ アルゼンチン チリ ウルグアイ	ブラジル メキシコ アルゼンチン
東欧・南欧	スペイン ポルトガル ギリシャ ユーゴスラビア	スペイン ポルトガル ギリシャ ユーゴスラビア ハンガリー ブルガリア ルーマニア	
その他		イスラエル トルコ	
計（国・地域）	10	18	8

出所）平川（1992 年），5-6 頁；Balassa (1981), p. xix；Bradford (1982), pp. 12-15.

表 1-2 NICs と発展途上国，先進国の経済パフォーマンスの比較

(単位：％)

地域期間	GDP 成長率		工業製品輸出成長率		輸出にしめる工業製品の比率		
	1964-73	1973-83	1965-73	1973-85	1965	1973	1985
NICs	8.4	5.3	29.5	18.6	35.4	59.8	64.3
発展途上国	6.1	3.7	19.3	—	17.5	25.1	33.1
先進国	4.8	2.1	16.3	10.1	70.6	74.2	75.4
アメリカ	3.9	2.0	12.6	10.3	64.0	63.7	70.9
日本	9.2	3.7	20.6	14.2	92.0	94.5	97.2

出所）平川（1992 年），37 頁より作成。

第 1 章　視角：政府，市場，制度・組織　19

> Column 1-1
>
> ### NICs とアジア NIES
>
> 　NICs（Newly Industrializing Countries）から NIES（Newly Industrializing Economies）への名称変更は，1988 年 6 月に開かれた先進国首脳会談（トロント・サミット）で，主催国であるカナダの代表の一人が提案し，参加国が承認したことを受けた結果である。理由は国際影響力を高めていた中国を政治的に刺激しないために，台湾（北京政府は国と認めない）を含む新興工業諸国から「諸国」（Countries）の単語を除去し，「経済群」（Economies）というあいまいな表現に変える方が望ましいという，政治的意図を含んだ提案にもとづいている。
> 　そうした政治的理由だけではなく，労働集約型工業製品輸出を通じて実現する工業化の初期段階を「NICs」，第一次輸入代替（軽工業）から第二次輸入代替（重化学工業化）をへて産業構造を高度化し，輸出だけではなく内需を取り込んで成長を遂げた段階を「アジア NIES」とそれぞれ定義して，後発国の工業化の段階的発展や「外向き」「内向き」の違いを示す概念として使い分ける研究者もいる（平川 1992 年，30-31）。

される工業製品輸出の増大と重化学工業化の推進，この 2 つを軸に高成長を遂げていく。アジア経済が単に国際投資家だけでなく，世界の研究者の関心を引きつけたのは，まさにこの時からだった。つまり，なぜアジア NICs（この頃からアジア NIES とも呼ばれる）のみが 70 年代の世界不況を乗り切り，持続的成長を遂げることができたのか，その問いに答えることがアジア経済論の，そして途上国経済論の大きな課題になったからである（1980 年代以降の発展については，後掲表 4-1，表 4-2 を参照）。

2　従属論，多国籍企業支配論，儒教資本主義論

　アジア地域の高い経済成長をどう見るかについては，「NICs 論」の登場の前から，従属論の立場にたつ人々や多国籍企業の研究者たちが，議論の俎上に

のせていた。最初に東アジア地域の経済成長について懐疑的な見解を示したのは，ラテンアメリカ地域で発展をみた「従属論」（dependency approach）のグループである。彼らは，東アジア地域の経済成長は国内の技術革新の進展，国内市場の拡大，自立的な民族資本の成長がもたらしたものではなく，あくまで世界貿易の拡大や大量の海外資金の流入（援助，政府借款，直接投資）といった対外的な要因にもとづくものであり，国際経済環境の変化に左右されやすい不安定な構造になっていると捉えた。そして，仮に発展しているように見えたとしても，それは中心国であるアメリカの政策とアジア諸国に進出した多国籍企業の戦略に規定された「従属的発展」（dependent development）でしかなく，国内的には抑圧的な政治体制と実質賃金・大衆消費の抑制が続くと主張した[3]。

アジア地域の経済発展に見られる対外依存性を強調する見解は，同時期，アメリカ多国籍企業の海外行動を実証していた研究者からも表明された。例えば，その代表者のひとりであるヘライナーは，韓国と台湾の輸出向け工業製品（集積回路など）の現地における生産者の実態と仕向地先であるアメリカの製品市場を調査して，次のような結論を得た（Helleiner 1973）。すなわち，一見韓国や台湾という「国」からアメリカに輸出されているように見える工業製品は，じつはアメリカの多国籍企業が本国から原料や中間財をもちこみ，アジア諸国の低賃金を利用した「分工場」で加工した上で，半製品もしくは完製品としてアメリカに輸出しているものが多い。したがって，アジア地域からの工業製品輸出の増加は，多国籍企業が労働集約的な生産工程部分（組立工程など）を現地に移動させた結果であり，実際は多国籍企業が管理する「企業内貿易」（intra-firm trade）の発展を示すにすぎないと主張したのである（ヘライナー，江夏訳 1982 年）[4]。

---

[3] 「従属論」あるいは「新従属論」の議論の系譜の紹介とその批判については，山本啓（1984 年），末廣（1986 年），Caporaso（1980）などを参照。従属論にもとづく各国研究としては，韓国の Kim ed.（1987），台湾の Gold（1981），タイの Grit（1981）がある。

[4] 韓国，台湾，香港，東南アジア諸国へのアメリカと日本の家電セットメーカー，電子部品メーカーの 1960 年代から 70 年代の進出状況については，末廣（1981 年）に詳しく紹介しておいた（本書の第 2 章も参照）。

しかし，以上2つの議論は，1970年代後半から80年代初めにかけて，東アジア地域の地場資本（民族資本）が急速に台頭し，外国資本に代わって輸出の半分を押さえるようになると，次第に説得力を失っていった（アジア経済研究所編 1981 年）。また，80 年代以降の輸出仕向地の多様化（アメリカ市場依存の低下）や産業構造の高度化（重化学工業化）の一定の成功，さらに実質賃金の上昇と国内市場の拡大も，彼らの立論根拠の限界や歴史的見通しの誤りを明らかにすることになった（Haggard 1986）。

むしろ1990年代に入ると，経済面での従属的発展よりは，韓国，台湾，フィリピン，中国などでいっせいに噴出した，政治面での民主化の動きをどう捉えるかが問われていくことになる。さらに言えば，「経済発展と政治的民主化」の相互連関をどう捉えるか，先進国のように，政治的自由こそが経済発展を保証する唯一の道なのか，それとも抑圧的な政治体制のもとでまず経済発展を先行させ，そののち政治的自由を拡大するという後発国の「権威主義的政治体制の熔解モデル」を，途上国の選択可能な道として容認するかが，新たに問われていくことになった[5]。

さて，従属論アプローチへの疑問が生まれる中で，1980年代に急速に台頭してきたのが，「儒教文化圏論」「儒教資本主義論」である。つまり，高い成長を遂げた国・地域は，日本も含めて儒教が普及したところであり，儒教的要素が成長に貢献しているというのが，彼らの主張であった。例えば，日本経済調査協議会が主導した日本・韓国・中国の国際共同研究（1980-88 年），中国研究者である中嶋嶺雄を主査とする文部省の重点領域研究（1987-88 年），アメリカ・アジア学会（ASA）での国際シンポジウムの開催（1986 年，1991 年），シンガポールでの国際会議の開催（1988 年）などがそれであった。

---

[5] アジア政経学会が1989年12月に行った第1回国際シンポジウムの共通論題は，「アジアの経済発展と民主化」であった。このシンポジウムの報告者の一人である渡辺利夫は，後発国の場合，上からの急速な工業化を進めるため，政治体制はいきおい権威主義体制的性格を帯びるが，所得水準と教育水準の上昇によって，いずれこの権威主義体制は「熔解する」と述べ，こうした展開を後発工業国の政治体制と経済発展に見られる「弁証法」と捉えた（渡辺 1990 年）。政治的自由が産業化にとって必要十分条件であるかどうかの議論は，先進国の経済的自由主義と後発工業国の開発主義を対比させた村上泰亮（1992 年）でも，主要なテーマとして取り上げられている。

儒教がアジアにおける経済成長や工業化を促した理由を,「儒教文化圏論」は次のように説明する。①企業や国家への「忠誠心」が,経済成長という統一目標に国民を駆り立てた,②個人主義ではなく共生主義,集団主義が良好な労使関係をもたらした,③勤勉と倹約の道徳倫理が長時間労働の受容と高い貯蓄率を可能にした,④教育を重視する姿勢が高い教育投資を実現させた,⑤伝統的官僚社会の発展が高い行政能力を可能にした,などなどである(ヴァンデルメールシュ,福鎌訳 1987 年;日本経済調査協議会監修 1989 年;溝口・中嶋編 1991 年;金日坤 1992 年)。

しかし,韓国でもっとも勢力を誇っているのは儒教ではなくキリスト教であるし,のちにアジア NIES に仲間入りを果たすタイは仏教と道教,インドネシア,マレーシアはイスラム教である。また,そもそも儒教は知識人のための道徳倫理であって,儒教資本主義論が措定する「勤労倫理」は,本来儒教の教えにはなじみにくい倫理である[6]。さらに,東アジア地域の工業化をもっとも特徴づける国間,企業間,個人間の「熾烈な競争」は,儒教が重視する「共生」や社会的調和の思想とは相いれないだろう。結局,この「儒教文化圏論」も,1990 年代に入ると潮がひくように消えていった。

3 新古典派経済学の復権と国家主義論の台頭

1980 年代に入ってアジア経済論を牽引したのは,先の「文化論アプローチ」を別にすると,新古典派経済学の議論と政府の主導的役割を重視する「国家主義者」(statist) アプローチの 2 つである(アジア NICs・NIES 論のアプローチについてはコラム 1-2 を参照)。興味深いことに両者は,「なぜ東アジア地域,つ

---

[6] 徳川時代に儒教が公式の倫理として制度化され,「朱子学」として定着したとき,日本の儒教は単に「支配階層(知識人)の倫理」だけではなく,土木事業を重視し,技術などを重んじる「武士階層(戦闘集団)の倫理」としても発展をみた。ここに儒教と「勤労倫理」が結び付くひとつの契機があり,中国の本来の儒教とはすでに性格を異にしていたという議論もある(平石 1991 年)。なお,東アジア諸国の資本主義的発展を「宗教倫理」ではなく,「家族イデオロギー」(家産,家職,家名)の違いとして理解しようとする注目すべき議論として,陳其南「東アジアの家族イデオロギーと企業の経済倫理」がある(日本経済調査協議会監修 1989 年,所収)。

> Column 1-2
>
> ### アジア NICs・NIES 論のアプローチ
>
> 　アメリカのデヨは、アジア NICs 論を、①新古典派並びに近代化論的アプローチと、②従属論、世界経済論（世界システム論）的アプローチに分類して整理している（Deyo ed. 1987, 23-25）。一方、シンガポールの政府と労働者の間の関係を中心に「国家の自律性」を研究しているロダンは、アジア経済論を、①新古典派・合理的選択理論のアプローチと、②国家主義アプローチに二分し、後者をさらに、1）コーポラティズム論、2）官僚的権威主義体制、3）従属論、4）現地の企業や政府が一定国際交渉の場で自分の利益を獲得する「交渉モデル」、5）フレーベルたちの新国際秩序モデル、そして 6）自分たちの「国家自律アプローチ」の5つに細分化している（ロダン、田村・岩崎訳 1992 年、第 1 章）。また、韓国と台湾の「半導体産業」と政府の役割について比較研究を行なったホンは、①国家主義アプローチ、②多元主義・市場原理アプローチ、③改良主義アプローチ（開発主義的コーポラティズム論、柔軟な生産体制論、グローバルな国際分業と生産ネットワーク論）の3つに分類し、より包括的な比較制度分析の必要性を主張している（Hong 1997, Chapter 2）。
>
> 　「政府と企業の関係」に興味をもつフィールズは、アジア経済論の系譜を、①新古典派アプローチ、②経済社会学的アプローチ、③国家主義、制度・組織論的アプローチ、④社会埋め込み論アプローチ（embeddedness approach）の4つに分け、自分の研究は各国・地域の固有の社会文化的要素がある国の経済や政治の変化を規定するとみなす④の立場であると主張している（Fields 1995, Chapter 1）。したがって本書で行なったように、フィールズの議論を「国家主義者」の延長で紹介するのは妥当ではないかもしれない。

まりアジア NICs は、持続的な経済成長を実現することができたのか」、その問いに答えるという課題設定で一致していた。ただしその問いに対する回答は、両者で大きく異なっていた点に留意する必要がある。

　まず新古典派は、東アジア地域が 1970 年代の 2 度にわたる石油危機を克服し、かつ迅速に国際環境の変化に適応したことを重視した。外的ショックが生

じたとき，経済成長の定常軌道にスムーズに復帰することを可能にしたのは，政府の経済介入だったのか，それとも市場メカニズムの正常な働きだったのか，その検討が第一の関心となった。そのうえで，アジア NICs（アジア NIES）の持続的な高成長を問題としたのである。その結果，彼らの議論は，外的ショックによる景気変動はあるものの，中長期的にみれば「安定成長」（インフレの抑制，財政と金融の安定，貿易の増大）を実現した東アジアの経済メカニズムは何であったのか，その解明へと向かうのである。

彼らが得た結論は，「安定成長」をもたらした最大の要因は，政府の積極的な経済介入ではなく，市場メカニズムの健全な働きであったというものである。つまり，市場メカニズムの正常な働きを妨げるさまざまな政策や制度，例えば，複数為替レート制，輸入数量規制，関税の歪みを，政府が適宜廃止したり緩和したりしたからこそ，東アジア地域では成長がもたらされたのであり，政府が成長誘導的な政策を推進したからではないと主張した。バラッサの有名な表現を借りると，政府が「getting 'price mechanism' right」（価格メカニズムを正常にした）ことが，成長の要因だったとみなすのである（Balassa 1978）。

これに対して，台湾の機械工業や韓国の主要産業分析を続けてきたマサチューセッツ工科大学（MIT）のアムスデン女史は，政府（いわゆる「強い国家」）の積極的な役割や経済政策が東アジアの工業化に貢献してきた事実を高く評価した。例えば，韓国の輸出産業であれ，内需向けの鉄鋼業や自動車産業であれ，その発展は政府の振興政策を抜きに語ることはできない，政府は明らかに市場メカニズムに介入したのだと主張した。「ただし……」と，彼女はバラッサに反論する。東アジアの政府は確かに「価格メカニズムを歪めたが，その方向性は正しかった（getting 'price mechanism' wrong, but direction is right）」と。こうした政策を，工業化という特定目的を達成するために合目的的に設定された政策という意味で，彼女は政府による「規律づけメカニズム」（disciplinary mechanism）と呼んだ（Amsden 1989, 145-147）。アムスデンがいう「規律」（discipline）とは，政府が企業に与える「規律づけ」であり，本章の第5節で紹介する世界銀行の「コンテストベースの競争」に近い概念である（石崎 2000 年，19）。

さて，新古典派とアムスデンたち国家主義者の東アジアの経済発展をめぐる議論は，じつはアメリカにおいて1970年代に展開されたラテンアメリカ政治経済論と日本経済社会論の2つが密接に関係していることに，ここで注目しておきたい。というのも，新古典派経済学者は，80年代初頭のラテンアメリカの債務累積問題と経済危機は，ポピュリズム体制（多様な階層の利害を代表する団体と連携した政治体制）や官僚主義的権威主義体制のもとでとられた一連の経済政策，具体的には，為替や貿易に対する人為的介入，健全な金融政策への政治的介入やインフレの抑制の失敗などに起因するとみたからである。

このラテンアメリカの経験と比較すると，東アジアは新古典派が想定する「正しい」経済政策を遂行し（自由化，規制緩和，マクロ経済の健全な運営），それがゆえに東アジアは成長したと捉えたのである[7]。東アジアの成功は，新古典派経済学が提示する理論の正しさを示す格好の材料と彼らは見た。「過去20-30年間の台湾，韓国，香港，シンガポールの急速な経済成長の達成は……理論的に正しい新古典派経済学にもとづく賢明な政策によってこそ達成されたのである」(Tsiang & Wu 1985, 329)。

一方国家主義的アプローチは，ラテンアメリカ諸国の政府による為替管理やインフレ抑制の失敗は認めつつ，政府の役割を一歩進めて捉えようとする。つまり，日本の経験とのアナロジーで東アジアの発展パターンを理解しようとした。例えば，日本の通産省を研究したチャルマーズ・ジョンソン（矢野訳1982年）は，アメリカを「規約志向国家」(regulatory state)，日本を「開発志向国家」(developmental state) と分類した。そして，法律や裁判制度が市場を規律づけているアメリカと違って，遅れて工業化に乗り出した国では，工業化や輸出を主導する政府の積極的な役割や経済開発に関わる制度・機構の整備がき

---

[7] 1980年代におけるラテンアメリカと東アジアの経済パーフォマンスの違いを説明する多様な議論を整理したのは，サックス (Sachs 1985) である。サックスはさまざまの議論の妥当性を検証した上で，結局最大の理由は，ラテンアメリカ諸国が海外からの借入金を国内の輸入代替産業やサービス業に回し，輸入消費材を確保するために為替を割高に維持していったのに対し，東アジアが借入金を輸出産業に回し，適正な為替レートのもとで輸出を増大させ，対外債務の負担を引き下げていった点にあると主張した。そしてこの対照は，究極的には政策の違い生み出した政治体制の違いにこそ求めるべきである，というのがサックスの結論である（同上論文；絵所1997年，150-152）。

わめて重要であり，そうした体制をとる東アジア地域を「柔らかな権威主義体制」(soft authoritarianism) と特徴づけたのである（Deyo ed. 1987, Chapter 4）。

　新古典派と国家主義者の見方の違いは，韓国の高成長の出発点に相当する1960年代半ばの政府の政策に対する両者の説明の違いに端的に示されている。バラッサたち新古典派経済学者は，韓国の経済的発展の始点を，朴政権がクーデタ後に実施した為替改革や輸入規制の緩和などの措置，「市場メカニズムの正常化措置」に求めた（Balassa 1981）。それに対して，ハガードたち国家主義者は，経済開発の立案だけではなく，巨額の予算の執行権も併せもった「経済企画院」の発足と，軍や権力集団からは一定程度独立した経済テクノクラート集団の成立に求めたのである（Haggard et al. 1992）。ちなみに，韓国の経済企画院は，従来の建設部の総合計画局，物動計画局，財務部の予算局，内務部の統計局を統合し，61年7月に成立したいわゆる「超官庁」(super agency) であり，日本の大蔵省，通産省，経済企画庁の3機関を合体したほどの強い権限と人材を誇った[8]。

　ところで，政府の主導性に注目する政治経済学的アプローチについては，これまで注釈抜きで「国家主義者」という言葉を使ってきたが，実際には多様なサブ・グループから構成されている。例えば，経済学者の中でも，『市場を管理する』という大著を著したウェイドは，主として台湾の実証研究に依拠しながら，「政府と市場の関係」と「市場の失敗」を補完する政府の役割に着目し，後発国において政府が市場に介入する局面とその合理的根拠を精力的に追究していった（Wade 1988 ; do. 1990 ; White & Wade 1988）。これに対して，フィールズは「政府と企業の関係」に注目し，韓国のチェボル（財閥）と台湾の中小企業を比較するやりかたで，その経済発展パターンの違いを浮き彫りにしている（Fields 1995）。なお，アジア経済研究所が行なった韓国と台湾の徹底比較分析は，「政府と市場」「政府と企業」という上記の2つの観点を導入して，両

---

[8] 韓国の経済企画院については，その後の研究によってハガードたちが主張したほど強い権限をもっていなかったことが判明している。また1980年代以降，経済の自由化を提唱したのが経済企画院であった。韓国の工業化と政府経済開発機構の役割については，金元重（1991年），大西（1992年），木宮（1994年），Hong（1997）などを参照。

者の工業化の発展パターンを対比させた労作である（服部・佐藤編著 1996 年）。さらに，『アジアの新しい巨人：韓国と後発工業国』を著したアムスデンは，韓国や台湾の工業化が「生産しながら技術を学習する」(learning by doing) という，後発国特有の学習重視の技術・技能形成に支えられてきたことに着目し，生産管理や職場の仕組み（shopfloor management）により関心を向けた（Amsden 1989, 160）。この視点はのちに紹介する「企業システム論」にもつながっていく。

一方，政府の役割を重視する政治学や政治経済学のアプローチの間にも，論点の多様化が見られる。例えば，アジア各国で経済開発を立案し実行する政府官僚組織の仕組み（日本の通産省や韓国の経済企画院など）や，政府諸機関の調整機能に注目し，労働団体などとの関係を重視するのは，ハガード，デヨ，エズラ・ヴォーゲルたちアメリカの研究者グループであった（Haggard 1989 ; Deyo ed. 1987 ; ヴォーゲル，渡辺訳 1993 年）。

これに対して，労働団体や民間経済団体といった圧力団体から独立した国家の存在，「国家の自律性」(autonomy of the state) を強調するのが，インドネシア研究のロビソン，シンガポール研究のロダン，タイ研究のヘウィーソンたちから構成されるオーストラリアの研究者グループである（Robison et al. 1985 ; Hewison et al. 1993）。彼らは，政策を立案し実行する行政体としての「政府」ではなく，軍や警察を含む権力機構としての「国家」により注目した。そして経済開発や工業化を推進する「国家」の力能の解明に向かっていった。韓国の国家とチェボル（財閥）の関係を実証的に研究したリー（Lee 1997）も，「国家の自律性」を強調する点では同じである。なお，「国家の自律性」の主張は，先に紹介した「従属論」が国家の対外的（中心国への）従属性や多国籍企業への従属性を強調したこと，もしくは個別資本家の自主性を軽視してきたことに対する批判も含んでいる。

4　制度・組織論と企業システム論

1990 年代に入ると，「アジア経済論」は単に一部の新古典派経済学者や国家

主義者だけではなく，より広範な分野・専攻の研究者の関心をひきつけ，ブームを引き起こすことになる。その背景には，第一に，タイ，インドネシア，マレーシアなど東南アジア諸国の「新アジアNIES」が，東アジア地域に続いて80年代初めの経済不況を克服し，構造調整などをへて80年代末から経済ブームを経験したこと（のち経済はバブル化した），そして，世界銀行が報告書『東アジアの奇跡』(1993年) をまとめるにあたって，日本を含むアジア各国，欧米諸国の多数の研究者を動員して，各国別に「バックグラウンド・レポート」の作成を要請したことの2点が存在した。なお，この国別の「バックグラウンド・レポート」は30点以上を数え，その後のアジア経済論の進展に大きく貢献したと私は理解している。

この過程で浮上してきた主な論点と視角は，(A)経済発展と民主化論[9]，(B)国家官僚組織以外のアクターに注目する制度・組織論，(C)経済システムの比較制度分析，(D)企業システム論の4つである。

まず政治学の分野では，東アジアの工業化を特徴づけてきた権威主義体制 (authoritarian regime) が，韓国，台湾，フィリピン，中国，タイなどで次々と勃発した労働運動や民主化運動の中で動揺や崩壊を示してきたことから，上からの工業化と抑圧的な政治体制の相互連関に対する見なおしにつながった（本書の第5章も参照）。さらに，先に述べた古典的な命題である(A)の「経済発展と民主化」の問題が主たるテーマとして浮上した。各国の都市中間層 (urban middle class) の政治社会的役割の検討や，アジア地域における「市民社会」の発展可能性をめぐる議論が登場してきたのもこの頃である (Robison & Goodman eds. 1996；Anek ed. 1997；Hsiao ed. 1999)。

一方，もともとアジアNICs論において国家機構に注目していた議論は，研究の対象を「国家」そのものや国家官僚組織から，「官僚外組織」の役割へと広げていった。つまり，工業化に向けて生じる経済主体間のコンフリクトを調整する国家や政府の力能の限界 (limits of strength of the state) を指摘し (Doner

---

[9] 民主化論の中には，経済発展のもとで台頭してきた都市新中間層のほか，環境保護団体，NGOの役割，つまり政策決定にしめる「政治スペース」の拡大を重視する議論を含める。

1992），それ以外の制度・組織の機能と役割を重視する(B)「包括的制度・組織論的アプローチ」が登場した（Doner 1991b）。彼らが具体的に研究のターゲットとして掲げたのは，民間経済団体，業界団体（business associations），官民協議組織（日本の産業構造審議会を含む），NGO（非政府組織）や CBO（Community-based Organization：地域住民組織）など，官僚外組織の独自の役割であった（末廣・東編著 2000 年，第 1 章参照）。

次に経済学の分野では，再びバラッサ流の「安定成長論」が浮上した。しかし，これとは別に，青木昌彦や藤原（奥野）正寛などが中心となって，東アジアや日本の経済発展パターンを，アメリカとは異なる「経済システム」として捉え直し，その観点から政府の役割も再考しようとする(C)の「比較制度分析」（comparative institutional analysis），あるいは「経済システムの比較制度分析」が前面にでてきたのが，この時期の特徴である（青木・奥野編著 1996 年；青木ほか，白鳥訳 1997 年）。なお，この比較制度分析と先の包括的制度・組織論的アプローチは，どちらも「制度・組織」に注目しているが，内容も手法もまったく異なっているので注意を要する（コラム 1-3）。

経済学者の議論の中でもうひとつの注目すべき流れは，アメリカや日本で生まれてきた企業システム，生産管理システム，技術形成と職場組織の編成の仕方といった分野への関心である。この議論はもともとは，1980 年代に入って，アメリカ国内の製造業の停滞と日本の輸出向け製造業の躍進という「逆転現象」が起きたことに対して，いわゆるジャパノロジストの日本社会特殊論ではなく，何らかの経済的合理性を日本の経済運営の仕組みに見いだそうとする関心から生まれた。このうち，経済全体のマクロの側面に注目したのが，先に紹介した(C)の「比較制度分析」であり，よりミクロレベルの企業経営や生産管理の仕組みに注目したのが，(D)の「企業システム論」である。

代表的なものとしては，1980 年代に自動車産業の国際比較を試みた共同研究の成果（ダートウゾスほか，依田訳 1990 年），85 年に世界から 50 名以上の研究者を集めて，日本自動車産業の競争力の秘密を解明しようとした MIT の共同研究（ウォーマックほか，沢田訳 1990 年），戦後日本の企業システムの発展と独自性をアメリカを念頭に置きながら比較検討した研究（岡崎 1993 年；橋

30　第I部　視角と方法

> **Column I-3**
>
> ### 政治学の「制度・組織論」と経済学の「比較制度分析」
>
> 　政治学者が提唱する「制度・組織論的アプローチ」は，アメリカの比較政治発展論が前提にあり，ある国の長期目標である経済発展なり政治発展を実現する上で，対立する利害の調整や統合に制度・組織（institutions）がどのような役割を果たすのか，その点を重視する立場である。この議論は，一方で政治学のコーポラティズム論を，他方で社会学における集団行動のジレンマの理論（the theory of collective behavior）を積極的に摂取し，東アジアや東南アジアにおける危機以前の経済発展，とりわけ利益誘導型政治や政治汚職が蔓延しているアジア諸国で，なぜ経済発展が起きたのかを説明しようとした（Doner 1992；Remmer 1997）。
>
> 　一方，経済学者による比較制度分析はタイトルに同じ「制度」を使っているが，強い関心を抱いているのは経済制度（economic system）の比較の方である。彼らは資本主義諸国の経済制度には多様性があり，複数均衡が成り立つことを前提とした上で，制度（システム）がそれぞれの国でもつ戦略的補完性やシステムの進化にみられる経路依存性を重視する。この手法はもっぱら日本経済システムの解明に集中してきたが（青木・奥野編著 1996；青木・奥野・岡崎編著 1999年），この手法の韓国経済研究への適用も始まっている（深川 1998年）。

本編 1996年），アジアにおける職場での熟練形成を扱った研究（小池・猪木編 1987年；尾高編 1989年）などがそれであった[10]。

　以上の「アジア経済論」の関心の変遷を私なりに整理したのが，図1-1である。なお，この図の①国家・政府，②市場，③制度・組織は，各研究者がどの側面に強い関心を抱いているか，そのベクトルの先を示すだけであって，現実のアジア工業化を規定した要因とその関係を示すものではない。図に示したよ

---

[10] アジア諸国における生産システムの研究は，最近では国別により精緻な実証研究がなされるようになった。例えば，日本的生産管理システムの東アジアへの適用と適応を検討した研究（板垣編著 1997年），中国・家電産業における日本的生産システムの導入と定着を扱った実証的研究（郝 1999年）などがそれである。本書のコラム 10-1 も参照のこと。

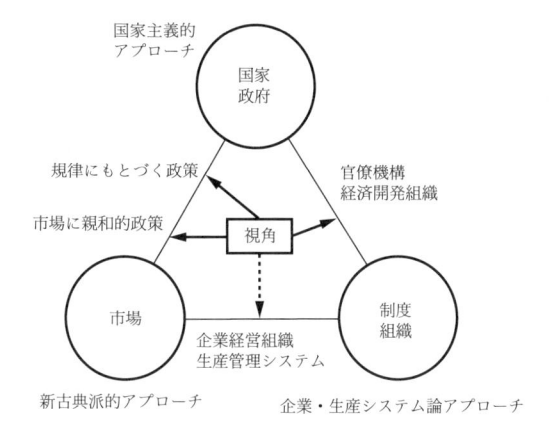

図 1-1　アジア NIES 論の接近視角

```
                    国家主義的
                    アプローチ
                         国家
                         政府
            規律にもとづく政策      官僚機構
                                経済開発組織
           市場に親和的政策    視角
              市場                   制度
                                     組織
                  企業経営組織
                  生産管理システム
         新古典派的アプローチ    企業・生産システム論アプローチ
```

うに，当初は，国家・政府の役割か（国家主義者），市場メカニズムの正常化の働きを重視するか（新古典派経済学者，市場主義者），二極分化していた議論は，次第にお互いが歩み寄りを示すようになった。そしてその後は，政府の政策そのものの経済的合理性ではなく，それを支える組織や官僚外の制度・組織の整備（institutional capacity）の分析へ，あるいは国際競争力の源泉になっている企業経営・生産管理システムの研究へと移行していった。

こうした視座の転換は，当初の「アジア NICs 論」にみられた外向きの工業化論や輸出主導の政府の政策のみを重視する研究から，国内の制度・組織の役割や生産体制，企業経営システムへの関心の移行と要約することができるかもしれない。それは，アジア経済を経済主体に則して究明する視点の深化であり，「キャッチアップ型工業化」を検討する視角の拡充でもあった。

5　アジア経済論と世界銀行報告

最後に本章の締めくくりとして，世界銀行の報告書にみるアジア経済論の変遷を簡単にみておこう。

世界銀行がアジアに関心を示す1980年代初めは，先にも述べたように，外

的ショックから定常軌道へと一国の経済が回復していくその経路に関する研究と，新古典派の理論的枠組みでアジア経済の「安定成長」を整合的に説く研究の2つが主流であった（世界銀行 1981 年）。ところが，『世界開発報告 1991 年版　開発の課題』（世界銀行東京事務所訳 1991 年）では，それまでほとんど言及しなかった「政府と市場の関係」が登場する。つまり「市場に友好的な開発戦略」(market-friendly strategy) という新しい概念が登場し，政府の政策は一定の条件のもとでは，発展途上国の経済開発を助けたり後押しするという視点に大きく変わった。ハガード，ウェイド，アムスデンたち国家主義者（世界銀行は改良主義者〔revisionists〕と呼んだ）の議論が紹介されたのも，このときの報告書が最初である。ただし政府の役割は，あくまで「市場の失敗」を補完する限りにおいて容認するものであって，市場介入型の政府の役割までは認めていない。

　ところが，第4章で詳しく紹介する『東アジアの奇跡』では，もう一歩政府の役割を評価する姿勢に変わっている。また，経済官僚の政治的影響力からの遮断，政策を運営する有能な官僚組織の存在，情報を共有する官民協議組織の設置といった要因を，「制度・組織的要因」(institutional factors) として独立させ，東アジアの奇跡の重要な要因として認めたのも，視角の変化のひとつであった。

　この『東アジアの奇跡』でとくに注目すべき視点は，日本や韓国の事例を念頭に，「マーケットベースの競争」（市場メカニズムの正常化）とは別に，「コンテストベースの競争」（政府の選択的な介入）という新しい概念装置を設定した点にある。この「コンテストベースの競争」とは，次の「3つのR」からなる。すなわち，

　(1)　ルール (rule)：政府が特定産業もしくは特定企業を奨励するにあたって，輸出実績や設備能力といった客観的に測れる公正な規則や基準を設定する。

　(2)　報酬 (rewards)：先の選抜基準と目標を達成した企業へインセンティブを提供する。具体的には，外貨の優先割当や優遇的金利を適用する。

　(3)　レフリー (referee)：政府もしくは第三者機関が公正なルールを作り，

透明なプロセスをへて対象産業や企業を選抜し，モニタリング機能をはたす。

　これは日本の審議会方式や，1960年代の「機械工業振興臨時措置法」の経験などを念頭に置いた発想であった。『世界開発報告1991年版』が，政府の役割を「市場の失敗」(market failure) の補完に限定していたのに対し，『東アジアの奇跡』では政府の役割を，「調整の失敗」(coordination failure) を補完する分野にまで拡大したといえる。ただし，世界銀行の基本視点は，第4章でも述べるように「成長のファンダメンタルズ」の形成と維持にあり，政府による選択的介入，とりわけ「コンテストベースの競争」が機能したとみなされる産業政策については，その経済効果も他の発展途上国への適用可能性についても，依然として懐疑的であったことを指摘しておくべきであろう（世界銀行，白鳥監訳 1994年，338-339；本書の第6章第4節も参照）。

　ところが，『世界開発報告1997年版　開発における国家の役割』(World Bank 1997；世界銀行，海外経済協力基金訳 1997年）では，世界銀行は一転して，経済開発における「国家の能力」(state capability) を前面に打ち出すに至った。つまり，政策を遂行するための「国家の能力」の段階的発展を重視するに至ったのである。ただし，国家の役割強化は当然，市場メカニズムを混乱させたり，国家機構を暴走させる危険性がある。そこで，これをチェックする枠組みとして，①法律の整備，監視機構（モニタリング）の構築，②縁故主義（ネポティズム）を排除するための能力主義にもとづく公務員の登用と昇進，③政府の公共サービス供給への競争原理の導入，④市民の声（市民社会）による国家機構に対する一定の制御の4つを掲げた。いずれにせよ，世界銀行が政府の役割を，「市場の失敗」あるいは「調整の失敗」の補完といった受動的機能から，より能動的な機能へと大きく論点を変えていったのは，このときの報告書が最初であった。

　ところが，この直後にアジア通貨・経済危機が勃発し，世界銀行は再び「市場経済と自由競争」を第一義とするバラッサ流の視点へと回帰していく。ただし，1980年代初頭の「経済成長の定常軌道への回復」論と比べると決定的に違っていたのは，中長期的な制度改革，とりわけ金融制度の改革と企業経営の再構築を，政府の強いリーダーシップのもとで実施することを，『東アジア：

回復への道』(World Bank 1998) や『グローバル経済の展望 1998/99 年版：金融危機を超えて』(とくに第 2 章, World Bank 1999) において，アジア諸国の経済社会再構築の重要な要件とみなした点である。これは，かつて世界銀行自身やバラッサが強調したように，市場メカニズムの正常な働きを阻害するさまざまな旧い制度を「除去する」消極的な政策ではなく，市場メカニズムの機能を保障する新しい制度を「上から構築する」積極的な政策の遂行を意味していた。

　それは単なる教科書が描く市場原理の導入ではなく，欧米社会が発展させてきた先発工業国の経済制度の導入，コーポレート・ガバナンスに従った制度改革の実施（本書の第 8 章），一言でいえば「アメリカナイゼーションへの道」を，国際機関と当該政府が推進することを強く求める政策であった。

　換言すると，アジアの「安定成長」「高成長」の要因を探求する議論は，一転してアジアの経済危機を招来した「制度的脆弱性」を追及し批判する議論に転換したのである。それは，1980 年代の「弱いアメリカ・強い日本」から，90 年代の「好況のアメリカ・長期不況の日本」への推移に対する現状認識をそのまま反映した議論でもあった[11]。

---

[11] そうした議論の代表として，経済危機前に韓国の経済発展パターンの特徴と限界を指摘し，危機以後大きな話題になった経営コンサルタント会社の『韓国報告書』(ブーズ・アレン&ハミルトン，森脇・田中訳 2000 年) がある。その議論のエッセンスは本書の終章を参照。

第2章

後発国モデル・雁行形態論・国の競争優位

　本章では，いよいよ「キャッチアップ型工業化」を理解するための，いくつかの重要な概念なりキーワードを説明する。まず，ドイツのリストの国民経済学とガーシェンクロンの「相対的後進性仮説」を紹介し，次に日本で生まれた「雁行形態論」とアメリカで生まれた「プロダクトサイクル・モデル」を比較対照する。その上で，私の考える「キャッチアップ型工業化」の概念図を紹介し，さらに第1章で紹介した企業経営システムや生産システムの研究を踏まえつつ，ポーターのいう「国の競争優位」論を検討する。

1　後発国モデルの原型

　「キャッチアップ型工業化」の本質のひとつは，すでに述べたように「後発工業国」もしくは「後々発工業国」(late-late comers) が，どのようにして貿易（輸入代替や輸出振興）と工業の段階的発展を結合していくのかという点にある。この問題に早くから取り組んだのは，19世紀半ばに「国民経済学体系」を著したリスト（Friedrich List）であった。リストは当時，イギリスの自由主義経済の拡大と自由貿易の強要，つまりドイツに対する「開国」の圧力に対して，次のように反論している（リスト，小林訳 1970年，190；原著 1841年）。

　「ところで，世界の現状のもとでは一般的自由貿易から生まれるものが世界共和国ではなくて，支配的な工業・貿易・海運国の至上権におさえられた後進

諸国民の世界的隷属よりほかにないということには，きわめて強い根拠が，しかもわれわれの見解では，くつがえすことのできない根拠がある」と．

　リストは自由貿易の比較優位原則が，貿易に参加するすべての国の経済的厚生を増大させることを認めていた．しかし，この経済的厚生は生産費構造が長期にわたって不変である場合，別言すると先進国イギリスが相対的に有利な工業製品を輸出し続け，後進国ドイツは同じく相対的に有利な農産物を輸出し続けるという固定的な分業関係が維持される限り，後進国であるドイツに「工業の低水準」と先進国に対する「世界的隷属」をもたらすと考えた．この分業関係は結局は，後進国の経済力の向上を阻害する原因となるから，政府においてはこれを打破する何らかの人為的政策が要請される．

　こう考えたリストは，後進国が自国の国民経済を発展させるためには，関税体系を中心とする保護貿易の実施（国内幼稚産業の保護育成）と，工業化を軸とする生産諸力の発展が不可欠であると主張した（同上書，364-365）．と同時に，後進諸国民が生産諸力を発展させるためには，国民の経済的育成を図るための「国民経済学」の確立，つまりアダム・スミス流の自由主義的経済学ではなく，国民・民族を基本単位とする独自の経済学の構築が必要であると提唱したのである（同上書，237-239）．

　したがって，ここにはのちに「キャッチアップ型工業化論」や「開発主義」（第5章）で検討する3つの基本的な特徴を明確に見いだすことができる．すなわち，①政府の経済介入の正当化（幼稚産業の保護や関税政策など），②工業力重視の経済発展論，③ナショナリズム（民族主義，国民主義）の鼓舞といったイデオロギーの重視という3つの特徴がそれである．そこで，リストの議論を「後発国モデルの原型」と呼んでおこう（コラム2-1）[1]．

---

[1] 速水佑次郎は，リカードが主張した貿易の比較優位論は，比較生産費構造の固定化した短期局面にのみ適用可能であり，これに対してリストは自国の工業への戦略的な投資によって比較生産費構造の改善を図ろうとする長期的・動態的議論を導入したと評価している．そして，こうしたリストの議論は不確実性の強い動態的な経済で，長期的な投資（後進国における工業向け投資）が過小になりがちとなるという「市場の失敗」を正しく指摘するものであった．ただし，この失敗を是正するために幼稚産業保護政策が行きすぎると，今度は「市場の失敗」を上回る「政府の失敗」を引き起こす可能性があり，これを速水は「リストの落とし穴」と名付けた（速水 1995年，225-228）．

> **Column 2-1**
>
> ## 宇野経済学と「後発国モデル」
>
> 「後発国モデル」に近いのが，宇野弘蔵が体系化した宇野経済学（宇野理論）である。宇野は，『資本論』を読み込むことで，同書のなかに混在する経済学の理論的側面と資本主義の歴史的な展開過程の叙述の部分を分離し，理論部分については純粋資本主義を想定した「原理論」として再構築した（宇野 1974年，原著は 1971年）。そして，資本主義の歴史的展開の部分は，イギリス資本主義やドイツ資本主義をある発展段階の類型としておさえ，重商主義，自由主義（イギリス），帝国主義（ドイツ，異質なアメリカ）の「段階論」（経済政策論）として発展させた。この宇野理論の体系化は，戦前に展開された「日本資本主義論争」を克服し，マルクス経済学の再編を意図していた点に注意する必要がある。つまり，日本社会をあくまで「特殊性」で捉える「講座派」と，日本資本主義もヨーロッパ資本主義にいずれは収斂するとみなす「労農派」の双方の限界を克服するために，純粋資本主義と後進国の資本主義を峻別した。その結果，日本資本主義の特性は，一方で「原理論」による一般法則と，「段階論」による後進資本主義もしくは後発工業国の特性の 2 つから把握される。

リストの問題関心は，彼の著作からほぼ 1 世紀たって「相対的後進性の優位」(the advantages of backwardness) の仮説を提示したガーシェンクロン（A. Gerschenkron）が継承した。ガーシェンクロンは，ドイツ，ポーランド，ロシア，アメリカなど多数の国の経済発展パターンを，イギリスなどの先発工業国と比較した経済史家であり，その実証的研究の中から次のような仮説を提示した（Gerschenkron 1962, 1-30；南 1992年，96-98）。

(1) 後進国経済が工業化を開始するさいには，後進国が利用できる「技術のバックログ」（語源的には暖炉の備蓄用の薪をさす。ここでは後発国が利用可能な海外の技術体系のストック量を表わす）が大きいほど，遅れて工業化を開始する国にとっては有望である。また，後進国では労働が安価で資本が高価であるという伝統的見解は誤りであり，むしろ土地から切り離された労働は不足して

おり資本の方が安価である。

　(2)　後進国は先進国との競争に直面して、もっとも近代的で効率の高い技術を選択する傾向がある。つまり、技術進歩が進んでいる部門を中心に工業化がなされる。イギリスの綿工業に対して、ドイツが鉄鋼業を選択したのはそうした選択の結果である。

　(3)　後進国の工業化は、大規模生産と革命的な発展をともなう。

　さて、ガーシェンクロンの「相対的後進性仮説」で注目すべきは、次の4点であろう。

　第一に、後進国はすでに先発国が開発した技術体系を、より迅速にかつより安く入手することができるという主張である（いわゆる後発性の利益）。したがって、後進国の工業化はしばしば突然の「大発進」(a big spurt)となって開始されることが多く、連続的ではなく断続的に始まる（ただし彼は、歴史的事実として指摘するのみで、なぜそうなるのかは問わない）[2]。

　第二に、こうした工業化のもとでは、製造業の比重が大きくなり、また要請される工場の設備と経営の規模も大きくなる（今日の概念でいう「規模の経済」の発揮と「ビッグ・ビジネス」の登場をすでに指摘している）。

　第三に、後進国の経済的な遅れが大きければ大きいほど、保護すべき幼稚産業に対して資本を供給し、中央集権的でより訓練された経営指導を与えるような「特殊な制度的諸要因」の役割が大きくなる。

　具体的には、この制度的要因はイギリスの場合には、工場制度と短期資金を提供する貿易中心の商業銀行であったが、ドイツでは長期の産業金融を担当する特別の「産業銀行」が重要な位置を占め、さらにドイツよりも後進的であるロシアの場合には、「中央集権的国家」が重要な役割を果たしてきたと彼は捉

---

[2]　ガーシェンクロンの「大発進」の考え方は、『経済発展の諸段階』で有名なロストウの「離陸」(take-off)仮説を想起させる。しかし、ロストウの「離陸」は比較的短期間の生産方法の根本的な変化や「経済・社会全体のより深い、またしばしば緩慢な変化」を意味し、経済社会の「飛躍」や「断絶」を強調するガーシェンクロンの「大発進」とは異なる。また、ロストウは「離陸」を議論する場合に、政治の近代化など「前提条件」を重視し、後進国の工業化にあたって「歴史的初期条件」を重視するガーシェンクロンとは、この点でも異なっていた（絵所1997年、35-36）。ロストウの議論については、小野編（1981年、第1章）を参照。

える。つまり，組織化された金融機関と政府の役割の2つを重視した（Gerschenkron 1962, 353-354；絵所 1997年，36-38）（政府主導型工業化と，今日でいう政策金融，金融抑圧の必要性を指摘している）。

第四に，後進国の工業化では，工業化に国民を駆り立てるような「特殊な工業化イデオロギー」（specific industrialization ideologies）（Gerschenkron 1962, 86），あるいは「強力なイデオロギー的な刺激」（ibid, 191）が必要となる。つまり，イギリスの経済的自由主義とは異なるイデオロギー，具体的にはドイツの民族主義，フランスのサンディカリズム，ロシアのボルシェキズムといった，工業化を鼓舞する特定のイデオロギーの役割が重要となる（本書の第5章でいう開発主義イデオロギーや上からのナショナリズムを想定している）。

ガーシェンクロンの議論はけっして体系的な理論とは言い難い。しかし彼の著作を読むと，本書で検討する「キャッチアップ型工業化論」の論点の多くがすでに指摘されていることに気付く。それは，彼が「比較経済史研究」という手法を使っただけではなく，ポーランドやロシアといった，当時としてはドイツ以上に後進的で周辺的な諸国の経済発展パターンに強い関心を抱いて研究した結果でもあった。その意味で「キャッチアップ型工業化論」は，周辺から世界をみる視点でもあると言えよう。

2 後発性の利益と不利益

ただし，ガーシェンクロンの議論には2つの重要な見通しの間違いがあったことに注意する必要がある。

そのひとつは，彼がドイツの鉄鋼業の発展を念頭において，後進国経済ではもっとも近代的で効率性の高い，あるいは技術進歩が進んでいる部門から工業化が始まると想定した点である。しかしこうした想定は，その後の後発工業国の経験自身が否定した。確かにドイツは鉄鋼業で，アメリカは自動車産業で，それぞれ工業化の推進を図ったが，工業化の初期においては，ドイツもアメリカも綿工業から始まっている[3]。したがって，鉄鋼業や自動車産業が支配的な産業になった理由は，単純な「相対的後進性仮説」では解くことができない。

むしろ，ドイツにおける企業と銀行の緊密な関係や技術知識の独自の発展，アメリカにおける大量生産・大量消費体制を前提とする「ビッグ・ビジネス」の成立といった新たな要因をつけ加えないと，ガーシェンクロンが考える「後発性の利益」は実現しないとみなしえるからである。また，日本，インド，さらに韓国やタイをとっても，当初は最先端の鉄鋼産業や自動車産業ではなく，かつてのイギリスと同様に，繊維産業の輸入代替過程から工業化が始まった。この点は第3節で改めて論じることにしたい。

　もうひとつの見通しの間違いは，「後発性の不利益」の大きさとその克服条件をどう捉えるかという点に関わる。後進国が工業化を開始する時期が遅れれば遅れるほど，当該国が利用できる「技術のバックログ」は大きくなり，それだけ工業化に向けての「大発進」が可能となる。これがガーシェンクロンの想定した仮説であった。しかし，「後発性の利益」を享受できるかどうかは，あくまで蓋然性の問題である。実際に「後発性の利益」を実現するためには，後進国の側に一定の国内条件と主体的な能力が備わっていなければならない。仮に「後発性の利益」が無条件に実現するならば，世界中の途上国はとっくに工業化に成功しており，今日議論されている「発展途上国の経済開発」という課題そのものがなくなるであろう。

　ガーシェンクロンはこの国内条件を，政府の主導的役割，組織化された金融機関，特殊な工業化イデオロギー（ナショナリズム）の3点に求めた。一方，利用可能な技術のバックログが大きくなったり，景気循環の後退局面では，「後発性の不利益」つまり「相対的後進性の不利」(the disadvantages of backwardness) が発生することを，ガーシェンクロン自身も気付いていた (Gerschenkron 1968, 120)。ただし，第二次大戦以後の技術革新のスピードがきわめて速く，1960年代以降工業化を開始した途上国にとっては，20世紀初頭のドイツやアメリカほどキャッチアップが容易でないことを，彼は十分予測しえなかったと言える[4]。

　したがって，「相対的後進性仮説」が示唆する論点は，「後発国工業化論」の

---

[3] ドイツにおける綿工業と鉄鋼業の発展過程については戸原（1960年）を，アメリカの綿工業と鉄鋼業の発展については石崎（1962年）を，それぞれ参照。

観点からみると,「後発性の利益」が前提とする工業化の蓋然性の問題ではなく,「後発性の不利益」をいかに克服し,かつ工業化に向けて「後発性の利益」をいかに内部化するか,その国内条件や主体的能力の形成の問題であろう。のちに第3章で,「工業化の社会的能力」としてこの問題を取り上げてみたい。

さて,近代経済成長の国際比較を試みる大川一司・ロソフスキーや南亮進たちも,ここで指摘した「後発性の利益を内部化する能力」に注目する。そして彼らはその能力を,とりあえず当該国の「技術導入の社会的能力」に置き換えた。例えば,大川・ロソフスキー (Ohkawa & Rosovsky 1973, 258-259) は,技術導入の社会的能力を強化した日本に固有の制度・組織として,財閥と終身雇用制度の2つを指摘した。前者の財閥は,各種産業を多角的に経営することで,当時の限られた日本の経営資源を有効に利用する上で与って力があり,後者の終身雇用制度は,熟練労働者の他企業への流出を防ぎ,企業内での熟練労働者の育成に貢献したと結論づけたのである。

一方,日本における経済発展のパターンを整理した南亮進は,『日本の経済発展』の中で,「技術導入の社会的能力」の構成要件として4点を掲げた。注意すべきは,この4つの要件が『旧版』(1981年) と『新版』(1992年) ではかなり異なっていた点である (表2-1,参照)。

例えば,第一の人的資源の存在は,『旧版』『新版』のどちらも政府お雇い外国人技師と国内の技師の役割を重視した。ところが,『新版』ではトヨタ自動車の前身である豊田式織機株式会社の創業者である豊田佐吉のような「在来的技術者」の存在にも,南は新たに注目している。また,第二の海外の製品・技術ノウハウ・機械設備を伝える情報網の発達については,『旧版』がもっぱら総合商社の役割にのみ言及していたのに対し,『新版』では大紡績聯合会 (業界団体) の加盟企業による懇談会や産業組合の役割 (情報交換) にも,読者の注意を促している。

大きく変わったのは,『旧版』で強調されていた社会的間接資本 (インフラの整備) と能率的な政府の存在の2点である。この2つの要件は『新版』では

---

4 韓国を事例に,技術の「キャッチアップ」の困難さを強調したのは,「第四世代工業化論」を展開した金泳鎬 (1988年) である。

表 2-1 技術導入の社会的能力（日本）

旧　版（1981 年）	新　版（1992 年）
①人的資源の存在： 　とくに優れた技術者外国人技師，日本人技師，伝統的職人。	①人的資源の存在： 　企業者やとりわけ技術者の存在。 　在来的技術者（豊田佐吉など）の存在。
②海外における情報収集能力： 　総合商社の役割。新製品や技術ノウハウ，機械設備を関連製造業に伝達する能力。	②情報網の発達： 　工業組合や産業組合，加盟企業の懇談会，総合商社の役割。
③社会的間接資本の蓄積： 　全国的市場の形成と量産体制。	③経営組織の近代化： 　株式会社制度の普及。
④能率的な政府の存在： 　殖産興業政策や義務教育，高等教育の整備。	④資本財産業の発達： 　外国技術の改良を可能にする国内の資本財産業の発達。

出所）南（1981 年），122-123 頁；南（1992 年），99-100 頁。

削除され，「経営組織の近代化」と「資本財産業の発達」に差し替えられた。これは，1980 年代以降著しく進展した，明治期の日本経済に関する計量経済史的手法を使った研究や，企業システムに関する研究の成果を反映させたものと理解できる[5]。第 1 章で示した図式に引き寄せて言えば，制度・組織的アプローチの導入が図られたのである。

3　雁行形態論とプロダクトサイクル・モデル

ガーシェンクロンの「相対的後進性仮説」を「技術導入の社会的能力」の議論へと発展させたのは，近代経済成長論（modern economic growth theory）の立場にたつ人々の研究であった[6]。これとは別に，後進国の貿易政策と工業の段階的発展の相互連関を別途に追究した研究者がいた。それが一橋大学の赤松要（かなめ）であり，彼が提唱した「雁行形態論」（wild-geese-flying pattern）であ

---

[5] 例えば，『岩波講座　日本経済史』全 6 巻（1988-89 年）や，中岡・石井・内田（1985 年），清川雪彦（1995 年），鈴木淳（1996 年）といった明治期の在来技術と輸入技術の研究，財閥企業経営の新しい研究（橋本・武田編 1992 年）を参照。

[6] 近代経済成長論と日本経済については，サイモン・クズネッツの一連の研究（S. Kuznets 1968；クズネッツ，塩野谷訳 1968 年）や大川・ロソフスキー（1973 年）を参照。安場（1980 年）もこの問題では必読文献のひとつである。

る（Akamatsu 1962）。

　この雁行形態論は，1990年代に入ってから国内外の研究者も頻繁に引用するようになった[7]。ただし，赤松が当初この言葉に込めた意味はあまり吟味されず，どちらかといえば通俗的な理解が流通している。つまり，日本というリーダー雁を先頭にして，その後ろからアジアNICsが，さらにその後ろからはタイ，マレーシア，インドネシアなどの新興アジアNIESが，さらにそのまた後ろからは中国やベトナムが，次々と工業化の段階を追いかけていく。そういった追跡型アジア工業化のパターンを，「雁が飛ぶ姿」としてイメージする素朴な構図によって理解されることが多い。

　例えば，タイのパースックとベーカー夫妻は，次のようにこの概念を適用している（Pasuk & Baker 1998, 311）。

　「1990年代に入るとアジア諸国は，かつてほどきちっとした雁の編隊を組むこともなく，むしろ編隊をくずし，メンバーの数を増やしながら移動している。優雅な雁である日本，重々しく飛ぶアホウ鳥の中国，小さなハチ鳥のシンガポールと香港，騒々しく飛び回るあひるのような台湾と韓国，そしてその周りにまとわりつくタイ，マレーシア，インドネシア。それぞれは自分独自の方法で飛んでいるが，それでも彼らは一緒になって流れを作り，ある方向に向かっているのだ」と。

　赤松が提唱した本来の「雁行形態論」は，こうした床の間に飾る掛け軸のようなイメージではなかった。彼が提唱した雁行形態とは次の2つである。ひとつは国を基本単位とする「世界経済の異質化と同質化」の動きであり，もうひとつが後進国（後発国）内部における特定産業，とりわけ繊維産業に代表される消費財産業の「輸入→国内生産→輸出→逆輸入」に至る貿易・生産のサイクルであった。そこでまず第1の動きから紹介していくと，彼自身は「世界経済の異質化と同質化」を次のように説明している（赤松1972年, 20）。

---

[7] 「雁行形態論」に言及したアジア経済論としては，Deyo ed.（1987），大川・小浜（1993年），大野・桜井（1997年），Hong（1997），Masuyama et al. eds.（1997），Jomo ed.（1998），進藤編（1999年）所収の第1章（イーザー），第2章（バーナード＝ラヴェンヒル），原洋之介（1999年），Hirakawa（1999）などがある。

「われわれは歴史的交替において世界経済は異質化と同質化を繰り返すものとした。これはA国に起こった革新はある年次にわたって躍進的に発展するが（非類似化すなわち異質化）、それはやがて停滞し、その間にB国がA国の技術を導入して両国は同質化（類似化）の傾向をとるものとするのである。すなわち一国に起こった革新はある年次を経て停滞し、その間にこれに次ぐ他の先進諸国はその革新産業を吸収し、はじめその輸入から自己生産に移り、やがてそれを第三国市場に、また最初の革新諸国にも輸出することになる。かくして世界経済の同質化はいわゆる雁行形態において進行するのである」と（傍点は赤松自身）。

ここには、生産技術の革新と伝播を媒介に工業化の世界的波及が進むダイナミズムが描かれている。発想は先に紹介した「後発国モデルの原型」や「相対的後進性仮説」とそれほど異なっていない。それと同時に、赤松は上に引用した文章の最後に注記を付け、ハーバード大学のヴァーノンのプロダクトサイクル・モデル（Vernon 1966）を取り上げて、彼のモデルを「雁行形態を革新国の側からする研究」と指摘した。のちに多国籍企業論の支配的モデルとなるプロダクトサイクル・モデルとの類似性を、赤松自身気付いていたのである[8]。

そこで、次に進む前にヴァーノンのモデルを紹介しておこう。渡辺利夫（1986年、第Ⅳ章）の同論文に関する再整理にしたがって図式化したのが、図2-1である。この概念図では、革新国はアメリカ、追跡する先進諸国はヨーロッパであるが、ヨーロッパを日本やアジア諸国と置き換えてもよい。図の XP、YP は X 財と Y 財の生産費 P を、XQ、YQ は X 財と Y 財の生産量 Q を、NE はネットの輸出（輸出マイナス輸入）をそれぞれ表わしている。

さて、アメリカで何らかの新製品 X 財が開発されたとき、開発を行なった企業は競争企業が存在しないため、当初は独占的な価格（XP_1）で製品を供給する（新製品の段階）。次にアメリカの中で競争企業が登場し生産を開始すると、生産量 XQ_1 は増加していき、同時に生産費 XP_1 は右下がりに下がっていく（製品の標準化段階）。さらに製品の生産技術が後続先進国の企業にも利用可

---

[8] 赤松要の「雁行形態論」とヴァーノンの「プロダクトサイクル・モデル」の相互関連については、小島清（1970年）、バーナード＝ラヴェンヒル（1999年）を参照。

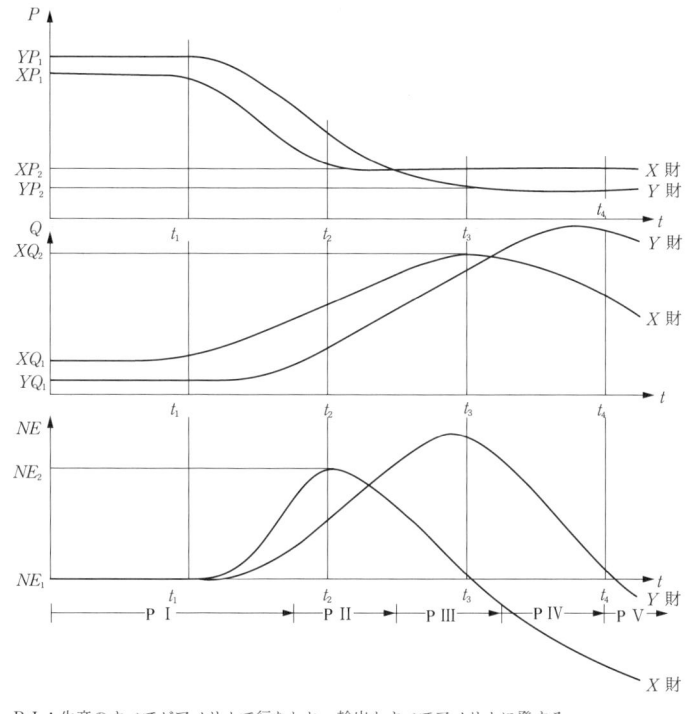

図 2-1　プロダクトサイクルの概念図

PⅠ：生産のすべてがアメリカで行なわれ，輸出もすべてアメリカに発する。
PⅡ：ヨーロッパで生産が開始され，アメリカの輸出はもっぱら開発途上国に向けられる。
PⅢ：アメリカの開発途上国向け輸出が，ヨーロッパにとって代わられる。
PⅣ：ヨーロッパがアメリカに輸出を開始する。
PⅤ：開発途上国がアメリカに輸出を開始する。
出所）渡辺（1986年），227頁

能になってくると，革新国の企業の優位性は失われるので，他国に輸出するか海外生産を開始する（製品の成熟化段階）。この過程で，後続の先進国，ついで途上国が次々と国内生産を開始し，さらには革新国に向けて輸出することになるので，生産量 XQ_1 から XQ_2 に増加し，大量生産・大量販売の結果，生産費 XP_1 は XP_2 のレベルに下がる。同時に，X 財の純輸出（NE_1）はこの時期（t_1 から t_2 の間）急増していき，その後（t_3）革新国は製品の最終局面である「輸入段階」に入っていく。なお，X 財の優位性が失われると，革新国アメリカ

で Y 財が新たに開発され，X 財と同じサイクルを描いていく[9]。

　ヴァーノンのプロダクトサイクル・モデルは，もともとアメリカ企業がなぜ多国籍化や海外生産にシフトするのか，その経済的根拠を明らかにするための概念装置であった。しかし，その説明は後発国（途上国）からみれば工業化の国際的な波及メカニズム，つまり赤松が戦前から提唱していた「世界経済の異質化と同質化」や「雁行形態」の第1形態と重なる議論であったことを明記しておきたい[10]。

　ただし，赤松が「雁行形態」と名付けたのはこれだけではなかった。むしろより重要なのは，革新国（アメリカ）ではなく，後発国（日本）の立場から，ある特定産業が「輸入→国内生産→輸出」へと進むそのパターンと，主要輸出産業が交替していくそのプロセスであった。この点を，彼はまず羊毛工業品を例に実証し（赤松 1935 年），次いで 1870 年代から 1945 年までの日本における，①綿糸，②綿織物，③紡機・織機，④機械器具工業の4つの産業における「輸入・国内生産・輸出」の継起的な推移を検討することで，明らかにしようとした（Akamatsu 1962）。

　1962 年の英語論文に掲載された図を簡略化したのが図 2-2 である。縦軸にはそれぞれの産業の生産・輸出・輸入の金額が，横軸には時間がとってある。技術集約度が高くなる綿糸，綿織物，紡機・織機，機械器具工業の順に，「輸入・生産・輸出」が継起的に生じていること，そして各産業毎に「輸入・生産・輸出」が「やま型」のカーブを描いていることが，この図から読み取れる

---

[9] ヴァーノンは 1966 年の論文では，革新商品はつねにアメリカの企業が生み出し，その標準化，成熟化の過程でヨーロッパそしてより後続の国へ順次波及すると想定していた。ところが 1979 年の論文では，新商品の生産拠点はアジア諸国のように技術学習能力の高い地域にヨーロッパをスキップして直接移転する可能性もあること，革新商品がつねにアメリカで生成するとは限らないことの2点を指摘し，新しい国際環境のもとでのプロダクトサイクル・モデルの「再構築」を試みている（Vernon 1979；渡辺 1986 年, 230）。

[10] 赤松要の「雁行形態論」「雁行的発展」の着想とその適用は，戦前に名古屋高等商業学校『商業経済論叢』に発表された羊毛工業品を中心とする一連の研究（赤松 1935 年；1937 年）にみることができる。その後，1956 年の「わが国産業発展の雁行形態：機械器具工業について」（『一橋論叢』第 36 巻第5号）で形を整え，アジア経済研究所の英文雑誌『The Developing Economies』の創刊準備号（1962 年 3-8 月号）の巻頭英文論文（Akamatsu 1962）で体系化がなされた。

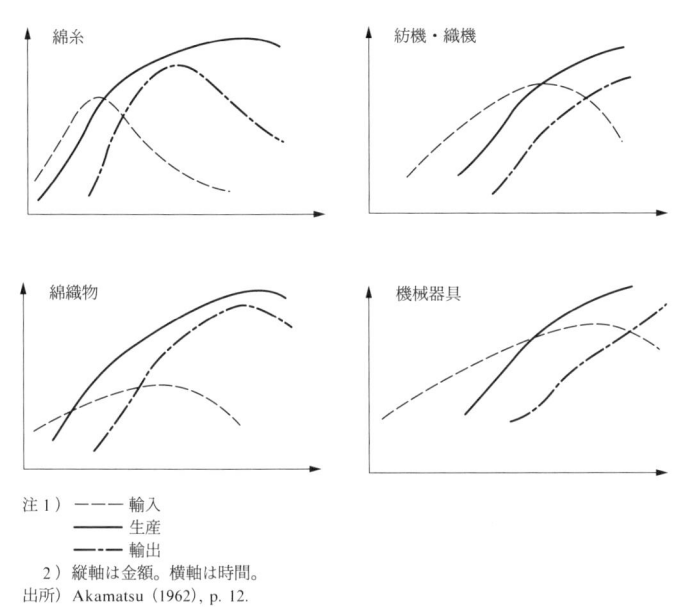

図 2-2　日本繊維産業の雁行形態的発展（1870年代から第2次大戦まで）

（綿糸／紡機・織機／綿織物／機械器具）

注1）　----- 輸入
　　　──── 生産
　　　-・-・- 輸出
　2）縦軸は金額。横軸は時間。
出所）Akamatsu (1962), p. 12.

だろう。この図に描かれている特定産業の発展パターンと主要輸出産業の変遷こそが，赤松がいう第二番目の「雁行形態論」であり，後発国に固有の「雁行形態論」であった（コラム 2-2）。

さて，2つの「雁行形態論」を念頭に，アメリカ，日本，韓国，台湾，タイ，マレーシアの6カ国の，数量ベースの白黒テレビの生産と輸出（アメリカは生産のみ）の推移をみたのが図 2-3 である。生産台数の増加のペースが日本よりは韓国や台湾でより速いこと，日本と韓国を比べた場合，韓国の方が国内生産の伸びと輸出の伸びがより接近していることが図から分かるであろう[11]。これは，あとから追跡する韓国や台湾の場合には，より「圧縮された工業化」

---

[11] 本章では私が整理したテレビを図示しておいた。一方，こうした「圧縮された工業化」もしくは「工業化の重層的追跡過程」を1990年代までの貿易統計を整理しながら，かつアメリカ，日本，東アジア，東南アジア諸国を対象としながら詳細に分析したものとして，高中（2000年，解説の第4章）がある。韓国と台湾の半導体産業の追跡過程を比較したものとして，Hong（1997）も参照のこと。

> **Column 2-2**
>
> ### 一橋大学グループと「後発国モデル」
>
> 　後発国工業化モデルや後進国の貿易と産業の相互補完関係の実証研究、日本経済の発展パターンの理論的計量的把握などを積極的に進めてきたのは、本章で紹介した赤松要ほかが所属した一橋大学グループ（経済学部、経済研究所）であった。宇野経済学が東京大学（経済学部、社会科学研究所）や東北大学を拠点として日本経済論や世界経済論を発展させてきたのとは、対照をなしている。この一橋大学グループの中には、戦前「経済政策論」や「植民地政策論」を担当した板垣與一（戦前はリストや世界経済論の研究、戦後は東南アジアの政治経済発展とナショナリズムの研究を主導した。アジア経済研究所の初期の研究顧問）、日本型海外投資論のパイオニアで今日の「APEC」につながるアジア太平洋経済論の早くからの提唱者であった小島清（1985年）、比較近代成長論の篠原三代平（1961年：アジア経済研究所会長）、大川一司（1986年）、南亮進（1981年；1992年）、経済発展と技術論の清川雪彦（1995年）、赤松の「雁行形態論」を日本の繊維産業などでより実証的に深めようとした山澤逸平（1984年：アジア経済研究所所長）などがそうである。開発経済学者で現代中国経済研究のパイオニアである石川滋（1990年）、労働経済の尾高煌之助（1984年；同編1989年）、金融論の寺西重郎（1991年；青木・寺西編2000年）、さらに前掲の南、清川なども、中国をはじめアジアに関する研究を多数発表している。なお1995年から5年間、一橋大学経済研究所は「アジア長期経済統計データベースプロジェクト」（文部省重点領域研究）を実施し、私も参加した。

(compressed industrialization)、もしくは「工業化の圧縮過程」(telescoping process)[12] が実現し、かつ「輸出主導の工業化」を政策的に採用したからであった（本書の第6章を参照）。

---

[12] 先発の工業国より後発の工業国の方が「輸入技術」を活用して工業化の期間を短縮する過程を、大川（1976年）はかつて「圧縮過程」(compressed process) と呼んだ。一方、日本のほか後々発組である韓国、台湾を加えて3カ国・地域間の比較を試みたフェイ・大川・レニス（1986年）では、この「圧縮過程」に「telescoping process」の英語を当てはめている。大川・小浜（1993年，88-92）もこれにならっている。

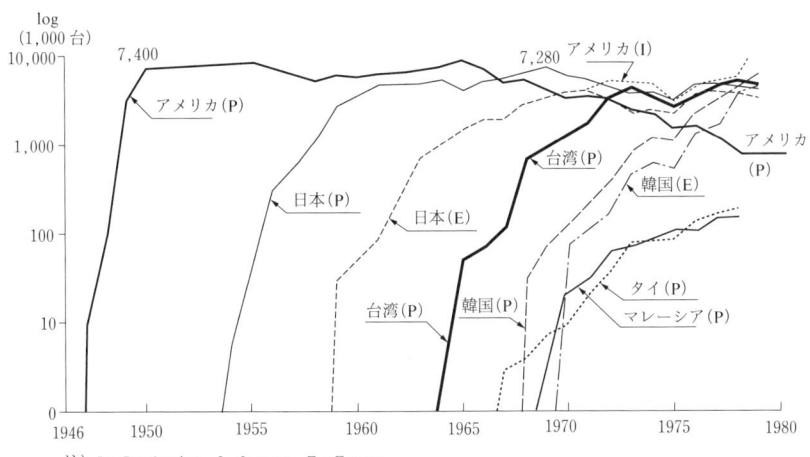

図 2-3　白黒テレビの国別生産と輸出の推移

注）P＝Production，I＝Import，E＝Export
出所）アジア経済研究所経済開発分析プロジェクト・チーム編（1981 年），318 頁（末廣作成）。

4 「キャッチアップ型工業化」モデル

　以上の議論を前提に，ここでは「キャッチアップ型工業化」の発展パターンをより一般的な概念図で示しておこう[13]。

　まず，アジア諸国の代表的な輸出産業であるテレビを例にとると，図 2-4A のようになる。なお，図では縦軸にテレビの生産・輸出国を，横軸に製品の技術集約度と時間の流れを，それぞれとっている。例えば，白黒テレビの開発は 1950 年代初めにアメリカで成功し，まもなく日本がその技術を導入して国産化を果たし，さらに対米向け輸出を開始した。そこで，アメリカはカラーテレビに移行し，それをほぼ追跡する形で日本がカラーテレビの生産・輸出を始め

---

[13] この概念図のアイデアは 1984 年に当時京都大学経済研究所に所属していた佐藤光氏との議論の中で得たものである。末廣（1994b 年，44）に使ったモデルを改良して本書に採録した。大野・桜井（1997 年，19）も「構造転換連鎖」と名付けてほぼ同趣旨の概念図を紹介している。

50　第Ⅰ部　視角と方法

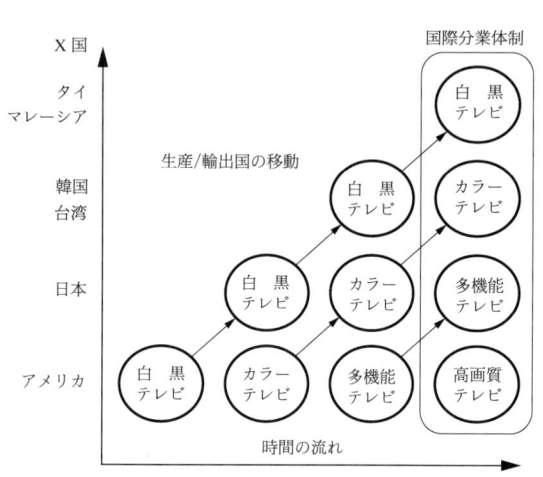

図 2-4A　テレビ製品と生産・輸出国の移動

た。その結果，アメリカは多機能テレビ，さらには高画質のテレビと主力製品を移行させていった。その移行過程が図には示されている。

　図の右端にある縦の列は，ある時点でのテレビ製品の生産と輸出の国際分業の状況を示し，左から右へのななめ上がりの流れは，特定製品（白黒テレビなど）の主要生産・輸出国の移転サイクルを表わしている。したがって，この図は後発国や後々発国がどのようにして「キャッチアップ」しているのか，そのプロセスを描いたものといえる。そして，この図をより敷衍化したのが図 2-4B である。図は「キャッチアップ型工業化」のパターンを，少なくとも3つの側面から明らかにしている。

　(1)　ある製品，例えば半導体のうち呼び出し自由の記憶装置（D-RAM）の生産が，輸入技術の導入と定着の過程で，技術集積度の高い分野に移動し（4K，16K，32K，256K，1M，8M……），同時に主要生産・輸出国が移動していく様子を示すことができる。同様の傾向は，番手別の綿糸（番手の数が大きいほど，糸が細くなり品質が高級となる）などにも適用できる。

　(2)　ある後発国で，かつ同一産業に所属する主力製品の移転サイクルを示す

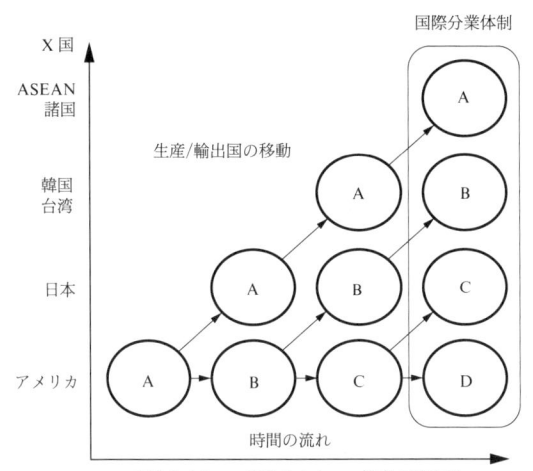

図 2-4B　技術革新と生産・輸出国の移動

ことができる。繊維産業の場合には，「綿織物→化合繊織物→加工撚糸や特殊素材を使った織物」の移転サイクルを，電子産業の場合には，「テレビ→VTR・ラジカセ→半導体→超 LSI」の移転サイクルを，それぞれ示すことができる。

（3）ある後発国が比較優位を誇る主要輸出産業の移転サイクル（日本，韓国の場合には，雑貨→繊維・衣類→電子部品→自動車・コンピュータ部品など）を示すことができる。

言うまでもなく，第一の側面はヴァーノンのプロダクトサイクルを，第二と第三の側面は赤松の「第二の雁行形態」を表わしている。また，図のななめの流れは赤松がいう「世界経済の同質化」を，一番下の横の流れは「革新による世界経済の異質化」をそれぞれ示し，さらに右端の縦の列はフレーベルたちがいう「新国際分業秩序」(new international division of labor) の様子を示している（Fröbel et al. 1980）。

ただし，この図にはいくつかの重要な欠陥が存在する。第一に，図ではアメリカが常に新製品の開発国に想定されているが，VTR のように，日本がアメ

リカに先駆けて商品化に成功する場合もある。とくに新技術ではなく応用技術をベースとする製品の開発の場合には，「飛び越え」が生じることも十分ありえる（Vernon 1979；本章の注8，参照）。

　第二に，図の左端の縦軸には国を掲げているが，じつはある製品の輸出が世界市場で優位を誇っている国と，実際にその製品を生産・輸出している企業の国籍とは必ずしも一致しないという点である。例えば，1980年代後半以降，急速に伸びるタイ，マレーシアのテレビやVTRの生産・輸出を担っていたのは，地場の企業ではなく日本やアメリカの多国籍企業であった。つまり，図2-4Bは，アジア域内の「国間」の分業体制ではなく，日本企業の国際化，あるいは同一多国籍企業内のアジア域内分業体制を示しているのである。

　第三に，図2-4Bではなぜある国の同一製品や同一産業のなかで，AからDへと技術集約度の上昇が生じるのか，その点を説得的に説明していない。もちろん，本章で述べた「技術導入の社会的能力」（表2-1）がまず重要な要件となるだろう。しかし，玉突きのように次々と輸出向け主力製品が移転していくプロセスを説明するためには，「後発性の利益仮説」だけでは不十分である。別のファクター，例えば国間や企業間の同一市場をめぐる激しい競争というファクターを導入することも必要となる。

　そこでこの点をテレビ産業を例にとって実証しようとしたのが，図2-5と表2-2であった。以下，アメリカ市場をめぐる日・米・アジア諸国の企業間競争が，アジア諸国の追跡型工業化をいかに促していったかを，時間の流れにそって簡単に説明しておこう（末廣 1981年；末廣 1995年，173-175）。

　(a)　1960年代前半。1952年に日本はアメリカから技術を導入して白黒テレビの国内向け生産を開始したが，60年代前半から対米輸出も本格させた（図の①の流れ）。ちなみにアメリカ市場での日本製品のシェアは，60年代末には15％に達した。

　(b)　1960年代後半〜70年代前半。日本製品の輸入増加に対抗して，アドミラル社，ゼニス社，RCA社などの米系大手テレビセットメーカーが，いっせいにキットの組立工程を台湾へ移管し（図の②），自社ブランドの半製品をアメリカに再輸入して日本製品と競争した（図の③）。一方，日本も韓国・台湾

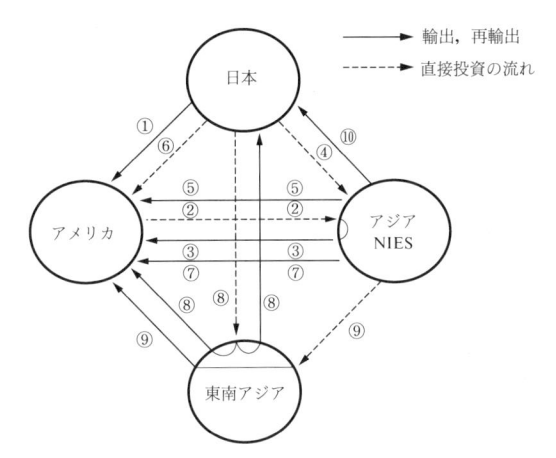

図 2-5 アジア地域のテレビの生産・輸出・海外生産

凡例：
→ 輸出，再輸出
--→ 直接投資の流れ

注) 番号は本文を参照。
出所) 末廣（1995年），173頁。

へ追従的に進出し（図の④），海外からの対米輸出を一部開始した（図の⑤）。その結果，アメリカの白黒テレビの輸入市場に占める日本と台湾の比率は，1971年の61％対30％から，73年には20％対66％へ劇的に逆転した[14]。

(c) 1970年代後半。カラーテレビの日米間の貿易摩擦が両国で遂に政治問題に発展し，日本は輸出自主規制とアメリカでの現地生産に切り替えた（図の⑥，表2-2）。

(d) 1970年代後半。韓国・台湾の地場企業による白黒テレビの生産・輸出が本格化した。韓国の場合には，三星，金星，大宇の3社がそれぞれ120万台近い規模で量産体制をとり，アメリカ市場で日本製品と激しい競争を展開した（図の⑦）。そのため，日本企業は韓国などと競合する白黒テレビの日本からの輸出を中止し，カラーテレビやVTRに主力輸出品をシフトさせ，さらにその一部は東南アジアに輸出拠点を移した。

---

[14] アメリカ多国籍企業の海外生産や半製品の形での再輸入の増加に注目して多国籍企業論を展開したのが，先に紹介したヴァーノンの「プロダクトサイクル・モデル」であり，本書第1章で紹介したヘライナーの「企業内貿易」仮説であった。

表 2-2A　日本・アメリカ・韓国のテレビ組立メーカーの海外進出

進出先 (進出年)	台湾・韓国 (米・日本企業)	進出先 (生産年)	アメリカ (日本企業)	進出先 (進出年)	アジア・ラテンアメリカ (韓国企業)
1965	Philco（台）	1972	ソニー	1988	三星（メキシコ，輸出）
1967	Admiral（台）	1974	松下電器産業	1988	金星（メキシコ，輸出）
1968	東芝（韓）	1977	三洋電機	1989	三星（タイ，輸出）
1969	三洋電機（韓）	1978	東芝	1989	金星（タイ，輸出）
1969	RCA（台）	1978	三菱電機	1991	大宇（メキシコ，輸出）
1969	日立（台）	1979	日立製作所	1991	三星物産（中国，国内）
1970	Arvin（台）	1979	シャープ	1991	金星（インドネシア，輸出）
1970	Motorola（台）			1992	三星電管（マレーシア，輸出）
1971	Zenith（台）				
1973	松下電器（韓）				
1977	三洋電機（韓）				

表 2-2B　日本・アメリカ・韓国のテレビ組立メーカーの海外進出

進出先 (進出年)	東南アジア (日本企業：国内市場向け)	進出先 (進出年)	東南アジア (日本企業：輸出目的)
1969*	松下電器産業（タイ，合弁）	1972	日立製作所（シンガポール，単独）
1970*	東芝（タイ，合弁）	1978	日立製作所（CRT，シンガポール，単独）
1970*	三洋電機（タイ，合弁）	1979*	東芝（シンガポール，単独）
1970	日立製作所（タイ，合弁）	1987	ソニー（マレーシア，単独）
1970	三洋電機（インドネシア，合弁）	1987	松下電器産業（シンガポール，単独）
1970	松下電器産業（インドネシア，合弁）	1988	東芝（CRT，タイ，単独）
1972	三洋電機（シンガポール，合弁）	1988	松下電器産業（マレーシア，単独）
1974	三菱電機（シンガポール，合弁）	1989*	日本ビクター（タイ，単独）
1977	三洋電機（マレーシア，合弁）	1990	松下電子（CRT，マレーシア，単独）
1981*	シャープ（マレーシア，資本参加）	1990	ソニー（シンガポール，単独）
1987	三菱電機（CRT，タイ，合弁）	1992*	NEC（タイ，新工場）
1991	三菱電機（インドネシア，資本参加）	1993*	三菱電機（マレーシア，単独）
1993*	三洋電機（インドネシア，合弁）	1994	東芝（CRT，インドネシア，合弁）
1993*	シャープ（タイ，単独）	1994*	松下電器産業（タイ，新工場）
1994*	シャープ（インドネシア，資本参加）		

注1）アメリカの年次は生産開始年，その他の地域は企業の進出年を示す。ただし，東南アジアの場合，＊は生産開始年もしくは既存進出企業のテレビ生産開始年を示す。
　2）括弧内の「国内」は国内市場向け，「輸出」は輸出目的の進出を示す。
　3）CRTはブラウン管製造を示す。
出所）末廣（1981年）；『電波新聞』の記事；日本電子機械工業会資料（1980年，1991年）。

(e) 1980年代後半以降。日本のカラーテレビ，ブラウン管の組立メーカーが，いっせいに東南アジアへ進出し（図の⑧，表2-2），同時に，韓国企業などもカラーテレビの生産・輸出基地を東南アジア諸国に一部シフトさせ始めた（表2-2）。そして，東南アジア地域からの対米向け輸出が本格化した（図の⑨）。その結果，シンガポール，マレーシア，タイの3カ国のみで，カラーテレビの生産合計数は，1988年の757万台から97年の1629万台に増加し，遂に日本の生産量を凌駕するに至ったのである（表2-3）[15]。

アメリカという巨大で「開かれた市場」を舞台に，アメリカ，日本，韓国・台湾の企業が激しい競争を展開し，この企業間競争が労働集約的なテレビの組立からより技術集約的なテレビの組立へ，そして低廉な労賃を求めて自国から東アジア，次いで東南アジア諸国へと生産・輸出基地を移転させていったのである。また，表2-3が明確に示しているように，1997年時点ではカラーテレビやビデオは韓国，タイ，マレーシアが，パソコン本体は台湾が，パソコンの周辺機器はシンガポール，タイ，マレーシアが主として輸出を担うというように，アジア地域内での一定程度の「棲み分け」も生じている（さくら総合研究所編 2000年）。

テレビの事例研究は，持続的な「キャッチアップ型工業化」にとって国間，企業間の競争がいかに重要であるかを示している。それをより体系的に示したのが，ポーターのいう「国の競争優位」(the competitive advantage of nations)であった。

---

[15] カラーテレビとビデオの東南アジア3カ国の生産状況を日本電子機械工業会の『東南アジア電子工業調査団報告書』(89年，91年，98年)で確認しておくと，1988年から97年の間にカラーテレビは，タイが80万台から618万台へ，マレーシアが259万台から807万台へ，シンガポールが418万台から205万台へ，それぞれ推移している。一方，ビデオの組立は88年当時，タイ，マレーシアともまだ生産していなかったのが，97年にはタイが年間399万台，マレーシアが1162万台，それぞれ生産するようになり，東南アジアは世界最大の生産輸出拠点に成長した。

表 2-3 アジア諸国における電機電子産業の生産状況（1997年）

（単位：1000台）

製　　品	中　　国	韓　　国	台　　湾	フィリピン
カ ラ ー テ レ ビ	25,380	9,242	682	1,050
ビデオ付きテレビ	1,300	1,380	－	－
ビ　デ　オ	9,690	8,733	436	370
ス テ レ オ	23,490	1,350	50	210
ラ ジ カ セ	66,000	1,280	50	480
カ ー ス テ レ オ	19,670	5,800	784	1,340
パソコン本体	2,400	2,396	13,520	－
パソコン半製品	7,000	－	26,100	－
キ ー ボ ー ド	－	7,250	1,450	－
マ ウ ス	－	－	－	－
FDD	15,000	4,714	5,400	41,400
HDD	3,490	5,322	－	9,000
CD-ROM	8,500	11,300	9,132	7,200
プ リ ン タ ー	6,500	422	180	－
電 子 レ ン ジ	3,600	8,145	291	－
エ ア コ ン	7,860	1,678	1,596	240
冷 蔵 庫	9,600	4,385	432	540

製　　品	タ　イ	マレーシア	シンガポール	インドネシア
カ ラ ー テ レ ビ	6,178	8,067	2,046	4,200
ビデオ付きテレビ	1,120	1,965	60	700
ビ　デ　オ	3,988	11,623	720	5,450
ス テ レ オ	660	18,022	3,540	2,650
ラ ジ カ セ	－	3,597	－	3,100
カ ー ス テ レ オ	4,010	9,690	2,910	980
パソコン本体	－	380	3,810	－
パソコン半製品	－	3,900	4,380	－
キ ー ボ ー ド	15,600	15,840	－	－
マ ウ ス	－	10,200	－	－
FDD	17,800	25,930	－	－
HDD	13,500	14,600	54,240	－
CD-ROM	－	11,798	2,460	－
プ リ ン タ ー	3,250	－	13,440	4,650
電 子 レ ン ジ	2,600	600	1,020	－
エ ア コ ン	2,790	2,171	450	110
冷 蔵 庫	2,120	155	50	1,300

注1）日本電子機械工業会『海外電子工業の動向』（1997年版）の報告書。
　2）経済企画庁『アジア経済　1999年版』1999年，205頁。
　3）カラーテレビ，ビデオ輸出基地：韓国，マレーシア，タイ
　　　パソコン本体の輸出基地：台湾
　　　パソコンの周辺端末の輸出基地：シンガポール，タイ，マレーシア

5 「国の競争優位」論

　ポーターは1980年代初めに，アメリカにおける自動車産業などが衰退し，逆に日本製品やイタリア製品のアメリカ市場や世界市場における躍進が生じたのはなぜかと問いかけた。そして，この逆転現象をもたらしたのは，「国の競争優位」の違いであり，国の競争優位を規定するのは主要産業の競争優位であり，ひいては個別企業の競争優位に依存すると考えた。そして，この国の競争優位を支える基本条件は単なる生産コストの差ではなく，①天然資源，資本，労働力などの要素条件，②洗練された消費者の製品の品質や価格に対する「厳しい目」を含む需要条件，③企業の経営組織とライバル企業間の激しい競争関係の存続，④輸出産業を支えるサポーティング産業（素材産業や金型，鋳物，デザイン技術など）の集積と地理的集中，の4つにあると主張した（図2-6に示したいわゆるダイヤモンド・モデル）。

　後発国が工業化を開始する場合，差し当たり依拠するのは，①の生産諸要素の賦存状況である。例えば，天然資源や資本といった要素条件に恵まれていない国では（これを選択的劣位と呼ぶ），労働集約型産業への特化といったように，かえって工業化のための強烈な動機づけが生じ，成長は加速化するとポーターは捉える。日本や韓国がその典型例であった。ただし，要素条件にのみ依存していたのでは，世界市場において比較優位を維持することはできない。そこで，絶えざるイノベーション（革新）が要請される。そして，このイノベーションの推進を支えるのが，ポーターの議論では，②の国内の需要条件（市場の構造と消費者の品質や品質に見合った価格に対する要求度の高さ）であり，さらに③の企業間の熾烈な競争の存在であった。企業間の競争のないところに，イノベーションは生じないのである。

　ポーターの議論でとりわけ興味深いのは，彼が国の競争優位を支える必要十分条件の欄外に，政府の政策と「チャンス」，すなわち戦争や石油危機，革新的な発明など予測不能な事態の2つの条件を設定していることである（図2-6，参照）。つまり，競争優位の向上を促す革新（イノベーション）にとって，政府

図 2-6 「国の競争優位」論のダイヤモンド・モデル

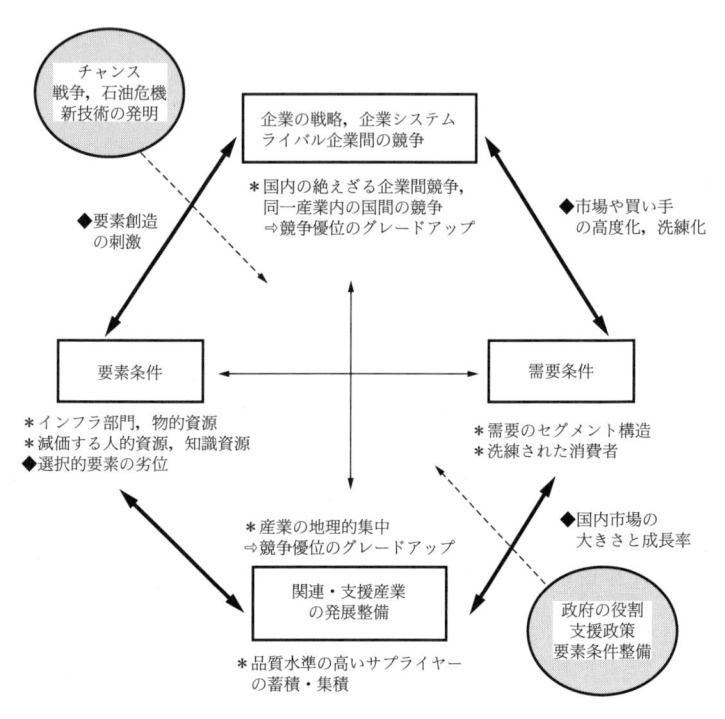

```
                    チャンス
                  戦争, 石油危機
                  新技術の発明
                         │
                         ↓
              ┌─────────────────────┐
              │ 企業の戦略, 企業システム │
              │ ライバル企業間の競争   │
              └─────────────────────┘
                  ↗           ↘
     ◆要素創造        ＊国内の絶えざる企業間競争,      ◆市場や買い手
       の刺激          同一産業内の国間の競争          の高度化, 洗練化
                    ⇒競争優位のグレードアップ
       ↓                                              ↓
   ┌────────┐                                    ┌────────┐
   │ 要素条件 │ ←──────────────→ │ 需要条件 │
   └────────┘                                    └────────┘
   ＊インフラ部門, 物的資源                    ＊需要のセグメント構造
   ＊減価する人的資源, 知識資源                ＊洗練された消費者
   ◆選択的要素の劣位

              ＊産業の地理的集中                  ◆国内市場の
              ⇒競争優位のグレードアップ          大きさと成長率
                         ↓
              ┌─────────────────┐
              │ 関連・支援産業   │          政府の役割
              │ の発展整備       │          支援政策
              └─────────────────┘          要素条件整備
              ＊品質水準の高いサプライヤー
                の蓄積・集積
```

出所) ポーター, 土岐ほか訳 (1992年上巻), 106, 188頁ほかより末廣作成。

の政策や新技術の発明は, あくまで外在的な条件とポーターはみなした (ポーター, 土岐ほか訳 1992年上巻, 183-190)。

例えば, 1970年代に石油危機に直面した日本の自動車産業が, その後国際競争力を高め, アメリカを脅かすようになったのは, 新しい技術的発明や政府の積極的な政策があったからではなく, 生産現場における不断の改良・改善, これを要請する国内の厳しい企業間競争, そして品質の高い部品を供給できるサプライヤーが豊富に存在したからだ (ダイヤモンド・モデルの④関連・支援産業の発展整備に該当する) と, ポーターはみなすのである (ポーター, 土岐ほか訳 1992年下巻, 第8章)。

したがってポーターは, 新しい製品・技術を開発するための個人の能力や経

済環境をそれほど重視しない（ヴァーノンのプロダクトサイクル論への批判)。むしろ，新しい技術を速やかに導入し改善し，要素条件や需要条件に組み合わせていく企業間競争と企業自身の組織的能力こそを，イノベーション推進のための重要な要件と捉える。その意味で，ポーターの議論は，第1章の「アジア経済論」の系譜から言うと，企業システム論アプローチに近いと言えよう。

いずれにせよ，彼の議論は後発国の持続的な工業化を支える基本的な内部要因として，イノベーション（革新）の持続を支える枠組みを重視する。それはガーシェンクロンたちが軽視してきた「後発性の利益を内部化する」重要な条件であった。そこで次章では，この革新と工業化の社会的能力の関係について検討することにしたい。

第3章

工業化の社会的能力と「革新的結合」

　第2章では,「後発性の利益」は決して自動的に実現するものではなく,技術格差が大きくなればなるほど,後発国にとっては「後発性の不利益」に転化しかねないことを指摘した。そして,「後発性の利益」を実現するためには,先発工業国から技術を導入し定着させる社会的能力が必要であることも指摘した。本章ではこの点をもう少し掘り下げて検討する。鍵となるのは,政府,企業,職場の3つのレベルで要求される工業化の社会的能力,「革新」の概念とその段階的発展,企業家レベルにみられる「革新的結合」などである。また,「キャッチアップ型工業化」論が対象とする研究課題についても,最後に言及する。

1　工業化の社会的能力

　近代経済成長論者が,「後発性の利益の内部化」として取り上げたのは,「技術導入の社会的能力」や後発工業化を助ける特別の制度(財閥や終身雇用制度など)であった。これに対して渡辺利夫は,「工業化の社会的能力」というより広い概念を用いて,後発性の利益を内部化する主体的条件を説明しようとした。渡辺が指摘した「工業化の社会的能力」の構成要件は,①強い政府と政策転換能力,②企業経営能力,③熟練労働の3つである(渡辺1979年,第1章)[1]。

もっとも，渡辺自身はこの問題をその後より詳しく展開したわけではなく，枠組みを指摘しただけに終わった。実際，彼の『開発経済学：経済学と現代アジア』は，「工業化の社会的能力」を独立した章として取り上げていない。第VI章の「発展の国際的波及」の最後の部分で，「後発性利益を享受しうるには，その国にそれなりの『社会的能力』が備わっていなければならないのは当然であろう」（渡辺 1986 年，235）と簡単に触れるだけにとどまっている。また，彼が強い関心を抱いた韓国の工業化を議論する場合でも，先に掲げた 3 つの能力のなかでとりわけ注目したのは，①の政府の政策転換能力，具体的には 1960 年代の輸入代替から輸出振興への転換と，80 年代末の外向きの工業化政策から内需志向の工業化への転換の政策的意義の評価であった（渡辺 1995 年，第 4 章）。他の 2 つの要因については，チェボル（財閥）の積極的役割や労働者の高い教育水準を一般的に指摘するだけであった（渡辺 1982 年）。

　一方，ほぼ同様の関心を持っていたエズラ・ヴォーゲルは，東アジア諸国の工業化を促した人的資源の側面，とくに官僚主義の発展と能力主義にもとづくエリートの蓄積に注目した。『ジャパンアズナンバーワン』（広中・木本訳 1979 年）の著者として有名なヴォーゲルは，韓国，台湾，香港，シンガポールの「アジア四小龍」を「後期後発国」と名付け，日本を「四小龍」の先駆者に位置付けた（ヴォーゲル，渡辺訳 1993 年，9）。そして，「アジア四小龍」の急速な工業化と経済的発展は，アメリカの援助や，勤勉で豊富な労働力，学ぶべき日本モデルの存在など状況的要因にもよっていたが，より重要な要因は 4 つの制度と文化的慣習にあったと捉える。「すなわち能力主義のエリート，入試制度，集団の重要性，自己研鑽の目標（の 4 つ）は，儒教的伝統にもとづくものではあるが，工業社会の要請にも適応しえた。……東アジアの社会は，好機を

1　渡辺利夫は別の論文では，「工業化の社会的能力」の 3 つの要件を，①官僚の行政能力，②企業家の経営能力，③労働者の技術水準と言い換えている（渡辺 1984 年，25）。一方，第 1 章で紹介したアムスデンは，後発国の工業化の成功に必要とされる「制度・組織」として，①介入主義的国家の存在，②事業多角化したビジネスグループの存在，③有能な専門経営者の供給，④低賃金で教育水準の高い労働力の豊富な供給，の 4 つを掲げている（Amsden 1989, 8）。彼女のいう「後発国工業化の成功のための制度・組織的条件」は，本書でいう「工業化の社会的能力」とほぼ重なっている。

表 3-1　工業化の社会的能力

レベル	人的側面	能力の指標/制度・組織
政府レベル	経済テクノクラート	①政策遂行の組織的能力 ②情報の共有システム ③政治からの独立 　（レントシーキングからの離脱）
企業レベル	企業家	①個人の企業家精神の発揮 ②経営諸資源の革新的結合 ③企業組織改革の推進
職場レベル	技術者・技能者 熟練労働者	①個人の技術習得能力 ②組織の技術形成能力 ③社会の技術形成能力 　（在来技術の蓄積と教育制度）

利用すべくこうした基本的諸制度を応用しえたのであり，それゆえ彼らは世界がいまだ経験したこともない急速かつ持続的な経済成長過程に入っていくことができたのである」（同上書，143）[2]。

　以上の4つの制度や文化的慣習のうち，ヴォーゲルがとりわけ注目したのは，能力主義にもとづく経済官僚エリートの存在である。具体的には，韓国における経済企画院に集まった官僚グループ，台湾の農村復興委員会や国家資源委員会のメンバーなどがそれであり，彼はこうした集団を「スーパー・テクノクラートの成立」と呼んだ（同上書，36）。本書でいう「政府の能力」の一部がこれに該当する。また，第1章で紹介したハガードたち「国家主義者」も，もっぱら官僚の政策遂行能力や経済開発を立案・実行する政府機構の整備に焦点をあてていた（Haggard 1990；Haggard, Moon & Kim 1992）[3]。そこで本章では，もう少し具体的に「工業化の社会的能力」の内実を検討してみたい。

　表3-1は，私が考える「工業化の社会的能力」の概念図である。まず，社会

---

[2]　ヴォーゲルは，『ジャパンアズナンバーワン』（1979年）の中で，日本の成功を引き起こした基本的要因として，①集団としての知識追求，②実力にもとづく指導と民間の自主性を重視する政府，③総合利益と公正な分配にもとづく政治，④社員の一体感と業績主義を重視する大企業，⑤質の高さと機会均等の教育制度，⑥権利として生活保障を与える福祉政策，⑦取締りと市民の協力にもとづく防犯の7つを掲げる。もっともこうした要因を現在の日本に探すことはもはやできない。

的能力が発揮される場所として，①政府，②企業，③職場の3つを想定する。またそれぞれのレベルの担い手は，①経済テクノクラート，②企業家（entrepreneur），③技術者・技能者・熟練労働者の各グループである。ここまでは先の渡辺の議論とそれほど違っていない。問題は彼らの社会的能力を何で測るかであろう。

2　政府，企業，職場の能力

まず「政府の能力」（government capability）とは何か（コラム3-1）。

言うまでもなく合目的的な政策を立案し，政策を効率的に実行し，その結果を政策目的に照らして冷静に判断する経済官僚の存在が不可欠となる。アジア諸国の場合には，ラテンアメリカ諸国と違って，大半の国は伝統的な官僚機構（ビューロクラシー：韓国，タイ）や植民地官僚機構（台湾，マレーシア，シンガポールなど）を引継ぎ発展させてきた。その伝統を基盤に第二次大戦後は，フルブライト奨学金などを利用してアメリカに留学したグループが，国際機関（世界銀行，ESCAP，ILO，FAO）やアメリカ援助機関（USOM，USAID）と協力して経済開発計画を実施していった[4]。

しかし，有能な経済テクノクラートといった人的資源だけでは，効率的で実効性のある政策の展開を期待することはできない。少なくとも次の3つの条件が必要となる。

第一に，工業化政策や経済安定化政策を実施する特定目的の政府機構の設立と，そこへの人的資源の投入が必要である。日本の通産省，韓国の経済企画院，台湾の国家資源委員会，タイの国家経済社会開発庁（NESDB）・中央銀

---

[3] もっとも同じ国家主義者（改良主義者）の中でアムスデンのみは，東アジアにおける労働者・技術者の学習能力と職場における技術形成（shopfloor management）を重視した（Amsden 1989, Chapter 7）。

[4] 経済テクノクラートの形成については，ヴォーゲル（渡辺訳 1993 年），渡辺（1995 年，第 2 章）のほか，台湾については田島（1998 年），シンガポールについてはロダン（田村・岩崎訳 1992 年，第 3 章），タイについては末廣・東編（2000 年，第 2 章），インドネシアについては白石（1997 年），MacIntyre（1990）をそれぞれ参照。

> Column 3-1
>
> ## 政府の能力とは何か
>
> 　三輪芳朗（1998年）は，スティグラーの「国家の能力」(the competence of the state)にならって，「政府の能力」(the competence of the government)を正面から取り上げた。三輪の議論の特徴は，「政府の能力」の有無を合理的な政策を立案し実行する能力，あるいはプロセスとしての能力に求めない点にある。むしろ彼は，そうした政策が果たして国民経済的利益（消費者利益）に照らして真に貢献したかどうかを問い，政策的効果（経済パフォーマンス）の厳密な計測を行った上で，政府の能力を判定しようとする。そしてこの視点にもとづいて，三輪は戦前日本の機械工業の育成政策，1950年代以降の機械工業振興臨時措置法（機振法），60年代以降の中小企業育成政策の3つをそれぞれ再検討し，いずれも政策的効果はなかったと手厳しい批判を加えた。
>
> 　一方，本章で展開した「政府の能力」や三輪の「政府の能力」とは別に，世界銀行も『世界銀行開発報告1997年版　開発における国家の役割』（世界銀行1997年）で，「国家の能力」(state capacity)を独自に扱っている。従来世界銀行は，政府が経済運営に介入する根拠を，教科書どおりに「市場の失敗の補完機能」や「市場の失敗の調整機能」に求めてきた。その根拠を経済の公正さを維持する役割にまで広げた点に，今回の報告書の特徴がある。そして今回の報告書では，「国家の役割」を発展途上国の工業化や経済発展を促進するための「制度としての能力」(institutional capacity)と捉え直している。なおこの「制度としての能力」は，アジア通貨・経済危機以後は「経済社会改革を実行する制度・組織的能力」に置き換えられている。

行，シンガポールの経済開発庁（EDB）・国家生産性庁（NPB），フィリピンの経済開発庁（EDB）などが，まさにそうであった。そして，単に個人として有能な官僚の集積ではなく，彼らがフォーマルな組織として（日本），あるいはインフォーマルな人的ネットワークを通じて（韓国，台湾，タイ），政策の実行面で一定の集団的能力を発揮しえたことが大切である。こうした側面は，政権の交替ごとに高級官僚の総入れ替え（いわゆる「任命官僚制」）が実施されるラ

テンアメリカでは，到底望みえないものだった。

　第二に，政府による上からのトップ・ダウン方式ではなく，民間や国民のニーズを吸収し，これを政策に反映するための情報の収集システム，そしてその情報を官僚組織のなかで共有する仕組みが必要である。日本の産業構造審議会や他の諸国の官民協議組織（タイの「経済問題解決のための官民合同連絡調整委員会・コーローオー」など），そして政府と企業のあいだを橋渡しするさまざまな「中間組織」の存在が重要である[5]。政府と民間の間の情報の交換と共有が高まれば，それだけ政府の市場に対する感度は高まり，市場の失敗に対する政府の調整機能も強化されるからである。

　第三に，後発工業国では政府が経済に介入するために，官僚が特定産業や事業の許認可権を持ったり，さまざまな権限を与えられる。外貨の割当や税制上の恩典供与，金利の優遇措置などがそれである。その場合，特定企業とのコネクションが持続すれば，企業間の健全な競争が阻害され，ひいては「国の競争優位」が損なわれる可能性が高くなる。あるいは，第1章で紹介した公正な「3つのR」にもとづく「コンテストベースの競争」が機能しなくなる。そこで，経済官僚の利権追求型政治からの切り離しが必要となる。これを世界銀行は「経済官僚の政治からの遮断」と呼んだ（世界銀行，白鳥監訳1994年，156-159）。

　もちろん東アジアでも東南アジアでも，軍や政治指導者の間には汚職や不正蓄財が蔓延していた。企業家との癒着も珍しいことではなかった。この点は韓国の朴政権，全政権，フィリピンのマルコス政権，インドネシアのスハルト政権，タイのタノーム・プラパート政権を思い浮かべるだけで十分だろう。問題はこうした政治的汚職が，マクロ経済の運営に携わる経済官僚をどこまで巻き込んだか，経済政策の運営をどこまで歪めたかの判断である[6]。政治的汚職が存在するから経済が破綻するとは必ずしもいえないのである。

---

[5] 日本における機械工業の発展を政治経済学的に研究したフリードマン（D. Friedman）は，その著書『誤解された日本の奇跡』の中で，日本の高成長を説明する従来の2つの見解，すなわち「官僚主導説」と「市場メカニズム誘導説」の双方をしりぞけ，真の要因は業界団体や地方の民間経済団体といった「中間組織」の独自の機能にあると主張した（フリードマン，丸山監訳1992年）。

次に「企業の能力」(corporate capability) とは何か。

企業の能力は，結局は企業家（ファミリービジネスの場合には，オーナー兼経営者）の能力に還元することができる。ただし，個人レベルで彼らが企業家精神（entrepreneurial spirit）を発揮するだけでは不十分であろう[7]。とくに技術的に遅れた後発国で企業機会を見いだすためには，先進国型の企業活動のように，まったく新しい技術，新しい製品を自ら開発する方式はあまりにハードルが高く，またそのチャンスもきわめて限られている。そこで重要となるのが，個々の経営資源（技術，資金，労働資源，市場開拓能力など）はひとつひとつをとると競争力や比較優位をもたないが，利用可能な経営資源をうまく組み合わせることで独自の競争優位を生み出す，そうした既存資源の「革新的結合」(innovative combination) に頼る方法である。この点についてはあとで取り上げることにしたい。

最後に「職場の能力」(capability at the workplace) とは何か。

職場で必要とされるのは，企業家ではなく技術者，技能者，熟練労働者たちの能力である。この能力はさらに個人，組織，社会の3つのレベルに分解することができる。まず個人レベルでは，輸入技術や生産システムを学習し理解する能力が不可欠であろう。また，いわゆる「カン」のように経験を通じて習得される技能や，小池和男がいう「知的熟練」もここに含めることができる（本書の第10章）。

しかし，こうした学習能力が個人に備わっているだけでは十分とは言えない。というのも，習得した技術知識や技能を現場に適用し，職場でモノを生産しつつ学び，さらには改良していくプロセス（いわゆる learning by making）

---

[6] この問題は政府主導型の工業化のもとで，いかに官僚の汚職，非効率で非生産的なレントシーキング行為を回避するかの問題に帰着する。一方，ドナーたちは，政治的汚職が蔓延したタイで高成長を実現できた理由として，政治指導者内部の絶えざる抗争関係と華人系資本家たちの組織化を構成要件とする「競争的な庇護・被庇護関係」(competitive clientalism) という新しい分析概念を提示した（Doner & Ramsay 1997）。

[7] 通常，「entrepreneurship」という言葉は「企業家精神」と訳されているが，正確には精神をも含めた企業家の全体的な行動をさしているので，「企業家活動」と訳すべきある。一方，企業家精神に対応する英語は，「entrepreneurial spirit」である（シュンペーター，清成編訳 1998年，編訳者まえがき）。

が，後発工業国ではより重要な意義をもつからである。そして職場における技術形成には，じつは技術者，技能者，熟練労働者，非熟練労働者たちからなる「作業組織」の編成の仕方や，「作業組織」による生産管理へのコミットメントの仕方が大きな影響を与える。換言すると，個人ではなく組織，企業レベルでの技術の導入と形成の能力が問われるのである。それをここでは，「技術形成の組織的対応能力」と呼んでおきたい。

　三番目は個人，組織に対して，社会レベルでの技術形成の能力である。このレベルでは在来技術の蓄積の度合いと教育制度の2つが重要な役割を果たす。とりわけ教育の仕組み，具体的には実学教育に対する普通教育の重視，資格取得を重視する教育に対する職業選抜としての教育の優位性，社外での訓練（Off-JT）に対する現場での訓練（OJT）の強調といった点などが，「キャッチアップ型工業化」との関連で問題となろう（本書の第12章）。

　以上が，私の考えている「工業化の社会的能力」の具体的な構成要件である。その場合とくに注目しておきたいのは，「企業の能力」と「職場の能力」の2つである。というのも，例えば世界銀行が提唱した「コンテストベースの競争」を考える場合，「3つのR」（Rule, Rewards, Referee）の存在だけでは，持続的な競争力の向上は期待できないからである。もっとも肝心な要素は，コンテストが行われるリングに登場し，ゲームに参加できるプレイヤーがどれだけ存在し，プレイヤーの質がどれだけ高いか，その点であった。この問題を，世界銀行の報告書は最初からオミットしているのである。逆に，先に紹介したポーターの「国の競争優位」論は，結局はミクロレベルの企業の競争優位こそを問題にしていた。そして，この企業の競争優位を検討するときに鍵となる概念が，第2章に登場した「革新」（イノベーション）の概念と，これから述べる「企業家精神」の2つであった。

3　シュンペーターの「新結合」と「創造的反応」

　それでは「企業家精神」をどのように理解したらよいのか。米倉誠一郎は，「企業家精神」を次のように定義している。「基本的には，企業の経営責任者が

既存の社会経済体制を創造的に破壊して新たな発展段階をもたらすような革新的企業活動を意思決定する能力である」と（米倉 1986年，163）。

　ここで言う「創造的破壊」(creative destruction)，あるいはそれとほぼ同義に使われる「創造的反応」(creative response) という概念は，いずれもシュムペーターの議論に端を発している。シュムペーターは『経済発展の理論』（初版，1926年）の中で，非連続的な経済発展が生じる要因を「生産要素の新結合」に求め，その事例として5つのパターンを掲げた（シュムペーター，塩野谷ほか訳 上巻，1976年，182-183；シュンペーター，清成編訳 1998年，30-32)[8]。

　(1)　新しい財貨，すなわち消費者の間でまだ知られていない財貨，あるいは新しい品質の財貨の生産。

　(2)　新しい生産，すなわち当該産業部門において未知な生産方法の導入。

　(3)　新しい販路の開拓，すなわち当該国の当該産業部門が従来参加していなかった市場の開拓。

　(4)　原材料あるいは半製品の新しい供給源の獲得。

　(5)　新しい組織の実現，すなわち独占的地位の形成（たとえばトラスト化），あるいはそうした独占の打破。

　シュムペーターの当初の発想は，①経済発展を引き起こす「非連続的な革新」の側面と，②生産手段を所有する資本家や日常的な経営管理者とは峻別された革新的な人間，つまり「企業家」(Unternehmer) の特別の役割を強調することにあった。ところが，1947年のアメリカの『経済史論』に掲載された彼の著名な論文「経済史における創造的反応」の中では，彼の主張する「革新＝新結合」という概念は「創造的反応」という言葉に置きかえられ，「資本主義社会における経済的変化のメカニズムは，（創造的反応を行う）企業家の活動を軸として機能する」というように，より歴史的に長いスパンの中で把握し直さ

---

[8]　シュムペーターの「企業家論」は，従来各種の著作，論文に分散的に収録されていたが，シュンペーター，清成忠男編訳『企業家とは何か』（東洋経済新報社，1998年）による訳者の編集による日本語版によって，まとまって読むことができるようになった。この本は「キャッチアップ型工業化」やアジア諸国の工業化を企業レベルで理解するにあたって必読の文献である。なお，Leff (1979) や安部 (1995年) の「革新概念」のサーヴェイ論文も参照のこと。

れた。そして，「新しいことを行う」革新的企業家が，工業化の初期段階においては「組織者」(organizer) もしくは「フィクサー」として機能する点を強調した (Schumpeter 1947, 154；シュンペーター，清成編訳 1998 年，89, 94)。

シュムペーターは 1947 年の論文の中で，革新的企業家を「発明家」とは明確に区別している。同時に「創造的反応」を行う企業家を，「適応的反応」(adaptive response) しかできない通常の資本家とも区別し，そこに企業家の企業家たる意味を与えた。こうした「創造的反応」なり「非連続としての革新」を強調するシュムペーターの議論に対して，ハーバード大学から生まれた経営史学グループ，とりわけチャンドラーたちは，企業家の反復不能な「革新性」ではなく，むしろ大量生産・大量消費・大量輸送体制に応じて企業経営組織の内部で展開される「継続的な改革」の方を重視した。チャンドラーは，アメリカの主要鉄道会社，化学のデュポン社，自動車の GM 社にみられる集権的経営管理組織の形成と変遷について詳細な実証分析を行ない，アメリカの「経営者革命」(Managerial Revolution) が突発的な革命ではなく，経営管理者層による不断の改革にもとづいて実施されてきたことを実証し，連続性の側面を強調したのである（チャンドラー，鳥羽・小林訳 1979 年）。

4 「革新」の発展段階論

シュムペーターの非連続的革新論に対しては，その後も多くの批判が試みられた。その代表として，ここでは「革新」の段階的展開 (Abernathy & Clark 1985；安部 1995 年，224-227) と企業家・経営者の類型化論とを結び付けて，企業経営の独自の発展段階論を提唱した米倉誠一郎の議論をとりあげてみたい（米倉 1986 年）。

図 3-1 は，米倉の「革新の発展段階論」を図示したものである。革新を分類する基本指標は，①生産システムを規定する技術革新と，②消費市場や顧客の 2 つである。すなわち，図の横軸には，既存の技術・生産体系の破壊・新技術の創造（右方向）と既存技術の保持・強化（左方向）を指標としてとり，縦軸には，新市場の創出（上方向）と既存市場の保持・強化（下方向）を指標とし

図 3-1 「革新」の発展段階と経営者のタイプ

	←技術・生産体系の保持強化	技術・生産体系の破壊創造→
↑ 新市場の 創出	第 2 象限 間隙的創造 Niche Creation 市場志向型経営者 Marketer 【事例】フォード社のマスタング ＊ソニーのウォークマン	第 1 象限 構築的革新 Architectural Innovation 企業者的経営者 Entrepreneurial Manager 【事例】フォード社のT型モデル ＊川崎製鉄の消費立地型一貫生産
既存市場 の強化 ↓	第 3 象限 通常的・積み重ね型革新 Regular/Incremental Innovation 経営管理者 Managerial Administrator 【事例】日本の改善・改良方式 ＊GM 社のスローン社長	第 4 象限 革命的革新 Revolutionary Innovation 技術志向型経営者 Technologist 【事例】鉄鋼業のLD転炉方式 ＊オートマティック・トランスミッション

注）アバナシー，クラークの「革新の発展段階論」（Abernathy & Clark 1985, 8）を企業家の類型論に結び付けた米倉誠一郎の論文（米倉 1986 年）より作成。

てとる。その上で，革新の展開過程を4つの象限に分割し整理したのが図 3-1 である。

例えば，(1)新技術と新市場の創出の双方を満たす革新を，米倉はアバナシーたちにならって「構築的革新」（第1象限）と名付ける。以下，(2)既存の技術を利用しながら新市場を創出する方法を「間隙的創造」（第2象限），(3)既存の技術と市場にもとづきながら，不断の改良を進める方法を「通常的・積み重ね型革新」（第3象限），(4)新技術と既存の市場の組み合わせを「革命的革新」（第4象限）と，それぞれ名付ける。

シュムペーターが主張した「革新＝新結合」概念が，じつはこの4類型のうち第1象限の「構築的革新」に属することは容易に理解できるであろう。米倉の議論では，フォード社によるT型モデルの乗用車の製造・販売や，西山弥太郎による川崎製鉄の銑鋼一貫製鉄所の建設が，その典型例として紹介されている[9]。例えば，それまでの自動車組立は，一台一台を職人が作業場で組み付けていたが，フォード社はベルトコンベアー方式を導入し，互換性部品や補助具の導入，組立作業の単純化と標準化を通して大量生産体制を構築し（まさに

チャップリンの映画『モダンタイムズ』の世界)，他方ではそうした大量生産方式による大幅なコストダウンと車の価格の引き下げによって，乗用車市場を一部の人々から大衆の間にいっきょに拡大していった。つまり，生産方法と市場の双方で，「革新」を実現したのである。

　一方，すでに作りだされた技術・生産体系や既存の市場に依拠しつつ，経営組織や販売体制，職場における生産管理方法を不断に改良し，企業の競争力を継続的に高めていく方法が，第 3 象限の「通常的・積み重ね型革新」である。米倉はフォード社の T 型モデルに対抗して，消費者の多様なニーズに対応した販売網を確立し，割賦販売方式を新たに導入した GM 社のスローン社長の経営方式を，その事例として掲げている。ちなみにスローン社長は自動車企業に「事業本部制」を導入したパイオニアでもあった。

　日本製造企業の国際競争力を特徴づける「カイゼン」なども，当然この範疇に入るだろう。既存の技術・生産体系の「カイゼン」は，決して単なる模倣やものまねではなく，「構築的革新」に比肩しうる「積み重ね型革新」もしくは「漸進的革新」(incremental innovation) と理解できるからである。この考え方は，ポーターの「国の競争優位論」(土岐ほか訳 1992 年上巻, 97) や，アベグレンたちの『カイシャ』(アベグレン＆ストーク, 植山訳 1990 年) が強調する日本的生産システムの記述にも見出すことができる (本書の第 10 章も参照)。

　さて図 3-1 で興味深いのは，第 2 象限の「間隙的創造」であろう。すなわち，一方で市場における消費者の嗜好の多様化，他方で生産体制における多品種小ロット生産方式の進展に対応して，技術・生産体系の根本的な変更は行なわないが，発想を転換し既存の技術を「組み合わせる」ことで，新しい市場，あるいは「すきま市場」(niche market) を開拓していく方法がそれである。

　米倉が「間隙的創造」の典型として掲げているのは，極小で高性能のカセットテープと，高度化したイヤーホン製造技術を結び付けたソニーの「ウォーク

9　その生き生きとした紹介は，米倉誠一郎『経営革命の構造』(1999 年，第 3 章，第 4 章) を参照。なおこの本は新書の形をとっているが，イギリスの産業革命に始まり，アメリカの経営革命，アメリカのビッグビジネスの誕生，日本の独自の組織改革，そしてシリコンバレーの新モデルまでを，豊富な実例とエピソードを交えて紹介している。

> **Column 3-2**

日本の「革新」を描いたルポルタージュ

　後発工業国の企業家精神や革新(イノベーション)を理解するためには，キャッチアップ型工業化の先達者である日本の経験を学ぶことが大切であると，私はかねがね考えてきた。その意味で，NHK スペシャルの報道番組を再編集した相田洋編『電子立国・日本の自叙伝』(全 4 巻, NHK ライブラリー全 7 巻)と『新・電子立国』(全 6 巻)の 2 つのシリーズは，綿密な取材と豊富なエピソード，そして技術にうとい素人読者向けに加えられた懇切丁寧な解説をもとに，この問題に鋭く斬り込んだ本である。アメリカのベル研究所と日本人技術者の知的交流，半導体技術の導入過程，「ロータス」や「一太郎」の誕生秘話がじつに興味深く描かれている。また，このシリーズの中で随所に展開されている「日本の技術者は，どのようにして海外から技術を導入したか？」の相田の解釈は，そのまま現在のアジア工業化論にも適用可能な示唆に富む議論を多く含んでいる。

　同様に，新幹線の研究開発過程や熾烈な電卓戦争を描いた内橋克人の名著『匠の時代』シリーズ，ビデオ機器や日本語ワープロソフトの商品化過程を描いた柳田邦男 (1981 年) のルポルタージュ，ウォークマンの誕生に至る過程を克明に辿った黒木 (1990 年) の実態記録なども，単に「読み物」として面白いだけでなく，戦後日本の個別企業レベルにおいて技術形成，企業家精神の発揮がどのようになされたのかを見事に伝えている。ここには後発国における「創造的反応」の生きた事例が豊富に紹介されていると言えよう。また，これらの本を読むことで，技術後発国である日本において，強い好奇心，挑戦の精神，チームワークとリーダーシップといった生身の人間的要素がいかに重要であったかが，実感として分かる。注で紹介した米倉の新書 (1999 年) や，ヒルシュマイヤー (土屋・由井訳 1965 年)，由井・橋本編 (1995 年)，伊丹・加護野ほか編 (1998 年) などの研究書と併せて読まれることを，ぜひお奨めしたい。

マン」の開発とその爆発的な売れ行きであった。もっとも「ウォークマン」の場合には，ソニー内部のレベルの高い技術開発力が大きく貢献している (黒木 1990 年)。ただし，ソニーのように自前の技術力をもたない場合でも，そのアイデアや「組み合わせ」の方式によって十分「すきま市場」を開拓できること

は，次に紹介するアジア諸国の輸出指向工業化の経験が示すとおりであった。

なお図 3-1 では，革新の発展段階（第1象限から第4象限への展開）を示しているが，同時に各段階，各次元において要請される「経営者」（企業家）の独自の要件や特性を示している点でも重要である。つまり，「構築的革新」では，シュムペーターが強調した文字どおり「企業家」としての特性が，「間隙的創造」では市場開拓者としての特性が，「通常的革新・積み重ね型革新」では，チャンドラーのいう経営管理者や専門経営者（professional management）としての特性が，そして「革命的革新」では新規の技術開発力を備えた経営者兼技術者としての特性が，それぞれ強調されている（コラム 3-2）。

後発国の工業化の進展は，先発国（先進国）がすでに開発してきた技術・生産体系と経営管理組織をいかにスムーズに移入し定着させるか，その点に依存すると仮定するならば，図 3-1 の類型はきわめて示唆に富んでいると言えよう。同時に研究開発（R&D）ではなく，既存技術の改善・改良や「すきま市場」の開拓を通じて，とりあえずキャッチアップを図っていかざるを得ない後発工業国（アジア諸国）がいかなる戦略をとり，どのような企業家精神を発揮することができるのか，その可能性を図は示唆しているようにも思われる。

5　アジアにおける企業家の「革新的結合」

以上の議論を勘案した場合，なぜ東アジア諸国が，そして東南アジア諸国が急速な工業化を達成しえたのか，一定の解答を得ることができそうである。

例えば，香港の LCD 時計産業が輸出産業として急速な発展を遂げたのは，地場企業の中でアメリカや日本に比肩する技術革新が生じたからではなかった。実際，機械時計からエレクトロニクスの粋を集めたデジタル式水晶時計への転換を推進したのは，日本の諏訪精工舎の技術者，とりわけ高卒の若い技術者や技能者たちのグループだった（内橋，第 2 巻）。液晶の開発を商品化したのも日本のシャープである。

ところが，香港はこうした新しい技術をパッケージとして日本や欧米諸国から輸入し，すでに地場零細企業が輸出用の電卓組立で蓄積していた液晶技術を

取り扱うノウハウ，雑貨産業の発展の中で蓄積していた時計のアクセサリーの多様な製造ノウハウ，衣類や雑貨の輸出の過程ですでに開拓していたアメリカ市場に関する知識と販売網，そして相対的に低廉な労働力（機械時計よりデジタル時計の方が労賃コストの比重が高い）を結び付けることで，香港をアメリカ向け LCD 時計の一大輸出拠点に成長させたのである（小島編 1989 年，沢田論文）。

　既存の生産諸要素，既存の経営資源のそれぞれを切り離して見た場合には，必ずしも国際競争力を持たない。また，新しい技術・生産体系を開発する資金力も技術力も当面ない。しかし，輸入技術と国内の豊富な労働力や各種の経営諸資源を「組み合わせる」ことで新しい国際競争力を獲得する，もしくは創造する。じつはこれこそが，アジア諸国の地場企業が戦略的に追求し，特定の工業製品の輸出を急増させてきた秘密であった。ここではこうした既存の経営資源の「組み合わせ」による企業家精神の発揮を，「革新的結合」(innovative combination) と呼んでおきたい（末廣 1995 年）。「革新的結合」は，シュムペーターが定義した「新結合」のひとつとみなすことができるし，1947 年の論文で彼が工業化の初期段階の企業家を「組織者」とか「フィクサー」と呼んだ役割にも近いだろう。また，「革新の発展段階論」に従えば，第 2 象限の「間隙的創造」に対応した経営者，市場の変化を機敏に企業機会に結び付ける企業家（Marketer）の活動と捉えることもできる。

　こうした事例は，台湾における NC 工作機械，高速タイプの自転車，パーソナルコンピュータ産業などの発展に，容易に見いだすことができる[10]。またタイの場合には，輸出指向工業化の初期段階を支えたアグロインダストリー（ブロイラー，養殖エビ，ツナ缶詰）がまさにそうであった（末廣 1993a 年，第 4 章；本書の第 6 章の「NAIC 型工業化」も参照）。図 3-2 は，アジア最大のアグリビジネス・グループに成長し，その後，情報通信産業や石油化学，近代小売業にも進出していったタイの CP（チャルンポーカパン）グループのブロイラー事

---

[10] 台湾におけるこうした産業と企業家の研究については次の文献を参照。Amsden（1977），廣田義人「日本と台湾にみる発展途上期工作機械工業」（中岡編 1990 年，所収），服部・佐藤編（1996 年），川上（1998 年）。

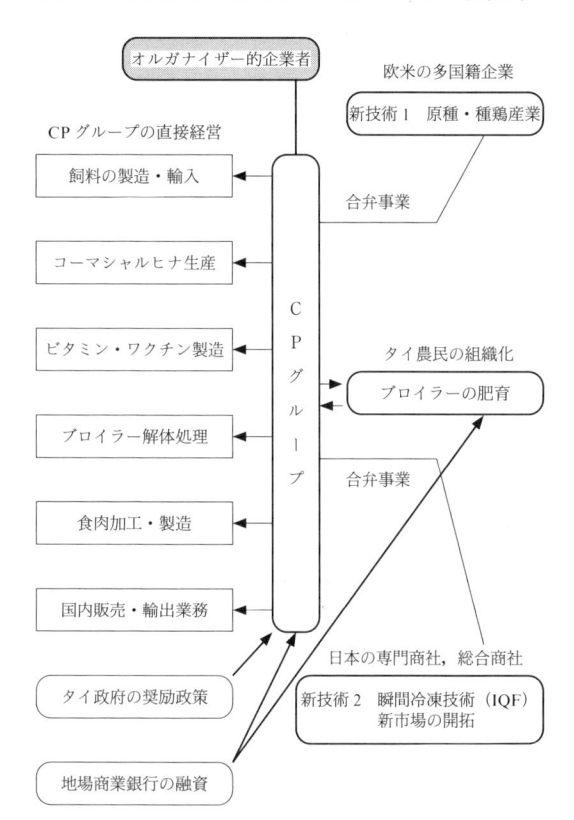

図 3–2 タイにおける CP グループのブロイラー事業展開

```
オルガナイザー的企業者                    欧米の多国籍企業
                                         新技術 1  原種・種鶏産業
CP グループの直接経営
  飼料の製造・輸入        ─┐
                          │   合弁事業
  コマーシャルヒナ生産    ─┤ C
                          │ P
  ビタミン・ワクチン製造  ─┤ グ      タイ農民の組織化
                          │ ル      ブロイラーの肥育
                          │ ー
  ブロイラー解体処理      ─┤ プ
                          │   合弁事業
  食肉加工・製造          ─┤
                          │
  国内販売・輸出業務      ─┘
                              日本の専門商社，総合商社
  タイ政府の奨励政策           新技術 2  瞬間冷凍技術（IQF）
                                       新市場の開拓
  地場商業銀行の融資
```

出所）末廣の現地調査より作成。

業を図示したものである。以下ではこの図を使って，タイの経営者がいかにして事業を拡大していったのかを跡付けてみよう（末廣 1987 年；末廣・南原 1991 年，第 2 章）。

　ブロイラーは種鶏（parent stock）と呼ばれるハイブリッドの鶏が産むコマーシャルヒナを肥育したもので，完全に人工的なものである。種鶏，そしてその親である原種（grand parent）の製造には，長い時間と厖大な開発コストが必要なため，この分野はトップ企業であるアーバーエーカー社（米）をはじめ，ハバード・ファームズ社（米），ユリブリッド社（オランダ），ロス・ブリー

ダーズ社（英）など，少数の欧米系多国籍企業が長く支配してきた。今日の日本でさえも，種鶏の国内自給はうまくいかず，「青い眼の鶏」（原種）を輸入せざるを得ないのが実情である。他方，ブロイラーの輸出には，高いレベルの品質管理のノウハウと，とりわけ日本の商社が商品化に成功したIQF（Individual-Quick-Freeze）と呼ばれる瞬間冷凍技術が不可欠である。

ところで，飼料の輸入から事業を開始し，ついで飼料の国内製造に進出したタイのCPグループには，当然ながらこうした技術力はなかった。そこで同グループは，アメリカ企業や日本商社と合弁事業を組み，1970年代初めまでに種鶏の国内生産とIQFによるブロイラーの輸出体制を整えた。その一方，CPグループは60年代末から開始していた飼料生産を拡大し，同時に厖大な手先の労働力に依存するブロイラーの解体処理や食肉加工部門にも進出していった。さらに，コマーシャルヒナ（commercial chick。種鶏から生まれるハイブリッドのヒナ）からブロイラーへの肥育には多数の養鶏農民を必要とするが，そうした養鶏農民を自ら組織化し系列化することで，世界にも例を見ないブロイラー産業の垂直的かつ水平的統合体制を，70年代半ばまでに構築したのである。

なお，タイから日本に輸出されるブロイラーは，学校や病院のカレーや親子丼に消費される「カット肉」や，スーパーで売られる串に刺した「焼き鳥」などが主な製品である。「カット肉」の方は，1片9.5グラムとか10.5グラムといったように，日本のバイヤーの細かい指示に従い，女子労働者が文字通りひとつひとつ精密量り器で量りながら丁寧に包丁で切り分けていく。一方，「焼き鳥」は単なる串刺しではなく，最近では一本一本，女子労働者が炭火で焼いて香味料をふりかけ，瞬間冷凍機に入れるところまで分担が進んでいる。つまり，手間ひまかかる労働集約型製品にタイは特化し，アメリカが輸出する「骨付きもも肉」（ブロックと呼ばれる）や「ナゲット製品」に対抗していった。まさに日本におけるブロイラーの「すきま市場」に進出したわけである。その結果，日本がタイから輸入するブロイラーは，1974年の334トン（当時，アメリカは1万264トン）から80年には1万7400トン（同，4万400トン）へと急増し，さらに87年には8万5200トンと，ついにアメリカ（8万3400トン）を抜

いて日本向けブロイラー輸出国のトップに躍進したのであった。

　ここで注意すべきは，種鶏の生産技術を独占する欧米系多国籍企業も，瞬間冷凍技術（IQF）を開発した日本の商社も，タイの養鶏農民を組織するだけのノウハウも経験も持っていなかった点である。海外で開発された技術と国内の生産諸要素，経営諸資源を結び付け，かつ「すきま市場」を新規に開拓しえたのは，外国人企業ではなく地場のCPグループであった。「革新的結合」とかアジア諸国における「企業家精神」の発揮というのは，まさにこうした状況を指しているのである。

　ただし，図3-1の「第2象限」に位置する世界は，国際競争力の側面からみると決して安定的とはいえない。独自の技術開発力を持たないがゆえに，常に後発国による激しい追い上げにさらされているし，新規の「すきま市場」を絶えず見いだすように迫られているからである。また，国内の賃金水準が上昇していけば，単に「企業家の能力」だけに頼って事態を克服することは困難になるだろう。生産労働者を含む「職場」での改善努力，つまり「積み重ね型革新」の実行がより重要になるからだ。その意味で，アジア諸国の企業家は「第2象限」の左上の位置から新しい技術を求めて「右向き」に進むか，それとも改善・改良努力を求めて「下向き」に進むか，どちらかの道を求められているといってもよい。今回のアジア諸国の通貨・経済危機が明らかにしたのは，個人の企業家精神にのみ頼った事業拡大の危うさとその限界であった。その点は，アジア通貨・経済危機の背景も含めて，次章で取り上げることにしたい。

6　「キャッチアップ型工業化」論の課題

　以上の議論を踏まえて，第II部以降で何を議論するのか一応の見通しを与えておきたい。表3-2は，分野別のテーマを「先発工業国」と「後発工業国」を相互に対比させながら示したものである。対比の項目は，工業化のスピードとそのパターンの比較（局面展開型工業化と圧縮された工業化），工業化を支えるイデオロギーの比較（経済的自由主義と開発主義），経済政策の比較（自由競争と政府の政策介入）などである。このうち，工業化を支えるイデオロギーにつ

表 3-2 先発工業国と後発工業国の特徴の比較

項　目	先発工業国の特徴 Front Runner	後発工業国の特徴 Late Comers
工業化の スピード	＊ゆっくり，長期間	＊速い，短期間
工業化の パターン	＊段階的で局面展開型の工業化 ＊国内生産→輸出・海外生産	＊圧縮された工業化 ＊輸入→国内生産→輸出
工業化の イデオロギー	＊経済的自由主義	＊開発主義
経済政策	＊自由競争，自由貿易	＊政府の経済介入，保護貿易
企業経営 資本市場	＊家族企業から近代大企業へ 　(modern big corporate) ＊資本市場の発達とビッグビジネスの 　優位性 ＊直接金融の発達	＊ファミリービジネスの再編 　(modern family business) ＊国営・公企業，多国籍企業，財閥企 　業の3者の「鼎構造」 ＊間接金融（商業銀行）の発達
技術形成と 生産システム	＊新技術の発明・発見型 ＊構築的革新 ＊R&D重視，特許の確保 　(invention & innovation) ＊製品の革新 　(product innovation)	＊輸入技術の導入と改良 ＊積み重ね型革新 ＊製造しつつ学習する 　(learning by making) ＊工程の革新 　(process innovation)
仕事組織 労働市場 賃金体系	＊市場志向型労働組織 　(Market-oriented forms of work organization) ＊競争的労働市場 ＊職種と資格にもとづく賃金	＊組織志向型労働組織 　(Organization-oriented forms of work organization) ＊内部労働市場 ＊学歴・年功・能力にもとづく賃金
教育システム 学校系統	＊体系，論理中心 ＊教養を重視 ＊エリートと非エリート ＊資格重視の分岐型・くし型学校系統	＊輸入学問，実践中心 ＊外国語の習得を重視 ＊義務教育の大衆化と高等教育 ＊職業選抜重視の単線型学校系統

注）末廣作成。

いては第5章で扱う（図5-1を参照）。また経済政策の展開過程は第6章で議論する予定である。

　第7章から第9章までは「工業化の担い手」の分析で，第Ⅱ部の中核をなす。そこでは企業経営の特性の比較（近代大企業とファミリービジネス），企業組織の構成の違い（巨大民間企業の優位性と国営企業・多国籍企業・地場系財閥企

業からなる「鼎構造」の対比），資本市場の比較（直接金融と間接金融）がなされる。また，第9章では今回のアジア通貨・経済危機で問題になった「企業のガバナンス」の比較も行なう。

　第10章から第12章までは「工業化を支える制度・組織」の問題を扱う。具体的には，第10章で技術形成の違い（発明・発見型と積み重ね型革新，製品の革新と工程の革新）を扱い，生産システムを「アメリカ型」と「日本型」に分けて検討する（表10-4）。第11章は労働市場の特質の比較（市場志向的労働組織と組織志向的労働組織，外に開かれた競争的労働市場と内部労働市場），第12章は教育制度の違い（分岐型・くし型学校系統と段階・単線型，墓石型学校系統，資格中心の教育システムと職業選抜のための教育システム）を扱う。そして，これら3つの制度・組織において後発国ではどのような特徴がみられ，かつそうした特徴が「キャッチアップ型工業化」にどう貢献してきたかが，それぞれの章の重要な課題となる。以上の議論を踏まえた上で，終章では改めて「キャッチアップ型工業化」を取り上げ，その将来を展望してみたい。

第4章

アジア経済:「奇跡」から「危機」へ

　1997年にタイから始まったアジア通貨・経済危機は,「キャッチアップ型工業化」を支えてきた国内外の経済環境の変化と,金融機関に代表される制度的な脆弱性を明らかにしたとみられている。そこで,本章ではまず80年代以降のアジア諸国の経済パフォーマンスを確認し,世界銀行の『東アジアの奇跡』の視角と方法を紹介する。次いでアジア通貨・経済危機に至るプロセスとその要因,国際機関の処方箋,危機後に各国政府がとった経済社会再構築計画の実態を,順次検討する。そして最後に危機が明らかにした問題点について整理する。

1 「世界の成長軸のアジア」と「東アジアの奇跡」

　1980年代から90年代半ばまで,アジア地域は「世界経済の成長軸」とみなされてきた。表4-1が示すように,アジア地域(南アジアを除く)は60年代こそ中近東・北アフリカ地域に成長率の面で後塵を拝していたが,第1章で確認したように,70年代の債務累積危機,石油危機による経済不況からいちはやく脱却し,80年代半ばからは,他の地域をはるかに上回る高い成長率を示してきた。この経済成長は,次の2つの点できわめて重要な意義をもったと考えられる。

　第1に,日本を含むアジア地域は,単に名目GDPや貿易だけではなく,そ

表 4-1　地域別一人当たり GDP の実質成長率の推移（1965-97 年）
(単位：100万人，%)

地 域 区 分	人口 (89 年)	*1965-73	*1973-80	*1980-89	*1990-98
先進諸国	773	3.7	2.3	2.3	3.1
発展途上諸国	4,053	3.9	2.5	1.6	3.5
東・東南アジア	1,552	5.3	4.9	6.2	8.0
南アジア	1,131	1.2	1.7	3.0	5.7
ラテンアメリカ	421	3.8	2.5	−0.4	1.6
中近東・北アフリカ	433	5.8	1.9	0.4	2.0
サハラ以南アフリカ	480	2.1	0.4	−1.2	1.8

注）1990-98 年は一人当たりではなく，GDP の実質成長率の比較。
出所）World Bank (1991, 3); World Bank (2000a, 251)

れら以上に鉄鋼，自動車組立，半導体など，1970 年代以降の代表的な産業の生産量において，世界に占めるそのシェアを急速に上昇させていったという事実である（表 4-2）。工業化の進展と産業構造の高度化を通じて，表 4-1 が示す「実質成長率」の高い水準を維持していったのである（末廣 1995 年）。「東アジア」の経済発展は実物経済の発展と不可分に結びついていた。「アジア経済論」を，通常の途上国経済発展論と区別する大きな特徴がここにある。

　第 2 に，1970 年代以降のアジア地域の成長は，単に高い経済成長率だけではなく，所得の不平等を相対的に解消するかたちで進んでいった（公正さを伴った成長）。例えば，1980 年前後の所得の不平等を表わす度合い（人口の 20％を占める最富裕層の世帯が全体の所得に占めるシェアを，人口の 20％を占める最貧層の世帯が全体の所得に占めるシェアで除した倍率）でみると，日本が 5 倍，韓国が 5 倍，台湾が 10 倍，フィリピンが 15 倍，マレーシアが 8 倍，タイが 9 倍，インドネシアが 7 倍であった。これはメキシコの 20 倍，ブラジルの 26 倍をはるかに下回っており，アジア地域の経済発展のもうひとつの大きな特徴になっている（世界銀行，白鳥監訳 1994 年，237）[1]。

　この点は，世界 40 カ国について 1965 年から 89 年までの一人当たり実質成

---

[1] 各国別にみた最新の貧困率の数字と 5 段階別の所得分配の数字は，World Bank (1999) の Table 4 (pp. 236-237)，Table 5 (pp. 238-239) に掲載してある。また世界銀行『世界開発報告 2000 年版：貧困』は，10 年ぶりの「貧困特集」である。

表 4-2　世界経済に占めるアジア地域の比重

項　目	アジア	(％)	北　米	ヨーロッパ	世界合計
(1) 名目 GDP（10億ドル）					
1970	330	(16.8)	1,094	545	1,969
1989	3,948	(29.2)	5,746	3,843	13,537
1997	7,375	(30.8)	8,475	8,088	23,938
(2) 輸出額（10億ドル）					
1970	36	(15.5)	59	138	233
1989	676	(27.3)	465	1,337	2,478
1997	1,649	(30.4)	1,184	2,599	5,432
(3) 鉄鋼生産量（100万トン）					
1965	54	(4.4)	128	118	461
1980	161	(22.5)	117	142	716
1991	250	(34.0)	93	137	734
1998	286	(41.3)	144	171	693
(4) 自動車生産台数（1000台）					
1960	482	(2.9)	8,303	6,156	16,488
1980	11,166	(29.0)	9,380	11,269	38,495
1990	15,768	(32.7)	11,711	18,651	48,275
1998	14,396	(27.5)	14,576	19,541	52,355
(5) 半導体生産額（100万ドル）					
1981	8,675	(40.4)	10,309	2,281	21,473
1988	37,437	(58.0)	19,685	6,782	64,597
1998	62,263	(58.0)	45,851	29,089	137,203

注1）アジアには日本，台湾を含める。ヨーロッパは名目 GDP と貿易のみ EU 加盟国。
　2）世界合計は，名目 GDP と輸出総額は「3大地域」の合計額。鉄鋼，自動車，半導体の生産はソ連などを含めた世界合計。
　3）％は，3大地域もしくは世界合計に占めるアジア地域のシェアを示す。
出所）日本開発銀行『調査』（1992年2月号，93年10月号），World Bank (2000a)，経済企画庁調査局編（2000年），鉄鋼年鑑，自動車工業会資料，自動車産業ハンドブック，電子年鑑，日本半導体年鑑の各年版より末廣作成。

長率を縦軸に，他方，80年代における所得の不平等の度合いを横軸にとってマッピングした図 4-1 に，明確に示されている。成長率がより高く，所得分配の不平等度合いがより低い国は，図の左上に示されるが，日本を含む東アジア諸国と東南アジア諸国は，例外なく左上の領域に位置していた。そこで世界銀行は，日本，「4匹の虎」と呼ばれる韓国，台湾，香港，シンガポール，「新・新興工業国」であるタイ，マレーシア，インドネシアの計8カ国並びに地域を

図 4-1　所得の不平等度と GDP 成長率，1965-89 年

一人当たり GDP 成長率（%）

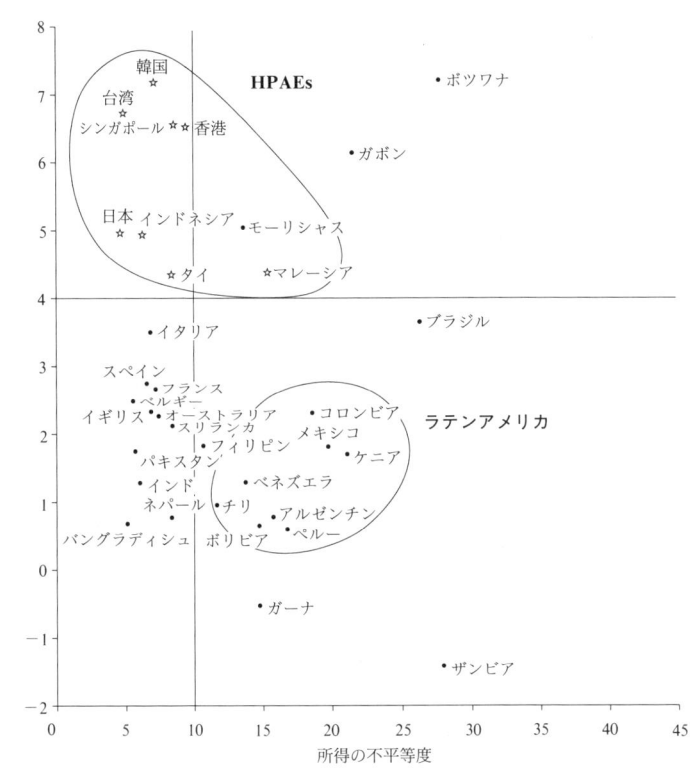

注）所得の不平等度は，世帯の 20% を占める最富裕層の所得シェアと世帯の 20% を占める最貧層の所得シェアの比率により求められる。
出所）世界銀行，白鳥監訳（1994 年），33 頁。

総称して，「高いパフォーマンスを示している東アジア経済群（High-Performing Asian Economies：HPAEs）」とネイミングし，同時にこれを「東アジアの奇跡」（East Asian Miracle）と評価した（同上書，1）。

世界銀行は，「東アジアの奇跡」が実現した要因として，次の 3 項目を掲げている。

(1) HPAEs は，いずれも合理的な経済政策を採用したこと。具体的には，

①安定したマクロ経済の運営（インフレ抑制を含む），②質の高い人的資源の存在と高い教育投資の実施，③効率的で安定的な金融制度，④各種規制がもたらす価格の歪みの除去，⑤外国からの技術の積極的な受け入れと規制の緩和，⑥農業の発展と農業開発，の6点がここに含まれる。

(2) 政府が市場に対して選択的な介入を図り，そのうちいくつかの項目は同地域の貿易の拡大や急速な工業化に貢献したこと。具体的には，①輸出振興政策，②金融抑圧（financial repression 特定産業の育成のために，政府系金融機関が人為的にとる差別的な金利政策），③政策金融（政府による貿易振興や産業育成のための金融支援政策），④選択的な産業政策，の4つがここに含まれる。

(3) 経済発展や工業化を促す制度・組織（Institutions）が存在したこと。具体的には，①政治家の圧力から遮断された経済テクノクラートの存在と，彼らが政策を運営する上での独立性の確保，②学歴と能力の双方で高い水準を示す官僚の豊富な存在，③日本の審議会方式に見られるような，官民協調と情報の共有を可能とするモニタリング組織の存在，の3つがここに含まれる。

以上の3項目を，世界銀行は「東アジアの成長機能を支えたフレームワーク」と呼んだ。なお彼らがもっとも重視したのは，第1項目の6点からなる経済の良好なファンダメンタルズの維持であった。そこでここでは，この6点をのちに出てくる経済安定化指標としてのファンダメンタルズ（経済安定のファンダメンタルズ）と区別するために，「成長のファンダメンタルズ」と呼んでおきたい。

2　通貨・経済危機のプロセス

ところが，世界銀行が『東アジアの奇跡』を刊行してから4年も経たないうちに，アジア地域の大半は金融危機，通貨危機，国内不況という「トリプル危機」を迎える。そのプロセスは概ね次のように進展していった。

まず，多くの国では輸出が急速に伸び，これが成長を牽引していった。ところが，輸出はこれを上回るスピードで原料や資本財の輸入の増加を引き起こし，その結果，貿易収支の赤字と経常収支の赤字が増大していった。一方，

1980年代末から90年代初めにかけて、アジア諸国はいっせいに金融の自由化に乗り出す。そのおかげで、直接投資（経営権の取得を伴なう外国人投資）だけではなく、証券投資（ポートフォリオ）や銀行借入、さらにはオフショア市場（非居住者向けの金融取引市場）を通じて、大量の外貨建て資金がアジアに集まってきた。なお、国際資金がアジアに集まったのは、①資本取引の自由化、②国内外の金利格差（この時期、欧米諸国や日本の預金金利はきわめて低かった）、③ドルにペッグした準固定的な為替制度（したがって、資金を運用する際に為替リスクを無視できる）の3つが結びついた結果である。そのため、日本や欧米の機関投資家や銀行は、アジアを魅力的な「新興市場」（emerging markets）とみなし、とくに95年を境に競って他地域から資金をシフトさせていった[2]。

アジアに向かった国際資金には、直接投資、ポートフォリオ投資（証券投資）、短期もしくは長期の銀行貸付などがある。このうち、直接投資とポートフォリオ投資中心のラテンアメリカ向けと大きく違っていたのは、「銀行貸付」がアジア向けの主体をなしていた点である。そこで、日本、アメリカ、ヨーロッパの主要銀行の、①アジア向け、②香港・シンガポール向け、③ラテンアメリカ向けの資金の流れをBIS（国際決済銀行）の統計で整理すると、表4-3のごとくであった。香港・シンガポール向けを中心に貸し付け残高が急増していったこと、日本のみならずヨーロッパ系銀行がとりわけアジア地域に大量の資金を貸し付けていたことが分かるだろう。

通常、増大する経常収支の赤字は、資本収支でバランスをとらなければ、「国際収支危機」が生じる。その点アジア地域は、大量の国際資金を吸収することで経常収支の赤字を埋め、国内の高い貯蓄（対GDP比20-30％台）をさらに上回る高い投資（対GDP比30-40％台）を実現していった。これは同時期の

---

[2] ここでいう金融の「新興市場」というのは、発展途上国、体制移行国、韓国、シンガポール、台湾、イスラエルをさす。1983年から88年までと、89年から95年までの2期間における民間資金の年平均純流入額でみると、アジアが43億、457億ドル、ラテンアメリカがマイナス21億ドル、341億ドルであった（山本編著1999年、9）。また、1995年と96年の2年間をとると、アジア5カ国（韓国、タイ、マレーシア、インドネシア、フィリピン）の純流入合計額は1247億ドルで、内訳は直接投資が216億、ポートフォリオ投資が326億、銀行貸付ほかが698億ドルで、銀行貸付が中心であった（IMF, *International Capital Market, Supplement*）。

表 4-3 日本，アメリカ，ヨーロッパの銀行による新興市場向け貸付（1993-99 年）

(単位：100 万ドル)

地　　域	93 年 12 月	95 年 6 月	97 年 6 月	98 年 6 月	99 年 6 月
アジア*					
日本系銀行	72,704	107,976	123,827	98,544	74,824
アメリカ系銀行	17,175	22,213	32,291	22,609	22,687
ヨーロッパ系銀行	93,614	146,997	226,144	197,173	183,956
BIS 報告国合計	183,493	280,440	389,441	324,811	286,970
(日本の%)	39.6	38.5	31.8	30.3	26.1
香港・シンガポール					
日本系銀行	212,484	274,368	152,389	88,181	64,989
アメリカ系銀行	10,582	11,523	14,062	9,047	8,531
ヨーロッパ系銀行	115,148	182,700	258,174	210,591	160,014
BIS 報告国合計	338,214	473,457	433,481	314,238	233,534
(日本の%)	62.8	57.9	35.2	28.1	27.8
ラテンアメリカ					
日本系銀行	18,753	14,452	14,526	14,784	11,774
アメリカ系銀行	52,586	55,185	60,348	64,183	62,348
ヨーロッパ系銀行	118,471	125,805	166,412	204,898	197,948
BIS 報告国合計	189,810	203,824	251,086	295,712	283,438
(日本の%)	9.9	7.1	5.8	5.0	4.2

注) アジア向けには香港，シンガポールを含めない。
出所) BIS (Bank for International Settlements), *Consolidated International Banking Statistics*, 半期毎の報告書より末廣作成。

ラテンアメリカの貯蓄率が 10-25% 程度であったことを勘案すると，いかにアジア諸国が「高貯蓄・高投資」を進めていたかが分かる[3]。ところが，ここで 2 つの問題が生じた。

一番目の問題は，大量の国際資金を含むアジア向け投資が，非貿易財でかつ非生産部門，つまり株式や不動産・土地に向かい，株式投機や不動産投機を引

---

[3] 細野（1994 年）の東アジアとラテンアメリカの経済発展のパターンを比較対照した興味深い論文を参照。ちなみに，1991 年の国内投資率と貯蓄率の数字をみると，ブラジル（投資率 20%，貯蓄率 30%。以下同じ），メキシコ (23%, 20%)，チリ (19%, 24%)，アルゼンチン (12%, 15%) に対して，「東アジア」の方は，韓国 (39%, 36%)，香港 (29%, 32%)，シンガポール (37%, 47%)，タイ (39%, 32%)，マレーシア (36%, 30%)，インドネシア (35%, 36%)，フィリピン (20%, 19%) と，フィリピンを除くといずれも高かった。

Column 4-1

バブル経済とは何か

　通常「バブル」とは，「経済の基礎的諸条件（ファンダメンタルズ）からかけ離れて，土地・不動産や株式などの資産価格が大幅に変動する現象」を指す。この場合，株価を規定するファンダメンタルズは企業収益を指し，企業収益を国債など長期金利で割ったものが，株価の理論値である。同様に，商業地はオフィス賃料を長期金利で割ったものを，理論値として想定する。そして，この理論値と実勢価格の間の乖離度がバブル性を示すひとつの指標となる。

　資産価格が上昇すること自体は決して「バブル」ではない。住宅地やオフィスビルの需要増加といった実需要因によって，資産価格も財・サービス価格と同様，決まるからである。しかしそうした状況の中で，大多数の人々が資産価格の上昇を同じように期待し，売却益（キャピタルゲイン）の取得を意図した投機的行動に走り，金融機関がこれを支援する融資政策をとると，実物経済から離れて資産価格がさらに上昇してしまう。こうした上昇は企業に対しては，株式発行による資金調達（エクウィティ・ファイナンス）を促し，それがまた株価を引き上げる結果となる。

　バブル経済の発生は，日本の場合，①金融の自由化・国際化の本格化，②経済のサービス化と情報化，③政府の低金利政策の3つが密接に関係していた。そして，資産インフレにもかかわらず，消費者物価や賃金の上昇が見られなかったのが，日本の最大の特徴である。この点タイの場合も，③を除くと事態はまったく同じであった。一方，タイが日本と大きく違っていたのは，海外の短期資金が大量に流入して，不動産・株式投機の重要な資金供給源になったこと，そして，1980年代末から名目賃金や公務員俸給が上昇し続け，これが住宅ローン，自動車ローンを利用した「クレジット経済」（のち「クレージー経済」に転化）の状況にタイ社会全体を走らせる原因となった点である。バブル経済の定義については経済企画庁編『平成5年版経済白書：バブルの教訓と新たな発展への課題』（1993年）が参考になる。また日本における実態を知るには，バブルに躍った人々の証言記録である別冊宝島編集部編（2000年）が興味深い。アジア諸国の消費ブームやバブルの実態については，Robison & Goodman（1996），Pasuk & Baker（1998, Chapter 5）を参照。

表 4-4　タイの対外債務と債務返済比率（1976-97 年）

（単位：%）

年次	対外債務合計 (100万ドル)	対外債務 対GDP比	債務返済比率 (DSR)	債務比率		債務比率	
				政府	民間	長期	短期
1976	n. a.	9.5	12.8	51.4	48.6	n. a.	n. a.
1978	3,049	12.6	17.4	65.7	34.3	89.2	10.8
1980	6,811	21.1	14.5	58.7	28.4	83.7	16.3
1982	10,129	28.3	16.7	59.4	32.1	82.1	17.9
1984	12,839	31.0	19.9	59.5	40.5	84.1	15.9
1986	18,321	42.5	24.8	66.0	34.0	84.2	15.8
1988	21,064	34.2	14.9	63.1	36.9	77.5	22.5
1990	29,308	34.3	10.8	39.3	60.7	64.5	35.5
1992	43,621	39.1	11.2	30.0	70.0	56.6	43.4
1994	64,866	44.9	11.6	24.2	75.8	55.0	45.0
1996	90,536	49.8	12.3	18.6	81.4	58.5	41.5
1997	93,416	62.0	15.6	26.0	74.0	62.7	37.3

注）1986 年以降は新分類による数字。政府債務には IMF 他からの借入を含む。93 年以降はオフショア市場からの借入を含む。短期債務は 1 年未満の債務。
出所）末廣・東編（2000 年），31 頁。中央銀行年次経済報告書ほかより作成。

き起こした点である。つまり，「経済のバブル化」が発生したのである（コラム 4-1）。先の世界銀行の「成長のファンダメンタルズ」は，当然消費者物価の動きを含んでおり，インフレ抑制の成功が安定的なマクロ経済運営の重要な指標とみなされていた。ところが，バブル経済の進行を示す「資産インフレ」（地価や株価の高騰）は，世界銀行の報告書には含まれていなかったのである。

　二番目の問題は，国際資金が流入することで各国の対外債務が膨らみ，資金調達の海外依存率が急速に上昇していった点である。しかも，対外債務の中では民間債務が，民間債務の中では短期債務（1 年未満，とくに 6 カ月未満のものが多い）の比率が増えていった。表 4-4 はタイの状況を示したものである。1990 年あたりから対外債務の残高が増えただけでなく，①対外債務に占める民間債務の比率と，②対外債務に占める短期債務の比率の双方が，急速に上昇していったことが分かるだろう。

　対外債務の急増は，国内に「過剰流動性」（excess liquidity　資産としてもちたいと思う需要以上に貨幣並びに準貨幣が供給されること）を引き起こし，同時に金融の不安定性を高めた。通常，借り手は短期で借りても，海外の貸し手が

「借り換え」(roll over) に応じてくれれば，その資金を長期に運用することができる。しかし，貸し手が何らかの理由で相手国の経済見通しにネガティブな評価を与えれば，これらの資金は容易に流出する。それだけ金融は不安定になるのである。

対外債務の急増は，同時に中央銀行の為替政策にも強い影響を与えた。対外債務の大半はドル建て債務であったから，為替切り下げを実行すれば，たちまち現地通貨に換算した返済金額が膨らんでしまう。したがって，国内企業の返済能力を考えると，通貨当局にとっては自国通貨のドルへのリンクを堅持せざるをえない。ところが，通貨当局がドル・ペッグ制を維持すると，為替リスクへの考慮がいっそう遠のいていくので，資金の貸し手はますます貸し付けやすくなる。そのことで過剰流動性がさらに高まるという悪循環が生まれた。

そうしたなかで，タイでは中央銀行が，1995年から商業銀行の不動産向け投資や非居住者によるバーツ建て預金（外国人用の預金勘定。内外金利差や株式投資に向かった）の規制を開始した。また，不動産デベロッパーが資金を依存していたノンバンク（金融会社）の融資についても制限を加えた。その結果，95年頃から不動産価格と株式価格の下落が始まり，金融機関の不良債権問題（Non-performing Loans : NPLs）がいっきょに噴出した（バブル経済の崩壊）。そして，経営が悪化している金融機関（タイ），商業銀行（インドネシア）の営業停止措置に政府が踏み切ると，ただちに「金融不安」が発生し，これが国際投資家の当該国に対する「国の信認」(credibility) の低下を引き起こし，さらには「通貨不安」へと発展していったのである[4]。

持続的に経常収支の赤字幅（対GDP比）が増大している国では，常に為替引き下げの圧力が働くから，何か引き金さえあれば将来の為替切り下げを見越して，投資家や投機家による現地通貨売りとドル買いが始まる。一方，中央銀行や通貨当局は，国内の借り手の外貨による返済能力を考えると為替相場を維持せざるをえない。そこで，外貨準備を使ってドル売りを行い，可能な限り自

---

[4] タイの経済ブーム，経済のバブル化，さらに通貨・経済危機に至るプロセスについては，末廣編著（1998年），末廣（1999年）を参照。また，アジア諸国全般の危機へのプロセスについては，滝井・福島編（1998年），速水（2000年，第8章）を参照。

国通貨の防衛に走る。その際の為替変動の利ざやを狙って，ソロス（クォンタム・ファンド）やロバートソン（タイガー・ファンド）といった，いわゆる「国際ヘッジファンド」が，通貨攻撃を仕掛けた[5]。タイの場合には，96年7月，97年2月，5月と，計3回の大規模な通貨攻撃が生じた。とくに5月12日には，わずか半日で，当時タイで流通していた貨幣金額の半分に相当する100億ドルが仕掛けられたといわれる[6]。

　これに対して，タイの中央銀行は先物（さきもの）によるバーツ買い・ドル売りで，120億ドルという巨額の外貨準備を使った。その結果，タイのネットの外貨準備（先物の支払い義務分を差し引いた純保有額）は，1996年12月の338億ドルから97年2月には236億ドル，5月には53億ドルへ急減し，7月には遂に11億ドルにまで減少してしまった。通常，外貨準備の最低保有金額は当該国の輸入額の3カ月分（タイの場合には，96年当時180億ドル）といわれているので，完全に枯渇してしまったわけである。タイの大蔵省と中央銀行がバーツのドル・リンク制からの離脱，管理フロート制への移行を発表したのは，97年7月2日だった。

　タイの管理フロート制への移行と，1カ月で30%を超える為替相場の大幅な下落は，たちまちのうちに香港，韓国，マレーシア，フィリピン，インドネシアへと波及していった。いわゆる「危機の伝染病現象」(contagion) が起こったのである[7]。そして，通貨危機に陥ったタイ，韓国，インドネシアは，IMFほかより救済融資 (standby credit) を受ける（荒巻1999年）。その融資にあたっての条件は，IMFが指定する経済安定化政策，すなわち為替安定，財政緊縮，金融引き締めの3つの実施であった。ところが，この政策は国内消費の

---

[5] この国際ヘッジファンドやソロスの実態については，浜田（1999年）を参照。
[6] このときの国際ヘッジファンドの攻撃については，政府の特別調査委員会（通称ソーポーロー，もしくはヌグン委員会）がまとめた報告書『タイ金融制度運営の効率性向上の基準を研究し提案するための委員会報告書：経済状況に関する真実』（1998年3月，タイ文）のなかに，生々しい証言が収録されている。
[7] 今回の通貨危機は，従来のパターンとは異なる「伝染病現象」を引き起こした。その結果，「21世紀型通貨危機論」や「通貨危機の第3世代モデル」が登場している。「通貨危機の経済学」や「3つの世代モデル」については経済企画庁調査局編（1999年，46-49）に詳しい。

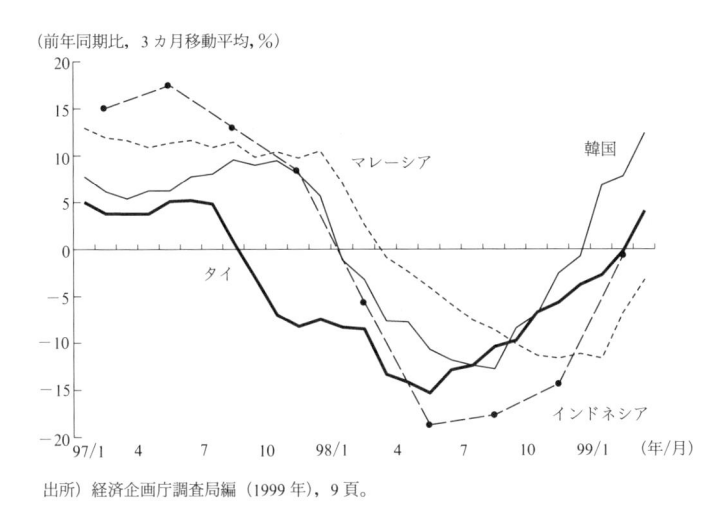

図 4-2　アジア諸国の鉱工業生産の推移

(前年同期比, 3カ月移動平均, %)

出所）経済企画庁調査局編（1999年），9頁。

大幅な減退，高金利にもとづくクレディット・クランチ（信用収縮），大量の失業を引き起こし，各国は深刻な国内不況に突入した。金融不安が通貨危機を引き起こし，通貨危機が国内不況へと発展したのである。危機以後の1年間における生産下落の激しさは，「1929年大恐慌直後のドイツとアメリカの経済状況に匹敵する」（World Bank 1999, 9）という国内不況が，タイやインドネシアを襲ったのである（図4-2，参照）。

3　経済危機の説明：3つの要因

　世界銀行が「奇跡」（miracle）と呼んだアジア経済は，なぜかくも劇的な形で「崩壊」（meltdown）へと向かったのか。この問いに対しては，大きく分けて3つの説明がなされている（コラム4-2）。

　第一の説明は，国際短期資金説もしくは「流動性危機説」（liquidity crisis）である。すでに述べたように，金融の自由化以後の急速な国際資金の流入，とりわけ国際短期資金の流入が今回の危機の原因であるというのが，その説明で

> **Column 4-2**
>
> ### アジア通貨・経済危機論の文献案内
>
> アジア通貨・経済危機については，国内外で数多くの本が出されている。まず，ひととおりのストーリーをつかむためには，世界銀行の『東アジアの奇跡』(1993年) に始まり，98年の『東アジア：回復への道』(World Bank 1998)，99年の『グローバル経済観測 1999年版：金融危機を超えて』(World Bank 1999)，2000年の『東アジア：回復そして回復を超えて』(World Bank 2000b) や Stiglitz & Yusuf eds. (2001) と読み進めていくのが，分かりやすい。通貨危機の余韻が残っている中で出版された本としては，滝井・福島 (1998年)，高橋ほか (1998年)，アジア通貨・経済危機の原因と IMF などの対応を検証したものとして，荒巻 (1999年)，国宗編 (2000年)，経済危機を克服するための各国の政策を紹介したものに山本栄治編著 (1999年) などがある。また，経済企画庁調査局編『アジア経済』各年版も参考になる。一方，英語文献の方は枚挙に暇がないが，政治経済学的なアプローチの代表として Pempel ed. (1999)，個別の国の対応を示したものとして Jomo ed. (1998), Robison et al. eds. (1999)，金融危機に焦点をあてたものとして Agenor et al. eds. (1999) を掲げておく。

ある。ただしその背景も含めると，この議論はいくつかのサブグループに分かれる。

まず，アジア諸国はマクロ経済や実物経済のレベルでは基本的に問題はなかった。むしろ，国際短期資金の無秩序な動きと，これを規制するような国際的フレームワークがなかったことが，今回の危機を招いたと考えるのが，第一のグループである（榊原 1998年，渡辺 1999年)。したがって，ヘッジファンドや国際短期資金の動きを監視し，あるいは管理するような何らかの政策なり，地域レベルでの政策的協調が必要だと，彼らは考える。事実，マレーシアは短期資金の流入の制限と固定為替相場制の維持を 1998年9月以降採用し，経済の安定化に一定程度成功した。

第二のグループ，とくに世界銀行は，国際金融の動きよりは国内の金融制度

表 4-5　アジア各国の上場企業の自己資本・負債比率（リバレッジ）の推移

	1988	1990	1992	1994	1996	88-96 平均
韓　　　国	2.82	3.11	3.37	3.53	3.55	3.47
香　　　港	1.83	1.78	1.84	2.27	1.56	1.90
台　　　湾	−	−	0.88	0.89	0.80	0.82
フィリピン	−	−	1.19	1.15	1.29	1.13
タ　　　イ	1.60	2.16	1.84	2.13	2.36	2.01
マレーシア	0.73	1.01	0.63	0.99	1.18	0.91
シンガポール	0.77	0.94	0.86	0.86	1.05	0.94
インドネシア	−	−	2.10	1.66	1.88	1.95
日　　　本	2.99	2.87	2.04	2.19	2.37	2.30
ア メ リ カ	0.80	0.90	1.06	1.07	1.13	1.03
ド イ ツ	1.54	1.58	1.51	1.51	1.47	1.51

注）リバレッジ（leverage）は自己資本に対する負債（借入）の比率を示す。
出所）Claessens, Djankov and Lang (1998), p. 9 より作成。

の脆弱性（institutional vulnerability）と金融市場の未発達の2点を強調する（Stiglitz 1998；World Bank 1998, Chapters 2-4；IMF 1999；荒巻 1999年，216-220）。つまり，アジア諸国の企業は，資金調達にあたって直接金融（株式，社債）ではなく，もっぱら間接金融（銀行借入）に依存し，自己資本に対する負債比率がきわめて高かった（これをhigh leverageと呼ぶ）。これは，企業債券市場が未発達だったからである。

具体的に，1988年から96年までのアジア諸国の主要企業の自己資本に対する負債比率を求めると（表 4-5，参照），台湾，マレーシアを別にすれば，韓国（3.5倍），タイ（2.0倍），インドネシアと香港（1.9倍）ときわめて高かった[8]。ちなみに，商業銀行の借入が大きい日本は2.3倍であるが，アメリカはほぼ1倍，ドイツは1.5倍であった。一方，地場の金融機関は，融資にあたって審査や監視機能がずさんであり，人的につながった関連企業に野放図に貸し出すと同時に，必要とする資金を安易に海外からの借入に頼ってきた。こうした国内

---

[8] とりわけ経済危機前後に経営が破綻した韓国の財閥の場合，リバレッジは三美グループ（28倍），真露グループ（23倍），韓宝グループ（21倍）と，異常に高い負債比率を示していた。

の金融制度と金融市場の脆弱性が過剰流動性を引き起こしたとみるのが，世界銀行などの主張である（Claessens et al 1998；do. 1999）。この見方は，「アジア的制度」を問題とする第3の説と密接に関係する[9]。

第二の説明は，実物経済とりわけ輸出主導型の工業化，つまり本書でいう「キャッチアップ型工業化」に内在する要因に求める見解である。例えば，危機の原因となる経常収支の赤字幅の増大は貿易収支の赤字，つまり輸出成長率の停滞と輸入誘発的な輸出構造が生み出したものであった。輸出をすればするほど輸入が増え，しかも国内の労賃上昇と労働生産性の停滞のなかで，輸出競争力が低下し，為替相場の維持がそうした競争力の低下に拍車を掛けたというわけである（末廣編著 1998b 年，第7章 末廣論文；服部 1999 年）。

実際，韓国でもタイでもインドネシアでも，輸出の前年比伸び率は1995年以降低下し，96年にはいっせいに「輸出不振」に直面した（World Bank 1999, 81）。その理由の中には，①アジア諸国にとって最大の輸出競争相手である日本の円安傾向，②電子部品など特定部品に工業製品輸出が特化しているというアジア域内での各国の輸出構造の類似性，そして③サポーティング産業（機械工業や鋳鍛造，金型産業）の未成熟と技術・技能者不足がゆえに，輸出向け工業製品の技術集約度を高めることができなかった，という3点がある。

つまり，アジア諸国は「キャッチアップ」を支えるはずの技術基盤の構築や人的資源の開発を十分配慮しないまま，輸入技術と外国資本に安易に依存して，アクセスしやすい労働集約型で最終組立工程の工業製品（とりわけ電子部品）の輸出へと自国の経営資源を集中してきた。その結果，同一製品をめぐって，相互に同じ市場で競争を繰り広げており，1996年の半導体不況や日本の

---

[9] なおここで付記すべきは，先に紹介した世界銀行の『東アジアの奇跡』における6つの「成長のファンダメンタルズ」との整合性であろう。世界銀行は経済危機以降の各種の報告書の中でも，『東アジアの奇跡』の議論は間違っていなかったと主張したが，「成長のファンダメンタルズ」の③効率的で安定的な金融制度の存在という指摘と，危機以降の東アジアの金融制度に対する評価とは明らかに食い違っている。簡単に言えば，『東アジアの奇跡』はもっぱら金利政策の有効性に重点を置き，危機の重大な原因となった地場の商業銀行やノンバンクの融資のやり方や企業債券市場の未発達の問題は，視野の外に置いていた。同様に，「制度・組織」の項目で高い評価を与えられたアジア諸国の官僚組織も，危機以後は「過剰人員を抱えた非効率な組織」と180度の評価の転換がなされている。

円安が，ただちに「輸出不振」に結びついたとみるのである。

　実物経済の方からみたもうひとつの議論は，限界的資本生産比率（incremental capital output ratio：一単位の物的産出に必要な追加的資本の量）の上昇，つまり投資効率性が1990年代に入ってから，アジア諸国ではいずれも低下していったという指摘である（World Bank 1999, 65）。この点は，経済バブル期の製造業向け投資が，金額で示された数字ほどには効率的に利用されておらず，経済構造自体にすでに問題が生じていたことを示唆している[10]。

　以上の議論は，「Foreign Affairs」（1994年11/12月合併号）に掲載され，世界的に注目を浴びたクルーグマンの有名な論文『アジアの奇跡は幻想か？』（クルーグマン，山岡訳 1997年）の主張とも重なってくる。というのも，この論文でクルーグマンは，50年代後半のアメリカにおける，ソ連社会主義の経済成長に対する誤った見通しを例として引用しつつ，現在の「アジアの高成長」はかつてのソ連と同様，長続きしないと予測したからであった。すなわち，アジアの成長は技術革新を伴わない資本と労働の追加的投入だけに頼った経済拡大にすぎず，したがって投入要素価格が上昇すれば（実質賃金の上昇や資本調達コストの上昇など），「見せかけの成長」は行き詰まってしまうという議論を展開し，「アジア経済賛美論」に警告を発したからである。クルーグマンの主張は，見方を変えれば，国内の技術革新を伴わない経済発展は，一見いかに華々しく見えても必ず限界にぶつかるという，後発工業国の「キャッチアップ型工業化」の弱点を突いた論評でもあった。

　さて第三の説明は，危機の原因をアジア的やり方（Asian way），アジア的制度や価値観に求める見解である（World Bank 1998；Fischer 1999；IMF 1999）。例えば，インドネシアのスハルト大統領が典型的に示したような政治の権威主義体制（民主主義のたち遅れ），韓国のチェボルやタイのファミリービジネス型財閥に見られる不透明で政治と癒着した企業経営システム，情実的な金融取引

---

[10] 経済企画庁グループは，投資の効率性の低下仮説について，1990年代に目だって低下していないこと，これまでのストックの積み上げに対して更新投資を行なった場合でも，新規投資に回すことのできる投資量が減るために，資本ストックの蓄積速度が低下する可能性があることの2点を指摘し，単純な「投資効率性の低下」の議論に疑問を投げかけている（経済企画庁調査局編 1999年，135-137）。

や監査制度のずさんさ，自由な労働市場の発展を阻害する雇用慣行（終身雇用制度）といった制度や慣行が，それに該当する。こうした問題をIMF自身は「根深い構造問題」(deep-seated structural problems)と名付けた。

ここでいう「アジア」とは，何も地域概念としてのアジアに限定しなくともよい。アングロ・アメリカン的な基準（いわゆるグローバル基準）に合致せず，市場メカニズムの機能を阻害するような制度，組織，価値は，押しなべて「アジア的」という認識に結びつけられているからである。こうした見解は，通貨・経済危機が生じた直後に，健全な金融機関の存在と市場メカニズムの調整機能を何より重視する，IMFや新古典派経済学の立場に立つエコノミストによって主張された。そうしたなかで，世界銀行が1998年末にアジア5カ国で実施した計2077社の企業サンプル調査をはじめ[1]，さまざまな実態調査や，アジア諸国の上場企業データの整理と分析が実施される中で（Claessens et al 1998 ; do. 1999），「アジアにおける制度的後進性」は，①金融制度の未発達と②地場民間企業にみられる「コーポレート・ガバナンス」の脆弱性，この2点へと収斂していった（本書の第9章，参照）。

以上3つの経済危機をめぐる見解は，必ずしも特定の見解を特定のグループが代表しているというわけではない。例えば，世界銀行は当初，第1の「流動性危機説」の立場をとっていたが，のちには国内の金融制度の脆弱性をより重視し（World Bank 1998），1999年に入ると実物経済の問題にも積極的に言及するようになってきたからである（World Bank 1999）。ちなみに私自身は，第1の要因を直接的な引き金，第2の要因をより基本的な背景と捉えている。

したがって，大半の論者は3つの要因を概ね認めており，どの要因をより強調するのか，さらにどの要因を重視することによって経済危機への対応や経済社会再構築事業にどう取り組むかが，重要な政策上の争点となっている。具体的には，IMFと世界銀行は第1と第3の見解から，企業活動に関わる法律や

---

[1] 世界銀行の企業調査は，韓国（537社），タイ（355社），インドネシア（391社），マレーシア（554社），フィリピン（240社）の5カ国で，食品，繊維・衣類，電機・電子，化学，自動車部品の5業種を対象に実施された。その調査結果の要約は，*Asian Business* (April 1998) に紹介されている。

第4章 アジア経済:「奇跡」から「危機」へ　97

図 4-3　タイにおける経済社会再構築の構図：IMF, 世界銀行, タイ政府 (1997-99年)

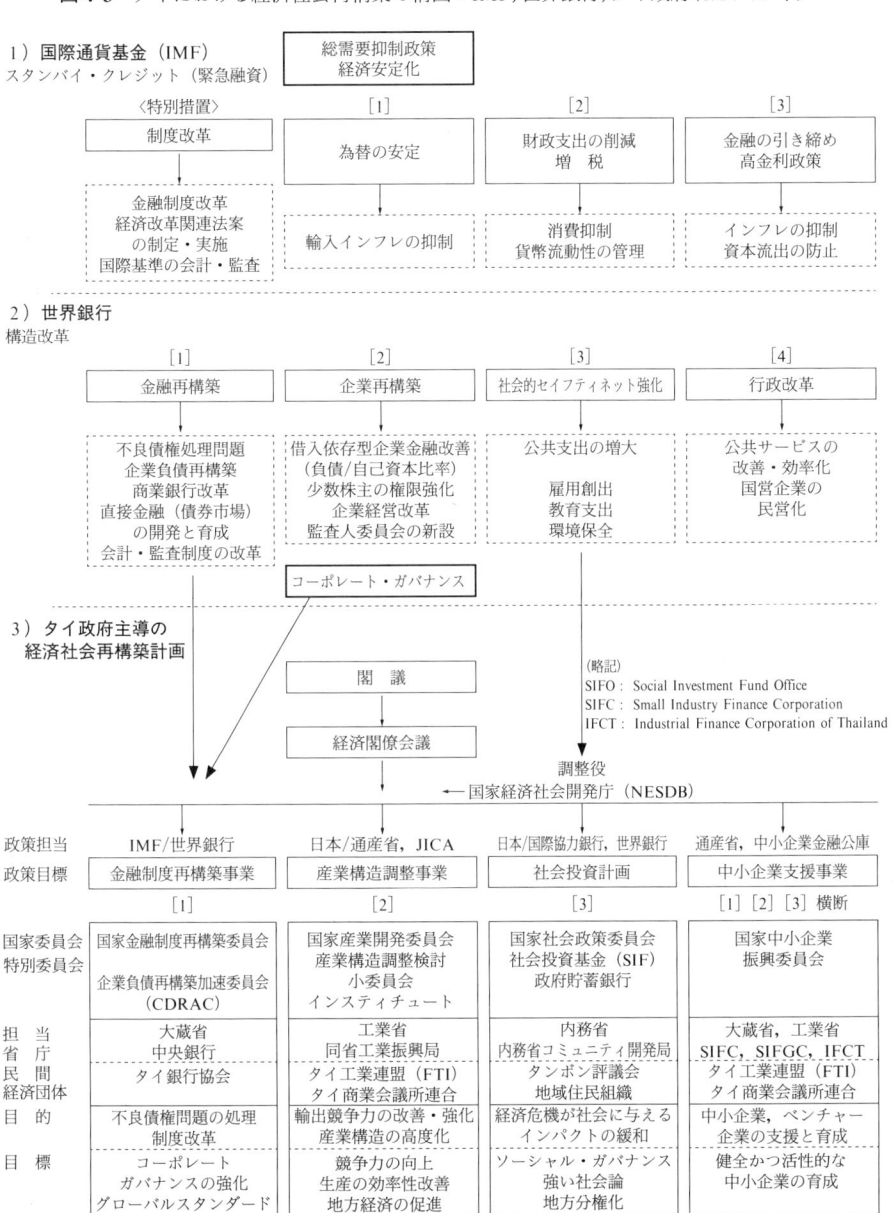

1) 国際通貨基金 (IMF)
スタンバイ・クレジット（緊急融資）

総需要抑制政策
経済安定化

〈特別措置〉

[特別措置]	[1]	[2]	[3]
制度改革	為替の安定	財政支出の削減 増税	金融の引き締め 高金利政策
金融制度改革 経済改革関連法案の制定・実施 国際基準の会計・監査	輸入インフレの抑制	消費抑制 貨幣流動性の管理	インフレの抑制 資本流出の防止

2) 世界銀行
構造改革

[1]	[2]	[3]	[4]
金融再構築	企業再構築	社会的セイフティネット強化	行政改革
不良債権処理問題 企業負債再構築 商業銀行改革 直接金融（債券市場）の開発と育成 会計・監査制度の改革	借入依存型企業金融改善（負債/自己資本比率） 少数株主の権限強化 企業経営改革 監査人委員会の新設	公共支出の増大 雇用創出 教育支出 環境保全	公共サービスの改善・効率化 国営企業の民営化

コーポレート・ガバナンス

3) タイ政府主導の経済社会再構築計画

閣議 → 経済閣僚会議

（略記）
SIFO: Social Investment Fund Office
SIFC: Small Industry Finance Corporation
IFCT: Industrial Finance Corporation of Thailand

調整役 ← 国家経済社会開発庁 (NESDB)

政策担当	IMF/世界銀行	日本/通産省, JICA	日本/国際協力銀行, 世界銀行	通産省, 中小企業金融公庫
政策目標	金融制度再構築事業	産業構造調整事業	社会投資計画	中小企業支援事業
	[1]	[2]	[3]	[1] [2] [3] 横断
国家委員会 特別委員会	国家金融制度再構築委員会 企業負債再構築加速委員会 (CDRAC)	国家産業開発委員会 産業構造調整検討小委員会 インスティチュート	国家社会政策委員会 社会投資基金 (SIF) 政府貯蓄銀行	国家中小企業振興委員会
担当省庁	大蔵省 中央銀行	工業省 同省工業振興局	内務省 内務省コミュニティ開発局	大蔵省, 工業省 SIFC, SIFGC, IFCT
民間経済団体	タイ銀行協会	タイ工業連盟 (FTI) タイ商業会議所連合	タンボン評議会 地域住民組織	タイ工業連盟 (FTI) タイ商業会議所連合
目的	不良債権問題の処理 制度改革	輸出競争力の改善・強化 産業構造の高度化	経済危機が社会に与えるインパクトの緩和	中小企業、ベンチャー企業の支援と育成
目標	コーポレートガバナンスの強化 グローバルスタンダード	競争力の向上 生産の効率性改善 地方経済の促進	ソーシャル・ガバナンス 強い社会論 地方分権化	健全かつ活性的な中小企業の育成

会計・監査制度の改革を含む金融制度改革に，日本の大蔵省は第1の見解を重視する立場から，アジア地域レベルでの国際金融の政策協調の推進に（アジア版G7やアジア通貨基金構想など），日本の通産省は第2と第3を重視する立場から，「産業構造調整事業計画」や「中小企業（SMEs）支援政策」の政策支援と実施にあたっての資金供与に向かっていった。そこで以下では1998年以降，アジア諸国がどのように経済危機を克服しようとし，新たな経済社会システムの構築に向けて政策を展開しているのか，タイを中心に紹介しておこう（図4-3を参照）。

4 IMF・世界銀行の方針と制度改革

通貨危機が発生したあと，IMFは緊急融資を要請したタイ，韓国，インドネシアの3カ国に対して，経済安定化の方策に乗り出した。まず，IMFは1997年8月にタイに対して172億ドル（IMF融資分は40億ドル，ほかは日本ほか9カ国，世界銀行，アジア開発銀行との協調融資。他も同じ），同年11月にインドネシアに対して392億ドル（IMF融資分は100億ドル。なお，全体の金額にはインドネシア政府自身の緊急準備金50億ドルを含む），同年12月には韓国に対して350億ドル（IMF融資分は210億ドル）の救済融資を，それぞれ決定した。

通常のIMF融資，つまり外貨準備の補塡など「緊急融資」は，加盟国の出資分に応じた「クオーター」でその金額が規定されている。しかし今回の危機では，タイとインドネシアが自国クオーターの5倍，韓国にいたっては20倍という巨額の融資となった（荒巻1999年，114-115）。それだけ危機の規模と範囲が大きかったといえる。しかも，IMFの融資実行期間（したがって，IMFが融資受け入れ国の経済管理を行なう期間）は，1年から2年が普通であったのに対し，今回は最低3年間，場合によっては4年まで延長するという異例の措置（EFF：Extended Fund Facility）がとられた。

IMFが当初示した方針は，1980年代初頭に発生したラテンアメリカにおける債務累積危機に対する対策と，基本的には同じである（Sachs ed. 1989）。つまり，徹底した総需要管理政策による経済の安定化，具体的には，①為替の安

定，②財政支出の削減，③金融の引き締めの3本柱がそれであった[12]。為替安定については，固定相場制を放棄させてフロート制に移行させ，急激な為替の下落による輸入インフレを回避するため，相場の安定を図る。財政政策については，過熱した消費を抑えインフレを抑制するために財政支出を大幅にカットし，同時に将来の経済改革に必要な財源を確保するために，増税や輸入課徴金，エネルギー価格の引き上げなどを図る。金融政策については，インフレの回避と国外への資本逃避を防止するために，徹底した高金利政策を実施する。ところで，こうした政策が，IMFの当初の予想を超えてアジア諸国における実物経済の悪化を引き起こし，国内消費の極端な低下や金融機関の貸し渋り，失業の増加にもとづく「国内不況」に発展したことは，図4-2をはじめすでに述べたとおりである。

今回のIMFの方針で注目すべき点は，以上の経済安定化政策に加えて，金融機関を中心とする「制度改革」（構造調整）を最初から盛り込んでいた点であろう。このことは，彼らが今回の危機の原因として，先に掲げた3つの要因のうち第3の「アジア的やり方」をもっとも重視したことの反映であった。なおこの制度改革のなかには，金融機関の不良債権の処理や経営建直しのほか，企業破産法などからなる経済改革関連法案の制定や会計・監査制度の見なおしも含んでいた。

一方，IMFと協調する形で融資に乗り出した世界銀行は，「経済社会再構築計画」（従来の構造調整計画に相当する）の名前で，1998年半ば頃からその事業を本格化させていった。柱となったのは，①金融制度再構築，②民間企業の債務処理と経営システム改革，③経済危機が社会に与える影響を緩和する事業（いわゆるソーシャル・セイフティネットの強化），④公務員の削減，公共サービスの改善，公企業の民営化を柱とする公共部門の改革，の4つがそれである（図4-3，参照）。

さて図に示した計画は，1980年代にラテンアメリカや東南アジア諸国で実

---

[12] ラテンアメリカを中心とする1980年代前半の途上国における債務累積危機とその後の対応については，細野・恒川（1986年），丸谷編（1988年），奥田（1989年），ジョージ（向訳 1989年）などを参照。

施した「構造調整計画」(structural adjustment)[13] を継承しているといえよう。ただし，IMFと連動した①の金融制度改革と，②の企業再構築，つまり上場企業の「コーポレート・ガバナンス」の強化に力点を置いた点に，今回の特徴があった。具体的には，国際投資家，オーナーではない少数株主，監査人の権限を強化し，それによって健全な金融機構（sound financial institutions）と健全な民間企業を作りだし，これによって経済の再構築を図ろうとするのが，世界銀行の基本戦略であった（World Bank 1998）。その意味で，彼らの政策の基本は，「コーポレート・ガバナンス」をキーワードとする経済運営の「アメリカナイゼーション」にあったとみなすこともできる（Suehiro 2000, 18）。

5 タイ政府の経済社会再構築計画

これに対してタイ政府自身も，1998年8月から現在にかけて，危機以後の経済社会の再構築をめざすいくつかの基本方針を立案し，現在それを実行に移している。中心をなすのは，①金融制度再構築，②産業構造調整事業，③社会投資計画，④中小企業支援の4つであった（前掲図4-3，参照）。この点に国営企業の民営化や公共サービスの効率化を含む行政改革を加えれば，ほぼすべてのアジア諸国に共通する。

さて金融制度再構築は，IMF・世界銀行の金融改革や企業再構築の方針に沿ったもので，実際その実施にあたっては，国際機関や世界銀行が直接，間接に関与している。この方針のもとタイでは，危機以前に15行あった地場のタイ商業銀行のうち7行は，政府の管理銀行に再編され，そのうち3行はすでに外資に売却された。残り8行のうち2行も，外資がマジョリティを取得し，自助努力で今後事業の継続が可能なのは，わずかに3～4行といわれている（2000年現在）。また，危機以前に91社あった金融会社（finance company）も，

---

[13] 世界銀行の「構造調整計画」の理念，仕組み，問題点については，石川（1996年），朽木ほか編（1997年，第16章）を参照。また，1980年代のラテンアメリカにおける構造調整の実施については，奥田（1989年）を参照。一方，同じ80年代の東南アジア諸国における世界銀行の構造調整の実施については，タイ（末廣・東編2000年），フィリピン（森澤1993年），インドネシア（三平編1990年）が，それぞれ有益である。

すでに56行が清算処分となり，残りの金融会社も統合などを通じて現在は23社（うち16社が外資系）にまで減っている。不良再建を抱えた商業銀行や金融会社の清算・合併と，金融機関再建のために公的資金を注入する方式は，韓国，インドネシア，マレーシアにも共通する方式であった（東ほか2000年）（表4-6，参照）。

一方，IMFがタイ政府に強く要求した経済改革関連の11法案（企業破産法や外国人職業規制法の改定）は，1999年6月までにすべての法案が国会を通過し，法律として制定された。また，会計・監査制度の改革は，現在，世界銀行とタイ公認会計士協会（The Institute of Certified Accountants and Auditors of Thailand：ICAAT）の共同作業のもと，急ピッチで準備が進んでおり，アメリカの財務会計基準制定委員会（American FASB）に合致した新しい会計監査制度の導入が決まっている。さらに，98年1月のタイ証券取引所（SET）の通達によって，2名以上の社外重役の任命，社外の人間で構成する監査委員会（Audit Committee）の設置が，すべての上場企業に対して義務づけられた。とはいえ，金融機関が抱える不良債権の金額は99年9月現在，2兆5000億バーツ，金融機関の貸出残高の44％をしめ，名目GDPの60％にも達していた（末廣 2000a年，33-34）。不良債権処理は，依然としてタイや他のアジア諸国が抱える最大の問題であることは変わっていない。

タイ政府の4本柱のなかで，世界銀行の基本方針と大きく異なるのは，②の「産業構造調整事業」（Industrial Restructuring Program：IRP）と④の「中小企業支援」（SMEs Promotion Program）の2つであった。「産業構造調整事業」は，1997年から日本の通産省，日本貿易振興会（JETRO），国際協力銀行（JBIC），国際協力事業団（JICA）などの協力のもとで進められてきたもので，金融制度改革だけでなく，日本の資金を実物経済の建直しに，つまり国際競争力の向上に貢献するような「サプライサイド」の政策支援に集中的に向けようとするものである。

具体的には，繊維，食品加工，自動車部品，電気電子といった主要輸出産業を指定し，業種別に政策を立案するサターバン（インスティチュート，官民協同組織）の設置，生産性の向上やISO9000，ISO16000シリーズなどの普及，製

表 4-6　アジア諸国の不良債権と金融制度改革の状況（1999 年）

項　目	韓　国	タ　イ	インドネシア	マレーシア
(1) 負債返済不能の上場企業の比率				
1995	8.5	6.7	12.6	3.4
1997	24.3	32.6	40.3	17.1
1998	33.8	30.4	58.2	34.3
1999	26.7	28.3	63.8	26.3
(2) 金融機関の貸付に対する不良債権比率（98 年 12 月末現在）				
商業銀行	7.4	42.9	58.7	13.0
金融会社	20.0	70.2	n. a.	26.8
金融機関全体	16.8	45.0	n. a.	19.7
(3) 商業銀行，金融会社の清算，整理（99 年現在）				
商業銀行				
①閉鎖	5 行	1 行	64 行	―
②政府管理	4 行	7 行	12 行	1 行
③合併	9 行＋2 行を4 行に統合	3 行	国営 7 行のうち 4 行を統合	6 行を統合
金融会社				
①閉鎖	100 行以上	57 行	―	―
②政府管理	―	12 行	―	1 行＋3 行
③合併	―	13 行	―	―
(4) 銀行の債務再構築のための機関				
①自主的債務再構築	Corporate Restructuring Coordination Committee	Corporate Debt Restructuring Accelerating Committee	Jakarta Initiative Task Force	Corporate Debt Restructuring Committee
②資産整理機関	Asset Management Authority	Asset Management Corporation	Indonesian Bank Restructuring Authority	Danaharta
③銀行再建機関	Deposit Insurance Corporation	Financial Institution Development Fund (FIDF)	Indonesian Bank Restructuring Authority	Danamodal
(5) 銀行再建への公的資金の投入（99 年現在）				
公的資金（億ドル）	470	110	140	34
対 GDP 比率（％）	13	16	11	4

出所）World Bank (1999), pp. 77, 78, 85, 87；東ほか (2000 年)。

品の品質検査を担当する機関の設置，政府系金融機関を通じた低金利の融資，企業診断制度の導入などへの，日本の全面的な協力がその内容であった。一方，中小企業支援は98年末から本格化したもので，中小企業振興法の制定（2000年3月），政府系金融機関を通じた中小企業向け融資の拡充，中小企業診断士の養成，日本の中小企業大学校をモデルとする中小企業開発インスティチュートの新設，ベンチャー企業の育成をめざすファンド（Venture Capital Fund）の設置などが，主な内容となっている（末廣 2000a年）。

この2つの政策は，日本が従来のように円借款，すなわち「金銭的支援」にとどまるだけではなく，過去の産業政策の経験を踏まえながら，「政策的支援」とりわけ「知的支援」をアジアに対して積極的に行なおうという点に大きな特徴がある。それはIMF・世界銀行主導の「金融制度改革」に対抗し，アジアにおける日本の独自の役割をアッピールする意図もあった[14]。

国際機関主導の「金融制度改革」，日本政府が全面協力する「産業構造調整事業」や「中小企業支援」に対して，タイ側がより主体的に構想しているのが，「社会投資計画」（Social Investment Plan：SPI）と呼ばれるユニークな公共事業である。この計画はもともとは，世界銀行の構造調整融資（経済金融目的と社会目的の2つから成る）のうち社会目的の融資を利用するために作成されたものであった。しかし，NGOの代表や僧侶を政策立案委員会の顧問に加えることで，独自の意味づけがなされていった。とくにこの計画で重要な地位を占めたのが，政府貯蓄銀行のパイブーン総裁（Phaibun Wattanasiritham）とNGOの理論的リーダーで，「強い社会論」を提唱していたプラウェート・ワシー（Mo Prawes Wasi）の二人である。

パイブーンは，タイのNGOの草分け的存在である村落復興プロジェクトの事務局長を経験し，自主管理の村落復興基金を提唱したことで知られる。一方，プラウェートは仏教の道徳倫理を基礎に，地域住民社会（community，タイ語でチュムチョンchumchonと呼ぶ）を経済，社会，文化の基本単位にすえ，

---

[14] 日本，とりわけ通産省のアジア支援政策については，通商産業省編『平成11年版通商白書』（1999年）の第3章と，同『平成12年版通商白書』（2000年）の第3章が詳しく扱っている。

自給的な農業経済を構想する。また，ヒエラルキー的な上下の人間関係でなく，個人が相互に孤立したばらばらな社会でもない，ネットワーク型社会の構築を目指していた。そうした社会を，プラウェートは外から突然襲いかかる危機を克服できる「強い社会」(sangkhom khemkheng) と呼んだ。このプラウェートが主張する農業主体の「強い社会論」は，経済危機後，タイの国王が国民に向けて提唱した農業主体の自給経済，分配をより重視する「ほどほどの経済」論と結びつくことで，国内の幅広い層の支持を得るにいたった。同時に，地域住民の意思決定過程への直接参加を促す「強い社会論」は，1997年新憲法が強調している「地方分権化」の方針とも基本的に合致した。

その結果，社会投資計画は，国王の「ほどほどの経済」論，内務省が進めている「地方分権化政策」，NGOが主導する「村落コミュニティの再建運動」，民主化運動家が提唱する「タイ市民社会論」などと連携していき，ひとつの社会運動へと発展していった。それはタイ独自の「社会変革」の意味をもったのである[15]。経済危機に対するこうした対応は，インドネシアなど他の諸国でも程度の差はあれみることのできる動きであった。

6　通貨・経済危機と「キャッチアップ型工業化」

ところで今回の通貨危機は，アジア諸国の国内経済に対して深刻な影響を与えただけではなく，アジア各国がこれまでとってきた工業化路線，つまり「キャッチアップ型工業化」の路線を見なおす重要な契機にもなった。

第一に，今回の危機は製造業を中心とする外向きの経済発展に内在する問題点を暴露した。かりに製造業セクターで国際競争力を高める努力をしていても，国際資金の動きいかんでは危機が発生し，それが転じて国内の実物経済にはねかえることを実証したからである。逆に言えば，各国の製造企業の成長は，企業自身の生産現場での努力だけではなく，国内の金融制度の「健全性」

---

[15] もっとも2000年に入ると，世界銀行も「持続可能な成長」のスローガンのもとで，環境，医療，教育，零細企業支援（Micro Finance）といった「社会政策」の重要性を，アジア，ラテンアメリカ地域の経済社会再編との関連で強調するに至っている。

や外国投資家の見る「国の信認」にも強く規定されるようになった点が重要である。この点は日本もまったく同様であった。

例えば，自動車組立メーカーが，成長するアジア市場で販売台数の増加とシェアの拡大を図るために，分単位で生産労働者のタクト（部品の組み付け作業をこなすための標準時間）を短縮し，進出先の部品工場と協力して生産コストのぎりぎりの削減を図ったとしても，為替の大幅な下落による輸入原材料・中間財の価格上昇，物品税などの引き上げによる消費の減退，急速な信用収縮による自動車ローンの崩壊などが，それまで築いてきた努力を足もとからすくってしまうからである。経済ブーム期にモータライゼーションを迎え，その後，極端な自動車産業不況に陥ったタイがまさにそうであった[16]。

ところで，自動車産業などの生産体制や価格競争力は，一朝一夕に達成できるものではない。本書の第3章で指摘したように，積み重ね型の改善努力が不可欠の要件であり，「キャッチアップ型工業化」の基礎をなすものである。また，「キャッチアップ型工業化」路線は，右上がりの経済成長や技術蓄積を可能とする生産の連続性を，暗黙のうちに前提としている。その前提を今回の通貨・経済危機がくつがえしてしまった。金融の動きが「モノ作りの世界」を直撃したのである。その結果，製造業中心に経済運営を考えていた従来の「東アジア工業化モデル」は，その有効性を改めて問われることになった。

第二は，「国際ヘッジファンド」や通貨危機の「伝染病現象」が証明した，今日の情報技術産業の重要性と情報知識の中身の変化である。通常，「キャッチアップ型工業化」が拠ってたつ製造技術や製品知識は，一定の時間をかけて学習され習得されるものである。それがゆえに，技術知識を習得する後発工業国側の政府の政策や，企業経営システム，生産システムが，工業化のスピードや広がりに大きな影響をもたらす。今回の通貨・経済危機は，コンピュータを通じて世界をかけめぐる情報が国際資金の流れを瞬時にして変え，国際金融の

---

[16] タイの自動車販売実績は，1992年の投資の完全自由化やバブル経済のおかげで，88年の15万台から92年には36万台へ，さらに96年のピーク時には59万台まで増大した。ところが通貨・経済危機の影響で，その数字は97年に34万台，さらに98年には14万台へと，10年前の水準へと逆もどりした。なお，99年は国内販売21万台，輸出11万台と，輸出の伸びに助けられて持ちなおしてきている。

分野で著しい革新を示す情報技術（IT）が，後発工業国の実物経済に大きな影響を与えることを明らかにした。このことは，後発工業国において経済発展を促す技術形成とは何かという新たな問題を「キャッチアップ型工業化論」につきつけている。

　第三は，経済危機以後進められている金融制度改革のなかで，国際機関が導入した「コーポレート・ガバナンス」や「グローバルスタンダード」の規準が，アジア諸国の経済運営や企業経営システムに与えているインパクトである。直接金融を発達させてきたアメリカの「ガバナンス」は，株主・投資家の利害，企業の株価収益を何より重視し，企業経営者は株主の利害を実現する代理人（エイジェンシー）とみなす。そして，株価収益の観点から，企業が買収や合併の対象になることも決して珍しくはない。

　一方，商業銀行からの借入に頼る，間接金融中心の日本やアジア諸国では，企業の「ガバナンス」は，経営者と従業員の関係，事業会社と銀行や取引先企業の関係，企業の安定性とそれを前提とする企業の成長などを重視してきた。そして，アメリカ系企業が財務管理能力をより重視するのに対し，日本の企業は生産現場での管理能力や労使関係の調整能力の方を重視してきた。後者の立場は，程度の差はあれ輸出競争力の強化をめざすアジア諸国の企業や，アジア地域に進出した日系製造企業にも共通する立場であった。したがって，国際機関が主導する金融制度改革は，従来の日本型「ガバナンス」とぶつかるし，アジア諸国の企業経営に大きな影響を与えざるを得ないのである（第9章）。

　以上のように，アジア通貨・経済危機は，さまざまの側面で「キャッチアップ型工業化」路線がこれまで当然とみなし，あるいは依拠してきた基盤に見なおしを迫っている。とはいえ，「キャッチアップ型工業化」の路線が崩壊したかというと，そうとも言えない。表4-7が端的に示すように，アジア諸国は輸出への依存を維持するか，前にも増して輸出に依存することで，経済回復を進めているからである。名目GDPに対する輸出の比率がすでに100%を超えているのは，シンガポール（135%），香港（110%），マレーシア（107%）であり，これをタイ（77%），フィリピン（46%），台湾（42%），ベトナム（40%）が追っている。韓国は1999年に内需の拡大で35%に比率が下がっているが，インド

表 4-7 アジア諸国の対 GDP 輸出比率の危機以前と危機以後の推移（1970-99 年）

(単位：%)

国・地域名	1970	1980	1990	1995	1997	1998	1999
(1) アジア NIES 諸国							
韓　　国	10	28	26	27	31	41	35
台　　湾	26	48	42	43	43	43	42
香　　港	66	69	110	125	108	105	110
シンガポール	82	165	140	139	130	130	135
(2) 新興 ASEAN 諸国							
タ　　イ	10	20	27	34	39	49	77
インドネシア	12	30	22	23	25	52	34
マレーシア	43	53	69	85	80	103	107
フィリピン	15	18	20	24	30	43	46
(3) 市場経済移行国							
中　　国	3	6	16	21	20	19	20
ベトナム	—	—	39	26	33	35	40
(4) 参　　考							
日　　本	10	12	10	9	10	10	10

注) 経済企画庁調査局編 (2000 年), 294-295, 310-311 頁。ドル・ベースの各国の輸出実績と名目 GDP から算出。

ネシアの 34％は経済混乱にもとづく輸出不振が原因であり，今後この数字は上昇するものと考えられる。しかもいずれの国でも，輸出の大半は工業製品で占められていた。そうなると，国内企業の輸出競争力の回復や強化が再び問題となるし，企業レベルや生産現場での「工業化の社会的能力」の発揮が問われることになる。その意味で，「キャッチアップ型工業化論」は過去のモデルではなく，その特徴と問題点を含めて引き続き議論すべき対象なのである。

第Ⅱ部

イデオロギー, 担い手, 制度・組織

第5章

開発主義と「開発独裁」

　ここでは,「キャッチアップ型工業化」を支えてきたイデオロギーと政治体制,つまり開発主義と「開発独裁」の2つを問題とする。そして,なぜアジア諸国に開発主義イデオロギーが成立し,かつ定着していったのか,その国際的要因と国内的要因について検討してみたい。本章において鍵となる概念は,開発政策の制度化,冷戦体制と経済開発,システム間競争と成長イデオロギーの浸透,統合のナショナリズム（国民主義）などである。また,1997年に始まるアジア経済危機以降の「開発主義」の行方についても議論する。

1　開発主義とは何か

　ガーシェンクロンが的確に指摘したように（第2章）,後発国の加速的な工業化には「特殊な工業化イデオロギー」,つまり,国民を工業化に駆りたてるような強力なイデオロギー的刺激が必要であった（Gerschenkron 1962, 86, 191）。そのイデオロギーは,19世紀のドイツや明治期の日本では,国権主義的なナショナリズムで彩られていた。しかし,このナショナリズムは,1950年代の冷戦体制の始まりとともに内実を変えていく。それがここでいう「開発主義」（developmentalism）である。それでは「開発主義」とは何なのか。

　この概念を最初に日本で使用したのは,村上泰亮の大著『反古典の政治経済学』（上・下巻,1992年）である。彼はこの本のなかで,開発主義を「私有財

産と市場経済（すなわち資本主義）を基本枠組みとするが，産業化の達成（すなわち一人当たり生産の持続的成長）を目標とし，それに役立つかぎり，市場に対して長期的視点から政府が介入することも容認するような経済システムである」と定義した（村上 1992年 下巻，5-6）。また村上は，経済自由主義にもとづく先進国経済が個人や企業を基礎に置いているのに対し，後発国の開発主義は「明らかに国家を基本単位として設定される政治経済システムである」と捉える。そして，後発国が先進国にキャッチアップするために，一時的に政府が市場に介入し，特定産業の競争力を強化したり技術進歩を促進したりすることは，単に容認されるだけでなく，政策的にも合理的であると主張した[1]。

次に，『開発経済学：諸国民の貧困と富』を著した速水佑次郎は，次のように開発主義を定義している（速水 1995年，232）。すなわち，「経済の発展とくに途上国にとって先進国にキャッチ・アップするための発展には，それがもたらす物質的満足を超えた価値（たとえば民族的自尊心の満足）を認めるべきとの考えである」と。

速水の場合には，(1) 19世紀後半のドイツや日本のように，国内産業の保護とナショナリズムの昂揚に特徴づけられた一連の政策体系を「開発主義的市場経済」と名付け，(2) 1980年代以降のアジアNIES（60年代以降の日本を含む）のように，輸出産業の振興と成長至上主義のイデオロギーに特徴づけられる政策体系を，「新開発主義的市場経済」と名付けた。そして，後者の政策体系を前者のそれから明確に区分している[2]。

一方私自身は，かつて次のように定義した。すなわち，開発主義とは「個人

---

[1] 村上が開発主義の政策体系のなかで重要な手段とみたのは産業政策であり，その課題は特定産業の重点化，指定産業別の計画立案，技術開発の促進，企業間の価格をめぐる過当競争の回避，の4つである。ただし，村上は「開発主義的政策」は永久に是認されるのではなく，当初の目標を達成した段階で放棄されるべきであり，開発主義の重要な課題は，既得権益グループの政治的圧力に対抗していかに自由主義的政策に移行するか，その「タイミングの問題」であるとも指摘している。

[2] 開発主義を2つの時期に区分する発想は，絵所（1999年）も同様である。絵所は，「構造主義学派」に代表される「金銭的外部経済の内部化」を目的とした政府主導の工業化政策を「初期開発主義」，輸出指向工業化路線をとったアジア諸国のそれを「新開発主義」と，それぞれ呼んで区別している。

図 5-1　開発主義の概念図

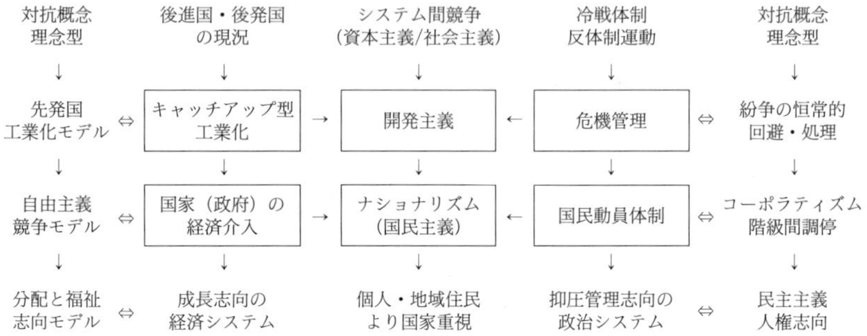

対抗概念 理念型	後進国・後発国 の現況	システム間競争 (資本主義/社会主義)	冷戦体制 反体制運動	対抗概念 理念型
↓	↓	↓	↓	↓
先進国 工業化モデル ⇔	キャッチアップ型 工業化 →	開発主義 ←	危機管理	⇔ 紛争の恒常的 回避・処理
↓	↓	↓	↓	↓
自由主義 競争モデル ⇔	国家(政府)の 経済介入 →	ナショナリズム (国民主義)	国民動員体制	⇔ コーポラティズム 階級間調停
↓	↓	↓	↓	↓
分配と福祉 志向モデル	成長志向の 経済システム	個人・地域住民 より国家重視	抑圧管理志向の 政治システム ⇔	民主主義 人権志向

や家族あるいは地域社会ではなく，国家や民族の利害を最優先させ，国の特定目標，具体的には工業化を通じた経済成長による国力の強化を実現するために，物的人的資源の集中的動員と管理を行なう方法」であると（末廣 1998年，18）。また，開発主義を支える基本要件としては，(A) 後発国が先進国にキャッチアップすることを目的とし，上からの工業化を推進するために，政府が積極的に経済に介入することと，(B) 国内外の政治危機，とりわけ冷戦体制以後の政治危機に対処するために，国家が危機管理体制（権力の集中と抑圧的政治体制の構築）をとること，以上の2つを掲げておいた。

　後発国工業化という経済的要請と危機管理体制の構築という政治的要請，この2つが結び付いて初めて「開発主義」が成立する。そのメカニズムを図示したのが，図 5-1 である。なお図の左右両端には，開発主義の構成要因とは対抗する諸概念，例えば，キャッチアップ型工業化に対しては先進国工業化モデルを，一時的な危機管理に対しては，恒常的な紛争の回避・処理システムを示しておいた。また，開発主義を規定する成長志向の経済システムと抑圧管理志向の政治システムに対しては，それぞれ分配・福祉志向，民主主義・人権志向を対置してある。なおこれら両端の概念は，欧米諸国の過去の経験や実態をそのまま示すものではなく，あくまでひとつの理念型を表わしている。

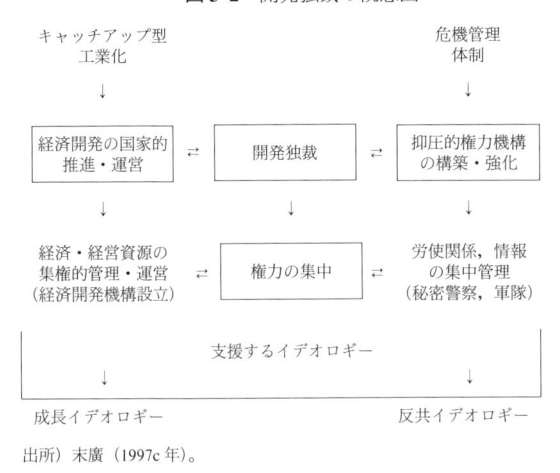

図 5-2　開発独裁の概念図

```
キャッチアップ型                              危機管理
  工業化                                      体制
    ↓                                         ↓
┌─────────┐    ┌─────────┐    ┌─────────┐
│経済開発の国家的│ ⇄ │ 開発独裁 │ ⇄ │抑圧的権力機構│
│ 推進・運営 │    │         │    │の構築・強化│
└─────────┘    └─────────┘    └─────────┘
    ↓               ↓               ↓
 経済・経営資源の              労使関係, 情報
 集権的管理・運営  ⇄ 権力の集中 ⇄  の集中管理
 (経済開発機構設立)            (秘密警察, 軍隊)

        支援するイデオロギー
    ↓                           ↓
 成長イデオロギー           反共イデオロギー
```

出所）末廣（1997c 年）。

2　開発主義と政治体制

ところで，途上国の開発主義と政治体制の相互関連について，従来の議論は図 5-1 のうち，もっぱら右側の危機管理＝抑圧的政治体系の側面に焦点をあててきた（図 5-2, 参照）。つまり，アジア諸国の場合には，国外の共産主義勢力の波及が及ぼす脅威と国内の政治的混乱や反政府運動の昂揚を理由に，まず軍や特定集団による権力奪取がある[3]。次いで，権力奪取を主導した個人もしくはグループへの権力の集中とその維持補強のために，彼らは経済開発政策を導入する。「将来の経済成長を担保とする権力掌握の正当化」がその目的であった（藤原 1992 年）。

ところが，開発政策を集権的・計画的に運営しようとすると，一方で行政機構への権限の集中と肥大化が生じ，他方で国民の政治過程からの排除が進む。

---

[3] フィリピンのマルコス大統領が 1972 年に戒厳令を発布し，「新社会運動」を提唱したときの理由づけは，国家存亡に危機を与える 7 つの脅威の存在であった。具体的には，①共産主義者，②右翼と地方の寡頭支配者，③ムスリム分離独立運動者，④ブローカーに代表される社会的腐敗，⑤組織的犯罪者，⑥停滞する経済，⑦拡大する社会の不正義の 7 つである（岩崎編 1997 年，川中論文；Magno 1983）。

> **Column 5-1**
>
> ### アジア開発独裁論
>
> 「開発独裁」（developmental dictatorship）という用語を最初に使用したのは，イタリアのファシズムを研究したグレゴールの著作（Gregor 1979）である。ただし彼自身は，経済の発展，政治の民主化，社会の近代化が同時並行的には進んでいかない独自の政治発展パターン，つまり，「経済発展のもとでの独裁政治（ファシズム）」の解明を課題にした。したがって，今日引用される「開発独裁」の概念とは必ずしも一致していない。「開発独裁」の概念はその後，欧米やラテンアメリカの政治学研究では普及せず，むしろラテンアメリカの政治研究者であるオドンネル（O'Donnell 1973 ; O'Donnell et al. 1986）が提唱した「官僚主義的権威主義体制国家」（bureaucratic authoritarian state）や，東アジア工業化の研究者であるホワイトやウェイド（White ed. 1988）が提唱した「開発志向的国家」（developmental state）という概念の方が使用されるようになった。「開発独裁」の言葉を頻用しているのは，日本のマスメディアや研究者などに限定されている。なお，藤原帰一（1992年，329）は，開発独裁の言葉は「途上国の政治体制の分析概念としては曖昧であるが，経済発展と民主化のディレンマに切り込んだイデオロギーとして一定の意義をもつ」と，条件つきで評価している。「開発独裁」の概念の検討については，恒川（1983年），鈴木佑司（1988年），末廣（1994a年），藤原（1994a年），岩崎編（1997年，第1章並びに巻末の文献目録）などを参照。

その結果，政治的にみればきわめて抑圧的な体制が成立する。こうした体制は，通常「開発独裁」（コラム5-1）とか「抑圧的開発体制」（repressive developmentalist regime）（フィース 1982年；鈴木佑司 1988年）と呼ばれてきた。

しかし，開発主義が秘密警察や治安警察軍の暗躍に代表される「恐怖政治」や，言論，集会，結社といった政治的自由を抑制する「強権政治」によってのみ支えられてきたという一面的な議論には，どうしても疑問が残る。というのも，図5-3に示すように，アジア諸国では「開発独裁」とか「開発体制」とか呼ばれる各政権が，じつに15年から20年を超える長期にわたって政権を維持

第5章　開発主義と「開発独裁」　115

図 5-3　東・東南アジア諸国の開発体制

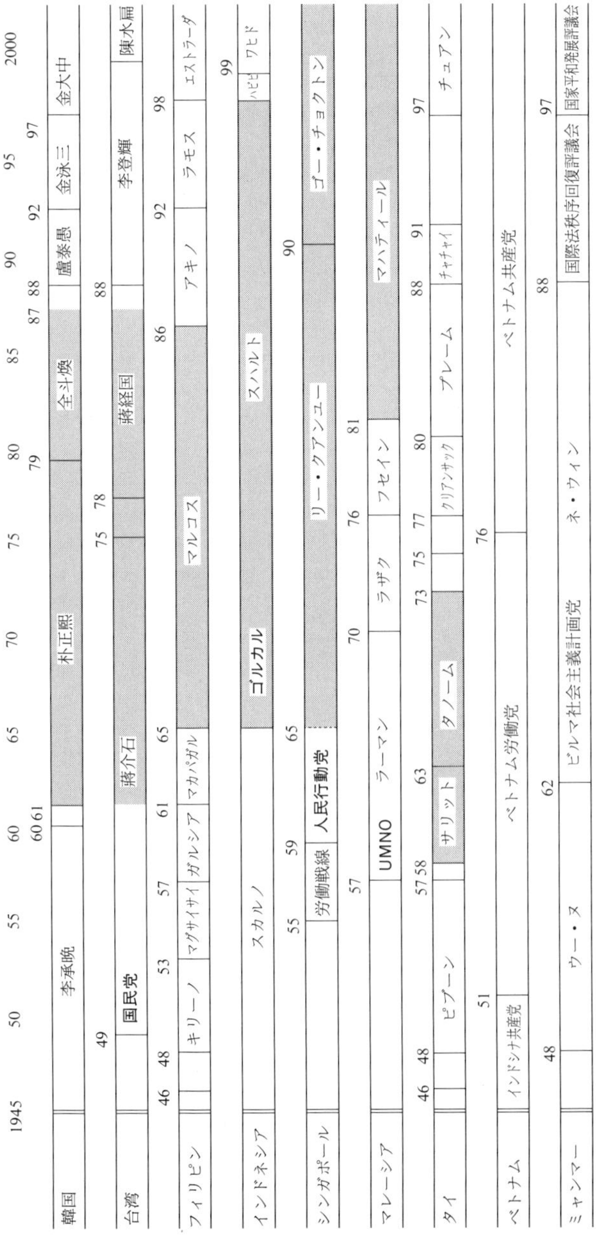

	1945	50	55	60	65	70	75	80	85	90	95	2000
韓国		李承晩 (49–60)				朴正煕 (61–79)			全斗煥 (79–87)	盧泰愚 (88)	金泳三 (92)	金大中 (97)
台湾		国民党／蔣介石 (–75)						蔣経国 (78–88)		李登輝 (88–)		陳水扁
フィリピン	46–48 キリノ (48–53)	マグサイサイ (53–57)	ガルシア (57–61)	マカパガル (61–65)		マルコス (65–86)			アキノ (86–92)	ラモス (92–98)	エストラーダ (98–)
インドネシア		スカルノ (–65)		ゴルカル (65–) スハルト (–)						90		ハビビ ワヒド
シンガポール		労働戦線 (55–59) 人民行動党 (59–)			リー・クアンユー (–90)				ゴー・チョクトン (90–)			
マレーシア		UMNO	ラーマン (70)		フセイン (76)		マハティール (81–)					
タイ	46–48 ピブーン (48–57)	サリット (58–63)	タノーム (63–73)		クリアンサック (77) プレーム (80–88)		チャチャイ (88–91)	チュアン (91–97)				
ベトナム	インドシナ共産党 (–51)	ベトナム労働党 (51–76)				ベトナム共産党 (76–)						
ミャンマー		ウー・ヌ (48–62)		ビルマ社会主義計画党 ネ・ウィン (62–88)						国際法秩序回復評議会 (88–97)	国家平和発展評議会 (97–)	

（網かけは政府党もしくは政府賛同団体。ゴチックは筆者が追補。）

出所）岩崎育夫 (1998), 118 頁に筆者が追補。ゴチックは政府党もしくは政府賛同団体。

し，かつ国民の多くもそうした政権を認めてきたからである。

具体的には，韓国の朴政権（1961-79年），台湾の蒋介石・蒋経国父子政権（1949-88年），タイのサリット，タノーム＝プラパート軍事政権（1958-72年），フィリピンのマルコス政権（1965-85年），シンガポールのリー・クアンユー政権と人民行動党支配（1965年-現在），インドネシアのスハルト政権（1966-98年），マレーシアのマハティール政権（1981年-現在）がそれであった。アジア諸国の「個人独裁」や，シンガポールの人民行動党，マレーシアの統一マレー人国民組織（アムノ　UMNO），インドネシアのゴルカル（GOLKAR：職能別翼賛団体）に代表される，政権党もしくは「政府党」の長期支配体制（藤原1994b年）を理解するためには，「抑圧体制」とか「恐怖政治」といった概念だけでは不充分であろう。少なくとも，こうした「開発体制」の長期的な存続を説明するためには，次の2点を新たに検討する必要があると私は考える。

第一に，各政権が開発政策を実行するために，法律，制度，機構（経済開発庁の設立や労使関係への介入など）をどのように整備していったのか，第二に，国民が経済成長を第一義とする経済政策，さらにはその背後にある開発主義イデオロギーをどのように受け入れていったのか，以上2つの問いに対する解答が必要である。換言すると，「開発政策の制度化」と「成長イデオロギーの国民的共有」の2つこそが，「個人独裁」や「政府党長期支配体制」とみられてきたアジア諸国の政権の存続にとっては，決定的に重要であった。

3　開発政策の展開と制度化

1958年のクーデタで政治権力を掌握したタイのサリット陸軍司令官による軍事政権に始まって，以下，朴政権，リー政権，マルコス政権，スハルト政権が実施した「開発政策の制度化」は，次の4点に整理することができる。

一番目は，経済開発に関わる国家機関の整備である。その典型は，第3章で紹介した韓国の経済企画院（1961年）であるが，タイでは国家経済社会開発委員会（1959年）や国家開発省（1963年に道路局，資源局，灌漑局など13の部局を統合し，サリット首相が大臣を兼任した），シンガポールでは経済開発庁（1961

年設置，68年に大幅に権限を強化した），フィリピンでは国家経済開発庁（1972年に既存の部局の統合と権限強化を図る）などが，それに該当する[4]。

注目すべきは，こうした国家経済開発機構に動員された官僚が，主としてアメリカで高等教育を受け，経済学，経営学や近代政治学を学び，政策の立案運営にあたって重要な役割を果たしてきた事実であろう。明治期の日本でも，海外留学組が果たした役割は決して小さくなかったが，1960年代以降のアジア諸国の工業化において，アメリカ留学組の経済テクノクラートが果たした役割はより重要だった。彼らは，単に経済開発計画の立案・運営だけではなく，経済成長がもたらす将来像について，留学経験をもとに「豊かなアメリカ」の現実を伝播する情報の媒体的役割も果たしたからである（後述）。

二番目は，国家による通貨・為替制度の管理，具体的には複数為替相場制度の廃棄と実質的な固定相場制やドル・ペッグ制の維持である。為替相場の管理は，開発政策を遂行する上できわめて重要な意味をもつ。具体的には，為替相場は①海外からの借入金の返済計画の遂行，②海外からの直接投資の勧誘，③国内の賃金水準の変動，④輸出製品の価格競争力の4つに，直接影響を与えるからである。

換言すると，工業化に必要な資金を海外から取り入れ，国内で有効な開発政策を実施しようとする場合，通貨・為替の管理体制の維持は，もっとも重要な政策手段のひとつとなる。そして為替相場をどのレベルに設定するかは，経常収支の変動を通じて当該国のマクロ経済の安定化に大きな影響を及ぼす。

三番目は，労使関係に対する国家の直接・間接の介入である。ラテンアメリカ諸国の「ポピュリズム」や日本の「労使協調路線」による経済成長の実現と政権の安定に示されているように，労使関係の安定化は後発工業国の工業化にとって，きわめて重要な要因となる（本書の第11章）。そこでアジア諸国では，労使関係を経営側と労働側の自主的団体交渉に任せるのではなく，国家が直接

---

[4] 経済開発機構の整備については，ヴォーゲル（渡辺訳 1993年）のほか，韓国については金元重（1991年），大西（1992年），木宮（1994年），タイについては末廣・東編（2000年，第1章），Muscat（1994），シンガポールについては岩崎編（1994年，第3章）を参照。

的に介入することで，労使関係の「政策的安定」を図る方針をとった。

　その政策は国によってさまざまなヴァリエーションがある。例えばタイの場合には，サリット陸軍司令官が1958年にクーデタを実施し政権を掌握すると同時に，「革命団布告第19号」を通じて，「1956年労働法」でいったん認めた労働三権を全面的に否定し，労働組合の解散を命じ，ストライキを禁止した。ちなみに，従業員組合の名前で労働者団体の設立を認めるのが1972年，最低賃金制度を導入するのが73年，労働組合の結成を認めるのが「1975年労働関係法」からであった（末廣・東編 2000年，第6章）。

　これに対して，韓国，フィリピン，シンガポールでは，労働組合の結成や団体交渉の権利は，開発主義を標榜した政権のもとでも一応認められた。しかし，その実態は政府機関や官製労働団体を使った上からの労働者の統制であり，労働者の権利は著しく制限されていた。韓国における労働3法の改悪（1963年末）と朴政権による「維新体制」以降の「労使協議会」の設置（1972年），シンガポールにおける人民行動党が指導する翼賛的な全国労働組合評議会の設置（NTUC：1961年，1968年に改組）と，その後の全国賃金評議会の設置（NWC：1972年）といった一連の労働対策がそれであった。

　四番目は，開発政策の成果を，国民に対して「目に見える」かたちで還元する政策，つまり所得再分配を含む社会政策の実施である。具体的には，韓国では「セマウル運動」[5]による農民の生活改善運動が，タイでは地方都市のインフラの整備（時計台の設置や道路網の整備）や，地方におけるサッカー場を備えた小学校の校舎の新設，保健所の建設，小規模灌漑や村落道路の建設などが急速に進められていった。フィリピンの場合には，小作農の自作農化を推進するための「農地改革」が，マルコス政権時代の重要な政策案件となる。

　一方，農村地域を国内に持たないシンガポールでは，都市生活者をターゲッ

---

[5] 1970年から開始される「セマウル運動」は，もともと政府が資材，資金，農産物の販路について支援を行ない，村ごとに農業の生産性向上を競い合う運動であった。しかし，より政治的効果をあげたのは，同時に進められた農村の生活インフラ整備の方で，この中には河川堤防の改修，用水路の建設，下水道や道路の整備，農家の家屋の改築などが含まれる。81年に設定された最終目標は77年に早くも達成され，政府がこの運動に投入した資金は3兆ウォンに達した（77年の韓国の名目GDPは18兆ウォン）。

トとする公営住宅の供給と生活インフラの整備が重要な政策目標となった。具体的には，1960年に従来の住宅改善組合に代わって新設された住宅開発庁（HDB）を中心に，大量の住宅（フラット）を供給し，同時に国民の住宅購入資金に対しても政府が手厚い支援を行なった。1961年から始まる「第一次5カ年計画」だけで，新設された公営住宅の数は5万3000戸に達する。その数は植民地時代を含む過去30年間（1927-57年）の累計2万2000戸の2倍以上に相当した（末廣1998年，38）。HDBの「5カ年計画」はその後も続き，61年から87年の27年間に総計65万戸のフラットが供給された。その結果，HDBが提供するフラットに居住する国民の割合は，60年の9％から75年には50％，さらに87年には86％の高さにまで達する（高山1989年，121-122）。リー政権は「完全雇用政策」と共に「完全持ち家制度」をうちだすことで，みずからの開発政策の正当性を国民に訴えたのである。

　以上4つの開発政策の展開と制度化のなかで，とりわけ重要なのは二番目の通貨・為替管理と三番目の労使関係への介入である。しかし，この2つの政策手段は，1980年代半ばから始まる金融や産業の自由化と，政治的抑圧体制の緩和＝労働運動の昂揚（民主化運動）のなかで，その有効性を失うことになる。それは「開発主義体制」そのものの動揺につながっていくが，この点は本章の最後の節で取り上げることにしたい。

4　冷戦体制と経済開発

　開発主義が体制として定着するために不可欠のもうひとつの要因は，「成長イデオロギーの国民的共有」であった。ところで，本章で言及する経済成長や経済開発という概念はいかにも古くからあるように見えるが，この概念がアメリカの対外戦略のなかで重要な意味をもつのは意外と遅かった[6]。具体的には，ソ連との間で「経済成長のシステム間競争」が開始される1950年代後半からである。

　第二次大戦後の世界秩序の再建にあたって，アメリカの構想のなかでは，途上国の経済開発という項目は，それほど重要な位置を占めていなかった。むし

ろ，経済開発を提唱したのはイギリスであり，1945年に「植民地経済開発」のプランを策定した（Ingham 1992）。そしてこの方針にもとづいて，46年からナイジェリア，タンガニイカなどのアフリカ，ついで中近東諸国に次々と「長期開発計画」を導入した。さらに50年代に入ると，アジア地域の旧英領植民地を対象に「コロンボ計画」を発足させ，経済援助と引き替えに加盟途上国に「経済開発計画」の策定を要求した。

他方，1950年代前半までのアメリカは，途上国への経済支援の手段として，オーソドックスに貿易と直接投資の増加を重視した。当時のアイゼンハワー政権は，社会主義的計画経済に結び付きやすい「経済開発計画」の途上国への導入には消極的であったし，議会勢力もアメリカの財政負担を増大させる経済援助の拡大には批判的であった。そうした雰囲気が一転するのは，スターリンが死去し，フルシチョフ首相が，自由主義陣営に対して「対外的経済攻勢」を展開する1956年からである。以後，ソ連はスプートニクの打ち上げに象徴される宇宙開発競争や核開発の側面でアメリカを追い越し，エジプト，インド，インドネシアなど，世界戦略の上で重要と考える国に的を絞って，経済援助を急速に増大させていった[7]。

さらにソ連は，1956年から始まる野心的な「第六次5カ年計画」で，国民経済の年伸び率を11％に設定した。この数字は，過去80年間の西側諸国における平均成長率の2倍，アメリカのそれの3倍に相当したため，アメリカ国内のマスコミ・学界では「ソ連経済脅威論」が台頭し，「来る2000年までに，アメリカは社会主義ソ連に経済的に敗北するであろう」という悲観論さえ生まれ

---

[6] アメリカのトルーマンは，1949年の大統領就任演説で「科学の進歩と産業の発達がもたらしたわれわれの成果を，低開発諸国の状況改善と経済成長のために役立てよう」と提言した。しかし実際，当時のアメリカやILO（国際労働機関）などがヨーロッパや日本の経済復興などで強調したキーワードは，「成長」「経済開発」ではなく「生産性」であった。「経済開発」の用語と国際政治の関連については，サックス編（三浦ほか訳 1996年）を参照。

[7] 1958年末現在のソ連の経済援助は24億ドルで，アメリカの途上国向け援助累計額238億ドルと比べると10分の1にすぎない。しかし，ソ連の援助は54年の1100万ドルから58年にはその100倍の10億2900万ドルに急増し，しかも援助の内容も2-2.5％の超低金利で，元利返済は商品でもよいという貿易誘発的なものであった（末廣 1998年，25-26）。

た。こうして，アメリカとソ連の対抗関係は，それまでの政治イデオロギー（自由か平等か）や軍備の優劣をめぐる競争だけではなく，①技術開発，②経済援助，③経済成長率の3つをめぐる，文字どおり「システム間競争」に発展したのである（末廣 1998年，25-27）。

この「システム間競争」は，独立後まもない途上国の政治指導者とアメリカの途上国政策の双方に甚大な影響を与えた。というのも，社会主義への道は政治理念の選好だけではなく，経済成長をより迅速に達成するための合目的的な経済システムの選択でもある，と理解されたからである。その結果，当時のアイゼンハワー政権は，途上国に対する戦略を大幅に転換することを余儀なくされた。

この政策転換には，マサチューセッツ工科大学のミリカン，ロストウ（「離陸理論」あるいはテイクオフ理論の提唱者）といったソ連研究者，ルシアン・パイなどの近代化論者たちがとりまとめた，議会向け資料である『対外政策への提案』（Millikan & Rostow 1957）という報告書が重要な意味をもった。というのも，この報告書のなかでミリカンたちは，外からの共産主義勢力の浸透だけではなく，途上国内部の反政府運動の社会的脅威についても注意を促したからである。そして，暴力革命を未然に防止するためには，経済開発に向けてあらゆる階層を糾合した国民的な努力（社会変革）と強力な政権を，途上国内部に創りだす必要があることを強調した。つまり，経済的自由主義や政治的民主主義を当面放棄し，今日の開発志向的国家の登場や政府による経済介入を，途上国に容認する方針を打ちだしたのである[8]。

---

[8] アメリカの対外経済政策を根本的に変えたミリカンやロストウを大統領顧問に招聘し，新しい対外政策を展開したのが，じつは1961年に登場したケネディ政権である。同大統領は，1961年12月に「国連の開発の10年計画（United Nations Development Decade）」を採択し，「開発」概念を途上国政策の中核にすえた。そして，ジョンソン大統領の時代になると，アメリカの経済援助の中味は，途上国における経済開発への資金的支援の側面をますます強めていくのである。

5　国民主義と成長イデオロギー

　アメリカの途上国向け政策の転換が，アジア諸国に開発主義と成長イデオロギーの2つを成立させる対外的条件であったとすると，逆にアジアとりわけ東南アジア諸国が，それらを積極的に導入し定着させていった国内条件は何であったのか。私はこの点を，政治的独立を達成したあとの国家目標の設定，すなわち「国の開発」を軸とする「上からのナショナリズム」に求めたい。

　ところで，ナショナリズムは通常「民族主義」という言葉に訳されている。しかし東南アジア諸国の場合，ナショナリズムは「国民主義」と訳した方がより適切であろう。しかも，東南アジア諸国のナショナリズム（国民主義）には，2つの動きが存在することに留意する必要がある。ひとつは，植民地支配から自らを解放し，近代的植民地国家を「われわれの国民国家」へと改造しようとする動きである。それは，「下からのナショナリズム」であり，「抵抗のナショナリズム」であり，ときに「みずからすすんで命を投げ出す」ようなナショナリズムでもある（土屋編 1994年，44-45）。

　もうひとつは，独立を達成したあと，政治指導者が国民国家を建設しようとして展開する「上からのナショナリズム」である。この動きは冷戦体制の成立後，国内外に対する危機管理の中から生まれてきた。大きな特徴は，特定の人種（マレー人とかタイ族），社会階層（王族，貴族，宗教的特権層など），階級（労働者，資産保有からみた旧中間層など）を超えるものとして「国民」概念を設定し，政治指導者の方針に従うものを「自国民」，これに反抗するものを主義主張に関係無くコミュニスト，つまり「非国民」に二分する点にある（末廣 1994a年）。その意味で，この種のナショナリズムは「上からのナショナリズム」であり，「統合のナショナリズム」であり，ときにコミュニストの嫌疑で投獄され不条理な死を強要されるようなナショナリズムでもある。開発主義と深く結び付いたのは「統合のナショナリズム」の方であった。

　それではこの「統合のナショナリズム」は，どのようにして開発主義や成長イデオロギーと結合していったのか。

1950年代の東南アジア諸国には，経済開発計画の概念がすでに普及しており，コロンボ計画を通じて「開発5カ年計画」を導入している国も存在した。しかし，当時の主要な課題は「経済開発」ではなく，むしろ「経済ナショナリズム」であった（Golay et al. 1969；末廣 1992b 年）。というのも，植民地時代の経験から，自由競争・自由貿易が旧植民地宗主国や華僑・華人の経済支配を招くことを危惧した政治指導者たちは，フィリピンでもインドネシアでも，また植民地支配を免れたタイでさえも，外国資本を排除し国営・公企業を活用した自立的な国民経済の建設路線を重視したからである。

しかし，資金も技術も経営ノウハウも持たない政府による経済運営は，大半の国で無残な結果を招く。インフレの進行，経済の混乱，工業部門の停滞が生じ，他方では国営企業における政治的腐敗と汚職が頻発するに至った（本書の第7章のコラム7-2に紹介した文献も参照）。加えて，政治体制の西欧化，すなわち「議会制民主主義」や政党政治を導入しようとしたタイ，インドネシア，フィリピンでは，腐敗した政党政治や総選挙こそが自国の政治的秩序を破壊する原因であるという批判を生みだした[9]。

そうしたなかで，軍や政治指導者の間には，国外の共産主義勢力の拡大，国内の反政府運動の昂揚，そしてこれを阻止できない既存政権に対する危機意識が強まっていく。折しも，アメリカでは対外援助政策の転換，開発志向型の強権的な国家を途上国に容認する機運が生まれていた。このような条件のもとで，既存の政治秩序や，目にみえる成果をもたらさない経済ナショナリズムを否定する新しい政権が，軍事クーデタや一党独裁を媒介にして次々と登場した。それが韓国の朴政権であり，タイのサリット政権であり，フィリピンのマルコス政権であり，インドネシアのスハルト政権だったのである。

---

[9] 韓国の朴大統領もタイのサリット首相も例外なく，議会制民主主義や政党政治は社会の混乱と政治の腐敗を自国に招いたと糾弾し，朴大統領は「民族的使命感によってたつ維新体制」を，サリット首相は「国王を元首とするタイ式民主主義」を，それぞれ唱えた。同様にマルコス大統領は，「中心からの革命」（Revolution from the Center）にもとづくフィリピンにかなった民主主義の導入を，スハルト大統領は「パンチャシラ（建国5原則）にのっとった民主主義」の構築をそれぞれ主張した。彼らは「開発独裁」を「独自の民主主義」の言葉に置き換えたのである。この問題については，末廣（1993a 年）；岩崎編（1997年）；白石（1997年）を参照。

彼らが権力奪取とその後の権力集中を正当化するために掲げたのは，①共産主義勢力への対抗と，②急速な工業化の推進（国の開発）の2つであった。ここで注意すべきは，「国の開発」というスローガンに具体的な国家目標が付与された点である。それこそが国民全般が共有できる「経済成長」という目標であった。ただし「国の開発」が，中長期にわたって政権と体制の安定に資するとは限らない。そこで，第3節ですでに紹介した社会政策的な側面，「国の開発」が目に見えるかたちで人々の生活を改善・向上させるという，セマウル運動や住宅政策が必要となった。

第二は，「成長イデオロギー」の浸透とその国民的共有である。植民地からの解放を目指した時代，「抵抗のナショナリズム」に大きな影響を与えたのは，新聞，雑誌，ラジオを通じた「国民言語」の創造であった。これに対して，「国の開発」時代に与って力があったのは，映画，新聞の広告，そして時代は下るがテレビの普及である。こうしたメディアを通じて，アメリカや先進国の豊かな消費生活が喧伝され，豊かさと便利さが生活価値観の中心を占めるようになった。

もっともタイの場合，テレビの放映は1953年に開始されているが，60年代にはいまだそれほど普及してはいなかった。したがって，日本の高度成長期のように，テレビに流れるアメリカ製ホームドラマが，より豊かな消費生活への意欲をかき立てたとは言い難い。むしろこの時期，将来の成長の果実を具体的なイメージとして持っていたのは，前述のようにフルブライト奨学金などによりアメリカに留学し，帰国後，政府の経済開発関連機関に就職したテクノクラートや，中国本土への渡航が禁止され，アメリカ留学に大量に向かった華僑・華人の子弟たちであったといえよう。アメリカの生活を知った彼らは「国の開発」，つまり「生活水準のキャッチアップ」を推進する重要な担い手になったわけである。

6　開発主義のゆらぎ

ところが，1980年代後半から状況は大きく変わる。「開発主義」を支えてき

た要件が消滅するか,根本から変容してきたからである。

　第一に,ベルリンの壁の崩壊に象徴される冷戦体制の終焉は,国家による危機管理体制の存立根拠を崩してしまった。その結果,政治的抑圧に対する不満が噴出し,韓国・台湾,次いで中国や東南アジア諸国で,次々に民主化の動きが活発化した。この動きは,政治的自由の確保や制度的民主主義の導入だけではなく,市民社会の発展や地域住民参加型の政治体制といった議論を,広範に引き起こすことになった[10]。「国の開発」に代わって,「民主化」や「市民社会の実現」が新たなスローガンとして登場したのである。

　第二に,1980年代後半から進展する経済の自由化とグローバル化も,政府から経済介入の政策的手段を奪い,「開発主義」の基盤を掘り崩していった。自由化の引き金になったのは,70年代末の第二次石油危機に端を発する経済不況の長期化である。一次産品の価格崩落,輸出減退,インフレ,公的債務の累積に直面したフィリピン,タイ,インドネシアは相次いでIMFと世界銀行に「救済融資」「構造調整融資」を要請し,それと引き替えに国際機関が要求する「構造改革」,つまり政府によるさまざまな規制を緩和したり,撤廃することを受け入れた(政府補助金制度や農産物価格支持政策などの廃止)。国際機関の圧力はなかったが,長期不況を克服するために,韓国やシンガポールで財政負担の原因になっている国営企業の見なおしや公共投資の削減が始まるのも,80年代半ばからである(本書の第7章)。

　次いで1980年代後半になると,為替管理,資本取引規制,銀行や金融会社の新設や国内業務の規制,産業投資や外国人直接投資の許認可制度など,それまで政府がとってきた経済活動に対する一連の介入政策の見なおしと段階的自由化が始まった(本書の第6章)。この自由化政策は,一方ではアメリカや世界銀行による政策提言にもとづいていたが,他方では国内民間企業家が成長し,事業拡大を制限する政府のさまざまな規制に,彼らが不満を抱いたことによる。軍事政権による特定資本家グループの「庇護」ではなく,新規産業への

---

[10] アジア諸国における「市民社会論」については,Hewison et al. (1993), Anek ed. (1997),岩崎編(1998年)などを参照。また「市民社会のナショナリズム」については,藤原(1998年)を参照。

参入の自由を求めるグループの声が強くなったのである。

　その結果，アジア諸国では第4章でみたように，外国資金が大量に流入し，また国内の財閥や企業グループも国内外の銀行借入に依存して次々と投資を進めていった。このことは政府が従来のように政府系金融機関や商業銀行の管理を通じて，金融市場や資金配分に介入することが困難になったことを意味する。1990年代半ばに政府の手元に残っていたのは，ドル・ペッグ制による為替相場の維持と財政支出を通じた資金供給くらいである。もっともインドネシアでは，政権維持のために公務員向けの政府補助金や「取り巻き資本家」に対する特権的優遇措置（タバコの独占など）が続いていた。しかし，97年に始まる通貨・経済危機は，為替の管理フロート制への移行，政府の経済規制のさらなる緩和，外国人投資家への門戸開放をいっきょに進める契機になった。政府の役割は，もはや経済開発を促進するための経済諸資源の集中的な管理と配分ではなく，国際機関が要求する経済改革の受け皿へとシフトしたのである。

　以上の民主化と経済自由化の2つの流れは，単に「開発主義」だけではなく「キャッチアップ型工業化」にも大きな影響を及ぼさざるをえない。第一に，2つの流れは政府の経済介入を支えてきた集権的な行政機構の見なおし，つまり行政改革と地方分権化の動きを促すからである。そのことは「国を基本単位」とする「開発主義」や「キャッチアップ型工業化」の前提とぶつかるだろう。第二に，2つの流れは政治と経済の主体を，国民国家と政府から自立的な個人（市民）と企業へ移行させる契機となりえる。「国の開発」ではなく，個人の自由度，企業の収益性，企業の繁栄（business prosperity）がより重視されるのである。

　しかし，これらのことは「開発主義」の終焉を意味するのだろうか。「キャッチアップ型工業化」の行き詰まりを意味するのだろうか（コラム5-2参照）。少なくとも「開発主義」を存続させてきた重要な要件のひとつが「成長イデオロギー」にあると考えるならば，そうとはいえないだろう。冷戦体制の終焉も民主化も経済自由化も，「成長イデオロギー」や先進国の「豊かな生活」に追いつこうとする願望とは，直接抵触しないからである[11]。旧社会主義国の動きをみれば，「成長イデオロギー」の志向は前にも増して強まっている

第 5 章　開発主義と「開発独裁」　127

> Column 5-2
>
> ### 「ポスト開発論」と「開発と文化論」
>
> 　開発主義に対する批判は，主として「ポスト開発論」の立場と「開発と文化」の立場から議論されている。「ポスト開発論」は，従来の経済開発路線が，資源（人的資源を含む）収奪的で環境破壊的な性格をもち，かつ住民の自発性を排除してきたことを批判し，自然と共生し，住民が意思決定過程に参加しうるような代替的な開発，もしくは「内発的発展」を構想する。一方，開発を地域や住民の固有の伝統的価値体系や社会・文化的コンテキストのなかで議論しようとするのが，「開発と文化」論の立場である。2つの立場は，経済開発，工業化，近代化を同一の地平で捉え，かつこれらの動きを普遍的な潮流と理解する従来の議論への強い懐疑と批判から始まった。そして，「開発の時代」はもう終わったという現状認識，もしくは終わらせなければならないという規範的な認識に支えられている。これらの議論については，さしあたり『岩波講座　開発と文化』（1998年刊行）のうち，『第1巻　いま，なぜ「開発と文化」なのか』，『第3巻　反開発の思想』などを参照されたい。また，「開発」にかかわる概念を根本的に批判しようとした注目すべき本として，サックス編（三浦ほか訳1996年）と，センの「The Concept of Development」（Chenery & Srinivasan eds. 1988, 所収），セン『貧困と飢餓』（原著1981年，黒崎・山崎訳2000年），同『自由と経済開発』（原著1999年，石塚訳2000年）がある。

ようにさえ思える。逆に言えば，「成長イデオロギー」が続く限り，「開発主義」は「危機管理なき開発主義」として，存続するというのが私の理解である。

11　この点について，馬場宏二も同様の見解を述べている。すなわち，「そもそも第二次世界大戦後の世界は冷戦と経済成長の複合を特徴としたが，これは途上国の自主的開発にとって，希に見る好環境なのであった。……しかも冷戦が終わり，当面裸の帝国主義復活は起こり難いとすれば，世界は残る片割れの経済成長に主力を注ぐことになる。そしてこの経済成長は今や工業化とも資本主義化とも同義になる」と（馬場1997年，304）。

第6章

輸入代替・輸出振興・産業政策

　本章では,「キャッチアップ型工業化」の基本である貿易と産業の関係を,政府の政策の展開過程を通じて考察する。まずミントの問題提起を紹介し,次いで「一次産品輸出」「輸入代替」「輸出振興」の3つの工業化戦略の推移を簡単に跡付ける。その上で,輸入代替工業化戦略が直面する課題や,その対応策としての2つの道,つまり農水産物の加工段階を順次高めることで工業化を実現していった「NAIC型工業化」路線と,重化学工業化やサポーティング産業の育成を目論む「産業政策」の展開とその意義を検討する。最後に,通貨・経済危機以後にアジア諸国が直面している「工業化戦略」の見直しについても言及する。

1　ミントの問題提起

　ミント（Hla Myint, 1920年生）はミャンマー生まれの経済学者である。ラングーン（ヤンゴン）大学の創設に関わり,30代の若さで同大学の総長に就任した。しかし,軍事政権の成立に嫌気がさして,新生独立国ミャンマーの経済開発への思い入れに見切りをつけてイギリスに亡命し,オックスフォード大学,そしてロンドン大学で「開発経済学」の講義を続けた。

　ミントの1955年の「貿易の利益と後進国」（Myint 1955）や,「余剰はけ口論」を展開した58年の「国際貿易の理論と低開発国」（Myint 1958；ミント,

渡辺ほか訳 1973 年，所収）は，いまでも「開発経済学」の文献の中で重要な位置を占めている。同時に，ミントは 64 年にロンドン大学での講義をまとめて，『開発途上国の経済学』を刊行した。この本はその後幾度か改訂版が刊行され，現在に至っている（ミント，木村・渡辺訳 1981 年）。アジア諸国の経済発展を考える上では，必読文献のひとつといえよう。

さて，「開発経済学」の大きな命題は，「貧困の悪循環」を克服することにある。すなわち，一人当たり所得の成長率の低さは「低い貯蓄＝投資」にもとづく。そして「低貯蓄＝低投資」をもたらすのは，農業セクターの労働生産性の低さである。したがって，工業化による農業人口の吸収が順調に進まない限り，所得水準の低さを脱却することはできない。ましてや，医療の改善で人口増加率が飛躍的に上昇すると，一人当たり所得水準はマイナス成長にさえ陥ってしまう，という「悪循環」がそれである。

こうした命題に対して，ミントは 2 つの重要な問題提起を行なった。ひとつは，途上国の「低成長」は，低い貯蓄＝投資率に単純に還元することはできないという視点である。むしろ投資率の高い低いは，「利用可能な資源を生産的に投資できるかどうかの経済主体の能力に関わる」と彼は主張した（ミント，木村・渡辺訳，1981 年，11）。この議論は，完全雇用の実現と生産諸要素の相対価格の不変を前提に置くリカード以降の「比較生産費説」に対して，途上国には未利用の人的資源と天然資源が存在し，これをうまく利用すれば国内の生産を低下させることなく，輸出の拡大と経済発展を実現できるという「余剰はけ口論」（Vent for Surplus）の基礎となった（絵所 1997 年，80-84）。同時に，旧植民地国や一次産品輸出国の工業化戦略の可能性を，のちに述べる「輸出代替」や「供給サイド」に引き寄せて議論しようとした点でも重要である。

もうひとつのミントの問題提起は，彼の途上国（アジア）に対する独特の地域区分にある。ミントは，一方で植民地支配地域を「農産物輸出・小農依存型経済」（ミャンマー，タイ）と「鉱山・プランテーション依存型経済」（アフリカ，オーストラリア）に分類し，他方で「人口希少国型経済」（ミャンマー，タイ，もしくはオーストラリアのような移民国）と「人口大国型経済」（中国，インド）に分類し直した。そして，資本，技術，労働力のすべてを外国に依存する

ことなく，植民地的経済支配から自立的経済発展への道を経済学的に考察できる格好の実験ケースとして，出身地である「ミャンマー」の小農経済（家族労働力に依存した農業経営）を重視したのである。

その結果，彼が展開した議論の中には，「キャッチアップ型工業化論」にとって示唆に富む考察が随所に含まれている。例えば，小農経済を基盤とする「人口希少国」の場合，フロンティア（未開拓地）や余剰労働力が存在する限り，既存天然資源の輸出拡大は可能である。ただし，輸出に関わる事業を外国資本や国内の特定階層が支配していれば，貨幣所得は奢侈品の輸入にもっぱら向かい，貨幣が海外に流出する。また，フロンティアが消滅し人口が増加すれば，伝統的技術に依存した経済発展には限界が生じ，農村には「偽装失業」が堆積するというのが，第一の論点である（同上書，第3章）。

第二の論点は，小農経済が経済発展を引き起こすためには，①余剰農産物の販売拡大を助ける価格面でのインセンティブの存在（消費財や化学肥料のような農業投入財の価格低下，したがって製造業の発展），②農業生産の拡大と生産性の向上を図るための「緑の革命」の実施（灌漑設備の整備，農業機械や改良品種の導入）[1]，③農産物輸出の付加価値の高度化による輸出所得・農民所得の増大，以上3つのうち少なくともひとつが必要であると主張した（同上書，155-161，191）。このうち第3の道は，第3節で紹介するタイの「NAIC型工業化」の概念とほぼ一致している。

そこで以下では，ミントの問題提起を念頭に置きながら，途上国（後発国）がいかに一次産品輸出経済を脱却し，工業化への道を歩むのかを検討してみたい。

---

[1] 本章では「緑の革命」の意義については扱わない。資源制約を打破する科学的農業の可能性としての「緑の革命」の意義については，速水（1995年，第4章）を参照。また，「緑の革命」における農民の合理的な行動を分析したシュルツの議論については，原洋之介（1985年）を参照。

2 一次産品輸出・輸入代替・輸出振興

さて途上国が工業化を図る場合，とるべき戦略としては次の3つを考えることができる。すなわち，①一次産品を輸出して工業製品を輸入し続ける方法，②輸入していた工業製品を国内で生産する方法（輸入代替工業化），③国内で生産した工業製品を輸出する方法（外向きの工業化；輸出指向工業化），以上の3つがそれである（表6-1参照）[2]。

第一の方法は，植民地支配と深く関係している。ミントも指摘しているよう

表6-1　工業化戦略の問題点と主要な議論

戦略	議論	問題点・論点
一次産品輸出	＊余剰はけ口論	＊余剰があれば輸出拡大は経済発展につながる
	＊ステープル理論	＊輸出産業の技術的性格と国内のリンケージ
	＊二重経済論	＊伝統（農業，農村）部門と近代（工業，都市）との間のリンケージの欠如と生産性格差の存在
	＊従属理論＝低開発理論	＊中心国が支配する開発は周辺国の低開発を招く
	＊交易条件悪化説	＊農産物と工業製品の交易条件の傾向的悪化
	＊輸出ペシミズム論	＊先進国の構造変化が一次産品輸出を停滞させる
輸入代替工業化	＊幼稚産業保護論	＊国内産業を保護育成する経済的根拠
	＊資源配分の歪み説	＊関税や輸入規制の導入によるコスト負担
		＊輸出品，輸出産業に不利な関税，為替体系
	＊国内市場狭隘説	＊市場規模の限界による「規模の経済」の限界
	＊技術成熟説	＊成熟産業の技術は導入するが，技術高度化が進まない
	＊輸入代替の罠説	＊輸入代替産業の発展が資本財，機械・設備の輸入を増大させ，貿易収支の赤字が拡大する
外向きの工業化（輸出指向）（輸出振興）	＊複線型工業化論	＊工業製品の輸出と第二次輸入代替（機械工業，重化学工業化）の並行的推進
	＊資源配分の歪み説	＊関税，金利抑制その他が価格体系を歪める
	＊国内消費抑制説	＊輸出産業の育成・優遇による国内消費の抑制
	＊飛び地的発展論	＊外国資本による輸出加工基地（enclave）は国内とのリンケージがない
	＊産業基盤脆弱説	＊輸出産業の発展が資本財，機械・設備の輸入を増大させ，貿易収支の赤字が拡大する

出所）Chenery & Srinivasan（1989），Chapters 29, 30, 31 ほかより作成。

に，植民地が農産物や鉱産物を輸出する場合，必要とする資金や技術，場合によっては労働力も外から持ち込んでくる。そして，特定の商品へ生産と輸出が特化するケースが多い（いわゆるモノカルチャー経済）。

また，植民地宗主国がもちこんだ近代技術・近代的制度と在来技術・伝統的制度は有機的には結び付かず，両者が並存する経済，つまり「二重経済」(dual economy) が生まれてくる。輸出向け生産の増大は他の国内市場向け産業の発展にはリンクしないのである。その結果，一次産品の輸出拡大は必ずしも当該国の経済発展の牽引力にはならないという議論がある（コラム6-1）。

こうした議論のほか，一次産品輸出の増大が経済発展につながらない理由として，次のような理由も指摘されてきた。ひとつは，農業部門では「収穫逓減の法則」が働き，かつ工業部門に比較して生産性の向上が緩慢にしか進まないので，中長期的にみれば，一次産品輸出国（農業国）の「交易条件」は悪化していくという議論である。つまり，一単位の農産物を輸出することで得られる先進国からの輸入工業製品の量は，中長期的には低下していくという議論がそれであった[3]。ただし，この「交易条件の悪化」仮説については，その後多くの実証研究がなされ，時期により商品により必ずしも一次産品輸出国に不利になるとは限らないことが判明している (Balassa 1989, 1653-1659)。

もうひとつの議論は，ヌルクセが展開した「輸出ペシミズム論」である。彼は一次産品輸出の現状と将来を悲観させる要因として，次の6点を指摘した（ヌルクセ，大畑訳 1960年, 28-29）。①先進国の産業構造の高度化が工業部門における原料消費の比率を低下させる，②GDPに占めるサービス部門の拡大が工業部門の原料消費を低下させる，③農産物に対する消費需要の所得弾力性が低下する（先進国の所得があがっても，農産物の需要は所得上昇分ほどには増えない），④農業保護主義が一次産品の輸入を低下させる，⑤先進国における天然資源の加工技術の発展や革新がその消費の絶対量を低下させる。⑥天然資源

---

[2] 以上の区分については，Chenery & Srinivasan (1989, Chapters 29, 30, 31) にもとづく。

[3] この議論を展開したのはプレビッシュやシンガーで，のち「プレビッシュ=シンガー命題」とか「輸出ペシミズム論」と呼ばれた。西川（1976年，第11章），小野編（1981年，第2章），絵所（1991年, 20-22）を参照。

Column 6-1

「二重経済モデル」とルイスについて

　もともと「二重経済（社会）」という言葉は，植民地期のインドネシア社会を研究したブーケが，異なる文化，組織形態，技術によって規定される2つの支配的な社会が並存する状態を分析するために使用した。具体的にはアジア的で前近代的な農業社会と，植民地宗主国が持ち込んだ近代的な資本主義社会の同時並存状態がそれである（ブーケ，永易訳 1979年，原著は1953年）。

　これに対してルイスは，経済や社会の二重構造は東南アジア地域の植民地に固有なものではなく，途上国が抱える普遍的な問題と捉えた。つまり，伝統＝農村・農業部門と近代＝都市・工業部門の並存であり，相互の有機的な関連こそが途上国を経済発展に導く鍵になると捉えた（Lewis 1954）。そして通常農村では，生存ぎりぎりの賃金に規定された人口規模のもとで，労働は限界生産物がゼロであっても，社会的慣行などに助けられて「過剰」に養われ続け（人類学者ギアーツのいうジャワの「貧困の共有」を想起せよ。原洋之介〔1985年〕），仮に余剰生産物が生じても，それは人口増加に向かうか，地主たちの非生産的浪費に回ってしまうと想定する。一方，都市の工業部門は必要とする労働力を，農村から生存維持的賃金で吸収し続け，その供給がストップして工業部門の労働者（非熟練労働者）の賃金がついに上昇する時点を，農村における過剰労働力の消滅，工業部門の本格的な発展とみなした。そして，ルイスはこれを途上国の経済発展の重要なメルクマールに位置付け，「転換点」（turning point）と呼んだ。

　ルイスのこの有名な「労働の無制限供給モデル」（unlimited supply of labour）や，彼の概念をより発展させ，農業と工業の間の生産物，労働，金融市場での相互連関（部門間リンケージ）を追究したフェイ＝レニスの仮説を含む「二重経済モデル」ついては，多数の紹介がある。さしあたり，渡辺（1986年，第Ⅱ章），朽木ほか（1997年，第2章），絵所（1997年，30-33）を参照。また，「ルイス・モデル」を起点に，その「転換点仮説」の日本への適用とモデル化の流れ，さらにその延長としてアジア工業化戦略の流れを整理したユニークな論稿として，田村（1991年）がある。

に替わる工業製品の代替物が増加する（合成ゴム，合成繊維など）[4]。以上の理由からヌルクセは，途上国の経済発展のためには一次産品輸出の拡大ではなく，工業製品の輸入代替（import substitution）を進める方が望ましいと主張した。

旧植民地地域や途上国は，時期に若干の差はあれ，1950年代から70年代初めまでの間に，ほぼ輸入代替を目的とする工業化戦略を採用している。その場合，主要な政策手段となったのは，為替の管理，関税の引き上げ，輸入数量規制，輸入代替を進める企業への投資奨励（法人税など税制上の恩典や必要とする原材料・機械設備の輸入税の免税など），貸出金利面での優遇措置などである。

ただし輸入代替型工業化戦略は，その政策を実施する過程で，別の問題を生み出すことになった。第一に，目的に応じて輸入品に異なる率の関税をかけるために，国内の価格体系に歪みが生じ，全体として経済厚生や消費者利益が低下する。第二に，輸出向け農産物などは一連の輸入代替政策のもとで不利益を蒙る。第三に，輸入代替は技術集約度の低い産業，もしくは技術的に成熟した産業（繊維産業など）から始まるのが通例であるから，国内の技術発展が期待したほど進まない（technology maturity）。こうした問題が指摘されるようになったのである（Bruton 1989, 1604-1616）。

さらに輸入代替型工業化戦略には，より深刻な障害が2つ存在することも指摘されている。そのひとつは，輸入代替工業化が国内市場向けの生産に支えられている以上，当該産業の発展が一国の人口規模，消費市場の大きさに規定されてしまうという点である。市場規模が小さければ，供給側の企業は「規模の経済」によるコスト引下げを実現することができない。そうなると国内製品は輸入品に比べてコスト高になってしまい，高い価格がさらに国内市場の拡大を阻害するという悪循環が生じてしまう。

もうひとつの問題は，輸入代替を進めようとすると，それに必要な原材料や

---

[4] 従来この問題は，しばしば天然ゴムに対する合成ゴムの代替を事例として紹介されてきた。しかし，ラジュアルタイヤの普及でタイヤ産業の天然ゴム消費は見なおされている。最近の興味深い事例は通信ケーブルの素材転換で，30キログラムのガラス（グラスファイバー）からできるケーブルは，1トンの銅からできるケーブルと同等の情報を伝達することができ，かつグラスファイバーのエネルギー消費量は銅の20分の1ですむと報告されている（フィングルトン，中村訳 1999年，37）。

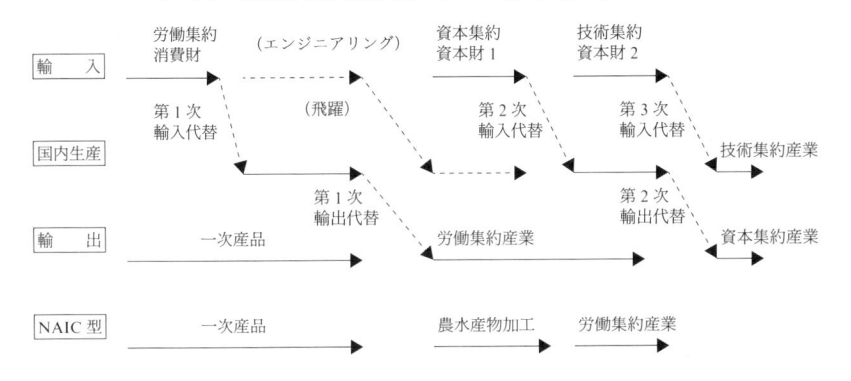

第6章 輸入代替・輸出振興・産業政策　135

図 6-1 工業化の段階的進展モデル：輸入代替と輸出代替

輸　入	労働集約消費財	（エンジニアリング）	資本集約資本財1	技術集約資本財2	
国内生産	第1次輸入代替	（飛躍）	第2次輸入代替	第3次輸入代替	技術集約産業
輸　出	一次産品	第1次輸出代替	労働集約産業	第2次輸出代替	資本集約産業
NAIC型	一次産品		農水産物加工	労働集約産業	

　中間財・資本財の輸入が増加し，輸出を担う一次産品が十分な外貨を稼得できない場合には，たちまちのうちに貿易収支赤字，さらには経常収支赤字に陥ってしまうというジレンマである。輸出の伸びが輸入のそれを規定し，輸入の伸びが輸入代替産業の発展を左右するという「外貨の制約」がそれであった[5]。

　そこで，これらの問題を克服するためにさらに要請される工業化戦略が，①一次産品に替わる工業製品の輸出振興（本来の意味での輸出代替）と，②輸入している中間財・資本財のさらなる輸入代替の推進（第二次輸入代替），の2つを柱とする工業化戦略であった[6]。その点を図示したのが図6-1である。

　図では，一次産品輸出から始まって，その後労働集約産業が「輸入→国内生産→輸出」と進み，さらに輸入代替や輸出代替が「労働集約型産業→資本集約型産業→技術集約型産業」へと進んでいくプロセスが描かれている。言うまで

---

[5] 後発国の工業化が強い輸入誘発傾向と結びつき，それがゆえに「中進国の技術形成」の問題を重視するのが，中岡たちのグループの議論である。「短期の経済的視点から見れば，一国の技術的能力をたかめるという課題は，かならずしも経済成長の維持のための必須条件ではないという問題がある。急速な発展にともなう輸入誘発が貿易赤字をまねいたとしても，赤字対策は技術能力をたかめて輸入をへらす方向でなく，輸出をふやす方向でも解決できる。その輸出は一次産品輸出であっても充分である。……だが，長期の視点から見れば，中進国がその経済発展を持続し先進国に追いつくためには，技術的能力の上昇こそが核心的課題であることを強調したい」（中岡編 1990年，11：傍点は引用者）。

[6] 工業製品の輸出振興と資本財の輸入代替の同時並行的な複合的工業化の進展を，今岡たちは中進国の「複線型成長」と呼んだ（今岡・大野・横山 1985年）。

もなくこのプロセスは，本書の第2章で紹介した赤松要の「雁行形態モデル」の第二形態と同じである。

　輸出振興の場合も，輸入代替と同様に，政府がさまざまな支援策を採用する。輸出に有利な為替レートの維持，輸出産業が使用する原材料・機械設備の輸入税の減免や払い戻し制度，輸出企業への税制上の恩典，低金利の融資，電力や水道料金の優遇措置，輸出工業団地（輸出加工区 Export Processing Zone : EPZ）の造成などがそれである。韓国政府がとったさまざまな輸出産業への優遇措置や「指定輸出商社制度」（目標の輸出額を達成した商社に恩典を与える制度）などは，その典型といえよう。

　なお輸入代替型工業化を「内向きの工業化」(inward-looking industrialization)，輸出主導型工業化を「外向きの工業化」(outward-looking industrialization)と呼ぶ場合，後者の中には2つの工業化パターンが含まれていることに注意する必要がある。つまり，金融抑圧（輸出企業への政府金融機関による低金利融資）や価格体系の歪みを伴うような輸出振興政策を基盤とする工業化(export-promoted industrialization)と，そうでない輸出指向工業化(export-oriented industrialization)の区別がそれである。海外市場情報の収集や官民での情報の共有，質の高い労働力の育成，効率的な行政機構の整備などは，価格の歪みを直接伴わないから，輸出指向工業化を助ける政策や制度といえよう（コラム6-2）。

　当然ながら，新古典派経済学の立場にたつ研究者たちは，前者の戦略は認めていない[7]。また，第1章で紹介したように，東アジア地域の輸出と工業化のパフォーマンスのよさについても，彼らは「政策の介入」ではなく，拡大する世界市場への参入を可能にした国内の経済条件の整備（為替改革など）やマクロ経済の安定に，その背景を求めることになる（Balassa 1978）。他方，国家主義者のハガードや改良主義者のアムスデンの場合には，政府の積極的な輸出振興策により注目し，政府の主導性を強調した。

---

[7] チェネリー&スリニヴァサンの『開発経済学ハンドブック』が，工業化戦略を「一次産品輸出国」「輸入代替」「外向きの工業化」に分類し，「輸出振興」という表現を使っていないのはそのためである。

第6章 輸入代替・輸出振興・産業政策　137

> **Column 6-2**
>
> **アジア諸国の工業化戦略の文献案内**
>
> 　アジア諸国の工業化戦略については多数の文献がある。もっとも包括的に扱ったものとしては，渡辺（1986年，第5章）と Chenery & Srinivasan eds.（1989, Chapters 29, 30, 31）が参考になる。大川・小浜（1993年）は日本の経験をベースに，工業化による「経済発展局面の移行」に焦点をあて，輸入代替を第一次段階と第二次段階に区分して「機械工業」の重要性を指摘するとともに，技術導入の社会的能力や政府の役割も議論した。本書の「キャッチアップ型工業化論」とも重なる点が多い。各国の輸出指向型工業化政策をカバーしたものとしては，少し古くなるが鈴木長年編（1974年），輸出振興の象徴ともいえる輸出加工区の創設とその実態については藤森編（1978年），東アジアの重化学工業化を先発工業国の「プラント輸出」と関連させて検討した平川（1992年，第4章）が，それぞれ実証研究としては有用である。東アジアの輸出主導工業化政策が「国家と社会」の相互関係にどのような影響を与えたのか，その政治経済学的分析としては，依然としてデヨ編（Deyo ed. 1987）が示唆に富む。

3　もうひとつの輸出代替：NAIC 型工業化

　ところで，途上国が一次産品輸出国から工業国へと進む道は，必ずしも工業製品の輸入代替と輸出促進だけではない。その点を指摘したのが，先に紹介したミントであった。ミントは1969年に，アジア開発銀行（ADB）の委託で「1970年代に東南アジアがとるべき経済政策」について報告書をとりまとめ，その中で一次産品輸出からの脱出の道として2つのシナリオを描き出した（ミント，小島監訳 1970年）。

　ひとつは，現在輸出している一次産品を原料にして，その加工度や付加価値を高めて輸出する道であり，もうひとつは，多国籍企業の招聘によって，労働集約的な工業製品の輸出加工基地に特化する道であった。そして，前者の戦略をミントは独自に「輸出代替」（export substitution）と呼んだのである（同上

書，54-55)。

　ミントがいう「輸出代替」の典型は，1980年代にタイがとった新興農産物の植え付け拡大やアグロインダストリーの奨励に見ることができるだろう（末廣・安田編著1987年；末廣 1993a 年)。ラジュアルタイヤ用の天然ゴム（シートラバー），砂糖，飼料用のタピオカ，ブロイラー，養殖エビ，ツナ缶詰，果実缶詰などがそれに該当する。価格変動の激しいトウモロコシ（メイズ）をそのまま輸出するのではなく，トウモロコシを飼料にしてブロイラーを肥育し，さらにそのブロイラーも単にカットしただけの鶏肉から，炭火で焼いた焼き鳥や鶏の唐揚げといった「グリル製品」にまで加工して輸出する[8]。それがミントのいう「輸出代替」戦略であった。

　「輸出代替」が一定の成果を収めるためには，タピオカにおける近代大型サイロの導入とハードペレットの製造技術，天然ゴム（シートラバー）の搬送のコンテナ化と厳格な品質管理方式，ブロイラーチキンの輸出を可能にする瞬間冷凍技術など，新しい技術体系の導入と供給側の主体的努力が不可欠となる（第3章の図3-2，参照)。ミントが強調する経済主体の能力，あるいは本書でいう「工業化の社会的能力」が問われるのである。また，政府によるアグロインダストリーへの投資優遇措置（1969-77年）や，商業銀行による農業関連部門への融資拡大（1975年以降，中央銀行が指示）といった政府の支援策も必要となろう[9]。

　タイのような「輸出代替」型工業化の特徴は，「NICs」路線をとってきた韓国や台湾と比較すると明確になる。例えば，表6-2の輸出品上位5品目の推移を見ると，韓国は1960年当時，上位を占めていたのは海産物（生鮮乾魚，海

---

[8] 焼き鳥，エビ，ツナ缶詰，あじやキスのひらき，海苔巻あられなど農水産物の加工には，いずれも根気のいる反復労働と手先の器用さを要求され，大半は膨大な若年女子労働者が担当している。一方，こうした加工品を輸入する日本は，従来日本で行っていた作業をタイに委託していることになる。つまり，タイは製品を輸出しているだけではなく，「手から先の労働」も輸出しているのである（末廣 1993a 年，150-158)。

[9] かりに政府の支援があっても，農民サイドや流通サイドで主体的な努力がなされないと，農産物加工輸出の増加や「NAIC型工業化」へと発展しない事例として，マルコス政権下のフィリピン砂糖産業をあげることができる（Hawes 1987；福島編 1989年，第IV章第1節の永野論文)。

表6-2 韓国・台湾・タイの輸出金額上位品目の推移

(単位:100万ドル)

国・地域	1960 品目	金額	1970 品目	金額	1980 品目	金額	1990 品目	金額
韓　国								
第1位	タングステン	4.7	衣　類	160	繊維製品	2,937	衣　類	8,860
第2位	生鮮乾魚	2.7	かつら等	101	衣　類	2,663	電子部品	8,204
第3位	鉄鉱石	2.5	合　板	92	電機電子	2,263	電気製品	5,529
第4位	綿織物	2.4	繊維製品	81	鉄鋼製品	1,854	履き物	4,307
第5位	海　苔	1.3	農水産品	66	化学製品	1,670	鉄鋼製品	4,237
輸出総額		34		835		17,505		65,016
台　湾								
第1位	砂　糖	72	繊維衣類	470	繊維衣類	4,480	電子製品	7,725
第2位	繊維衣類	23	電機電子	182	電機電子	3,599	繊維製品	7,094
第3位	化学製品	8	缶詰食品	85	プラスチック	1,460	機械類	5,777
第4位	缶詰食品	8	合　板	78	基礎金属	862	基礎金属	5,215
第5位	バナナ	7	基礎金属	65	木材製品	812	通信機器	5,024
輸出総額		164		1,481		19,811		67,214
タ　イ								
第1位	天然ゴム	122	コ　メ	121	コ　メ	953	衣　類	2,619
第2位	コ　メ	121	天然ゴム	107	タピオカ	727	電子部品	2,267
第3位	トウモロコシ	26	トウモロコシ	95	天然ゴム	636	宝　石	1,368
第4位	ス　ズ	25	ス　ズ	78	ス　ズ	554	コ　メ	1,067
第5位	チーク材	17	タピオカ	59	トウモロコシ	356	水産缶詰	1,001
輸出総額		407		710		6,505		23,256

出所) 各国・地域の貿易統計より作成。

苔)や鉱産物(タングステン,鉄鉱石)といった一次産品であり,輸出金額はタイの10分の1以下でしかなかった。ところが,70年代以降になると輸出の急増だけでなく,繊維・衣類や電子部品の比重が急速に高まっていく(80年には輸出金額はタイの3倍)。一次産品から工業製品への「本来の意味での輸出代替」が本格化したのである。台湾も時期は少し遅れるが,コメ,樟脳,魚缶詰,バナナといった農水産物から,繊維・衣類,電子部品へと主要輸出品をシフトさせていった[10]。これに対して,タイは伝統輸出品であるコメや天然ゴムから,新興農産物であるキャッサバ(飼料用タピオカの原料)やトウモロコシ

---

[10] 台湾の農産物輸出から工業製品輸出へのシフトは,隅谷・劉・涂(1992年,第5章 涂執筆)がすぐれた分析を行っている。

表6-3 タイ,韓国,台湾のセクター別就業人口構成

(単位:%)

国＼産業セクター	年次	第一次産業	第二次産業	(製造業)	第三次産業
韓国	1960	66	9		25
	1970	50	14		36
	1980	34	23	(21.6)	43
	1989	20	28	(27.6)	52
	1998	12	28	(19.5)	60
台湾	1960	50	21	(14.8)	29
	1970	37	28	(20.9)	35
	1980	20	42	(32.6)	38
	1989	13	42	(33.9)	45
	1998	9	38	(29.1)	53
タイ	1960	82	4	(3.4)	13
	1970	79	6	(4.1)	15
	1980	73	8	(5.6)	20
	1989	57	17	(12.4)	26
	1997	45	22	(14.6)	33

注1) 第一次産業は農林水産業；第二次産業は鉱工業・建設；第三次産業は金融・商業・サービス。
　2) 韓国,台湾は就業人口；タイは1960-80年は11歳以上の経済活動人口,89年,98年は就業人口。
出所) 各国・地域の人口センサス結果並びに労働統計年鑑より末廣作成。

へと,農水産物の多様化や高付加価値化を進めてきた(後掲表6-4)。

　韓国・台湾とタイの違いがよりはっきりするのは,1970年代から80年代の就業人口にみるセクター別比率の推移であろう(表6-3)。韓国・台湾では工業化の進展に伴って急速に農業人口(第一次産業人口)の比率が低下していき,逆に製造業人口や第二次産業人口の比率が上昇していった。近代経済成長論が想定する工業化の現象が顕著に現れたのである。それに対して,タイでは付加価値額構成比でみると,農業の比率は70年代から急速に低下し,81年には製造業に抜かれたものの,就業人口に占める比率は緩やかにしか低下しなかった。農業人口が急速に低下するのは,88年から始まる「経済ブーム」以降の現象だったのである。これは新興農産物やアグロインダストリーの発展が,労働人口を農村で一定程度吸収した結果であった。

　さてタイの農水産物やその加工品の生産拡大は,次の4点で工業化を助けた

表 6-4 タイの主要商品別輸出額の推移（1970-95 年）

（単位：100万バーツ，%）

商　品	1970	1980	1985	1990	1995
(1) 農水産物	9,338	64,737	78,728	132,837	231,417
（%）	63.2	48.6	40.7	22.5	16.5
コ　メ	2,516	19,508	22,524	27,770	48,627
天然ゴム	2,232	12,351	13,567	23,557	61,261
トウモロコシ	1,969	7,299	7,700	4,144	469
タピオカ製品	1,223	14,887	14,969	24,465	18,253
冷凍エビ	124	1,965	3,439	20,454	50,302
冷凍チキン	－	656	1,467	7,590	9,662
(2) 農水産加工品	94	6,317	24,384	73,521	132,132
（%）	0.6	4.7	12.6	12.5	9.4
砂　糖	94	2,975	6,247	17,694	28,769
水産缶詰	－	1,619	5,204	24,762	36,997
果実缶詰	55	1,723	3,291	5,524	5,754
(3) 工業製品	145	40,910	66,600	358,879	929,798
（%）	1.0	30.7	34.4	60.8	66.1
衣　服	15	4,913	14,732	65,804	102,019
宝石宝飾類	130	3,240	6,350	34,891	50,864
集積回路	0	6,156	8,248	21,581	58,182
履き物	n.a.	358	2,368	20,220	53,931
プラスチック製品	n.a.	610	1,262	7,989	63,580
コンピュータ部品	－	－	n.a.	38,695	131,242
テレビ・ラジオ	－	－	96	7,980	31,589
輸出総計	14,772	133,197	193,366	589,813	1,406,310

注）農水産加工品はアグロインダストリーを指す。
出所）タイ中央銀行統計季報，商務省データより末廣作成。

と思われる（末廣 1993 年，第 4 章）。

　第一に，農業関連品はその輸出金額の増大と商品の多様化を通じて，繊維などの輸入代替に必要な原材料・機械の輸入を可能にした。つまり，「外貨の制約」を克服する主要輸出品であり続けた。しかもその内容は，1970 年代はコメのほかに天然ゴム，タピオカ，砂糖などが伸び，一次産品の輸出単価が下落した 80 年代前半以降はブロイラー，エビ，水産缶詰（ツナ缶詰）などが伸びていった（表 6-4）。

　第二に，新興農産物の拡大やアグロインダストリーの成長は，農村や地方の商人・上層農民の所得向上を通じて，拡大する国内市場を輸入代替産業に提供

した。この時期の輸入代替産業の代表である繊維，家電製品，オートバイ，自動車（ピックアップと呼ばれる1トン積み商用車），屋根の吹き替えに使われるトタン板や缶詰の素材になるブリキ板，化学肥料は，例外なくバンコクではなく地方市場の成長に支えられて発展していったからである。

　第三に，農産物の輸出はライスプレミアムやその他輸出税のかたちで中央財政に貢献した。コメ輸出税は1985年9月，ライスプレミアムは86年1月にそれぞれ廃止されたが，70年代に両者が間接税全体にしめる比率は，10-30％にも達した。

　第四に，農業関連製品の輸出は国内に新しい地場資本家，つまりアグリビジネス・グループを生み出した（Suehiro 1989, Chapter 7；第3章や第9章のCPグループを参照）。この点は外国資本や多国籍企業が優位にたつ自動車，家電，鉄鋼などとは大きく異なる点である。

　このように，タイでは農業やその加工産業が工業化の進展を支えてきた。「一次産品輸出論」が想定するような「二重経済体制」ではなく，生産物，労働，金融市場で一定のリンケージが生じたのである。そこでこうした発展パターンを，韓国や台湾の「NICs」型工業化と区別する意味で，「NAIC (Newly Agro-Industrializing Country)」，もしくはナイク型工業化と呼んでおきたい。

　ただし，NAIC型工業化にもいくつかの問題がある。ひとつは，NAIC型工業化が自然環境に与えるマイナスの効果である。その典型がエビ養殖であった。エビ養殖は，天然のプランクトンを1カ月かけて稚エビに育て，さらにそれをエビ田に移して5カ月くらいで成体エビにして輸出する。日本のスーパーで売られている「ブラックタイガー」などがそうである。このエビ養殖は特定の技術が不要なことと，1，2年で投資を回収できるために，1980年代以降またたくまにタイの沿岸地域に広まっていった。

　ところが養殖に際しては，脂肪や栄養剤を大量に含んだ餌をエビ田に投入する。また病気が発生した場合には，薬を大量に散布するのでエビ田の水が汚染され，周りの水田や海を汚染すると同時に，エビ田の土地自体もヘドロ状に変わってしまう。ヘドロになった土地ではもはや農作物の栽培は不可能になり，

事実上その土地は「死滅」するのである。その結果，タイのエビ養殖地域は，バンコク近郊の沿岸地域から東タイへ，そして南タイの東海岸へと3-4年ごとに「処女地」を求めて移動し，次々とタイの沿岸地域を死滅させていった（末廣 1993a 年，166-170）。いまやその地域は中国南部，ジャワ島北部，マレーシアの西海岸，ベトナムへも広がっている。

第二の問題は，NAIC 型工業化は国内での高い技術形成を前提としないために，容易に後々発国の「キャッチアップ」を誘引するという点である。実際，タイが輸出してきた農水産物は，現在では中国やベトナムと直接競合するようになっている。加えて，利用可能な農水産資源には限りがあるから，NAIC 型工業化は持続する発展パターンではなく，あくまで「時限的」な政策とみなすべきであろう。

もしそうだとすると，ただちに第三の問題，つまり産業構造の高度化が進まないという問題が登場してくる。というのも，NAIC 型工業化は，図6-1でいう「第一次輸入代替」の工業化を支えても，資本集約型産業の輸入代替や工業製品の輸出をグレイドアップさせるような，基盤となる技術を内部にもたないからである。輸入代替と工業製品輸出の高度化が並行して進むためには，どうしてもそこには「飛躍」がなければならない。あるいは，大川・小浜の表現を借りると「準工業化局面」もしくは「輸入代替の局面転換」がなければならない（大川・小浜 1993年，第2章）。この点は，先に述べた輸入代替型工業化にもあてはまる課題である。それが政府による「産業政策」を登場させる理由のひとつだった。

4 輸入代替の局面転換と産業政策

経済学の観点に立つと，産業政策は通常次の4つの分野からなる（伊藤ほか 1988年；日本開発銀行 1993年，29-30）。

(1) 一国の産業構造に影響を与える政策。原材料や製品の価格，貿易，直接投資に政府が直接介入し，補助金・税制などの金銭的誘因を使って特定産業を保護・育成し，資源の再配分を行なう。

(2) 技術開発や情報の不完全性の補完をめざす政策。技術開発の奨励や市場情報の提供により「市場の失敗」を補完したり情報の不完全性を補完する。

(3) 個別産業組織に介入し経済厚生を高める政策。不況カルテルや設備カルテル、あるいは業界再編を通じて企業間の過当競争を制限し、資源配分を調整する。

(4) 地域格差の是正ほかその他を目的とする政策。中小企業や地場企業の育成、地方への産業移転、省エネルギーの指導、政治対策としての輸出自主規制など、特定の政策観点にもとづき産業に対してとられる政策。

一方、産業政策を実施するための「政策手段」の中には、①特定産業・業種を指定した特別法の制定（機械工業振興臨時措置法など）、②行政指導、③インフラなどの基盤整備、④税制特別措置（特別償却制度など）、⑤政府補助金、⑥政策金融（日本開発銀行による融資）、の6つがある（日本開発銀行 1993年、36-43）。このうち重要なのは、期間を定めて特定産業の育成・保護を図る①の特別法（措置）、④のように税制を通じてインセンティブを与える方法、そして⑥の政策金融を実施するための機構や審査制度の整備の3点である。日本における産業政策の評価が、特別立法の合目的性、そのもとに設置された産業構造審議会の機能、政策金融の効果をめぐる議論に傾斜しているのも、そのためである（コラム6-3）。

さて、政府が補助金や政策金融を通じて資源配分を調整する政策的介入については、新古典派経済学の立場にたつ研究者たちは当然ながら認めていない。また、先に第4章で紹介した世界銀行の『東アジアの奇跡』も、アジア諸国の輸出振興策については一定の評価を与えているが、政府介入型の産業政策については、「日本、韓国、シンガポールおよび台湾における特定産業振興政策は、ほとんど明白な影響をもちえなかった。産業の成長は市場順応的であり、生産性の向上は振興策の対象となった部門でとりわけ高かったわけではなかった」として、政策の有効性に疑問を呈している（世界銀行、白鳥監訳 1994年、285-299、338-339）。またコラム3-1で紹介したように、三輪（1998年）も日本の機械工業振興臨時措置法や中小企業支援政策については、政策効果はなかったと結論づけている。

> **Column 6-3**
>
> ### アジア諸国の産業政策について
>
> 　新古典派経済学では「産業政策」という特別の主題はない。この問題はもっぱら日本を中心に議論されてきた。まず産業政策の経済分析については，伊藤ほか（1988年）がスタンダードである。また，日本における産業政策の展開と日本開発銀行の政策金融を扱った日本開発銀行編（1993年）と，通産省の産業政策を詳細に紹介した通産省通商産業政策史編纂委員会編（1990年）を読むことで，産業政策の具体的なイメージを得ることができる。日本の産業政策の評価については，コラム3-1で紹介した三輪（1998年）のほか，米倉（1993年），橋本（1994年），青木ほか，白鳥監訳（1997年，第3章：岡崎・石井執筆），大野・桜井（1997年，第8章）などを参照されたい。
>
> 　一方，アジア諸国の産業政策については，コラム0-2で紹介したアジア経済研究所の「国別工業化シリーズ」のほか，北村編（1991年），マスヤマほか編（Masuyama et al eds. 1997）などを参照。また研究書とは別に，自動車工業会の年鑑，日本鉄鋼連盟，日本電子機械工業会，日本化繊協会のアジア調査団報告書，重化学工業通信社『アジアの石油化学工業』（年刊），日本機械振興協会の各種報告書など，業界団体や政府機関の資料も，アジア諸国の個別産業の実態と政策の推移を知る上では大変有用である。併せて参照されたい。

　もっとも，1950年代から60年代の日本における産業政策の役割については，直接の政策効果ではなく，例えば，業界団体の組織化（中間組織）や官民間の情報の交換を通じて，機械産業の強化につながったとみる意見もある（フリードマン，丸山訳1992年）。また，日本開発銀行の政策金融についても，融資金額の大きさではなく，同行の厳格な融資審査と融資決定が，選抜された中小企業に対する他の商業銀行の本格的な融資のきっかけになったという，「呼び水効果」を評価する意見もある（沢井1990年；米倉1993年）[11]。ただしこうした論者であっても，日本の産業発展における民間企業の主体的能力を重視している点では変わりがない。

大川・小浜の次の結論，つまり「われわれは戦後日本の高度成長において
もっとも重要なファクターは産業政策ではなく，民間部門のダイナミズムであ
ると考える。もちろん，産業・輸出振興政策も一定の役割を果たしたことは事
実である。しかし，民間部門のダイナミズム，いいかえれば市場メカニズムに
基づいた効率志向的な経済運営を助長するような形で産業政策が行なわれたと
ころに戦後日本の高度成長の秘密がある」（大川・小浜 1993年，298-299）とい
う見解は，日本経済研究者たちによる最近の理解，「産業政策が成功したのは，
市場メカニズムの作用を間接的に援助した場合に，限定されたのである」（橋
本ほか 1998年，86）という理解ともほぼ共通している。

5 アジア諸国の産業政策

とはいえ，日本以外のアジア諸国の産業政策は「市場メカニズムの間接的援
助」に限っていたわけではなかった。韓国や台湾などでは，「戦略的」重化学
工業化政策などがはるかに明確な政策的意図をもって導入されたからであ
る[12]。そこでアジア諸国の産業政策を整理すると，概ね5つの目的を確認する
ことができる。すなわち，①産業を特定しないで，税制上の恩典や輸入税払い
戻し制度，融資優遇措置を通じて輸出振興を図る政策，②重化学工業化や産業
構造の高度化のために，産業を特定して保護・育成する政策，③輸出競争力強
化のためにサポーティング産業（金型や機械産業）の育成を図る政策，④技術
開発や生産性向上を支援する政策や機構の整備，⑤中小企業や地場企業の保

---

[11] 機械工業振興臨時措置法では，対象中小企業に対して日本開発銀行が経営面での資格審査
を，通産省重工業局が技術面での資格審査を実施した。そして，この審査に仮に落ちても
次回，次々回に再挑戦する機会があり，こうした公平なルールが結果的に，中小企業の技
術水準と経営内容の向上につながったとみる意見もある（米倉 1993年）。世界銀行『東
アジアの奇跡』が提唱した「コンテストベースの競争」の概念は，この点に着目した議論
であった。

[12] 韓国の重化学工業化政策については，深川（1989年），小林・川上編（1991年，第3篇第
2章 鄭論文），Stern et al.（1995），同国の自動車については水野（1996年），鉄鋼につい
てはJuhn（1991），造船については石崎（2000年）をそれぞれ参照。台湾については隅
谷ほか（1992年，第2章 劉論文）を参照。

護・育成を図る政策，の5つがそれである。なお，⑤の中小企業支援政策は，外国人企業に競合しえる地場企業の育成，雇用の確保，地方への産業移転，サポーティング産業の強化，ベンチャービジネスの育成，といった複数の目的が重なっているのが通例であった。

以上の点を念頭に置きながら，韓国，タイ，香港，シンガポールの4カ国・地域について，その産業政策の主な推移をまとめたのが表6-5である。表から判明するように，韓国やタイでは政府が特定産業を指定し，国内産業を保護し重化学工業化を推進する政策をとってきた（Woo 1991；服部・佐藤編 1996年；末廣・東編著 2000年）。一方，農村後背地をもたない都市型経済である香港やシンガポールでは，早くからハイテク産業の育成，デザインの開発や技術開発の支援，生産性向上のための企業の組織化，中小企業（ベンチャーを含む）の育成など，直接かつ金銭的支援でない方法が取られている。とりわけシンガポールでは，全国労働組合評議会（NTUC）や全国賃金評議会（NWC）が，生産性向上運動や産業構造の改善に全面的に協力している点が特徴的であった。

アジア諸国の多くでは，第一次輸入代替を終えた段階で「外向きの工業化」に転換すると同時に，程度の差はあれ第二次輸入代替，もしくは重化学工業化のための「ビッグプッシュ」に乗り出した。具体的には，台湾は1972年10月に「九大工業建設計画」を策定し，73年11月には「十大工業建設」に拡充して，国営企業主導による石油化学，製鉄，造船などの育成に着手した（田島 1998年，188-191）。一方，韓国は73年に「重化学工業化宣言」を行なったあと，79年には鉄鋼，非鉄金属，機械，造船，自動車，電子，石油化学，セメント，陶磁器，繊維工業の10業種を「十大戦略産業」に指定し，さまざまな支援を図っている（Amsden 1989；深川 1989年，第7章）。

同様に，東南アジアでも重化学工業化をめざす方針が，政府主導のもとで進められていった。例えば，フィリピンでは1970年代末から砂糖，ココヤシ，熱帯果実といった輸出向け産業をマルコス大統領側近の特定財閥（クローニー資本家）と半官半民企業のもとに統合・再編すると同時に（Hawes 1987），銅精錬，アルミ精錬，燐酸肥料，ディーゼルエンジン，鉄鋼，石油化学，紙パルプ

表 6-5 アジア諸国の産業政策の展開

〈韓国〉		〈タイ〉	
*1963	機械工業長期育成計画(81年目標)を公表	*1969	工業省，自動車開発委員会を設置
		*1969-77	飼料ほかアグロ産業を投資奨励
*1966	第二次5カ年計画で総合製鉄所の建設をうたう(73年，浦項総合製鉄所POSCO第一期工事完工)	*1971	紡績，織布工場の新設，設備拡張を禁止(その後輸出企業への緩和をへて91年に自由化)
*1968	石油化学産業育成計画を実施(72年，蔚山石油化学コンビナート完成)	*1971	乗用車のモデル数制限と国産部品使用を決定
		*1977	新投資奨励法公布。輸出産業を奨励
*1968	機械工業振興法を制定。工作機械ほか	*1978	乗用車の輸入禁止，国産部品調達率の強化
*1969	鋳物，特殊鋼，重機械，造船「4大重工業」指定	*1978	タイ石油公団(PTT)設立(73年天然ガス発見へ対応)
*1969	電子工業振興法により76年まで振興計画実施	*1981	経済問題解決のための官民合同連絡調整委員会(コーローオー)を設置
*1973	長期機械工業育成計画を策定。昌原機械工業団地を造成	*1982	東部臨海開発委員会設置。石油化学事業の計画
	同年，政府は「重化学工業化宣言」を行なう	*1982-83	世界銀行，構造調整融資を実施(2回)
*1974	長期自動車振興計画を公表(74年起亜がブリサ，75年現代がポニー開発)	*1983	輸出開発委員会を新設
		*1983	自動車国産部品調達率を45%で凍結。強制調達部品方式をとる
*1976	機械工業育成5カ年計画を制定	*1984	国家石油化学公社(NPC)設立
*1979	自動車をはじめ「10大輸出戦略産業」を指定	*1986	カラーテレビブラウン管製造の新設拡張を禁止
*1981	電子工業高度化計画を公表。24品目を指定し，研究開発品目，工業化品目，合理化品目に分類	*1986	ディーゼルエンジン国産化計画を発表
		*1989	サハウィリヤー・グループに冷延熱延鋼板の独占的事業権を供与(94年に冷延熱延事業の自由化)
*1983	半導体育成計画(輸出戦略産業，〜86年)を公表		
*1987	第六次5カ年計画で産業構造再編と技術開発を重点項目に掲げ，ハイテク産業の支援体制を整備	*1990	石油精製の参入制限緩和。カルテックス社を認可
		*1991	セメント製造の完全自由化
		*1991	2300cc未満の完成車の輸入禁止を解禁。同時に車種制限撤廃，自動車関税のいっせい引き下げ
		*1992	石油化学(PE, PP, PVC)製造の自由化
		*1994	タイ輸出入銀行(EXIM)を新設
		*1994	自動車組立産業の完全自由化
		*1995	石油化学プラントの完全自由化
		*1996	電子産業開発5カ年計画を公表
		*1997	国家産業開発委員会設置。構造調整事業の計画立案

第6章 輸入代替・輸出振興・産業政策　149

〈香港〉		〈シンガポール〉	
*1972-75	中小企業支援ローンを低利で提供	*1967	国家生産性センターを経済開発庁(EDB)から分離独立させる
*1973	新産業用地政策を開始する		
*1977	香港工業団地社、ハイテク企業に優遇措置	*1968	EDBの改組、機構整備
		*1969	近代化セミナーを開催
*1980	Hong Kong Productivity Council (HKPC)が科学技術開発のため、事業を大幅に拡充		政労使の三者で全国賃金評議会(NWC)を設置
		*1972	労働省に国家生産性庁(NPB)を設置
*1982	Vocational Training Council (VTC)設置		
*1983-	VTCが、エンジニアリング高等教育を開始	*1973	シンガポール規格・産業開発研究所(SISIR)を設置する
*1983	産業開発庁(Industry Development Board：IDB)新設	*1973	国家エンジニアリングサービス社を新設
*1982-85	IDBが大学に産業別技術調査の資金支援	*1976-	中小企業融資事業(SIFS)による地場企業支援
*1983-	IDBが指定技術集約産業について基本調査を実施	*1979	技能開発基金(Skills Development Fund)を設置
	IDBが特定産業の海外市場調査を組織化	*1979	産業構造高度化のためにNWCが高賃金政策実施
*1984	IDBがCAD/CAM小委員会を設置、奨励開始	*1979	職業訓練庁(VITB)を新設
*1986	政府系Hong Kong Design Innovation Co.を設立	*1980	全国労働組合評議会(NTUC)が労働開発局(LDS)設置。生産性向上化運動を展開する
*1988	HKPCが「新生産性強化計画」を開始	*1981	国家生産性審議会(NPC)設置。生産性運動が本格化
*1989	Surface Mount Technology Laboratory設置	*1981	品質管理サークル運動「STEP」を開始する
*1989-	製品デザイン、機械デザイン奨励へ総督賞を設置	*1982	NTUCが「新技術に挑戦するセミナー」開催
*1989-	HKPCが、ジャストインタイムとTQCの訓練開始	*1982-	中小企業技術支援事業(SITAS)開始
*1989-92	新規技術習得訓練計画へ政府の支援政策	*1986-	地場工業改善計画を実施
*1991	香港科学技術大学を開校	*1986	NWCが「フレキシブル賃金制度」の導入を勧告
*1992	Industry & Technology Development Council (ITDC、旧IDB)を設置	*1988	中小企業支援マスタープラン作成
		*1989	NPB、生産性経営プロジェクトチームを結成
*1993	Hong Kong Industrial Technology Corp. 設立	*1991	EDB投資公社を通じて中小地場企業の総括支援
		*1994-	有望地場企業育成計画(PLE)を開始

出所）韓国：深川(1989年)；タイ：末廣・東編(2000年)ほか；香港：Masuyama et al. (1997), pp. 108-119；シンガポール：ロダン、田村・岩崎訳(1992年), Lee & Low (1990)；その他資料より末廣作成。

など11業種を「十一大重点工業プロジェクト」に指定し，育成を図る方針をとった（森澤 1993年，39，159-160）。

タイでは，1973年にタイ湾で天然ガスが発見されたあと，その活用を目的に，81年から石油化学総合コンビナートの発展を目論む「東部臨海地域開発計画」が開始されている。もっとも遅かったのはインドネシアであったが，同国は89年に戦略産業管理庁を新設した。そして，大統領令で10の国営企業（機械工業，ディーゼルエンジン，火薬，鉄道車輌，電話交換器，航空機，通信機械など）を「戦略産業」に指定し，ハビビ研究・技術担当大臣（当時。98年に大統領に就任）の指揮のもと，重工業・ハイテク産業への参入を図った（三平・佐藤編 1992年，384-407）。

ただし，以上のような政府主導，あるいは国営企業を軸とする重化学工業化は，その大半がのち棚上げになるか見直しとなった[13]。例えば台湾では，1984年6月の行政院による「経済の自由化，国際化，制度化」への方針転換や，「公営企業民営化推動専案小組」による89年からの民営化の開始によって，事実上「十大工業建設計画」は廃止となった。また，フィリピンとタイでは，1982-83年の世界銀行による「構造調整融資」の受け入れの条件として，巨大プロジェクトの棚上げや縮小が決定されている（国際金融情報センター 1992年）。インドネシアでも「戦略産業」の育成は，コスト高を理由に90年代半ばまでに事実上放棄してしまった。

一方韓国の場合には，政府がもっとも積極的かつ体系的に特定産業の育成や支援を続けてきた。例えば，第二次輸入代替の「かなめ」となる機械工業，工作機械産業については，表6-5にあるように1963年から開始し，68年には日本にならって「機械工業振興法」を，さらに73年からは「長期機械工業育成

---

[13] 国営・公企業を中心とした東南アジア諸国の重化学工業化戦略は，国営・公企業の産業基盤の拡大につながった（本書の第7章，参照）。一方，経済効率性を無視したいわゆる「フルセット型工業化」の戦略と，「自由化・民営化」の外圧は，こうした戦略の見直しや棚上げを不可避とした。日本と同様に「フルセット型工業化」に固執した韓国と，1984年以降，経済の自由化をめざして「十大工業建設計画」を事実上放棄した台湾の，90年代以降の経済パフォーマンスの違いや97年危機の深刻さの違いは，興味深い研究課題となろう（服部・佐藤編著 1996年，参照）。同様に半導体産業を事例とした「民間主導型」の韓国と「政府主導型」の台湾の比較研究も参照（Hong 1997）。

図 6-2A　韓国半導体設備の輸入依存度　　図 6-2B　韓国半導体材料の輸入依存度

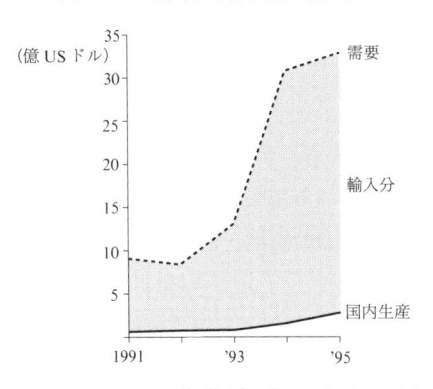

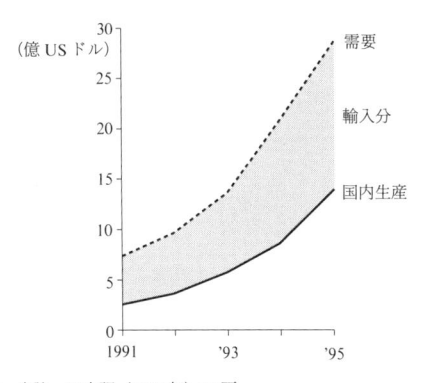

出所）ブーズ・アレン&ハミルトン，森脇・田中訳（2000年）51頁。
資料）韓国半導体工業協会。

計画」などを矢継ぎ早に実施していった。しかし，その結果は必ずしも思わしくなく，一定レベル以上の機械設備や工作機械は，依然として輸入に頼っている。例えば，韓国は半導体製品の輸出額を，93年の70億ドルから95年の230億ドルへと，いっきょに3倍以上に増大させていった。ところが，図6-2A，6-2Bが示すように，半導体の輸出急増は原材料や，とりわけ機械設備の輸入急増を招いたのである。そして，この輸入誘発的な輸出構造と産業基盤の弱さが，97年末の経済危機の重要な要因になった（服部 1999年）。

6　自由化政策と危機後の産業構造調整

　タイの事例は，政府による特定産業への直接介入を実施した韓国と，輸出産業の基盤整備，研究開発の支援に重点を置いた香港・台湾のちょうど中間に位置するといえるだろう。というのも，タイ政府は一方では産業を特定しない輸出の奨励や，生産性向上をめざす政府機関の設置を行ないながら，他方では自動車，自動車エンジン，セメント，鉄鋼，石油精製，石油化学などについて，新規参入企業を政策的に制限していったからである。その最たる例が自動車産業であった。

すなわち，工業省は1969年に省内部に「自動車開発委員会」を設置して，国内自動車産業に関する政策を検討し，71年には早くも車種・モデル数の制限や国産部品使用の奨励を図った。そして，78年には完成車の輸入禁止，国産部品調達の強化を図り，オップ・ワスラット（もとタイ商業会議所会頭）が工業大臣の時代には（83-85年），地場の自動車部品メーカーの保護育成方針をいちだんと強化していった。ただし，80年代末から自動車産業に対する規制は次々と撤廃され，94年1月には自動車組立工場の新設・設備拡張も完全に自由化されている（末廣・東編著 2000年，第3章）。

　さて問題は，タイの地場部品メーカーが政府の政策のもとで本当に育ったかどうかの判定であろう。国産部品の強制的使用政策が，競争力のない地場メーカーの初期の成長を助けたという判断は当然ありえる。しかし実態をみていくと，国産部品調達政策のもとで，日系組立メーカーが必要に迫られて，タイ系部品メーカーの技術支援や品質管理をきめ細かく実施したことが，タイ部品産業のその後の成長を助けた側面が大きいことが分かる。そして，政府が自動車産業全体の保護育成ではなく自由化に転じた90年代前半から，地場の部品メーカーは急速な発展を示したのであった。

　同様に，石油化学産業や鉄鋼産業においても，これらの産業が本格的な発展を迎えるのは，政府が企業の新規参入を制限して「保護育成」を図った時期ではなく，90年代初めに「産業投資の自由化」を推進した時期と重なっている。つまり，多国籍企業を含む民間企業の旺盛な投資活動が，重化学工業化を可能にしたのである。そのように見ていくと，アジア諸国の急速な工業化を，もっぱら政府の政策から説明するのは無理があるといえよう。日本の経験が示すように，政府の政策か市場メカニズムかの二者択一ではなく，政府と企業の関係，企業の対応能力こそが重要だからである。第3章の議論に即していえば，企業の能力，技術形成の能力が問われているのである[14]。

　ところが，1997年の通貨・経済危機を転機に，アジア諸国は新しい局面を

---

[14] 韓国の産業政策が，重複投資による投資の効率性の低下や「クローニー資本主義」を招いたと批判したチャンたちは，韓国経済の再建を企業の組織的能力や技術形成の能力ではなく，「コーポレート・ガバナンス」の強化に求めている（Chang et al. 1998）。

迎えるにいたった。つまり，危機後の経済回復や輸出競争力の向上のために，再び政府の役割に注目が集まっているからである。第4章で紹介したタイの「産業構造調整事業」や「中小企業支援策」などがまさにそうであった。ただし，1950年代から60年代の日本の産業政策と，今回アジア諸国で構想されている産業構造調整事業の間には，決定的な違いがあることに注意しなければならない。というのも，50年代末以降の日本の場合は，「来たるべき資本の自由化」時代にそなえて，産業構造の再編と産業組織の強化が不可欠の課題となったのに対し，現在のアジア諸国では「経済自由化」「グローバル化」がすでに所与の環境になってしまっているからである。

　このことは，かつての日本のように「閉鎖経済」のもとで，国内企業を業界団体に組織化し，政策金融のような政策手段をフルに使って特定産業を保護育成することがもはやできないことを意味する。金融は自由化され，外国資本に対しても門戸はすでに開放された。政府がとりえる政策手段は限られている。いいかえれば，政府はかつてのように市場に直接介入したり規制したりする主体にはなりにくいのである。そうした条件のもとで政府の役割は何か。そして，いかに外国人企業を受け入れつつ「国の競争優位」を維持するか。つまり，「途上国はどうすれば経済発展を実現することができるのか」という基本的課題を，アジア諸国は経済のグローバル化と自由化のもとで改めてつきつけられているのだ，と言えよう。

第7章

支配的資本の「鼎構造」と国営・公企業

　ここでは，まず後発国に一般に見られる企業の所有形態を検討し，国営・公企業，国内民間大企業（財閥），多国籍企業，の3つの支配的資本が工業化の中心的な担い手になっている事実を明らかにする。また，これら3つの企業は鼎（かなえ），つまりアジア諸国の工業化をささえる脚（担い手）になっているので，これを「支配的資本の鼎構造」と呼ぶことにする。本章では同時に，3つの支配的資本の中でも重要な役割を果たしてきた国営・公企業を取り上げ，その産業基盤，設立の歴史的背景，民営化の圧力とその動向を順次検討していくことにしたい。多国籍企業については第8章で，財閥グループについては第9章でそれぞれ別個にとりあげる。

1　後発国の企業の分類

　先発工業国や先進国では，工業化の中心的な担い手は民間企業であり，ビッグビジネスとよばれる大企業か，ベンチャー型の中小企業が大きく貢献している。そしてビッグビジネスの場合には，一方で資本市場の発達と並行して生じた株式会社組織の発達，他方で「所有と経営の分離」にもとづく専門経営者の台頭と企業経営管理組織の発達の2つが，大きな特徴となっている。

　しかし後発工業国の場合には，こうした構図をそのまま適用することはできない。資本市場や株式市場が十分発達する前に工業化を本格化させたため，所

第7章 支配的資本の「鼎構造」と国営・公企業

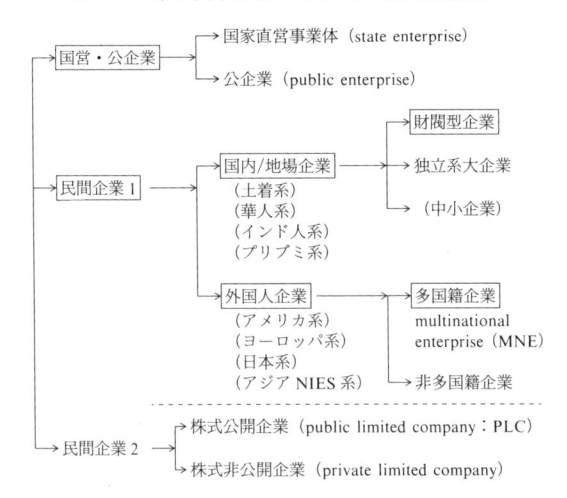

図7-1 企業の資本所有形態別・経営形態別分類

```
国営・公企業 ─┬→ 国家直営事業体 (state enterprise)
              └→ 公企業 (public enterprise)

民間企業1 ─┬→ 国内/地場企業 ─┬→ 財閥型企業
           │  (土着系)         ├→ 独立系大企業
           │  (華人系)         └→ (中小企業)
           │  (インド人系)
           │  (プリブミ系)
           │
           └→ 外国人企業 ─┬→ 多国籍企業
              (アメリカ系)      multinational
              (ヨーロッパ系)    enterprise (MNE)
              (日本系)       └→ 非多国籍企業
              (アジアNIES系)

民間企業2 ─┬→ 株式公開企業 (public limited company：PLC)
           └→ 株式非公開企業 (private limited company)
```

注)国内/地場系(domestic, local firms)としたのは、人種的に民族系もしくは土着企業(national, indigenous firms)と必ずしも一致しないため。

有と経営の双方を創業者一族が支配しているようなファミリービジネスや,ファミリービジネスを巨大化させ多角化させた財閥型企業が,しばしば重要な地位をしめてきたからである。また,政府が経済に積極的に介入するために,政府系企業や国営企業の比重も大きい。さらに,「圧縮された工業化」や「輸出指向型工業化」を外資の積極的な導入の下で実施すれば,外国人企業や外国人企業との合弁企業が圧倒的地位をしめることも,業種によっては珍しくないだろう。

そこで,後発国の企業を資本所有形態の特徴に着目して分類すると,図7-1のようになる。分類にあたっては企業が,①国営・公企業なのか民間企業なのか,②民間企業の場合には,国内・地場系なのか外資系なのか,③国内・地場系の場合には,その企業が特定の企業グループや財閥に所属する傘下企業なのか,財閥に属さない独立系企業なのか(経営規模別にみれば大企業と中小企業にさらに分かれる),④外国人企業の場合には,その企業が多国籍企業に所属するのか非多国籍企業に所属するのか,さらに,⑤民間企業であってもそれは当該

国の株式市場に上場された株式公開企業（public limited company）なのか，株式非公開企業（private limited company）なのか，以上の5つが基準となる。

なおいくつかの点について，コメントを加えておきたい。

第一に，ここで「国営・公企業」というのは，さらに3つのグループに分けることができる。

(A) 法律や省令，閣議決定などで設立が認められ，特定の省庁や政府機関が直接経営を担当する「国家直営事業体」。資本金や運営資金は国庫から支出され，利益がでれば国庫に上納し，損失がでれば国庫から補塡する。

(B) 特定の事業を目的とする公社・公団組織で，タイでは通常オンガーン（ongkan），フィリピンやマレーシアでは公社（public corporation），インドネシアではプルム（Perum：public corporation），シンガポールでは議会によって設立されることから法定会社（statutory board）と呼ばれる。多くは公益事業や産業インフラ（電力，港湾，運輸など）の部門に設立されるが，石油化学，鉄鋼などの重化学工業を担当する企業もある。通常，公社・公団の利益損失の処理は国家直営事業体と同じである。ただし，シンガポールの法定会社は原則的に独立採算制をとっている。

(C) 民間企業と同様，株式会社形態をとるもので，国内の会社法にもとづいて設立され，政府や政府機関が50％など一定の比率を出資する企業。タイでは政府所有企業（government-owned companies），インドネシアではプルスロ（Persero：public/state company），シンガポールでは政府関連会社（government-linked-companies）と呼ばれる企業群がこれに該当する。

通常は，(A)と(B)を合わせて「国営企業」（state enterprise）と呼んだり，(B)と(C)を合わせて「公企業」（public enterprise）と呼んだりしている。ただし，アジア諸国の場合，国家が関与する企業の法的地位やその呼称にはいろいろな違いが見られるので，ここでは一括して「国営・公企業」と呼ぶことにしたい[1]。

---

[1] ちなみにフィリピンでは国営・公企業のことを，1986年2月の大統領令第2029号で「政府所有ないし支配企業」（government-owned or controlled corporations：GOCC）と規定している（国際金融情報センター 1992年，88-89）。

第二に，民間企業は「民族系」と「外資系」という通常とっている区分には従わない[2]。というのもタイの場合，所有者がタイ国籍であっても，その大半はタイ人ではなく華人系企業だからである。マレーシアでは，マレー系（ブミプトラ系），華人系，インド人系の3つに分かれ，インドネシアではインドネシア人系（プリブミ系），華人系に主に分かれる（コラム7-1，参照）。

　フィリピン最大の財閥であるアヤラ・グループの場合には，今から170年前に祖先がスペインから移住してきた。1983年にグループの会長に就任したハイメ・ゾーベル・デ・アヤラ（1934年，フィリピン生まれ）は，スペイン・マドリッドの高校を卒業したあと，ハーバード大学で建築学を，次いでハーバード・ビジネス・スクールで経営学を修め，帰国後一族の事業に参加した。事業の中心はマニラのマカティ地区の不動産業であるが，妻はスペイン人財閥の娘，長男と次男は父親と同様にハーバード大学で学び，長女，次女，三女はいずれもスペイン人実業家と結婚してマドリッドに住む（NHK取材班 1990年）。したがってアジア諸国の場合には，民族（土着）資本家という概念を安易に使うことはできない。そこでやや耳慣れない言葉であるが，以下では「外資系」と対比させる意味で「国内民間大企業」とか「地場系資本家」という言葉を使用することにしたい。

　第三に，本章で「多国籍企業」という場合には，海外に本社があって複数国にまたがって事業所や工場を運営している企業一般を意味しない。在外子会社の生産・販売額が本社のそれに比較して一定の比率を超え，同時に本社の合計販売額が一定金額を超える巨大企業のみを指している（本書の第8章）。なお，多国籍企業をその他の外国人企業とあえて区別するのは，多国籍企業の場合，本社の企業戦略や事業活動が，進出先の国の経済に与える影響が格段に大きいからである。

　第四に，アジア諸国における証券市場の創設は，植民地支配期に遡ることが

---

[2] ラテンアメリカ諸国の企業経営を研究している堀坂浩太郎は，本書とほぼ同じ関心から，企業形態を公企業と私企業に区分し，私企業をさらに「民族系民間企業」（national private enterprise）と「外資系企業」（multinational enterprise）に区分している（堀坂 1999年，32）。人種構成や世代，歴史的経緯の違いによって，内資系企業を単純に「民族系民間企業」と規定できないのが，東南アジア諸国の企業の大きな特徴といえよう。

Column 7-1

東南アジアの華人系企業と華人社会

　東南アジアの華僑・華人について文献は多いが，これといえる概説書の定番は残念ながらまだない。理由のひとつは，東南アジア諸国の華僑・華人社会といっても，各国の政治社会環境，宗教，華僑政策の変遷などによって，彼らが置かれている状況が大きく異なっており，横断的な把握が難しいからである。また華僑・華人経営についても，世代やその事業基盤，国内の政治権力や海外の中国人とのつながりによって，事業発展のパターンも一様ではない。さらに，例えばタイにおいて同一の華僑・華人や企業をかりに調べても，華語文献とタイ語文献では，情報源や関心の違いから，得られる実像の間に大きな違いが存在する。華僑・華人の研究は一筋縄ではいかないのである。

　入門的な文献としては，アジア経済研究所における「連続講座・東南アジアの華僑華人」の紹介を試みた「アジアの華人企業グループ」（『アジ研ニュース』1994年11月号）が，小冊子ながら手ごろであろう。そのほか，中国を中心としてみたアジア全域の華人経済の概況については渡辺・今井編（1994年）が，東南アジアを中心とした華人系企業の実態については岩崎（1997年）が，タイを含めアジア諸国の華人コネクションを描いた報告としては樋泉（1993年）が，それぞれ推奨できる。朱炎編（2000年）は香港，台湾，東南アジア各国の華僑・華人グループの企業活動を，膨大な華語資料を利用して明らかにしている。もっとも，華語資料に依存している分だけ現地の事情は軽視されており，タイの章では華僑・華人の人名のタイ語表記のミスが目立つ。

　東南アジアの華僑・華人社会における「中国帰属意識」の歴史的変遷については，原不二夫編（1994b年）が優れている。中国人の企業経営の原型である「合股」や商慣行を知るためには，根岸（1943年）が必読の文献である（末廣 1993b年，36-39）。英語文献も多数存在するが，東南アジアにおける華僑・華人研究の泰斗であるリアオの編著（Leo ed. 1995），家族制度も射程に捉えて「中国人ビジネス・ネットワーク論」を展開したハミルトンたちの共同研究（Hamilton ed. 1991），オーストラリアの外務省が華人企業に関する膨大な既存研究を整理し紹介した報告書（Department of Foreign Affairs, Australia 1995）の3冊を紹介するにとどめたい。なお華僑華人研究の文献目録としては，福崎編（1996年）が有用である。

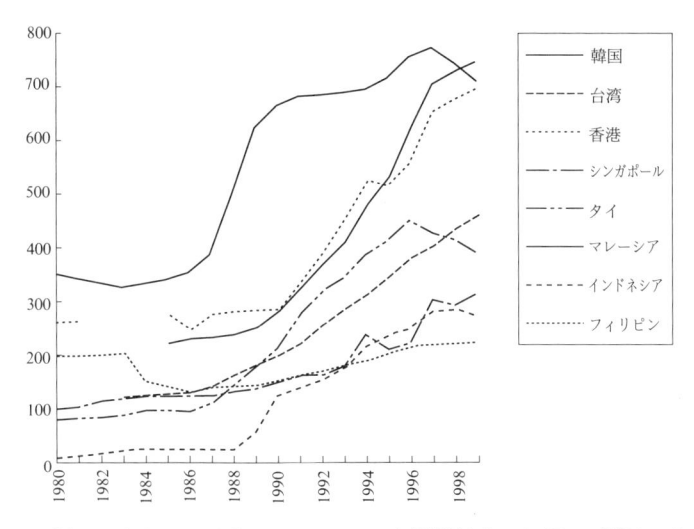

図 7-2 アジア諸国の上場企業数の推移（1980-99 年）

注) 1986 年までシンガポールにはマレーシア企業銘柄を含むが，図では控除してある。
出所) 1980-87 年：濱田・大阪市立大学経済研究所編（1993 年），12，36，58，94 頁。
1988-99 年：International Finance Corporation, *Emerging Markets Factbook*, various years.
タイは The Stock Exchange of Thailand, *Fact Book*, various years.

できる国もあってかなり長い歴史をもっている。具体的に創業年別にみると，香港（1891 年），シンガポール（1910 年），韓国（1956 年），台湾（1962 年），マレーシア（1964 年），フィリピン（1965 年），タイ（1975 年），インドネシア（1977 年）の順である（Claessens et al 1999, 29）。

ただし，図 7-2 からも分かるように，上場企業数が増加するのは，金融・資本取引の自由化や株式ブームが生じる 1980 年代末に入ってからのことであった。したがって，大企業のかなりの部分を上場企業が占め，個人投資家や機関投資家（外国人を含む）が重要な位置をしめてくるのは，90 年代に入ってからのことである[3]。しかも，多国籍企業の在外子会社の場合には，進出先の証券市場に上場しないことが多い（後掲表 8-4 を参照）。したがって，アジア諸国を対象とした場合，上場企業が当該国の民間大企業の大半をカバーしているとはいちがいに言えないのである。ただし，韓国は上場企業と大企業の重なりが大

きいし、タイも上場企業が大企業にしめる比率は90年代後半以降、急速に高まっている（末廣 2000c年, 26-28, 61-62）。

2 アジア諸国の大企業と支配的資本

　以上の点を念頭においた上で、アジア諸国の大企業を資本所有形態別に検討すると、少なくとも1990年代初めまでは、①国営・公企業、②財閥型の国内民間大企業とその傘下企業、③多国籍企業の3つが重要であったことが判明する。この点を確認するために作成したのが、表7-1である。資料に制約があるため、国によって調査年が統一されていないし、対象としている企業も売上高上位20社、50社、100社、500社などバラツキがある。しかし、一応の傾向をみることはできるだろう。表とその他の研究結果から判明する特徴は次の3点である。

　第一に、先進国に比べると国営・公企業が大企業にしめる比重（売上高もしくは総資産額）が高く、また後述するようにその産業基盤も公益事業に限らず多岐にわたっていること。

　第二に、国内民間大企業の大半は独立系の大企業ではなく、その大半が特定の企業グループの傘下企業に所属していること。しかも、その企業グループは特定の家族・同族が所有と経営を支配する、いわゆる「財閥型」ファミリービジネスの形態をとっていること。

　第三に、外国人企業の大半は欧米もしくは日本に本社をおく特定の多国籍企業であること。

　そこでここでは、国営・公企業、財閥型ファミリービジネス、多国籍企業を、アジア諸国における「支配的資本」（dominant capital）と名付けておきたい。この現象は何もアジア諸国に固有のものではなく、後発工業国では一般に

3　アジア諸国の証券市場の形成と発展については、濱口編（1993年）、河合編（1996年）を参照。また、アジア諸国における主として上場企業の最新の分析については、世界銀行のワーキングペーパーであるクレッセンズたちの精力的な研究（Claessens et al. 1998 ; do. 1999 ; do. 2000）が参考になる。

表7-1 アジア各国の大企業の所有形態別分布

国・地域名 データソース	中国 全国工業生産		韓国 売上高上位100社		台湾 売上高上位20社		タイ 売上高上位100社	
指　標 調査年	企業数 1993	工業生産 1993	企業数 1994	売上高 1994	企業数 1986	売上高 1986	企業数 1992	売上高 1992
①国営・公企業	18%	43%	2社	7%	11社	77%	19社	34%
②外資系企業	3%	19%	1社	2%	1社	2%	29社	25%
③国内民間企業	79%	38%	97社	91%	8社	21%	52社	41%
（うち財閥傘下）			（92社）				（50社）	

国・地域名 データソース	フィリピン 売上高上位50社		インドネシア 上場企業売上上位100社		シンガポール 売上高上位500社		インド 売上高上位100社	
指　標 調査年	企業数 1989	売上高 1989	企業数 1993	売上高 1993	企業数 1986	売上高 1986	企業数 1993	売上高 1993
①国営・公企業	9社	30%	55社	67%	22社	12%	48社	71%
②外資系企業	19社	39%	8社	3%	164社	64%	9社	4%
③国内民間企業	22社	31%	37社	30%	314社	24%	43社	25%
（うち財閥傘下）			（32社）				（41社）	

出所1）加藤編（1996年），37頁；2）末廣（1991年），86頁；3）シンガポールは岩崎（1997年），77頁。

注）出所1）は、大蔵省財政金融研究所での共同研究の成果で、韓国は深川由起子，タイは末廣，インドネシアは佐藤百合，インドは小島眞のそれぞれの企業データベースによる。

みられる傾向である。

　ただしアジア諸国においても，3者の比重の大きさには国によってかなりの差がみられる。国営・公企業の比重が高かったのは，台湾，インド，インドネシア，タイ，フィリピンの順であり，韓国は調査時点では大半の国営企業が民営化されるか既存の財閥に売却済みだったので，先進国型に近づいていた。表に示していないが，マレーシアの場合には，後述するように「ブミプトラ政策」の過程で，国営・公企業の比重が1980年代後半に急増している。

　一方，外国人企業の比重（売上高上位企業にしめる比率）については，シンガポールがきわだって高く[4]，次いでフィリピン，タイがこれに続き，韓国と台湾，インドネシアは低かった。これは政府の外資に対する政策（優遇か制限かの方針による）と国内民間大企業の発展の度合いに拠っている[5]。なお，インドネシアで外資の比重が低いのは，石油や天然ガスをはじめ55社に及ぶ国営企業の売上高が高く，多数のインドネシア進出多国籍企業が，上位100社からは

もれてしまったからである[6]。一般に民間企業を取り上げると、東アジア地域では財閥の比重がより高く、東南アジアでは外国人企業の比重がより高いという傾向を確認することができた。

　最後に、アジア諸国の中小企業も一定の役割を果たしている。例えば、台湾、香港では輸出企業の重要な担い手として、韓国、香港、タイではサポーティング産業の担い手の一部として（第6章の表6-5を参照）、インドネシアでは農村工業の主たる担い手として、さらにシンガポールでは地場製造業の担い手として、それぞれ重要な役割を果たしてきた。ただし、各国の工業化との関わりでみると、台湾、香港を除いた場合、その貢献度はそれほど大きいとはいえない。そのため本章では「中小企業」を支配的資本に含めていない。

　中小企業の役割が国際機関や援助供与国（日本）の間で注目を浴び、アジア諸国の政府が本格的に中小企業支援に向かうのは、通貨・経済危機以後である。というのも、世界銀行などはソーシャルセイフティネットの強化や雇用確保の観点から小零細企業向け融資（Micro Financeと呼ぶ）の拡充を打ち出し、日本は過去の中小企業政策の経験を踏まえて「経済回復＝輸出競争力の回復」の重要な担い手に地場の中小企業を設定したからである（さくら総合研究所1999年；末廣 2000a年）。

4　表7-1に掲げたシンガポールの数字は1986年と古い。そこで『シンガポール工業生産センサス』の統計にもとづき、製造業に限って1995年の数字を整理すると、「外資が100％完全所有する企業」は、民間企業全体の企業数の16％、雇用数の47％、生産額の68％、輸出額のじつに79％を占めた。さらに、「50％以上を外資が所有する企業」に範疇を拡大すると、その比率は企業数の21％、雇用数の55％、生産額の77％、輸出額の86％に上昇する。製造業における外資系企業の優位は明らかであった。

5　アジア諸国の外資政策の推移については、日本貿易振興会編『海外投資白書』（各年版）が便利である。

6　佐藤百合が1985年をベースに『官報』を丹念にチェックし、合計4496社の登記企業について集計した結果によると、登録資本金の分布状況は政府資本が34％（社数の3％）、国内民間資本が47％（社数の80％）に対して、外国資本は20％（社数の17％）であった。したがって、外国人企業や多国籍企業の存在が小さいとはいえない（Sato Yuri, "The Development of Business Groups in Indonesia 1967-1989", インドネシア国立大学経済学部修士論文, Djakarta, 1989, p. 38）。

3 「三者同盟論」と「鼎構造論」

　後発工業国（発展途上国）にみられる3つの支配的資本の存在は，1970年代半ば頃から，第1章で紹介した「従属学派」や「国家の自律性仮説」を提唱するグループによって注目されるようになった。例えば，ブラジルにおける欧米系多国籍企業の経済支配を博士論文のテーマに取り上げたエヴァンスは，この研究をさらに発展させて「三者同盟論」(triple alliance) を展開した (Evans 1979)[7]。すなわち，ブラジル経済を支えているのは，国家資本，地場エリート資本 (elite local capital，民族系企業グループをさす)，多国籍資本の3大グループであり，彼らの利害は相互に結合している。そして，対内的には政治権力に，対外的には多国籍企業に著しく依存したブラジルの経済発展を，彼は「従属的発展」(dependent development) と規定した。

　エヴァンスの研究視角は，当時ラテンアメリカで強い影響力をもっていた「権威主義体制論」や「従属学派」と結び付いて関心を集め，韓国，フィリピン，タイの資本家分析に適用する研究者も登場した (Kim ed. 1987；Grit 1981)。ただし，エヴァンスたちの研究は，国家権力の性格，軍や官僚による企業活動により焦点をあてた一種の「支配者体制論」であり，権力機構と国家資本をそのまま同一視するという問題を残していた[8]。そのため，彼の議論では国営・公企業の投資活動や，工業化への貢献度合いを評価する視点は希薄であった。また，エヴァンス自身がもともと多国籍企業の研究から出発したこともあって，彼が「地場エリート資本」と呼ぶ国内民間大企業の分析も精彩を欠き，彼

---

[7] ラテンアメリカにおける「三者同盟論」の位置付けと公企業，民族系民間企業，外資系企業の分野別・業種別の比重の変化については，堀坂（1999年）を参照。

[8] 朴一は，韓国の場合，国営・公企業の存在よりは外国借款の配分を決める政府の役割の方が重要であり，資本の「三者同盟論」ではなく，むしろ政府，財閥，外資の「支配三者体制」の関係こそを問題にすべきであると主張した（朴 1990年；同 1999年）。同じく韓国の工業化を「第4世代工業化論」というユニークな視点から論じた金泳鎬（1988年）は，政府，財閥，外資の三者に中小企業を加えて，「四者同盟論」を提唱している。一方，韓国の工業化を政策金融の側面から分析したウー（Woo 1991）は，軍，銀行家，財閥の3者を重視している。

らを「買弁的資本家」(compradore capitalist)や「従属的資本家」(dependent capitalist)という側面からのみ評価するという限界も示した。

　こうした点に不満を抱き，国内民間大企業や企業グループの台頭の側面を政治権力との関係で明らかにしようとしたのが，オーストラリアの東南アジア研究者たち，とくにインドネシア研究者のロビソン（Robison 1986），タイ研究者のヘウィーソン（Hewison 1989），シンガポール研究者のロダン（ロダン，田中・岩崎訳 1992 年）たちである。例えば，ロビソンはインドネシアにおける基本的な企業形態を，①軍・官僚が支配する企業，②華人の企業，③インドネシア人（プリブミ）の企業，④外国人企業の 4 つに分類して，それぞれの発展パターンの特徴を検討した。

　ロビソンはこの実証研究を踏まえた上で，インドネシアの政治社会変動を規定しているのは，「従属的発展」ではなく「資本家的発展」(capitalist development)であると主張した。ただしロビソンの研究でも，華人系企業やプリブミ系企業の台頭を支えたもっとも重要な要件は政治権力（スハルト政権）による庇護（経済的利権の供与）にあったと捉え，彼らを「庇護された資本家」(patronized and client capitalist)と特徴づけている（Robison 1986, Chapter 4）。その結果 1980 年代以降，インドネシアの経済構造や産業構造が大きく変わる中で，華人系やプリブミ系の企業がどのような事業多角化戦略をとり，所有と経営の双方でどのような変化が生じたのかについては，説得的な議論を展開していない[9]。

　一方，タイにおける資本家の発展過程を 1870 年代から 100 年間にわたって実証した末廣（Suehiro 1989）は，1960 年代以降のタイの経済発展を支えたのは，①国営・公企業，②国内民間大企業（財閥），③多国籍企業の 3 者であり，かつ 3 者間のダイナミックな「協調と競合」の関係こそが重要であると主張した。そして，こうした 3 者がタイの国民経済を支えている状況を支配的資本の

---

[9] ロビソンの政治学に偏った資本家類型論に対して，佐藤百合（1992 年；1993 年）は，スハルト政権期の工業化政策と地場系コングロマリットの事業拡大の関係をより重視する実証研究を，マッキンタイア（MacIntyre 1990）は，政府と企業の間のよりダイナミックな関係の変遷を重視する実証研究を，それぞれ行っている。

「鼎（かなえ）構造」と名付けた（ibid., 277-283）。

　私のいう支配的資本の「鼎構造論」とエヴァンスたちの「三者同盟論」を区別する重要な違いは，次の3点である。

　第一に，政治権力に関わる国家と政策を立案・遂行する政府（行政府）をまず区別し，政府が運営する国営・公企業を「国家資本」と概括するのではなく，後発工業国の重要な企業形態と捉える。換言すると，後発国の企業活動なり支配的資本を，政治面での「支配者体制論」と明確に区別し，工業化過程における国営・公企業の独自の役割を正当に評価する。

　第二に，3つの支配的資本のなかでは，とりわけ国内民間大企業，財閥型ファミリービジネスの活動に着目し，その政商的性格や従属的性格ではなく，所有と経営にみられる特徴や，技術形成，市場開拓の方法の特徴に注目する。これはいうまでもなく，第3章で述べた「工業化の社会的能力」のうち「企業の能力」のもっとも重要な経済主体が，ここでいう財閥型ファミリービジネスにあると考えるからである。

　ブラジルの地場資本家を「従属的資本家」と捉えたエヴァンス，インドネシアの資本家を「庇護された資本家」と規定したロビソン，フィリピンの資本家を「取り巻き資本家」（crony capitalist）と呼んだハッチクロフト（Hutchcroft 1991）たちの政治学的研究と違って，第3章でアジア諸国の資本家を「革新的結合に依拠する企業家」と捉えたのも，後発国の工業化に果たす国内大企業の役割をより正当に評価したいがためであった（アジア諸国の財閥の政商的性格については，コラム7-2を参照）。

　第三に，国営・公企業，財閥型ファミリービジネス，多国籍企業の3つのいずれを取り上げる場合でも，国際経済環境の変化，政府の政策，企業自体の戦略などによって，企業活動の中味が変容していく側面を重視する。具体的には，①国営・公企業の「民営化計画」，②ファミリービジネス内部の「経営改革」，③多国籍企業の進出先国における経済支配の「制約要因」といった問題の重視がそれである。

　以上述べてきた，私の考える「支配的資本の鼎構造」を図示したのが，図7-3である。図では国民経済を表わす皿を3つの脚（支配的資本）が支え，かつ

Column 7-2

東南アジアの国営・公企業と軍・政治指導者

　東南アジアにおける国営・公企業の研究は，同時に東南アジアにおける「レントシーキング」の研究であり，政治指導者や軍部と地場系企業（もしくは華人系資本家）との「癒着・同盟」の関係の研究でもあった。この分野の研究は，東南アジアの権力構造や政治体制と企業の関係に関心をもつ政治経済学者の関心を集め，数多くの興味深い成果を生み出している。

　例えば，フィリピンについては，マルコスの「取り巻き資本家」と輸出指向工業化政策の因果連関を見事に描き出したホーズの研究（Hawes 1987）が，まず参照されるべきであろう。そのほか，マルコス企業帝国の実態を紹介した小池・モンテス編（1988年），マナパット（Manapat 1991）がある。ハッチクロフトは，マルコス帝国を「取り巻き資本主義」と定義づけると同時に（Hutchcroft 1991），別の論文では「略奪資本主義」（booty capitalism）とも呼んでいる（Hutchcroft 1994）。タイはサンシット（Sungsidh 1983），末廣（Suehiro 1989），ヘウィソン（Hewison 1989）の3冊が基本文献である。

　マレーシアは政府与党であるアムノ（UMNO）のメディア産業を始めとする企業活動への介入と支配，あるいはUMNOビジネス帝国と「ブミプトラ政策」の政治化の相互連関を初めて明らかにしたゴメツの一連の実証研究（Gomez 1994, 1997）や，支配的資本の「三者同盟」にエスニシティの問題を導入したジェスダーソンの研究（Jesudason 1989）の2つが基本文献である。同時に，マハティール政権がイギリス系と華人系企業を買収していく過程を分析した原不二夫編（1994a年）の研究書も参考になる。シンガポールについては，リンダ・ロウの一連の研究（Low 1984, 1993）が有用であり，インドネシアについては，ロビソン（Robison 1986）やマッキンタイア（MacIntyre 1990）の「スハルト政権と企業」に関する研究書が興味深い。

　一方，アジア諸国の「国営・公企業」の企業活動の実態を研究した本は，邦語文献では極めて少ない。ここでは古くなるが，小池編（1981年）と国際金融情報センター編（1992年）の2つを掲げておく。

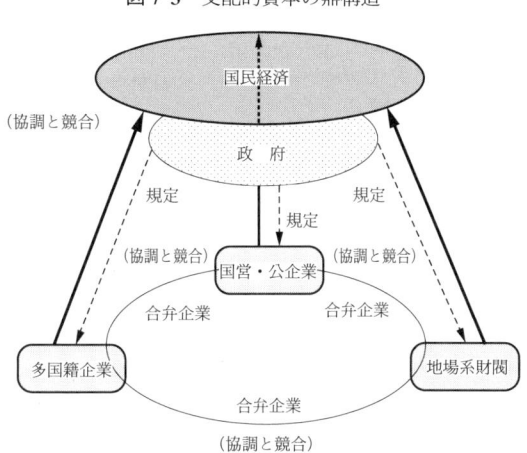

図7-3 支配的資本の鼎構造

```
                    国民経済
                      ↑
                    政　府
            規定      ↓規定     規定
      (協調と競合)  国営・公企業  (協調と競合)
                合弁企業  合弁企業
    多国籍企業 ─────────────────── 地場系財閥
                   合弁企業
                 (協調と競合)
```

政府の政策が3つの脚の企業活動を一定程度規定することを示した。同時に3つの脚は「合弁事業」や「共同事業」を行ないえるし、またそれぞれの支配的資本は相互に協調的であると同時に、競合的であることも重視している。したがって、特定のグループが後発工業国の経済を支配しているとみなす仮説は、この図では採用していない。

4　国営・公企業の発展

以下では後発国の工業化を支える支配的資本のうち、国営・公企業を検討する。なお、多国籍企業については次章で、財閥型ファミリービジネスについては第9章でそれぞれとりあげる。

さて、アジア諸国の国営・公企業の発展過程を全般的に紹介するのは難しいので、私のフィールドであるタイを事例に説明しておこう（表7-2）。タイは、前掲表7-1でみたように、3つの支配的資本が売上高で測った上位100社をほぼ3分するような、典型的な「鼎構造」を示す国であった。表7-2をみると、国営・公企業の数は1958年から次第に減っているが、従業員数は1970年から97年の間に12万7000人から27万人へ約2倍強、総資産額に至っては、同期

表 7-2 タイにおける国営・公企業の推移（1958-97 年）

年　次	企業数	従業員数（人）	総資産（100万バーツ）	総収入（100万バーツ）
1958	81	—	14,672	3,222
1960	102	—	18,511	5,643
1970	72	127,292	42,855	15,305
1975	70	165,958	119,607	41,114
1979	69	—	183,515	60,243
1980	73	220,500	287,013	104,042
1984	69	252,518	461,389	201,024
1992	65	297,904	1,525,122	473,129
1997	52	270,212	1,542,400	—

出所1）1958, 60年, 70年： Reports of Prime Minister Office.
　　2）1975年, 80年：恒石（1989年）, 11頁。ただし, 75年の総収入は76年の数字。
　　3）1979年, 84年：末廣とチュラーロンコーン大学との共同研究。
　　4）1992年： Tara Siam Business Information Ltd. 報告書（1995）。
　　5）1997年： The Dai-ichi Kangyo Bank Limited, *Economic Review*, August 1998, p. 12.

間に430億バーツから1兆5420億バーツへと約36倍に急増している。

　1980年代のタイの国営・公企業の実態を克明に調査したチュラーロンコーン大学国営企業研究所所長のグライユットの論文（Warr ed. 1993, 270-271）によると, 1981年と88年の2時点で, 国営・公企業の従業員数が公務員総数にしめる比率はそれぞれ26％と15％, 同企業の支出合計と中央財政支出との対比では92％と109％, 投資支出にいたっては80％と265％であった。ここで中央財政の投資支出というのは, 省庁ベースでなされる開発目的の投資であり, 国営・公企業の設備投資は含んでいない。この国営・公企業が実施する投資額は, 1997年現在の中央財政の投資支出に比べても, 依然として2倍以上となっている。しかも国営・公企業が投資資金の大半を海外からの借入金に依存してきたため, 国営・公企業が政府の公的債務の40-50％をしめるという状況が続いてきた。国営・公企業の総資産額が急速に膨らんでいったのは, 80年代後半から本格化する重化学工業化に合わせて, 政府が発電, 石油精製, 石油化学部門に巨額の投資を続けたからである。

　表7-3は, 1960年から90年までの, アジア諸国における国営・公企業の企業数の推移を示したものである。フィリピンはマルコス政権期にいっきに国

表7-3 アジア諸国の国営・公企業数の推移（1960-90年）

国　名	1960	1970	1980/81	1985/86	1990/91
韓　　国	21	—	—	106*	—
フィリピン	40	65	212	327	256
タ　　イ	102	72	73	67	65
マレーシア	22	109	656	1,014	1,139
インドネシア	987	—	222	214	203

注1）韓国の数字は政府投資機関（24社），政府出資機関（14社），政府投資機関による出資会社（68社）の合計。
　2）マレーシアはそれぞれ1969年末，79年末，87年末，89年末の数字。1991年2月の「民営化マスタープラン」に掲載された表より集計。
出所）国際金融情報センター（1992年），Jomo ed.（1995）ほかより作成。

営・公企業（政府企業）の数が増加し，インドネシアもスハルト政権期に200以上の国営・公企業の数を維持した。もっとも急速に国営・公企業の数を増加させていったのは，新経済政策，別名「マレー人優遇政策」（ブミプトラ政策）を実施したマレーシアである。実際マレーシアでは，1975-79年の5年間に253社，80-84年の5年間に294社，さらに85-87年の3年間には354社が設立され，89年末には1139社に達した（国際金融情報センター編1992年，44）。セクター別にみると，製造業327社（29%）とサービス業299社（26%）の2つで半分を越える。そのほか，国営・公企業は農業144社，建設業131社，金融業125社，運輸業68社，スズなどの採掘業33社と，あらゆる分野に進出していた[10]。

5　国営・公企業の産業基盤と設立背景

マレーシアにみられる国営・公企業の産業基盤の広範な分布は，他のアジア諸国にも共通する特徴であった。表7-4は，すでに民営化された企業も含めて，各国の国営・公企業が進出したセクター・業種の分布をマッピングしたも

---

[10] ブミプトラ政策のもとで既存のイギリス資本と華人資本の買収がどのように進み，公企業中心の体制ができあがったかは，次の文献に詳しい。原不二夫編（1994a年），Jesudason（1989）。

表 7-4　アジア諸国の国営・公企業の産業基盤（1990 年以降）

産業別	韓 国	台 湾	フィリピン	タ イ	マレーシア	シンガポール
電力（発電）	◆(89年)	◎	◎	◇	◎	◎(63年)
電力（配電）	◆	◎	×(財閥)	◆(97年)	◎	◎(63年)
電気通信	◆(93年)	◎	×(財閥)	◇(注)	◆(87年)	◆(92年)
国際航空	◆(69年)	◎→◆	◎→◆	◆(91年)	◆(85年)	◯(注)
石油精製	◆(89年)	◎	◎→◆	◆(外資優勢)	◎(74年)	◯(外資)
石油化学	×(財閥)	◎→◆	—	◯(外資優勢)	◎	◯(外資)
製鉄・鉄鋼	◎→◆	◎	◎	×(外資,財閥)	◎	◆(86年)
自動車組立	×(財閥)	×(財閥,外資)	×(外資,財閥)	×(外資)	◎(83年)	×(外資)
造　　船	◆	◎	◆	—	—	◎
海　　運	×	×(財閥)	◯	◯(外資)	◯	◯
砂　　糖	—	◎	◯	×(財閥)	◯	—
銅　精　練	—	◎	◯	—	—	—
セメント	×(財閥)	×(財閥)	◯(財閥)	×(財閥)	◎	◯(財閥)
工業団地	—	—	—	◯	◎	◎
商業銀行	◯	◯	◯	◯	◯	×(財閥)

注 1 ）◎国営・公企業；◯国営・公企業と民間の共存もしくは合弁事業；◆民営化もしくは上場された分野；◇民営化の計画が 1999 年現在ある分野；×民間企業。
　 2 ）フィリピンの石油精製は 73 年にエクソンから買収。鉄鋼は 74 年にスペイン系財閥から買収。
　 3 ）タイの通信産業は 1987 年から BTO（Build-Transfer-Operation）方式をとり，現在民営化を企。
　 4 ）シンガポール航空会社は，85 年に株式の一部売却を実施。
出所）末廣（1991 年），92 頁；国際金融情報センター（1992 年）；末廣の調査にもとづく。

のである。

　通常，国営・公企業が設立され，かつその経済根拠が広く容認されているのは，「公益事業」（public utilities），つまり受益者の利益が国民全般に波及するにもかかわらず，固定設備投資の金額が大きく，かつ外部経済効果が発生するために，民間ではなく政府機関が当該事業に進出する分野である。鉄道，道路，灌漑，水道，保健衛生などの「公共サービス」の分野がそれであった。また，電気通信のように国防や軍事に関わる分野も，政府が直接管理してきた。

　しかし，アジア諸国や発展途上諸国の場合にはそれにとどまらない。石油精製，石油化学，鉄鋼，造船，セメントなどの重化学工業分野や，産業関連効果が大きい自動車や電子産業などにも及んだからである。さらに，主要製造業のみならず，多くの国では貿易，国内商業，運輸，金融，情報通信，プランテーション型農業など，非製造業分野も含んでいたことに注意する必要がある。し

たがって，国営・公企業の存在を抜きにして，アジア諸国の工業化の進展や経済構造の変化を語ることはできない。

それではなぜ，国営・公企業を活用してきたのだろうか。その成立背景を歴史的に検討すると，概ね次の3つのパターンを見いだすことができる。

第一に，アジア諸国が植民地支配から政治的独立を果たし，自立した国民経済を樹立しようとした1950年代の「経済ナショナリズム期」に，国営・公企業はその役割を増大させた（末廣 1992b 年；Golay et al. 1969）。ただしその場合，①韓国，台湾，インドネシアのように，植民地資本（日本，オランダ）がもっていた企業や農園・鉱山を，独立政府が直接接収した事例と，②フィリピンのように，政府が新たに国営企業を新設した事例の2つのパターンがある[11]。また，植民地支配を回避したタイでも，1950年代にピブーン政権は，欧米企業と華人企業の経済支配に対抗して「タイ人のためのタイ経済」をスローガンに掲げ，国家経済開発公社（NEDC）をはじめ，多数の国営・公企業を設立していった（Suehiro 1989, Chapter 5）。

第二は，特定産業の戦略的育成を図る経済開発方針や「重化学工業化」の推進という国家目標のもとで，政府が国内民間企業に代わって積極的に投資を進めた場合である。この場合には，外国資本に対して排他的な態度をとるのではなく，一方で外資を優遇しながら，他方で国家資金を特定産業に集中的に投下する傾向がみられた。

1970年代半ば以降の韓国の重化学工業化方針，73年の台湾の「十大工業建設」やフィリピンの「十一大重点工業プロジェクト」，インドネシアのハビビ科学技術大臣が主導した「フルセット型工業化方針」，80年代初めのタイの東部臨海開発計画（石油化学）などがこれに該当する（本書の第6章）[12]。もっと

---

[11] 例えばインドネシアでは，1957年末にオランダ資産の一方的接収を宣言し，翌58年には542の農園（全体の75％），オランダ系商社上位5社（当時の貿易額の60％をしめる），そして246に及ぶオランダ系製造会社ならびに鉱山会社を接収した（末廣 1992b 年，283）。

[12] この時期の重化学工業化の推進については，韓国は服部編（1987年），深川（1989年），フィリピンは福島編（1989年），インドネシアは三平・佐藤編（1992年），タイは末廣・東編（2000年）を，それぞれ参照。

もこれらの事業の多くは，70年代末から始まる世界不況と80年代前半の世界銀行による東南アジア諸国向けの「構造調整融資」（SAL）のもとで，全面的な見なおしを余儀なくされた。

　第三は，マレーシアの事例で，植民地時代に形成された人種別の分業と人種間の経済的歪み（所得格差）の是正という政治課題と，「圧縮された工業化」という経済的課題を結合して実施された新経済政策（New Economic Policy : NEP, 1969-89年），もしくは「マレー人優遇政策」（ブミプトラ政策）がこれに該当する（堀井・萩原編1988年；堀井編1990年）。折しもマレーシアでは東海岸で石油が発見され，その生産・輸出が商業ベースにのった1970年代半ば以降，その豊富な石油収入を利用して，政府はヨーロッパ人からはロンドン株式市場での株式買占めを通じて主な商社，農園，製造企業を買収し，華人からは商業銀行を次々と接収していった。そして先に述べたように，80年代以降は，セメント，鉄鋼，自動車（プロトン社）などの重化学工業にも政府は進出していったのである（Jesudason 1989）。

6　国営・公企業の民営化問題

　ところが，1980年代半ば以降になってから事態は大きな変化を示す。表7-5は，アジア諸国における国営・公企業の見なおしや「民営化方針」を国別に整理したものである。表から分かるように，いずれの国でもほぼ80年代の半ばを転機に，次々と「国営企業（政府企業）改革委員会」の設置や「民営化基本方針」の策定がなされていることが分かる。こうした国営・公企業の見なおしと方針転換の背景には，1970年代末の第二次石油危機を引き金とする経済不況の長期化と国際金利の上昇が密接に関係していた。つまり，公的対外債務の増大（投資のための海外借入の増大）の原因になり，かつ国内の民間企業の活動を圧迫する国営・公企業の見なおしが浮上してきたのである。ただし，政府の対応には大別して2つのパターンがみられた。

　ひとつは各国政府が自主的にとった政策転換である。そこには不況の克服だけではなく，経済自由化の潮流に対する積極的な対応も含まれていた。表7-5

表7-5 アジア諸国における国営・公企業の民営化方針

国　名	年　月	事　項
韓　国	1987年4月 1989年	＊公企業民営化推進委員会設置。第一次委員会発足。 ＊第5次委員会までに計11社の民営化の実施時期を決定。
台　湾	1985年 1989年 1991年	＊行政院経済改革委員会が公営事業の縮小と民営化を提言。 ＊行政院公営事業民営化推進専業小委員会が具体的方針を決定。 ＊立法院で公営事業20社の民営化タイムスケジュール承認。
フィリピン	1983年 1986年2月 1986年12月 1988年6月	＊IMF救済融資にあたり政府事業の見なおしを開始。 ＊大統領令で民営化方針策定委員会を設置。 ＊民営化委員会（COP）と資産民営化トラスト（APT）設置。 ＊世銀より政府企業改革融資（2億ドル）の借入決定。
タ　イ	1983年10月 1985年 1989年	＊国営企業改善特別委員会が「5項目方針」を決定。 ＊国家国営企業委員会を設置。 ＊電話回線敷設工事に「BOT方式」導入を公表。
マレーシア	1985年1月 1986年8月 1991年2月	＊政府企業の「民営化ガイドライン」を公表。 ＊電話通信局を政府出資の株式会社に改組する。 ＊「民営化マスタープラン」を策定，公表。
シンガポール	1986年 1986年2月 1986年7月	＊経済委員会が長期不況克服のための答申。公企業の見なおし。 ＊公共部門の投資の引き上げに関する委員会を設置。 ＊民営化に関する基本方針を決定。
インドネシア	1985年12月 1989年4月 1989年7月	＊スハルト大統領，国営企業の効率改善を指示。 ＊戦略産業監督庁（BPIS）新設。国営企業10社を移管。 ＊国営企業改革特別チームを発足させる。

出所）国際金融情報センター（1992年）ほかの資料により末廣作成。

でみると，韓国（85年），台湾（89年），シンガポール（86年）の事例がそうである。ただしマレーシアの場合はやや例外で，1991年2月に策定された「民営化マスタープラン」は，民間企業の活性化だけではなく，政府が保有する企業の株式をマレー人に放出し，マレー人資本家やマレー人機関投資家を育成するという，「ブミプトラ政策」の第二段階をも意図していた。

　もうひとつのパターンは国際機関の外圧による方針転換である。東南アジア諸国のうちフィリピン，タイ，インドネシアは，先の経済不況を克服するために，1983-84年にいっせいにIMFの救済融資と世界銀行の「構造調整融資」（SAL）を受けることに同意したが，融資を受ける際のコンディショナリティの中に，政府の経済介入（経済活動への規制）の見なおしと国営・公企業の事

業改善が含まれていた。その結果，国営・公企業の改革が不可避になったのが，第二のパターンである。

　もっとも典型的な事例は，フィリピンにみることができる。マルコス大統領は政権から追放される直前の最後の大統領令（86年2月）で，「民営化方針策定委員会」を設置した。そしてアキノ新政権は，マルコス大統領の不正秘匿資産の摘発もからめて，「民営化委員会」（The Committee on Privatization: COP）と「資産民営化トラスト」（Asset Privatization Trust: APT）を設置し，1988年6月には政府企業改革実施のために，世界銀行から新たに2億ドルの特別融資を受けた。そして，90年までには42の政府企業の売却交渉をはじめ，298の政府企業の処分に関する計画を決定している（国際金融情報センター　1992年，80-81, 100）。タイのプレーム政権が国営企業改革特別委員会を設置したのも，世界銀行の勧告が引き金になっていた（末廣・東編　2000年，第1章）。

　以上見てきた国営・公企業改革や民営化方針は，韓国，台湾，シンガポール，フィリピンでは，ほぼ当初の計画どおりに進んでいった。しかし，マレーシア，タイ，インドネシアでは1980年代末から始まる未曾有の「経済ブーム」の中で，民営化の実施は一部の国営・公企業の株式会社化や売却を除いて，事実上棚上げになった。むしろマレーシアでは，ツインタワー，ペナン橋，新国際空港の建設など巨額の公共事業が相次ぎ，タイでもタイ石油公団（PTT）やタイ石油化学公団（NPC）が率いる石油化学コンプレックスの本格化が進められた。国営・公企業改革とその民営化が再度浮上してくるのは，1997年の通貨・経済危機以後，IMF・世界銀行が経済改革案を提示し，そのプログラムのひとつに民営化を含む「行政改革」を当該政府に指示してからである。その結果，タイではタイ発電公団（EGAT），タイ石油公団，タイ電話公団（TOT），タイ通信公団（CAT），タイ国鉄などの株式会社化や民営化の具体化が，国際機関の監視のもとで進みつつある。

　したがってアジア通貨・経済危機は，アジア諸国における支配的資本の「鼎構造」にも変容を迫ることになった。本章でみたように国営・公企業の後退，次章以下でみるように多国籍企業の躍進，そして地場系財閥グループの再編をもたらしたからである。そうした変化を以下ではみていくことにしよう。

第 8 章

多国籍企業の役割と経済支配

　アジア後発国における支配的資本の鼎（かなえ）の二番目の脚を構成するのが多国籍企業である。本章ではまず多国籍企業の定義と特徴を検討し，「キャッチアップ型工業化論」の前提になっている「国を基本単位」とするアプローチに対して，「企業を基本単位」とするアプローチを紹介する。次いで多国籍企業の産業基盤の広がりを概観し，さらにハイマーの議論などを手掛かりにして，企業が多国籍化し国際化する根拠を考える。またタイを事例に，多国籍企業の経済的支配とその制約要因を考え，経済ブームと経済危機を契機に，外国人企業や多国籍企業の影響力が増大していることを紹介する。

1　多国籍企業とは何か

　多国籍企業の理論的，実証的な研究を進めてきた宮崎義一は，多国籍企業を株式会社組織の最高形態と把握しなおし，同時に現代世界経済の主役を企業，それも寡占企業に求めた（宮崎 1982 年）。そして，従来の国民経済を分析単位とする貿易・投資論ではもはや世界経済の実態は明らかにできないと主張し，「企業論アプローチ」を提唱した（宮崎 1985 年）。

　宮崎の主張の根拠となったのが表 8-1 である。表はストップフォードたちが，一定の基準（後述）にもとづいて世界の企業の中から選出した計 500 社の「多国籍企業」をベースに，その個別企業のデータを，宮崎たちが本社の国籍

表 8-1 親会社の国籍別多国籍企業の販売総額と国際化指標（1981 年）

(単位：10 億ドル，%)

国 名	多国籍企業			海外進出比率(B/A) (%)	国の輸出合計額 (C)	現地生産・輸出比率(B/C) (%)
	企業数 (社数)	販売総額 (A)	在外子会社生産額(B)			
アメリカ	239	1,427	483	33.8	234	206.8
カナダ	18	46	21	44.7	73	28.7
EC（計）	142	864	383	44.4	600	63.9
イギリス	67	263	128	48.7	102	125.4
西ドイツ	33	218	80	36.8	176	45.7
フランス	20	144	58	40.0	106	54.2
イタリア	6	63	13	21.0	75	17.6
スイス	10	43	34	79.3	27	125.9
日 本	62	252	31	12.2	152	20.3
その他合計	498	2,703	985	36.4	1,204	81.8

出所）宮崎（1986 年），224-225 頁より作成。
原資料）Stopford et al. (eds.), *The World Directory of Multinational Enterprises*, 1983 に掲載された企業データにより集計。

別に集計しなおしたものである。調査年は 1981 年と古いが概観を得るには十分であろう。

　表から分かるように，必要なデータを得ることのできる 498 社の合計販売額は 2 兆 7000 億ドル。これに対して海外製造子会社の生産額の合計は約 1 兆ドルで，海外生産比率は 1981 年の時点ですでに 3 分の 1 を超えていた。また，各国の輸出をたしあげていくとその合計額は 1 兆 2000 億ドルで，海外子会社の生産額はその 82％にも相当している。とくにアメリカの場合には，多国籍企業の海外子会社が生みだす金額の合計は，アメリカからの「国の輸出総額」の 2 倍以上に達していることが判明した。国民経済を単位とした貿易論ではなく，巨大多国籍企業を単位とする企業論的アプローチが必要だと主張する宮崎の論拠は，まさにここにある（コラム 8-1）。

　また，多国籍企業の本社の国籍をみると，498 社のうち 239 社がアメリカ，18 社がカナダ，142 社が EC（当時）に所属していた。当時は，日本の企業数はまだ 62 社と少ないが，1998 年版の最新データを利用すれば日本企業の数は 100 社に増大する（表 8-2，参照）。したがって，多国籍企業（multinational cor-

Column 8-1

ハイマーの多国籍企業論の衝撃

　ハイマー（Stephan Hymer）が1960年にマサチューセッツ工科大学（MIT）に提出した博士論文は，その後の多国籍企業論や海外投資論の発展にとってまさに転機となった（ハイマー，宮崎訳 1979年に収録）。それまでの海外投資論は，第二次大戦以前の国際資金の動きを敷衍しつつ，次の3点を基本的な了解事項としていた。すなわち，①資金の移動は経営権の支配を含む直接投資ではなく主として証券投資の形態をとる，②資金の移動は国と国の間の利子率や利益率の差によって生じる（貿易と同様，国を基本単位と考える），③資金の移動は資金過剰国である植民地宗主国（先進国）から資金不足地域である植民地地域（途上国）へと流れる，この3点がそうである。イギリスの投資家の資金がアルゼンチンやインドの鉄道債に向かうといった証券投資が，その典型例のひとつである。

　ところがハイマーは，戦後の国際資金の動きを整理した上で次のように反証した。①資金の移動の中心はもはや証券投資ではなく直接投資（direct investment）である，②直接投資を促しているのは国と国の間の利子率の差ではなく，企業自体の行動や戦略にもとづく，③世界の資金移動の4分の3は先進国同士の相互の投資であり（これを相互浸透現象と呼ぶ），先進国から途上国への投資は全体の4分の1でしかない。したがって，戦後の海外投資のパターンを従来の証券投資論で捉えるのは限界があり，むしろ製造業を中心とする多国籍企業の行動と論理をあきらかにする必要がある。これがハイマーの主張であった。ハイマーの議論は当時国際経済論のリーダー的存在であったキンドルバーガーから賞賛され，さらに経営史学の多国籍企業研究者たちにも強い影響を与えた。もっともハイマーはその後，古典派経済学の枠組にそった議論から離れて，急速にマルクス経済学の方へと接近する。その結果生まれた議論が，本章で紹介した「製造企業進化論」や，少数の都市に本社を置く多国籍企業が地理的空間的に周辺地域を支配するという「新帝国体制論」，あるいは中心国の消費パターンが多国籍企業の販売戦略を通じて途上国や周辺地域へと点滴のように浸透していくという「浸透効果システム論」（trickle-down system）であった。ハイマーが次々とくりだすアイデアは，欧米・日本諸国の政治経済学だけでなく，途上国の研究者にも強い影響を与えたが，1974年に不慮の交通事故に遭遇し，47歳の若さで逝去した。

表 8-2 タイ進出多国籍企業の国籍別分布（1988 年，1997 年）

（単位：社数）

多国籍企業親会社の国籍	1988 年			1997 年			
	親会社	タイ進出	タイ子会社	親会社	タイ進出	タイ子会社	うち製造業
アメリカ	194	49	62	189	81	112	37
カナダ	14	2	3	8	1	1	1
オーストラリア	10	1	1	7	2	4	2
ニュージーランド	1	0	0	−	−	−	−
アイルランド	1	0	0	1	0	0	0
イギリス	59	5	9	65	19	28	8
英／オランダ	2	2	11	1	2	9	6
英／オーストラリア	−	−	−	2	0	0	0
フランス	18	2	1	37	13	21	7
ドイツ	29	7	11	27	12	21	9
オランダ	7	1	3	8	5	6	3
ベルギー	6	1	1	4	2	3	3
デンマーク	1	1	1	−	−	−	−
ルクセンブルグ	1	0	0	−	−	−	−
オーストリア	2	0	0	1	1	1	0
スイス	11	6	12	12	9	20	7
イタリア	5	1	1	9	0	0	0
スペイン	−	−	−	2	0	0	0
スウェーデン	17	5	6	8	3	5	1
ノルウェイ	2	1	1	3	1	1	0
フィンランド	8	0	0	5	1	1	0
南アフリカ	2	0	0	2	0	0	0
ベネズエラ	1	0	0	−	−	−	−
シンガポール	−	−	−	1	1	1	0
韓国	−	−	−	8	2	3	2
日本	59	38	91	100	85	379	215
合計	450	122	214	500	240	616	301

注1）1988 年の親会社は Stafford & Purkis（1989）が「多国籍企業」と認定した製造業もしくは鉱業会社の計 450 社。タイ進出は，この親企業のうちタイに子会社をもつ多国籍企業の数。
2）1997 年の親会社は Timbrell & Tweedie（1998）が「多国籍企業」と認定した企業計 500 社で，製造業，鉱業のほか商社，大型小売，通信，建設，サービス業などを含む。
出所）末廣（2000c 年），45-46 頁；末廣のタイ企業データベースより補足作成。

porations： MNCs）とは，なにも複数の国の企業や株主が集まって作った企業を指すのではない。欧米諸国や日本に本社をおき，国境を超えて事業を展開している企業（transnational corporations： TNCs），もしくは事業範囲が世界大に拡大した企業（global company）を指しているのである（宮崎1982年，第1章）。

それでは，多国籍企業をどのように定義したらよいのか。

国連事務局が1972年にこの問題に初めて関心をもち，厖大な調査の結果をまとめたときの多国籍企業の定義は，「工場，鉱山などの資産を2国ないしそれ以上の国々において支配するすべての企業」となっていた（UNDESA 1973）。しかし，これではあまりに広すぎる定義といえよう。実際，このときの報告書が調査した企業数は1968-69年時点のデータで7276社の多数を数えた。

その後，国連の中の研究チームは「多国籍企業研究センター」（United Nations Centre on Transnational Corporations： UNCTC）に発展していき，同センターは1987年に5000社を超える企業の調査を実施した。そして，5000社の中から10億ドル以上の販売実績をもつ巨大企業600社（これを「10億ドル・クラブ」The Billion Dollar clubと呼ぶ）を改めてリストアップした（UNCTC 1988，34-37，533-545）。この600社はいわば国連が「お墨付き」を与えた多国籍企業といえる。

以上の調査結果を参考にしながら，本章では多国籍企業を「広義」と「狭義」に分けて次のように定義しておきたい。第一に「広義の多国籍企業」とは，①製造業・鉱業，商業・サービス業，金融業のいずれかの分野における巨大寡占企業であり，かつ②複数の国において事業活動を行なう企業と定義する。一方，「狭義の多国籍企業」という場合には，宮崎も依拠した『マクミラン版多国籍企業要覧』で使用されている次の定義を採用する（1980年版，83年版，89年版，92年版）。

すなわち，製造業と鉱業の分野で，①普通株の25%以上を取得している子会社を少なくとも3カ国の外国において所有する企業，②外国投資にもとづく販売額もしくは資産額が当該企業のそれの5%以上をしめる企業，③在外子会

社の生産額が一定基準（89年版では7500万ドル，92年版では7500万ドルプラス本社の海外販売額が5億ドル）を超える企業。以上3つの条件のうち1つ以上をみたし，同時に当該親企業の販売合計額が10億ドル（89年版，92年版）を超える大企業を，「多国籍企業」と定義する。

一方，ティムブレルとツウィーディー（Timbrell & Tweedie eds. 1998）が編集した最新の『世界多国籍企業要覧1998年版』では，多国籍企業の定義が大きく変わった。「親企業の販売合計額が10億ドルを超え，かつ海外子会社の生産なり販売実績が5億ドルを超える企業」という基準は，89年版，92年版に準じているが，業種は製造業，鉱業に加えて，建設業，商業，小売業，サービス業に拡大されているからである。これは従来の定義に従うと，日本をはじめ海外で活発に事業を展開する総合建設会社（いわゆるゼネコン），日本の総合商社，マクドナルド社やイトーヨーカドー，米のシアーズローバック社（Sears, Roebuck and Company）といった大手小売会社，日本通運や日本航空といった運輸会社，コンピュータソフトの巨人マイクロソフト社などが『世界多国籍企業要覧』から漏れてしまうので，その欠点を回避するためであった。その結果，89年版，92年版と98年版との間では多国籍企業に認定された450社もしくは500社の間で，かなりの入れ替えがみられる。なお，第7章や次節以下で議論するときの「多国籍企業」は，原則的に「狭義の多国籍企業」（製造業と鉱業に限定）の方の概念を用いている[1]。

さて，『世界多国籍企業要覧』の1989年版と1998年版のデータ（親企業の国籍）を整理し，同時に別の資料を利用してタイへの進出状況やタイで所有し

---

[1] 多国籍企業の研究は従来，製造業と鉱業に集中してきた。しかし，アジア諸国の企業活動をみると，日本の総合商社やイギリスのインチケープ＝ボルネオ社のような貿易商社，アメリカのシアーズローバック社，セブンイレブンを所有するサウスランド社，オランダのマクロ社のような巨大流通企業なども，進出先の貿易や流通業に大きな影響を与えている。とくに日本の総合商社の場合には，繊維，自動車，鉄鋼，石油化学といった製造業に直接出資し，当該製造企業の資金調達，仕入れ，国内販売・輸出に関わるだけでなく，オルガナイザー的役割も果たしている。この点は，ESCAP/UNCTC（1985），Suehiro（1989, Chapter 6）を参照。こうした限界は，『世界多国籍企業要覧1998年版』で一応解消された。ただし，80年版以降の時系列的比較が98年版ではもはやできないという別の問題を生み出している。

ている子会社の実態を調査した結果をとりまとめたのが表8-2である²。表によると88年当時，多国籍企業に認定された450社のうち122社（27%）がタイに進出し，所有する子会社は214社に達した。また親会社の国籍別分布をみると，81年のデータに比べてアメリカの比重が498社中の239社（48%）から450社中の194社（43%）へと若干下がっている。日本は62社（12%）から59社（13%）へとほぼ横ばいであった。

一方，1997年のデータでは，多国籍企業に認定された500社のうち240社（48%）がタイに進出している。しかも，これら親企業がタイで所有したり出資している企業数は616社にも達した。子会社や出資企業の数の急増は，スイス国籍のコーヒー製造メーカーであるネスレ社（Nestlè S. A.）のように，「経済ブーム期」にタイでの事業を急速に拡大していったことにもよるが，最大の要因は，三井物産（52社），三菱商事（31社），丸紅（22社），住友商事（18社）などのように，タイ進出日系製造企業に多数出資したり「オルガナイザー」の役割を果たしている総合商社が，「多国籍企業」に新たに加えられたからである。また，98年版で事業分野が建設業，商業，小売業，運輸業などに拡大されたことにより，親企業の国籍別分布では，全体にしめる日本企業の比率が59社（13%）から100社（20%）へといっきょに上昇した。また現代，現代建設，三星，三星電子，鮮京など韓国財閥に所属する8社が新たに多国籍企業に採録された点も大きな特徴である。いずれにせよ，世界規模の多国籍企業のうちすでに半分近くがタイに進出を果たし，タイに数多く進出している外国人企業のうち大手企業の大半が「多国籍企業」に所属している事実は，看過すべきではない。

---

2 『世界多国籍企業要覧1998年版』に採録された500社の名前とタイへの進出状況は，末廣（2000c年，付表2，100-109）に企業別一覧表を示しておいた。また，多国籍企業のタイへの進出状況の確認にあたっては，Dun & Bradstreet（1999）；Advanced Research Group Co., ed., *Thailand Company Information 1995-1996*；do., *Thailand Company Information 1998-99*；The Nation ed., *Company Directory CD-ROM 1999*；アメリカ，イギリス，ドイツ，オーストラリアの在タイ商業会議所が刊行している『会員企業要覧』；東洋経済新報社編『海外進出企業総覧会社別編』（1990年版，1999年版）；末廣のタイ企業データベースなどを利用した。

2 多国籍企業の産業基盤と独占的優位

　それでは，多国籍企業はどのような分野に進出しているのか。タイを事例に「狭義の多国籍企業」の分類に従って整理したのが表8-3である。通常，多国籍企業という場合，読者の頭にまず浮かぶのは，石油精製のエクソン社（米）やロイヤルダッチ＝シェル社（英・蘭），自動車のGM社，フォード社（以上，米），トヨタ自動車，化学のダウケミカル社，デュポン社，飲料のコカコーラ社，ペプシコ社（以上，米），コーヒーのネスレ社（スイス），石鹸やシャンプーのユニリーバ社（英・蘭。日本ではニッポンリーバ社の名前で知られる）やP&G社（米）などであろう。ところが表をみると，多国籍企業が進出している分野は，私たちが想定する以上に広範囲に及んでいることが判明する。

　さて表8-3では，製造する製品の特性と販売市場の2つを指標に4つのグループに大別してある。具体的には，(1)石油精製・販売，天然ガス，スズなどの「資源・石油関連」，(2)1980年代後半から急速に進んだ産業構造の高度化と，「産業の自由化」（外国人企業を含む新規企業の特定産業に対する投資規制の緩和）によっていっきょに膨れ上がった「国内市場向け重化学工業分野」（ただし通貨・経済危機以後は，自動車であれ石油化学であれ，急速に輸出にシフトしている），(3)タイを生産・輸出基地とする電子部品・コンピュータ関連産業など「オフショア型産業分野」，そして(4)石鹸，シャンプー，洗剤，生理用品といった洗面関連製品（toiletry goods）に代表される「国内市場向けの消費財産業」の4つがそれである[3]。

　以上4つの分野に共通しているのは，ある企業が何らかの「独占的優位」

---

[3] ここで「オフショア型産業」と私が呼んでいるのは，必要とする原材料，中間財，設備機械などを海外から輸入し，タイの工場用地と低廉な労働力のみを利用して製品を組み立てたり製造加工したりし，海外に輸出するようなタイプの産業を指す。こうした産業は，しばしば見かけの輸出所得よりはるかに少ない金額しか，外貨獲得額の側面で進出先の国に貢献せず，また国内の産業的波及効果もないことから，「飛び地産業」（Enclaved Industry）と呼ばれてきた。ちなみに半導体産業を例にとると，輸出所得のうち実際にタイに落ちる所得は法人所得税，付加価値税や労賃など10％未満にすぎない。

表8-3 タイ進出多国籍企業の業種別分布（1999年現在）

業　種	国	進出多国籍企業
(1) 資源・石油関連産業		
石油精製・販売	欧米	Exxon, Royal-Dutch Shell, Texaco (Caltex), Mobil
天然ガス	アメリカ	Unocal
スズ精練・輸出	ヨーロッパ	Royal-Dutch Shell
(2) 耐久消費財，及び重化学産業（国内市場向け：経済危機後，輸出志向を強化）		
化合繊維	日本	帝人，東レ*，東洋紡*，鐘紡
鉄鋼製品	日本	神戸製鋼，新日本製鉄，川崎製鉄，日本鋼管
化学製品	アメリカ	Dow Chemical, Du Pont, Eastman Kodak, Union Carbide, Guardian, Owens Corning
	ヨーロッパ	ICI, Henkel, Rhône-Poulenc, Norsk-Hydro
	日本	旭硝子，旭化成，大日本インキ化学
石油化学	欧米	ICI, Du Pont, Monsanto, Dow Chemicals, Solvay
	日本	住友化学，三井化学，三菱化成
自動車組立・同部品	日本	トヨタ自動車，日産自動車，本田技研，三菱自動車　マツダ，いすゞ自動車*，日本電装，あいしん精機
	アメリカ	Ford, GM
	欧米	Volvo, Swedish Motor
自動二輪車	日本	本田技研，川崎重工，鈴木自動車
タイヤ	世界	ブリヂストン，ミシュラン，グッドイヤー
電機機器	日本	松下電器産業，三洋電機，東芝，日立，三菱電機，古河電気
	欧米	Philips, Ericsson, Electrolux
電気通信	欧米	AT & T, Bell Atlantic
	日本	NEC, NTT
(3) オフショア型産業（輸出向け）		
電子・半導体	アメリカ	AT & T, National Semiconductor, Seagate Technology
	ヨーロッパ	Philips
電機電子・同部品	日本	ミネベア，シャープ，松下電器産業，東芝，日立，TDK
半導体など	日本	富士通，NEC，ソニー，松下電器産業，三菱電機
その他		Dunlop（ゴム手袋）
(4) ブランド付き消費財産業		
飲料・食品	アメリカ	Coca-Cola, PepsiCo, Castle & Cook, Dole Food, Kellogg
	ヨーロッパ	Nestlè, Unilever
	日本	味の素，明治乳業*，雪印*
洗面関係製品	欧米	Colgate-Palmolive, Johnson & Johnson, Kimberly-Clark, Warner Lambert, P&G, Unilever
	日本	花王，ライオン*
医薬品	アメリカ	American Cyanamid, Eli Lilly, Pfizer, P&G, Sandoz
	ヨーロッパ	BASF, Bayer, Hoechst, Ciba-Geigy, Glaxo, Roche, Schering
	日本	武田薬品

注）企業名の*は，Macmillan Directory of Multinationals に含まれていないが，重要と思われる企業。洗面関連製品には，石鹸，洗剤，シャンプー，生理用品などを含む。
出所）末廣のタイ企業データベースより作成。

> **Column 8-2**
>
> ### なぜ人々は多国籍企業の製品を買うのか？
>
> 　なぜ人々は手軽に入手できるオレンジジュースではなくてコカコーラを飲むのか？　無公害の棒状石鹸ではなくユニリーバ社の「ラックス」や洗剤「ブリーズ」を使用するのか？　多国籍企業の「技術独占」と「流通独占」がもっとも明瞭に現れるのは，消費者の嗜好に直結している飲料と洗面関連製品（トイレッタリー製品）の分野である。石鹸，洗剤，シャンプーなどは，各国の消費者に応じて香りも色も好みが微妙に違う。また，水の質（軟水か硬水か）や水の温度（冷水か温水か）で泡立ちや洗浄力も変わってくる。こうした変化に対応するためには，原材料を精巧に組み合わせる配合技術と膨大な実験データが不可欠となる。進出先の地場企業にはこうした技術力も資金力も当然ながらない。一方，洗面関連製品は，ビールや飲料，自動車などと並んでもっとも消費者向けの宣伝がなされる分野である。つまり，競合企業の製品との差別化を図り，自社の独自のブランドを確立することで，市場占有率（マーケットシェア）を確保し，そのシェアを拡大していく分野である。また，いったん確立したブランド名や包装容器，びんの形状などは特許に守られているので，後発企業は容易には市場に参入できない。したがって，流通部門でも膨大な投資が必要となる。過去何十年間にもわたって，世界の洗面関連製品の市場を，ユニリーバ社（英・蘭），コルゲート・パームオリーブ社（米），P&G社（プロクターアンドギャンブル社，米）の3社がほぼ独占し，日本の花王やライオンをはじめ，アジア諸国の企業が「キャッチアップ」できないのは，以上の技術力，資金力，世界的ブランド力が結合しているからである。同時に工業化に伴う消費水準の向上は，多国籍企業が自ら作り出す消費パターンの途上国への「浸透効果」と密接に関係しているのである。

（monopolistic advantage）をもっているかどうかである。換言すると，多国籍企業が進出先で事業活動を継続するためには，母国と進出先の間の文化や価値体系の違い，取引慣行の違い，地場企業との競争といった幾多の障壁を乗り越えて，経営諸資源（management resources）の面で何らかの「優位性」を発揮する必要がある。この優位性を多国籍企業論では「独占的優位」と呼ぶ。独占的

優位は通常，生産技術面と流通面の2つからなる。

　生産技術面の独占的優位は，石油精製，石油化学，自動車組立，化合繊，半導体，医薬品などにみることができるだろう。一部の多国籍企業が製品を開発し，高度な生産技術を独占しているところから，タイや他のアジア諸国の地場企業が参入できない分野がこれに該当する。

　一方，石鹸，シャンプー，ティッシュペーパー，ソフトドリンク，インスタントコーヒーなどは，とくに生産技術の面できわだって高い参入障壁があるわけではない。また，コーヒーや飲料には「ローカルブランド」もしばしば存在するし，豆を使った「煮だしコーヒー」（タイのオーリエン）やサトウキビ水といった「伝統商品」も存在する。にもかかわらず，少数の欧米企業や日本企業が洗面関連製品やソフトドリンクの消費市場を押さえているのは，特許に守られたブランドとデザイン（コカコーラの瓶のかたちや商標デザイン，日清のカップヌードルの形状や商標名など），ブランドの世界的浸透を支える巨額の広告費の投入など，「流通の独占的優位性」が存在するからである（コラム8-2）。

3　企業国際化論と企業進化論

　企業がなぜ海外に進出し国際化していくのか。この問題についてはこれまで数多くの研究者が取り組んできた。第2章で紹介したヴァーノンの「プロダクトサイクル論」や寡占企業の「独占的優位論」も，そうした議論のひとつである。そのほかに「産業立地要因説」や「寡占企業に固有の対応説」などがある。

　以上の説明の中で，もっともオーソドックスな説明は「産業立地要因説」であろう（Dunning 1993）。企業の海外進出を規定する要因のなかには，①受入国の市場規模とその成長性，②費用要因とりわけ労働力の質と賃金コストのレベル，③受入国の政府の政策転換（完製品輸入に対する関税引き上げや特定業種の投資奨励政策の採用），④政治的安定や公的債務残高を考慮したカントリーリスクの存在などが含まれる。産業立地要因のうちもっとも重要なのは①の市場要因であり，先進国の製造企業が途上国よりは先進国により向かっていく重要

な理由のひとつが,市場規模の大きさと,予想される市場の成長性の高さであった(コラム8-1を参照)。

次に「寡占企業に固有の対応説」(oligopolistic reaction approach)には,「攻勢的対応」と「防衛的対応」の2つがある。「攻勢的対応」とは,多国籍企業論のパイオニアであるハイマーが提唱した仮説で,寡占企業が相手国の市場成長率と自国のそれを比較し,前者が後者を上回るならば,たとえ予想される利潤率が低くても,企業戦略上から相手国への進出を選択するというものである(ハイマー,宮崎編訳 1979年)。アメリカの企業がカナダに進出する一方,カナダの企業がアメリカに進出したり,アメリカのフォード社とヨーロッパのベンツ社が相互に相手国に進出するのはなぜなのか。ハイマーが「多国籍企業の相互浸透現象」と呼んだこの企業活動は,従来の「企業の直接投資=利潤率の格差説」では説明しきれない。そこで企業の経営戦略を加味した「攻勢的対応説」が登場してきた[4]。

一方「防衛的対応説」は,ある国のある産業で寡占企業同士の間で競争が成立しており,その中のある企業が先行的に海外へ直接投資を行なうと,国内における競争相手が市場シェアの将来の変化に敏感に対応して,それなりの「対応政策」(reaction)をとると想定する。例えば先行企業A社が海外に進出すると,競争企業B社,C社もこれに追従して同一の行動をとり,国内の自分たちの地位を維持しようとする企業行動をとるというのが,「防衛的対応説」である。この仮説は,ニッカーボッカーがアメリカの企業を事例に克明に実証し,同一業種の寡占企業が同じワゴンに乗り込んでいっせいに海外に進出することから,のちに「バンドワゴン効果」(bandwagon effect)と呼ばれるようになった(ニッカーボッカー,藤田訳 1978年)。

この「バンドワゴン効果」は,1960年代にアジアにいっせいに進出したアメリカの自動車メーカーや,タイヤメーカーの行動様式に典型的にみることが

---

[4] 1970年から88年の世界の直接投資フロー累計額は1555億SDR,うち1200億SDR(77%)が先進国の受入れであり,途上国の受入れは産油国を含めても355億SDR(23%)にすぎなかった。同様にアメリカの海外直接投資残高(88年末)のうち途上国がしめる割合も19%であった(奥村ほか 1990年,32頁の表より算出)。多国籍企業研究の主流が先進国間同士の「相互浸透現象」の解明に向かった理由のひとつは,ここにある。

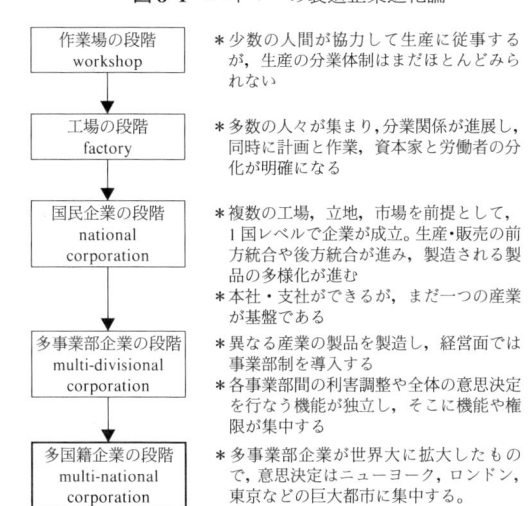

図8-1 ハイマーの製造企業進化論

作業場の段階 workshop	＊少数の人間が協力して生産に従事するが，生産の分業体制はまだほとんどみられない
工場の段階 factory	＊多数の人々が集まり，分業関係が進展し，同時に計画と作業，資本家と労働者の分化が明確になる
国民企業の段階 national corporation	＊複数の工場，立地，市場を前提として，1国レベルで企業が成立。生産・販売の前方統合や後方統合が進み，製造される製品の多様化が進む ＊本社・支社ができるが，まだ一つの産業が基盤である
多事業部企業の段階 multi-divisional corporation	＊異なる産業の製品を製造し，経営面では事業部制を導入する ＊各事業部間の利害調整や全体の意思決定を行なう機能が独立し，そこに機能や権限が集中する
多国籍企業の段階 multi-national corporation	＊多事業部企業が世界大に拡大したもので，意思決定はニューヨーク，ロンドン，東京などの巨大都市に集中する。

出所）Hymer（1979）；末廣（1994b年），46-47頁。

できる。また，70年代以降アジアに向かった化合繊企業（東レと帝人）の「競合的進出」，家電組立メーカー（松下電器産業，三洋電機，東芝，日立，三菱電機）の「ワンセット的進出」もそうである（本書第3章の表3-2A，3-2Bを参照）。最近の事例としては，90年代以降の鉄鋼メーカー（新日本製鉄，日本鋼管，川崎製鉄），石油化学メーカー（三井化学と三菱化学），半導体メーカー（富士通，NEC，東芝，ソニー）などのタイ向け進出ラッシュにみることができるだろう。

さて以上の説明とは別に，ハイマーは産業組織論と企業の生態的発展論を組み合わせて，独自の「企業進化論」を展開した。その議論の内容は図8-1にまとめたとおりである。ある企業は，歴史的にみると作業場から始まり，作業場は工場へ，工場は国民企業へ，国民企業は多事業部制企業へと次第に進化していく。そして，多事業部制企業が世界大に発展したものを，ハイマーは企業進化の最終段階としての「多国籍企業」と考えた。同時に彼は，企業の多国籍化の結果として，次のような地理的ヒエラルキーが生じることに注意を促している。

「多国籍企業システムは，企業内の垂直的な分業体制にちょうど対応する形で，地理的地域間のヒエラルキー的分業を生みだす傾向をもつ。また，多国籍企業システムは高度な意思決定部門を先進国の少数の基軸都市（ニューヨーク，ロンドン，東京など……引用者）に集中させ，これをいくつかの地域の副次的首都が取り囲むようにし，さらに世界の残りの地域を，より低いレベルの企業活動と所得獲得しかできない地位に押しとどめる傾向をもつ。（中略）いずれにせよ国と国との基本的関係は，あたかも企業内の上司と部下の関係，本社親企業と子会社工場の関係に転化していくであろう」と（Hymer 1979, 157-158）。

このように多国籍企業によって地理的空間的に再編成された状況を，ハイマーは「新帝国体制」（New Imperial System）と呼んだ。それは「キャッチアップ型工業化モデル」（第 2 章）に引き寄せて考えると，次々と後発国（途上国）が「追い付いている」ようにみえるのは，じつは多国籍企業の分社化・国際化の結果にすぎず，後発国（途上国）自体は，高度な意思決定をもつことができない「子会社工場」的地位にとどまるという議論に行き着く。こうした議論は，外国人企業や多国籍企業のしめる比重が大きい東南アジア諸国の場合には，とりわけあてはまるといえよう[5]。

4　多国籍企業の経済支配とその制約

発展途上国やアジアにおける多国籍企業の役割を研究したものの中には，ハイマーの「新帝国体制論」，ヘライナーの「企業内貿易論」（第 1 章），エヴァンスの「従属的発展論」（第 2 章）に依拠しつつ，多国籍企業による進出相手国の経済に対する支配力の大きさや，相手国の工業化パターンの対外的従属性

---

[5] 東南アジア諸国の電機・電子産業や自動車組立産業がますます日本や欧米多国籍企業の地域戦略や企業間戦略的提携によって左右されている実態については，森美奈子（2000年），さくら総合研究所編（2000 年）などを参照。また，各国の多国籍企業のアジア向け戦略を迅速に把握するためには，『日経産業新聞』，『日刊工業新聞』や各種業界紙のほか，さくら総合研究所環太平洋研究センターの『環太平洋ビジネス情報 RIM』といった定期刊行雑誌，『FOURIN アジア自動車産業』，『日本電子年鑑』，『日本半導体年鑑』，『アジアの石油化学工業』（重化学工業通信社）などの業界年鑑が参考になる。

を強調する議論が多かった。ただしこの議論には3つの問題が存在する。

　第一に，多国籍企業の経済支配を強調する議論は，多国籍企業自身が自社の宣伝も含めて公表している「世界戦略」をそのまま鵜呑みにしているものが多く，必ずしも相手国での事業活動の実証研究にもとづいていない。第二に，彼らの議論は相手国の政府の政策が多国籍企業の事業活動をときに制約する場合があることを軽視している。第三に，相手国の国内民間大企業や財閥型ファミリービジネスの台頭を過小評価している。以上の3点がそれである[6]。

　多国籍企業や外国人企業が，アジア諸国の工業化に果たした役割やその影響を検討する場合には，まず時期区分と対象業種を明確にし，それぞれの時期や業種において政府の政策の変遷や競合する地場系企業の存在について，あらかじめ検討する必要があろう。つまり，多国籍企業と政府，多国籍企業と財閥型ファミリービジネスとの「協調と競合」の関係を視野に収めつつ，多国籍企業の経済的支配の度合いを測定する必要がある（第7章の図7-3を参照）。

　ここではタイを事例に，多国籍企業の活動状況についていくつかのパターンを示しておきたい。

　まず，1987年と97年の2時点をとり，タイに進出した外国製造企業のうち，売上高上位25社を一覧にまとめたものが表8-4である。1980年代末から香港，台湾の電子メーカーが加わっているが，大半は欧米と日本の多国籍企業でしめられ，かつ石油精製，自動車組立・販売，電機電子の3業種に集中していることが，表から判明する。これらの分野では，生産技術面での独占的優位を根拠に，多国籍企業の経済支配がほぼ貫徹している。

　ただし過去に遡って検討すると，こうした多国籍企業が一貫してタイの当該産業分野を支配し続けてきたとはいえない（末廣 1992b年）。例えば，1970年代の中近東の石油産出国による欧米系の石油メージャーへの「反乱」に代表される，世界的な規模での資源ナショナリズムの台頭と，74-76年のタイにおけ

---

[6] とくに日本人研究者による日本企業のアジア進出に関する研究は，大学の夏休みや冬休みを利用したごく短期間の，しかも日本人関係者からの聞き取り調査に依拠した報告になりがちである。現地の経営者・従業員からの現地語による聞き取り調査や，現地の資料を丁寧に渉猟した実証にもとづく研究は意外と少ない。こうした調査はしばしば訪問先で「接待」を受けるので，「お座敷調査」とも呼ばれている。

表 8-4 タイ進出の外国製造企業（1997 年, 1987 年）

(単位：100 万バーツ)

	企業名	タイ設立	売上高(97年)	売上高(87年)	国籍	親会社	事業内容
1	ESSO (Thailand) PCL	1965	66,227	24,841	アメリカ	エクソン	石油精製・販売
2	Seagate Technology (Thailand)	1983	56,097	11,837	アメリカ	シーゲート	フロッピーディスク製造輸出
3	Shell Company of Thailand	1946	55,414	23,683	英・蘭	ロイヤルダッチシェル	石油製品製造・販売
4	Tri Petch Isuzu Sales	1974	49,598	6,580	日本	いすゞ自動車	トラック組立・販売
5	Toyota Motor Thailand	1962	48,263	8,543	日本	トヨタ自動車	自動車組立
6	Fujitsu (Thailand)	1988	45,224		日本	富士通	半導体組立・輸出
7	Caltex Oil (Thailand)	1946	35,384	14,622	アメリカ	テキサコ	石油精製・販売
8	MMC Sittipol	1987	31,568	3,164	日本	三菱自動車工業	自動車組立
9	IBM Storage Products (Thailand)	1952	28,906	1,597	アメリカ	IBM	コンピュータ機器販売
10	Minebea Thai	1984	25,053	1,777	日本	ミネベア	機械・電子部品輸出
11	Unocal Thailand	1967	23,967	8,391	アメリカ	ユノカル	天然ガス採掘, 製造
12	Thai Honda Manufacturing	1965	22,495	1,864	日本	本田技研工業	自動車組立
13	Philips Semiconductors	1974	19,634	n. a.	オランダ	フィリップス	電子部品（半導体）輸出
14	World Electric (Thailand)	1988	18,864		日本	オリオン	テレビ製造・輸出
15	A. P. Honda	1986	18,295		日本	本田技研工業	自動二輪車組立
16	Sharp Appliances (Thailand)	1987	15,937		日本	シャープ	電気製品製造・輸出
17	Siam Nissan Automobile	1973	15,633	5,752	日本	日産自動車	自動車組立
18	Unilever Thai Holdings	1932	15,657	2,672	英・蘭	ユニリーバ	食品, 洗面製品
19	Delta Electronics (Thailand)	1994	14,918		香港	デルトロン	電子部品輸出
20	Nestlé Products (Thailand)	1957	13,713	n. a.	スイス	ネスレ	コーヒー製造
21	Serm Suk	1953	13,647	3,182	アメリカ	ペプシコ	飲料水製造・販売
22	Minebea Electronics (Thailand)	1988	12,888		日本	ミネベア	電子部品輸出
23	Thai Pure Drinks	1959	12,399	2,974	アメリカ	コカコーラ	飲料水製造・販売
24	Cal-comp Electronics	1989	9,049		台湾	カルコンプ電子	電子部品輸出
25	Thai Bridgestone	1967	8,825	2,140	日本	ブリヂストン	タイヤ製造・販売

出所）東洋経済のタイ企業データベース (1979-97 年) より作成。PCL はタイでの株式公開会社（上場企業）。

る民主化運動や経済ナショナリズム運動の昂揚を背景に，タイ政府は資源関連分野への規制の強化と，石油精製企業の株式買収を通じた半国営企業化（シェル系の TORC 社の Thai Oil Company への改組や，もと台湾系周一族の Bangchak Petroleum 社のタイ政府による株式買収）を行なっているからである（同上論文，65-70）。またタイにおける石油精製会社の設備拡張計画は，91 年まで政府（国家エネルギー政策委員会）の厳しい管理のもとに置かれ，多国籍企業が自由に本社の投資戦略を実現することはできなかった。

一方自動車組立メーカーも，1980 年代初めのオップ工業大臣時代に，地場自動車部品メーカーの育成を目的とした「自動車部品国産化計画」の構想によって，タイ国内での企業戦略の展開は制約を受けていた（Doner 1991a；末廣・東編 2000 年，第 3 章）。組立メーカーの数もライセンス供与で制限されており，新規進出を狙った本田技研工業は，既存のタイ系組立メーカー（欧米乗用車の委託生産に従事）に 20 億円という「高すぎる対価」を支払って，ようやくこのライセンスを買い取り，タイでの乗用車の国内生産を開始したほどであった。多国籍企業は決して自由に本社の戦略をタイで展開しえたわけではなかったのである。

次に外国人企業や多国籍企業が，台頭する地場の財閥系企業と直接競合した分野として，繊維産業を掲げることができる。もともとタイの繊維産業は，日本企業か日本との合弁企業が中心となって生産を開始した業種であった。近代的設備で製造する 1960 年代初めの綿糸・綿織物（東洋紡）にしろ，60 年代半ばの綿・ポリエステル混紡の織物（東レ，帝人，クラ紡）にしろ，60 年代末から 70 年代初めのポリエステル（帝人：短繊維ファイバーと長繊維フィラメント）やナイロン（東レ：フィラメント）の製造にしろ，いずれも日本企業が生産やその輸出をタイで開始し，同時に圧倒的優位を誇っていた。

しかし，1970 年代初めの繊維不況を契機に，タイ政府が繊維工場の新設や設備拡張を厳しく制限すると，スックリー・グループ（当初は野村貿易・敷島紡績と合弁で事業を拡大）や，サハユニオン・グループ（当初は，ジッパーの吉田工業や綿・ポリエステル混紡織物の鐘紡と合弁），タイグリアン社（Thai Durable Textile 社，上海出身の華人が所有経営），タイインダストリー社（もと日

本繊維製品の輸入商が所有経営）などが，繊維産業向けの特例措置（輸出企業向け）や政治家とのコネクション，合弁相手の日本企業の資金を巧みに利用して，急速に成長していった（末廣 1984 年；末廣・南原 1991 年，第 6 章）。

　その結果，紡績設備のシェアでみると，日本企業グループ（東レ，帝人，東洋紡・丸紅）の比率は，1972 年の 28％から 83 年には 16％に低下し，同期間のスックリー，サハユニオン，タイグリアン，タイインダストリーの 4 グループのシェアは 35％から 38％へと上昇した（末廣 1994b 年，72）。ちなみに紡績設備自体はこの期間に 64 万錘から 179 万錘に 3 倍も伸びている。タイ工業省の繊維産業に対する工場新設や設備拡張に対する政策的介入は，当時の軍指導者や政治家と結び付いたタイ系企業に有利に働いたのである。工業省が繊維産業に対する投資の完全自由化を実施するのは，1991 年 6 月であった（末廣・東編 2000 年，127）。一方スックリーの場合には，事業当初に合弁のパートナーであった日本企業と商社が導入した生産技術，設備投資資金，開拓済みの海外市場（衣類の場合）をフルに利用し，その後の事業拡大のスプリングボードとした。「合弁事業」は，通常言われているように，外国人企業による現地市場支配のための橋頭堡になったのではなく，むしろ地場企業の事業拡大の足がかりになったのである（末廣 1984 年；Suehiro 1989, 236-239）。

　多国籍企業や外国商社がもつ技術や経営ノウハウ，市場開拓力をフルに利用したという点では，ブロイラーチキンなどに事業基盤を置くアグリビジネス・グループの事例もまったく同じであった。すでに第 3 章第 5 節で紹介したように，タイの CP グループは，①種鶏の国内生産ではアメリカ多国籍企業（アーバーエーカー社）の技術力を，②ブロイラーの製品加工技術（瞬間冷凍技術）の導入と日本向け製品輸出の開始にあたっては日本総合商社のノウハウを，それぞれ活用した。そして，政府による飼料産業に対する投資奨励政策や中央銀行の農業関連産業に対する金融の優遇的措置（再割引制度）も積極的に利用して，ブロイラー産業の分野に世界に類をみない垂直的生産・流通統合体制を確立した。同様の発展パターンは，他のタイ系ブロイラー一貫生産グループであるベタグロ・グループ，センタコ・グループ，レームトーンサハガーン，GFPT グループなどにも見いだすことができる（末廣 1987 年；末廣 1992b 年，

74-78)。

　なお，アグロインダストリーと繊維産業との間で決定的に異なっていたのは，多国籍企業や外国人企業が，前者では主導権を一度も手にすることができなかった事実である。例えば，世界最大の養殖エビ（ブラックタイガー）の輸出国に成長したタイに，その技術を台湾から最初に導入したのは三菱商事であった。しかし，養殖エビの稚エビの製造を三菱商事と合弁で開始した先のCPグループは，その後，エビ用飼料生産やワクチンの製造，エビ養殖農民の組織化，日本や欧米諸国向け製品輸出の整備を次々と果たし，この分野のタイ最大の生産統合メーカーとなった。ブロイラーと同様，養殖エビでも地場企業による「革新的結合」を実現していったのである。

　以上の事例をみる限り，多国籍企業の経済的支配を強調する議論がいかに一面的であるかが分かるであろう。この点は後発国である日本の工業化において，明治期はヨーロッパの生産技術と企業経営システムが，戦後はアメリカのそれが圧倒的な影響を及ぼしながら，結局は外国人企業の経済支配を回避してきた経験と一脈通ずるところがある。韓国，台湾，香港などの事例もそのことを示していたし，アグロインダストリーに限れば，タイやインドネシアでも同様であった。

5　経済ブーム・経済危機と多国籍企業

　ところがタイの場合，①1988年から始まる外国からの直接投資ラッシュ，②90年から始まる金融の自由化，③92-93年から始まる「産業投資の自由化」（当該産業への参入規制や新規投資の規制の撤廃措置）[7]，そして④97年の経済危機勃発の4つが相互に重なって，外国人企業や多国籍企業の役割とその行動を

---

[7]　タイでは1990年代に入ってから，経済ブーム期の主要産業の供給不足や投資規制に対する国内外の企業の不満を背景に，次々と投資の自由化に踏み切った。具体的には，セメント製造（91年4月），繊維産業と衣類製造（91年6月），丸棒・棒鋼の製造（91年7月），石油化学製品（92年8月），自動車組立（93年11月）などがそれである（末廣1999年，125，表3）。また，タイの主要産業の保護政策から自由化方針への転換の推移については，本書表6-5や末廣・東編（2000年，第3章　東執筆）を参照。

一変させることになる。

　まず，1985年のプラザ合意以後，日本やアジアNIESで自国通貨の対米ドルの切り上げ（円高など）が進み，これに各国の労賃の上昇が加わって，88年から日本とアジアNIESを中心とするタイ向け第1次直接投資ラッシュが始まった。そして92年からは，産業投資の自由化を引き金とする第2次直接投資ラッシュが続いた。実際，この期間の直接投資額（製造業だけでなく，金融，商業，サービス業を含む）は，過去の実績と比べて格段に大きかった。例えば，1965-87年の「23年間」のネットで測った累計金額724億バーツ（うちアメリカが214億バーツ，日本が162億バーツ）に対して，1988-96年の「8年間」の合計金額はじつに4281億バーツにも達した。また同期間は，日本の1234億バーツ（外国直接投資の29%），アジアNIESの997億バーツ（同23%），アメリカの608億バーツ（同14%）というように，日本からの投資額がアメリカのそれを大きく上回り，同時にアジアNIES企業（テレビ，電子部品，衣類，食品加工，商業）が急速にタイに進出してきたのが，大きな特徴であった（末廣1997e年）。

　こうした直接投資ラッシュの波を受けて，外国人企業はあらゆる分野へと進出していった。なかでも日本と欧米系の多国籍企業は，鉄鋼，石油化学，電気通信，半導体・コンピュータ部品といった，経済ブーム期に勃興した重化学工業や新規産業へと大量に進出し，それだけでなく，石油精製，繊維，自動車組立，プラスチック製品といった既存の分野に対しても，新工場の設立や再進出を図っていった。エクソン社，シェル社の大幅な精製能力の拡大，カルテックス社（親会社はテキサコ社）の新規参入，1970年代末にいったん撤退した米2大自動車メーカーであるGM社とフォード社のタイへの再進出[8]，80年代に事

---

[8] アメリカのフォード社（70年進出）とGM社（72年進出）は，1970年代に「アジア・カー」の地域戦略を掲げてタイに進出してきたが，日本車との競争に敗れて，GM社は76年に，フォード社は77年にそれぞれ撤退した。しかし，タイ政府の自動車組立産業への投資の自由化政策（93年以降）と拡大する国内市場への対応を目的に，フォード社は提携先のマツダ社と協同で98年に，GM社は単独で2000年に，それぞれタイでの2度目の組立生産を果たしている。欧米自動車企業のタイをはじめアジア向け投資ラッシュの状況については，森美奈子（2000年）を参照。

業拡大をストップさせていたフィリップス社（オランダ）の半導体事業への進出などがそれである。一方日本は，シャープ，ソニー，富士通などがタイに新規に進出し，すでにタイ資本と合弁事業を展開していた松下電器産業や東芝は，100％単独出資の輸出向け工場の新設を急速に進めていった。

　その結果，タイにおける非金融系民間企業の売上高上位100社，そして上位100社の中で製造業に属する企業にしめる「外国人企業」（出資が40％を超えるもので，多くが多国籍企業の子会社である）のシェアも，1989年を転機に再び拡大するに至った（表8-5，参照）。同年を底に「U字型」のカーブを描いて，とりわけ売上高上位100社のうち製造企業の合計売上高にしめる外国人企業の比率は，89年の33％から94年には38％，さらに97年には58％へといっきに上昇していったのである。

　もっとも，経済危機が始まる前までの多国籍企業の事業拡大や再進出は，しばしば「合弁企業形態」を通じて，既存のタイ系財閥グループの積極的な事業多角化戦略，具体的には鉄鋼，石油化学，金属・機械加工，電気通信などへの新規事業進出の足がかりとなった（第9章の表9-4を参照）。産業投資の自由化期と経済ブーム期には，多国籍企業は政府やタイ系財閥と真っ向から「対抗」するのではなく，むしろ成長するアジア市場での事業機会の拡大という共通の目標のもとで，相互に「協調」していったとみなすべきであろう。

　ところが，タイを通貨・経済危機が襲い，IMFの制度改革と世界銀行の構造調整融資が開始されるなかで，タイの地場企業はまったく新しい事態を迎える。それは，①不良債権を抱える商業銀行が，自ら出資する傘下の製造企業を外国人資本に売却したり，②巨額の為替差損やドル建て対外債務の膨張に直面した地場系製造業財閥が，キャッシュフローや債務返済資金を確保するために，多角化した事業を外国人パートナーに売却したりするという形で現れた。地場系財閥にとって外国人企業や多国籍企業は，自らの事業の拡大と多角化を図るための「よきパートナー」から，事業のダウンサイジングを図るための「身売り先」へと，その役割が180度転換してしまったのである。

　それとは別に，タイ最大の繊維財閥であったスックリー・グループは，1998年7月に傘下企業の中核であった2大紡織会社である，タイ・メロンテキスタ

表 8-5 タイ非金融系民間企業売上高上位 100 社の分布（1979-97 年）

(単位：社数, 100 万バーツ, %)

〈1〉売上高上位 100 社の分布

年　次	企業数 タイ系企業	企業数 外国人企業	売上高 合　計	売上高 タイ系企業	売上高 外国人企業
1979 (%)	70 (70.0)	30 (30.0)	187,864 (100.0)	110,080 (58.6)	77,784 (41.4)
1983 (%)	63 (63.0)	37 (37.0)	290,131 (100.0)	152,171 (52.4)	137,960 (47.6)
1989 (%)	65 (65.0)	35 (35.0)	581,426 (100.0)	361,398 (62.2)	220,028 (37.8)
1994 (%)	63 (63.0)	37 (37.0)	1,287,299 (100.0)	782,360 (60.8)	504,939 (39.2)
1997 (%)	58 (58.0)	42 (42.0)	1,857,033 (100.0)	1,023,414 (55.1)	833,619 (44.9)

〈2〉上位 100 社のうち製造業のみの分布

年　次	企業数 タイ系企業	企業数 外国人企業	売上高 合　計	売上高 タイ系企業	売上高 外国人企業
1979 (%)	34 (73.9)	12 (26.1)	92,989 (100.0)	64,553 (70.9)	28,436 (29.1)
1983 (%)	37 (69.8)	16 (30.2)	154,235 (100.0)	100,502 (65.2)	53,733 (34.8)
1989 (%)	38 (69.1)	17 (30.9)	321,094 (100.0)	214,982 (67.0)	106,112 (33.0)
1994 (%)	33 (64.7)	18 (35.3)	724,032 (100.0)	447,739 (61.8)	276,293 (38.2)
1997 (%)	29 (44.6)	36 (55.4)	1,308,323 (100.0)	545,641 (41.7)	762,682 (58.3)

注）外国人企業は, 合計の所有が 40% を越える企業。
出所）末廣のタイ企業データベース（1979-97 年）より作成。

イル社とタイ・アメリカンテキスタイル社の女子労働者計 5000 人を解雇し, 事実上 2 企業を閉鎖した。そして, 99 年 8 月の創業者スックリーの死去により, 同グループの存続はもはや危ぶまれるほどになっている（末廣 2000b 年）。また, もうひとつのタイ系繊維財閥であるサハユニオン・グループも, 発電事業や中国向け投資の思惑外れが引き金となって, 主力の繊維事業も困難に陥っ

表 8-6　タイ上場企業の株式市場価格と外国人取得分　(1999年7月現在)
(単位：社数，100万バーツ，％)

	業　種	上場企業数	株式市場価格合計	外国人保有額合計	外国人保有 (％)
1	電子部品	8	38,833	34,750	89.5
2	電気・コンピュータ	9	9,710	5,201	53.6
3	家具・日用品	8	5,527	2,738	49.5
4	通信関係	10	269,521	118,192	43.9
5	商業	14	53,736	22,659	42.2
6	梱包	14	6,149	2,367	38.5
7	ホテル・観光	12	28,239	10,773	38.1
8	エンターテインメント	8	72,969	27,724	38.0
9	印刷・出版	8	6,280	2,349	37.4
10	繊維・衣類・履き物	25	20,199	7,327	36.3
11	エネルギー関係	9	161,173	53,979	33.5
12	食品・食品加工	22	29,971	9,999	33.4
13	金融・証券	21	132,542	43,667	32.9
	その他とも合計	398	1,922,277	569,198	29.6

出所）　*Kan Ngoen Thanakhan*, August 1999, p. 142 より作成。ただし，上場企業のうち外国人取得が30％を越える13業種のみの数字。

ている。経済危機とバーツの大幅な切り下げで，むしろ輸出をてこに復活し成長を遂げているのは，90年代初めに革新織機や新型紡機を導入し，労働節約的な合理化投資や製品の多様化を進めてきた日本企業のグループ（東レ，帝人，クラ紡）であった。

　表8-6は，1999年6月現在のタイにおける上場企業の株式市場価格にしめる外国人投資家の比率を，高いものから順に上位13業種を整理したものである。タイの場合，上場企業がただちに当該業種の大企業と一致するとは限らないが，80年代末以降の株式上場ブームの中で，代表的な企業はすでに上場を果たしている（末廣 2000c年；次章の注15も参照）。表をみると，外国人投資家の比率は，電子部品の90％を筆頭に，電気・コンピュータ，家具・日用品，通信関係では40％を，繊維や食品加工でも30％を超えている。

　本章では多国籍企業を支配的資本の「二番目の脚」と位置づけ，後発国における事業活動は，当該国の政府の政策や国内民間大企業（財閥）の成長に強く影響されていると想定した。しかし，①アジア諸国で1980年代後半から始まった経済のグローバル化，②各国政府による国内産業の保護・育成から投資

の自由化への政策転換，③産業構造の高度化と地場系財閥にそなわった技術力・資金力との間のギャップの拡大，という3つの経済環境の変化が，多国籍企業の経済支配力を浮上させ，さらに通貨・経済危機がこの動きを加速化した。

　その結果，タイでは地場系財閥の抜本的再編が始まり，外国人企業や多国籍企業との棲み分けが明確になりつつある。他方，経済自由化の圧力のもとで，政府が自国産業や地場企業に対してとりえる保護的政策も限定されている。自由化の圧力のもとで，しかも「より圧縮された工業化」を進めようとすればするほど，後々発国では「国の競争優位」を「自国の企業」が代表できなくなってきているのだ。それは国レベルの「後発性の利益」と，個別企業レベルの「後発性の不利益」の間に生じる乖離の顕在化でもあった。

第9章

ファミリービジネスとコーポレート・ガバナンス

　支配的資本の「鼎構造」の三番目の脚が国内民間大企業，とりわけファミリービジネスをベースとする財閥である。通常，ファミリービジネスや家族企業は，国民経済の規模や資本市場が発達するにつれてその重要性を低下させ，代わりに専門経営者が管理する近代的大企業が登場することが知られている。しかしアジア諸国では，ファミリービジネスが存続し，しかもただ存続するだけでなく，工業化の主要な担い手として機能してきた。そこで本章では，まずファミリービジネスと財閥の定義を行ない，次いでファミリービジネスの所有と経営の特徴，その事業多角化の実態，さらに経済危機以後迫られている，「コーポレート・ガバナンス」の強化について説明してみたい。

1　ファミリービジネスと財閥

　ファミリービジネスは通常，家族企業とか家族経営と訳されている。ここではさしあたり次のように定義しておきたい。つまり，「特定の家族・同族が企業や事業体の所有と経営の双方を支配し，さらにそれらが生みだす果実を家族・同族成員の内部にとどめようとする経営形態」がそれである。
　次いで，ファミリービジネスの事業規模・範囲・構成が巨大化し，多角化し，グループ化していったものを，「財閥」と捉えることにする。より具体的には，①特定の家族・同族が所有と経営を排他的に支配し，②その事業が複数

の業種・セクターにまたがり，③ひとつもしくは複数の業種・セクターにおいて寡占的な市場支配を行なっているグループを，財閥と呼ぶことにする。したがって，財閥は日本社会に固有の企業組織ではなく，①から③の要件をみたすかぎり，普遍的な企業形態と考えておきたい（末廣 1993b 年，27）。

ところで，1920年代のデータにもとづき，アメリカの非金融会社の所有と経営を詳細に分析したバーリとミーンズは，「近代株式会社における所有と経営の分離」を指摘し，近代株式会社は所有者支配（ownership control）から経営者支配（management control）へと移行していると主張した（Berle & Means 1932）。また，1970年代のアメリカにおける非金融会社上位200社について，バーリやミーンズたちとほぼ同じ手法で調査したハーマン（Herman 1981）も，「アメリカ巨大企業においては，家族支配型企業の後退はいまや歴史的事実である」と断言している。また，先に紹介した経営史学のチャンドラーが唱えた有名な「経営者革命」（Managerial Revolution）の根拠は，家族資本主義から経営者資本主義への歴史的移行であった（チャンドラー，鳥羽・小林訳 1979年）。

ところがアジア諸国の実態をみると，各国における国民経済の経済規模の拡大や工業化の進展に伴って，ファミリービジネスが衰退していくという傾向は見られない。むしろ，韓国でもタイでもインドネシアでも，ファミリービジネスは巨大化し，巨大化しながら特定の家族・同族が引き続き所有と経営の双方を支配しているのが現実であった（前掲表7-1，参照）。しかもより重要な事実は，ファミリービジネス型の財閥が，こうしたアジア諸国の工業化の主たる担い手となり，同時に自らの事業多角化戦略を通じて一国の産業構造の高度化に貢献してきた点である。

表9-1はそうした観点から，韓国，タイ，インドネシアにおける「財閥」（もしくは企業グループ）の存在を，1987/88年と96/97年の2時点で示したものである。1996/97年を例にとると，上位20グループの財閥の売上高合計額が名目GDPにしめる割合は，韓国が87％，タイが36％，インドネシアが30％を，それぞれ占めていた。また韓国の場合には，製造業の付加価値額で測って，上位30グループは1985年に全体の22％，95年にはさらに41％へとその比率を高めていた[1]。財閥は衰退するどころか，むしろその経済支配力を

第9章 ファミリービジネスとコーポレート・ガバナンス 201

表 9-1 財閥系グループへの上位集中度（1987/88年，1996/97年）

（単位：売上高合計：100万ドル，%）

売上高合計	韓国	(1987)	タイ	(1988)	インドネシア	(1988)
第1位	三星	21,645	サイアムセメント	1,613	サリム	4,833
第2位	現代	18,335	バンコク銀行	1,571	アストラ	1,313
第3位	ラッキー	13,039	CPグループ	1,222	シナールマス	1,074
第4位	大宇	10,107	タイ農民銀行	921	リッポ	1,074
第5位	鮮京	6,778	サイアムモーターズ	711	グダンガラム	779
上位 5 (1)		69,904		6,038		9,073
上位 25 (2)		n.a.		12,944		18,881
名目 GDP (3)		136,317		61,667		84,300
(1)/(2)(%)		n.a.		47%		48%
(1)/(3)(%)		51%		10%		11%
(2)/(3)(%)		n.a.		21%		22%

売上高合計	韓国	(1996)	タイ	(1997)	インドネシア	(1997)
第1位	三星	93,978	サイアムセメント	9,488	サリム	20,967
第2位	現代	86,759	バンコク銀行	5,774	アストラ	9,634
第3位	ラッキーゴールド	60,454	CPグループ	5,278	シナールマス	6,359
第4位	大宇	48,005	タイ農民銀行	4,210	ガジャトゥンガル	4,125
第5位	鮮京	33,309	クルンタイ銀行	4,044	リッポ	3,093
上位 5 (1)		322,505		28,794		44,167
上位 20 (2)		454,165		54,788		64,824
名目 GDP (3)		520,205		153,907		214,593
(1)/(2)(%)		71%		53%		68%
(1)/(3)(%)		62%		19%		21%
(2)/(3)(%)		87%		36%		30%
上位20グループ所有形態の特性分類	韓国	20	華人系	13	華人系	11
			半官営系	4	華人・プリブミ系	4
			タイ人系	2	プリブミ系	4
			王室系	1	政府・外国	1

注）1996/97年の数字は，韓国（深川由起子），タイ（末廣），インドネシア（佐藤百合）のそれぞれの企業調査にもとづく。インドネシアのプリブミ系とはインドネシア人をさす。
出所）末廣（1991年），101頁；アジア開発銀行研究所での筆者たちの研究会の報告。

拡大してきたのである。

---

1 韓国では政府が所有と経営の諸指標を使って，特定企業グループを「財閥」（chaebols）に指定し，かつその経済データを公表している。指定財閥の数は毎回30で，経済危機以前に存在した30グループのうち8つが，危機後に経営破綻した。

それでは，なぜアジア諸国では「ファミリービジネス」がかくも強固に存続し，さらに発展を続けているのか。

2　関係ネットワーク論と企業間関係の類型

アジア諸国の企業が家族企業，ファミリービジネスの形態をとることの理由としてしばしば指摘されてきたのが，アジア諸国の家族と社会構造の特性，とりわけ中国人・華人のそれであった。また，東南アジア諸国の財閥の多くが，華人によって支配されている事実も，こうした議論の背景となっている（表9-1）。

例えば，シンガポールの豊隆グループ（Hong Leon Group）を調査した唐志強（Tong Chee Kiong）は，シンガポールとマレーシアの2カ国にまたがる多数の傘下企業（164社）が，創業者である郭芳楓（Kwek Hong Png）の一族によって依然として封鎖的に所有支配され，しかもそこには，意思決定における家父長主義，つまり特定人物（家長）への権限の集中と，取引先との信用（xingyong）を基盤とする事業運営の拡大が見られるとした。そしてこうした特徴を唐は，中国人企業に共通して見られる企業経営の特性と捉えた（Tong 1989；末廣 1993b 年，35）[2]。

ファミリービジネスの成立根拠を中国人の家族制度や行動様式と結び付けて議論する点では，アメリカの社会学者ハミルトンたちも同様である（Hamilton ed. 1991）。彼らは，中国人企業は家族だけでなく，同宗（同じ祖先），同郷（地縁），同窓（学縁），友人関係などの人的な結合を基盤に幅広い「関係ネットワーク」を構築し，このネットワークの上にのって企業をグループ化させていると捉えた。そして，このような企業グループは，垂直的な人間関係，ヒエラルキー的な企業間関係のもとに成立している，戦前日本の財閥や韓国のチェボル（chaebol）とは企業経営形態が異なるとして，「関係資本主義」（guanxi capi-

---

[2] シンガポールとマレーシアの2カ国にまたがって事業を展開する豊隆グループの生成と発展については，Tong（1989）のほか岩崎（1997年，第6章 151-174）も詳しい紹介を行っている。

図 9-1　株式所有と企業間関係の模式図

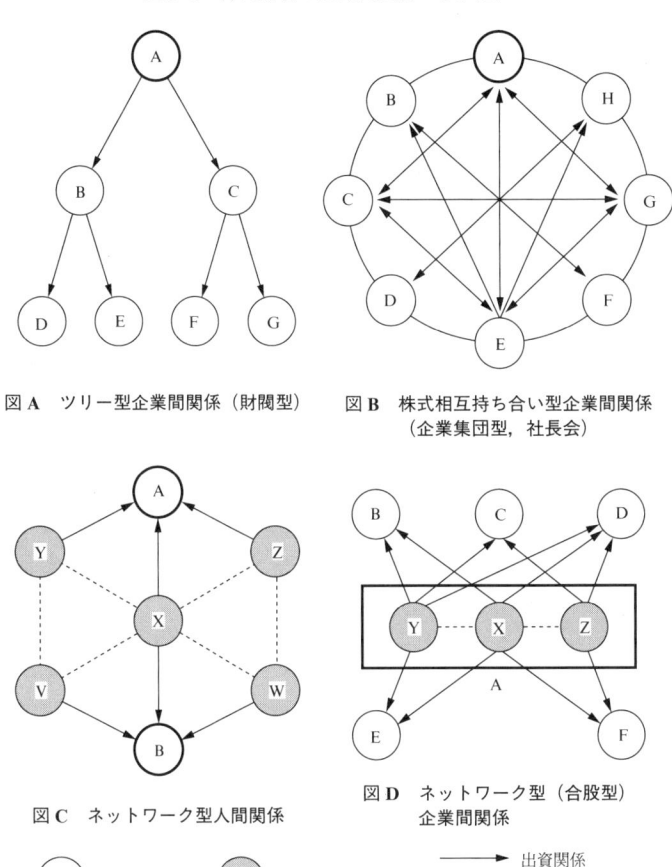

図A　ツリー型企業間関係（財閥型）

図B　株式相互持ち合い型企業間関係（企業集団型，社長会）

図C　ネットワーク型人間関係

図D　ネットワーク型（合股型）企業間関係

Ⓐ　企業　　　　Ⓧ　出資者

──▶　出資関係
------　人間関係

talism）という新しい概念を提唱した。

　図9-1は，以上の「関係ネットワーク論」と企業グループ内の企業間関係を，いくつかの類型に分けて整理したものである。まず図Aは，持株会社や本社を頂点にヒエラルキー的な関係をもつ「ツリー型」の企業間関係で，戦前日本の財閥や韓国のチェボルがこれに該当する。また図Bは，株式の相互持ち合いや社長会を通じて企業間相互が結合している型で，戦後日本の「企業集

団」がこれに該当するだろう[3]。

　これに対して，華人企業や台湾の企業の場合には，出資者と企業の間のあり方がかなり異なる。例えば，図 C に示す出資者 X は同族や友人である Y，Z と企業 A を設立するが，同時に V，W と共に企業 B にも出資する。図 A の「ツリー型」では，傘下企業の D 社，E 社，F 社，G 社は相互に結び付きはなく，企業情報も A 本社を通さないと流れていかない。しかし図 C の A 社と B 社は，出資者 X の人的関係ネットワークを通じて，相互につながっているのである。

　この点を，共同出資者を中心に整理しなおしたのが，図 D の「ネットワーク型＝合股（ごうこ）型」の企業間関係である。合股というのは，中国人の間にみられる伝統的な企業経営組織をさす言葉である（根岸 1943 年）。図に示されているように，出資者 X，Y，Z は企業 A を共同で設立し，出資者 X，Y はそのほかに共同で企業 B 社，E 社にも，また出資者 X，Z は共同で企業 D 社，F 社にも出資する。さらに出資者 Y，Z は企業 C 社にもそれぞれ出資し，こうした連鎖が独自の企業グループを形成していく。ハミルトンや沼崎たちが，台湾に代表される企業集団を「財閥」と呼ばないで，あえて「関係企業」や「関係企業型ネットワーク」と呼ぶのはそのためであった[4]。

　ただし，アジア諸国で現在見られるグループ化したファミリービジネスは，じつは図 A の「ツリー型（財閥型）」と図 D の「ネットワーク型（合股型）」の混合である場合が多い。つまり，特定家族を中心に所有関係をみていくと「ツリー型」を見出すことができるし，特定家族を超えた事業の広がりをみていくと「ネットワーク型」を確認することができるからである。唐志強が豊隆グループで指摘した，中国人企業にみられる家父長的な権限のタテの集中と，信用を基盤とする事業運営のヨコの広がりという 2 つの顕著な特徴も，この点を指摘したものであった。

---

[3] 戦前日本の「財閥」と戦後の「企業集団」の間の連続性と断絶については，橘川が論点の整理を試みている（橘川 1997 年）。

[4] ハミルトンのもとで台湾の企業経営と企業間関係の実証研究を行った沼崎は，台湾の企業グループを，持株会社を頂点とするヒエラルキー的な財閥と区別するために，「関係企業型ネットワーク」とか「バナナ型ビジネスグループ」と呼んでいる（沼崎 1992 年）。

3　ファミリービジネスと後発国工業化論

　ところで以上の説明は，グループ化したファミリービジネスなり家族企業の特徴を示すものでしかない。また，「関係ネットワーク」を強調する研究者は，中国人の家族制度や人間関係に注目するが，財閥に発展したファミリービジネスは，なにも中国人・華人系企業だけに限らず，韓国でも，フィリピンのスペイン系企業でも，インド，メキシコ，ブラジルでも，広範に見られる現象であった[5]。したがって，ファミリービジネスが存続する理由は，もっと別の要因に求める必要がでてくる。そこで示唆を与えてくれるのが，比較経営史学の立場にたつ中川敬一郎の論文「経済発展と家族的経営」（初出 1968 年，中川 1981 年に所収）である。

　アメリカ，イギリス，日本の企業経営史発展の国際比較を試みた中川は，家族的経営（中川は企業と家計が未分化の経営と定義する）は先進国でも後進国でも存在したとみなす。ただし後進国の場合，この家族的経営は次の 2 点で優位性を発揮したと捉える。

　第一は，「株式会社企業に比べた場合，家族的企業には経営意思決定の機動性を確保するという長所があり，そしてその故に，経済成長の急速な時期あるいはまた経済変動の激しい時期には，家族的企業形態が極めて有効な作用をする」（中川 1981 年，249）という，「意思決定上の優位性」である。

　第二は，「後進国では急速な経済成長に資本市場の発達が追随しえず，企業は絶えず資金不足に悩まされた。だからこそ，家族的体制そのものが，むしろ積極的な企業資金動員の機関となり，経営者行動の技術的統一性を維持するための手段となった」（同上書，259）という，「資金調達における優位性」である。

　その上で中川は，先進国（イギリス）の家族的経営はもっぱら家産，すなわ

---

[5] 例えば，韓国については Jones ＆ Ill（1980），服部（1987 年），Lee（1997），Kim（1997），フィリピンについては小池・星野編（1993 年，第 5 章 小池論文），メキシコについては星野（1998 年）を参照。

> Column 9-1

家族資本主義と反工業的性格

　比較経営史の立場からアメリカ，イギリス，日本の企業経営の歴史を研究してきた中川は，「家族経営」についても示唆に富む論稿を発表している。とくに中川の議論で注目すべき点は，イギリスの家族的経営が当時の社会的条件のもとで，「家産＝土地財産の集積・保持」を目的とする企業者活動に傾斜し，企業は家族の栄誉や社会的身分を維持するための物質的基礎と考えられ，企業経営そのものはそのための手段に転化した，という指摘である（中川 1981a 年，252，261）。

　イギリスにおける家族経営が工業化に必ずしも結びつかなかったという中川の見解は，チャンドラーの「経営者支配論」を継承するユシームの「家族資本主義論」にも確認することができる。ユシームは資本主義の発展段階を「家族資本主義」，「経営者資本主義」，「制度化された資本主義」の3つの段階に区分し，「家族資本主義」については，親族関係と企業の所有・支配が一致し，世襲的な婚姻が企業合併の手段になると捉えた。そして，「家族資本主義」に支配的な組織原理は上流階級の結合であり，富裕な家族はしばしば土地貴族化し，反工業的な文化（anti-industrial culture）の立場をとると主張した。つまり，「経営者資本主義」の時代が企業の収益の保全を目的とし，経営者が企業の富の蓄積を実施するための一手段になるのに対し，「家族資本主義」の時代は，企業経営の目的は上流階級の財産の保全があくまで目的であり，企業は工業化を促す担い手にならないことを強調した（ユシーム，岩城・松井監訳 1986 年，295）。これに対して，アジア諸国のファミリービジネスが工業化の阻害要因ではなくむしろ促進要因になり，さらには産業構造の高度化の重要な担い手になっている事実は，もっと注目されてよい。

ち土地財産の集積・保持に重点を置いた家族主義的企業者活動に陥り，さらに「企業」も家族の栄誉や社会的身分を維持するための物質的基礎と考えられたため，工業化の主たる担い手にはならなかったとみなす。ユシームのいう「家族資本主義の反工業的性格」がそれであった（コラム 9-1）。反面，後進国（後発国）では先に指摘した意思決定と資金調達の2つの優位性のおかげで，家族

的経営は工業化に大きく貢献したと中川は主張し，後発工業国における家族的経営の役割を高く評価したのである。

一方，同じく「後発国工業化論」の立場から日本の財閥を研究した橘川武郎は，第一次大戦後の重化学工業化のなかで，財閥がなぜその主たる担い手になりえたのか，という問題を取り上げた。この問いに対して橘川は，一方で当時発達しつつあった株式市場をフルに活用しつつ，できるだけ少ない資金で傘下企業の経営支配権を維持しながら事業拡大を図ろうとする財閥の「コングロマリット化」戦略と，他方で利用可能な経営諸資源（資金，人材，情報）が既存財閥のもとに集中していたという経営的条件が結び付いて，日本の重化学工業化は財閥主導のもとで可能になったと説明した（橘川 1996年，54-55）。

中川と橘川の戦前日本の財閥に関する説明は，ほぼそのままアジア諸国の財閥に発展したファミリービジネスの事業展開にも適用することが可能である。ただし，国際環境や必要とされる投資資金の規模，技術水準は，戦前の日本とは大きく異なっていた。にもかかわらず，アジア諸国でファミリービジネスが存続し，さらには巨大化していった背景としては，①政府の支援政策，②外国資本との提携，そして③ファミリービジネス自らの「経営改革」の推進という3点を指摘する必要があるだろう。この点はあとで触れることにしたい。

4 ファミリービジネスの所有と経営

ファミリービジネスの所有と経営を典型的に示すものとして，タイで最大の百貨店グループ（セントラル・グループ）を率いるチラーティワット（鄭）家の事例を掲げておこう（末廣・南原 1991年，第5章）。

セントラル・グループの発展は，創業者であるティエン（鄭汝常）が1925年に海南島からタイに移住し，オリエンタルホテルの近くの小路に輸入雑貨店「中央貿易公司」（1951年）を開店したときから始まった。その後同グループは，百貨店「中央洋行」を設立し，タイで最初の「定価販売方式」，外国の有名ブランドと提携した受託製造・販売（スポーツシャツや食器など）といった，まったく新しい方式をタイの小売業に導入していった。そして1980年には，

表 9-2 セントラルデパート（チラーティワット家）の所有と経営
（1986 年現在）

名　　前	関　　係	事 業 ・ 地 位
ティエン	初代 (1904-68)	セントラル百貨店創業者
サムリット	ティエンの長男	CDS 本社会長，社長
ワニダー	サムリットの先妻	CDS シーロム店経理責任者
ガンニガー	サムリットの後妻	CDS ラートプラオ店経理責任者
ユワディー	サムリットの娘	CDS チットロム店支配人補佐
ニットシニー	サムリットの娘	CDS シーロム店支配人補佐
ワンチャイ	ティエンの二男	CDS 本社副社長
スマリー	ワンチャイの妻	セントラル貿易社の経理担当責任者
クリアンサック	ワンチャイの長男	セントラルスポーツ社の社長
チンタナー	ワンチャイの長女	セントラル貿易社の社長
サックチャイ	ワンチャイの二男	CDS チットロム店支配人
スチットラー	ティエンの長女	CDS 本社副社長
スティポン	ティエンの三男	CDS 本社副社長，ラートプラオ店支配人
スティキアット	ティエンの四男	CDS 本社副社長
スティチャート	ティエンの五男	CDS 本社副社長
スティチャイ	ティエンの六男	CDS 本社副社長，シーロム店支配人
スティサック	ティエンの七男	セントラルガーメント社の社長
スティタム	ティエンの八男	CDS ラートプラオ店支配人補佐

注) CDS : Central Department Store Co., Ltd.
出所) 末廣・南原（1991 年），186 頁。

タイで最初の郊外立地型の大型商業コンプレックス（セントラル・プラザ）を開店する。表 9-2 に示した 1986 年当時，同グループは本社であるセントラル・デパートメント・ストア社（CDS 社）を中心に，計 5 つの大型百貨店をバンコク首都圏にもち，合計 30 を超える傘下企業を有していた。

さて表をみると，本社 CDS 社をはじめ，シーロム店，チットロム店，ラートプラオ店，傘下主要製造工場のトップ経営陣や経理責任者を，創業者ティエンの長男サムリット（鄭有華）とその家族，あるいはティエンの長女や二男以下の子供たちが，排他的に独占していたことが判明する。また，CDS 社は現在に至るまで株式は公開しておらず，株式の 100％をチラーティワット家もしくはその一族が出資する家族投資会社が所有していた[6]。

ティエンは 1968 年に病死するまでに，妻 3 人との間に男 14 人，女 12 人の

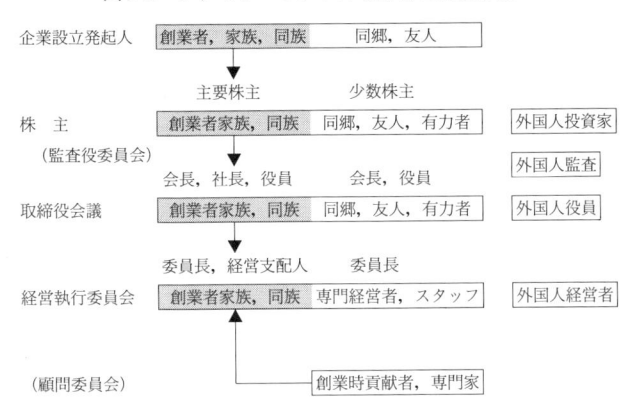

図 9-2　ファミリービジネスの所有と経営形態

企業設立発起人	創業者，家族，同族	同郷，友人	
	主要株主	少数株主	
株　主 （監査役委員会）	創業者家族，同族	同郷，友人，有力者	外国人投資家 外国人監査
	会長，社長，役員	会長，役員	
取締役会議	創業者家族，同族	同郷，友人，有力者	外国人役員
	委員長，経営支配人	委員長	
経営執行委員会	創業者家族，同族	専門経営者，スタッフ	外国人経営者
（顧問委員会）		創業時貢献者，専門家	

計26人の子供をもうけ，その子供の家族を含めると，チラーティワット姓を名乗る一族はわずか3代目で100名を超えるほどと言われる。有能な人材を一族内（娘婿を含む）からリクルートするには，当面何ら支障はなかった。また，ティエン亡きあとの一族の経営は，ティエンの長男から5男までの5名で構成する「5人の虎（ハア・スア）」による定例家族会議（日本の常務会に相当する）で決まったといわれる。さらに，長男のサムリットが1992年に病死したあとは，ティエンの二男のワンチャイ（鄭有英）がグループの総帥に就任して，五男のスティチャートと協力しながら家族的経営を維持している[7]。

　ファミリービジネスの所有と経営を，概念図として示したのが図9-2である。企業経営に関係するのは，①企業設立発起メンバー（promoters），②株主，③取締役会議（board of directors），④経営執行委員会（management committee）の4つである。多くの場合，設立発起人である創業者とその一族が主

---

[6] セントラル・グループの中で株式をすでに公開しているのは，食品加工のABICO Holdings PCL（上場90年），Central Plaza Hotel PCL（同90年），Big C Supercenter PCL（同92年），不動産開発のCentral Pattana PCL（同95年）の4社である（タイ証券取引所の資料より）。

[7] 1990年代後半以降のセントラル・グループの事業拡大と経済危機以後の企業再編については，末廣編著（1998b年，第8章 遠藤元執筆）のほか，タイ語紙『クルンテープ・トゥラギット』（1999年8月28日，9月4日号），『週刊タイ経済』（97年7月28日号，98年7月6日号，99年10月25日号）が特集を組んでいる。

要株主を兼ね，同時に取締役会議の会長，取締役社長，役員，さらには経営執行委員会の委員長や委員を兼ねる。また，インドネシアの場合には，アングロサクソン方式ではなくドイツ＝オランダ方式をとるため，株主総会ではなく，「監査役委員会」（インドネシア語で Dewan Komisaris と呼ぶ）が経営陣を任命する権利を有する。この監査役にも創業者一族やそれに近い人物が就任することが多かった（佐藤百合 1993 年, 81-85）。

　一方タイやインドネシアでは，創業者の一族や同族とは別に，同郷や同業，あるいは同窓の友人が企業発起人や少数株主に招聘されることも多かった。もうひとつの外部グループは，当時の軍の指導者や王族・貴族の名望家出身の人物で，彼らは株主であると同時に，取締役会議のメンバーにも名前を連ねた。創業者一族が彼らを招聘するのは，その「人的ネットワーク」や名望を利用して利権取得や事業拡大の機会を得るためである。

　したがってファミリービジネスでは，当然ながらバーリとミーンズが指摘した「所有と経営の分離」は生じない。また，欧米流の「コーポレート・ガバナンス」論が想定するように，少数株主や取締役会議の役員（社外重役）が，当該企業のモニタリング役を果たすことも期待できない。彼らは，通常創業者一族の成員か，「身内」とみなす知人・友人で構成したからである。彼らが株主や役員の地位をしめているのは，株の配当や経営に直接関心があるからではなく，創業者の「関係ネットワーク」のメンバーだからである（図 9-1D）。モニタリング的機能を果たすグループがあるとすれば（しばしば制約されているが），それは外国人パートナーや外国人投資家のみであった。したがって，図 9-2 は縦にみればファミリービジネスにおける特定家族の所有と経営の貫徹を，横にみれば「関係ネットワーク」の広がりを示しているのである。

　もっとも，先に紹介したセントラル・グループの事例はやや極端かもしれない。事業が巨大化し多角化していけば，いかに娘婿を含む家族成員が多くても，グループ全体を統轄し維持していく困難さは増していくからである。そこでもうひとつの事例として，タイ最大の金融コングロマリットであるバンコク銀行＝ソーポンパニット（陳）家の事例を紹介しておこう（末廣・南原 1991 年, 第 3 章；末廣 1992a 年）。

バンコク銀行グループの総帥であった故チン・ソーポンパニット（陳弼臣チン・ピアックチン，1910-88年）は，タイのトンブリー生まれの二代目潮州系華人である。ティエンと同様，裸一貫から事業を興し，財閥を作り上げた立志伝中の人物でもあった。チンは中国・汕頭の親族の家で働きながら小学校，中学校を卒業し，帰国後，木材商の番頭，文具店の経営をへながら人脈を広げた。そして，第二次大戦後の金取引と貿易・海外送金業務をてこにいっきょに蓄財をなした[8]。

さて，バンコク銀行の創立時（1944年）に役員の一人として参加したチンは，その豊富な人脈を武器に，1951年にバンコク銀行の総支配人（董事総経理）に就任する。そして20年後にはタイ商業銀行の預金総額の31％を，30年後の1982年には預金総額の35％を一行でしめるという，マンモス銀行へと同行を成長させた（末廣 1992a年〔1〕，54-55）。チン自身は総支配人・社長（1952〜77年），会長（1973〜83年），名誉会長（1984〜88年）を歴任し，そのあとチンの次男チャートリー（陳有漢）が社長（1980〜94年），会長（1994年〜現在）をそれぞれ引き継いだ。そして94年からはチャートリーの長男チャートシリが社長を務めている。バンコク銀行はタイ最大の商業銀行であると同時に，ソーポンパニット家が支配する銀行でもある。

ところで1990年現在，バンコク銀行グループの傘下企業は，銀行・金融，保険，倉庫，製造業，海運，商業，不動産などに広がり，その数は130社以上に達した（末廣 1992a年〔1〕，46-47）。その所有構造は図9-3に示したとおりである。ソーポンパニット家の傘下企業に対する支配は，①一族による個人ベースの出資，②一族が100％出資する国内外の家族投資会社，③一族が主に出資する金融関連会社，④華人パートナーや外国人企業との共同出資の金融会社，そして⑤バンコク銀行という，5つのグループからなる重層的な構造に

---

[8] 1940年代後半から50年代にかけて，チンが手がけていた金取引，送金業務，貿易，損害保険などは，中核会社の名前をとって「亜洲信託グループ」と呼ばれた。ただし，このグループはチンの家族事業ではなく，当時バンコクにいた有力な華人でチンと同郷の潮州系商人たち（鄭景雲，周修武，陳振剛，馬雲岩，林國長，林伯岐など）との共同事業であり，同時に軍・警察の指導者とも緊密な関係を保っていた。詳しくは末廣（1992a年〔1〕，48-53）。

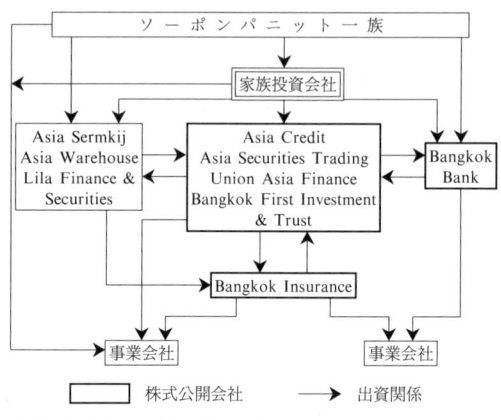

図 9-3 バンコク銀行グループの所有関係

```
                    ソーポンパニット一族
                          │
                       家族投資会社
    ┌──────────────┬──────────────┬──────────────┐
Asia Sermkij      Asia Credit              Bangkok
Asia Warehouse    Asia Securities Trading   Bank
Lila Finance &    Union Asia Finance
Securities        Bangkok First Investment
                  & Trust
                          │
                   Bangkok Insurance
        │                                  │
     事業会社                            事業会社
```

□ 株式公開会社　　→ 出資関係

出所）末廣（1992a 年），〔2〕61 頁。

なっていることが分かるだろう。そしてこうした重層的な構造をとることで、ソーポンパニット家はより少ない資金で多数の事業会社を傘下におさめることができたのである。

一方経営面でみると、チンの長男のラビン（陳有慶）が香港の金融・商業グループを、次男のチャートリーと四男のチョート（陳永建）がバンコク銀行を、五男のチャイ（陳永名）がタイ最大手の保険会社であるバンコク保険会社を、六男のチャードチュー（陳永立）がバンコクファースト投資信託会社をそれぞれ分担して経営するという、「家族内事業分業方式」を 1970 年代に導入した。事業拡大を続けながら、所有と経営の双方にわたって、ソーポンパニット家の影響力を維持する体制を構築したわけである（末廣 1992a 年〔2〕、62-65）[9]。

---

[9] バンコク銀行グループとソーポンパニット一族の「家族内分業」「集団指導体制」については、次の文献が詳しい紹介を行っている。「チンなきあと、後継者は各自の道を歩む」（『Phu Chatkan Rai-duan』第 5 巻第 53 号，1988 年 2 月，タイ文）；「特集：バンコク銀行の未来，そしてチン亡き後のソーポンパニット一族」（『Dok Bia』第 6 巻第 80 号，1988 年 2 月号，タイ文）；"The Cover Story: Bangkok Bank Looking Out for No. 1," *Far Eastern Economic Review*, July 28, 1983, pp. 52-57.

5　CPグループの経営改革

　しかし，アジア諸国のファミリービジネス型財閥やバンコク銀行グループの発展を，特定家族による所有と経営の支配という側面からのみ捉えるのは誤りである。というのも，人材や資金などの経営諸資源を，一族やその関係ネットワーク内にのみ依存すれば，おのずと発展には限界が生まれるからである。そこでこうした限界を克服する手段としてとられたのが，所有構造と経営組織形態の双方でみられた，創業者一族による「経営改革」の実施であった。この点を第3章で紹介したタイのCPグループを事例に見ていくことにしよう（末廣・南原1991年，第2章；Suehiro 1998）。

　表9-3は，CPグループの創始者である謝易初（チア・エックチアオ1891-1983年）と謝少飛（チア・シアオフイ）の兄弟が，1920年代半ばに小さな貿易商社「正大荘」（Chia Tai Chun）を設立してから，経済危機以後の現在までの70年間以上の事業発展を，時期別項目別にまとめたものである。以下，重要な点を箇条書きふうにまとめておくと，次の4点になる。

　(1) **事業基盤**　当初，香港から野菜の種子を輸入し，タイから鶏卵を香港に輸出し，のち肥料と飼料の輸入に進出した。第一の転機は1967年の飼料製造会社の設立＝製造業への進出であり，政府の投資奨励をフルに活用し，81年までに全国に5工場，全国の飼料生産の50％を押さえた（末廣1987年，304）。そして，前掲図3-2にあるように，1970年代にはブロイラー産業，80年代には養殖エビと養豚業の両分野で垂直的生産・流通統合体制を構築した。第二の転機は，1980年代末の事業多角化期で，アグロインダストリーから石油化学（ビニタイ社），電気通信（テレコムエイシア社），近代流通業（サイアムマクロ社，CPセブンイレブン社，ロータス社など）の3つへといっきに事業を拡大していった。

　(2) **企業経営組織**　当初は伝統的な中国人の商店形式である「行」（hang）の形態をとっていたが，1959年以降，主要企業を株式会社組織（private limited company）に改組した。次いで80年代後半からは国内，次いで香港やニュー

表 9-3 CPグループの事業拡大と所有・経営改革

項　目	1920-40年代	1950年代	1960年代	1970年代	1980年代	1990年代	1997年～危機
産業基盤	野菜種子、鶏卵輸出輸入（香港）	新規事業開始 *豚解体業	製造業へ進出 *飼料（67年）	垂直統合化 *ブロイラー *コメ（失敗）	垂直統合第2期 *養殖エビ、豚 *88年～石油化学産業 *89年～電気通信産業 *89年～近代流通業 *中国投資本格化	事業多角化	事業縮小、特化 →撤退決定 →維持強化 →外資へ売却 →アブロ以外、撤退
企業経営組織	"Hang"（行）中国人商店	有限公司	株式会社へ改組	グループ化 グループ本部設置	事業本部制を採用	グループ本部強化（90年）	事業縮小
所有形態	家族が直接所有		家族投資会社	外国との合弁事業開始	傘下企業の一部株式公開	持株会社方式を導入	外資売却 出資関係を整理
経営スタッフ	謝一族兄弟 謝易初・謝少飛	チラワノン家 第2世代内部の分業	専門家の登用		ナート博士の招聘 企業戦略担当（79年）タニンが総帥へ	新卒のリクルート 海外留学生の活用	解雇、早期退職
技術形成	なし	国営企業でOJT	輸入技術	輸入技術	*R&D開始	輸入技術	輸入技術
人材開発	なし	なし	なし	なし		人材開発センター CP-PIS（95年）	人材開発計画
財務、資金調達	内部留保 中国人ネットワークの利用	→同左	商業銀行借入 →同左	→同左	→同左 株式上場（87年）シンディケートローン	→同左 株式市場 オフショア市場	企業債務再構築 債務借り換え

出所) 末廣（1987年）；末廣（1993b年）；Suehiro（1998）；Wichai Suwannaban, *C. P. Thurakit Rai Phrom Thaen*, Bangkok: Than Setthakit, 1993；Thanawat Sapphaibun, Thanin Chiarawanon: *Phu Kriangkrai nai Yuthachack Nak Thurakit Lok*, Bangkok: Double Nine, 1999.

ヨークの株式市場に上場し（public limited company），株式ブームにのって資金を広く調達した。また，1983年に創始者謝易初が死去し，グループの主導権が四男のタニン・チアラワーノン（謝国民）に移ると，アメリカ式事業部制の導入を図り，事業本部の社長にはすべて一族外の人間を登用し，投資計画や人事管理の権限の一部を委譲した。また，Charoen Pokphand Group Company（1976年設立，90年大幅改組）に中長期投資戦略，資金調達計画，人事管理など「本社機能」を集中させ，グループ全体の統一的管理を試みるようになるのは，80年代後半からである。

(3) **専門経営者と人材開発** 一族外の専門家の招聘は，1960年代から経理，生産技術，アグロインダストリーの分野などで実施している。その後，1979年にグループ全体の投資戦略と企画を担当する専門家として，アート・タオラーノン農学博士を招聘し，その後も中長期の投資計画を担当する「専門家委員会」を設置した。また，95年には人材募集，労務管理，教育訓練の3つの部署からなる「人材開発センター」を本社内に設置し，同時に5万人の従業員を対象とする，コンピュータを使った統合的人事管理システム（CP-PIS）を導入した（Suehiro 1998, 52-54）。

(4) **資金調達と財務** 当初は一族と知人の資金に依存していたが，製造業（アグロインダストリー）への進出に伴い，バンコク銀行との結合を強め，アグロインダストリーの分野で共同事業を展開した。さらに，1987年のBangkok Produce Merchandising Co., Ltd. と，Charoen Pokphand Feedmill Co., Ltd. の株式公開会社への改組を皮切りに，傘下企業を順次上場することで国内外の株式市場をフル活用していき，さらに90年代になると，海外のシンジケートローン（プロジェクト毎に組まれる外国銀行のローン）やオフショア市場を利用した。

以上のようなプロセスをへて，CPグループは1980年代以降常に，タイの財閥の中ではサイアムセメント・グループ，バンコク銀行グループに次ぐ第三位の地位を占め続けてきたのである（前掲表9-1）。そして，こうした経営改革を推進することで，同グループの所有と経営の構造も，より「近代的様相」を帯びるに至った。具体的にグループの所有構造をみると，1980年代前半時点

では、まだチアラワーノン一族と同一族の家族投資会社が株式の大半を直接所有していた（末廣 1993b 年，48-49）。ところが 1994 年になると，図 9-4 が示すように，本社兼持株会社（Charoen Pokphand Group Co., Ltd.）を頂点とし，その下に株式公開会社と中核事業会社が位置し，さらに各主要事業会社の下に関連事業会社が位置するという，ピラミッド型の体制をとるに至った[10]。

一方，所有構造の改組と並行して，企業組織の方も図 9-5 が示すように，9 つの事業本部と 2 つの準事業本部の計 11 からなる，業種別セクター別事業部体制に再編された。それと同時に注目すべきは，本社兼持株会社の上に「経営執行委員会」（創業者一族と古参スタッフで構成する意思決定機関）があり，これを「取締役会議」と「専門家委員会」（投資戦略，財務管理，法律，人材開発などを担当）が補完し，さらに創業以来の華人系の長老格は「顧問委員会」に所属して，必要に応じて本部に助言するという体制ができている点である。

ここには，「経営執行委員会」＝「本社」のラインでチアラワーノン家による所有経営体制を維持しながら，一方ではアメリカ流の事業部体制を積極的に取り入れ，他方では創業以来の長老も大切にするという中国ビジネス文化も残した「ハイブリッド型」の企業経営組織の姿を見いだすことができる（ちなみに，グループ社長室の横には「美國〔アメリカ〕の経営，中国の精神」という看板が掲げてあった）。そこで，ここではこうした企業形態を「近代的ファミリービジネス」（modern family business）と呼んで，伝統的な家族的経営とは区別しておきたい（Suehiro 1998）。

なお，先に紹介したバンコク銀行グループにおいても，以上のような専門家の登用や機構改革は，1950 年代以降たびたび確認することができた（末廣 1992a 年〔2〕）。同時にこうした「経営改革」こそが，アジア諸国において財閥

---

[10] 創始者である謝易初が 1983 年に死去する以前は，主要傘下企業にはチアラワーノン一族が個人で出資するか，同一族が 100％出資する家族投資会社，つまり Montri & Sons（1975 年設立），Charoen Pokphand Investment（1976 年），Sumeth Investment（1978 年）といった投資会社が主に出資していた。例えば，中核企業である Charoen Pokphand Feedmill Co., Ltd. の場合には，個人出資が 61％，家族投資会社が 27％，Bangkok Livestock Processing Co., Ltd. の場合には個人出資が 58％，家族投資会社が 23％をそれぞれしめていた（末廣 1993b 年，49）。

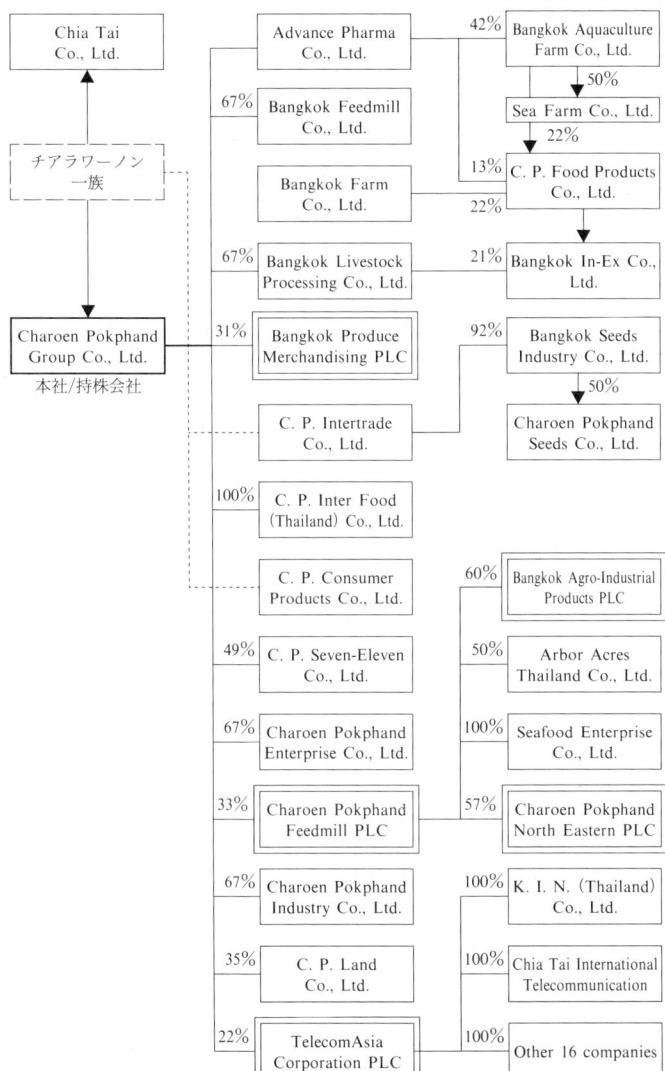

第 9 章 ファミリービジネスとコーポレート・ガバナンス　**217**

図 9-4　CP グループの資本所有（1994 年）

```
Chia Tai                     Advance Pharma          42%  Bangkok Aquaculture
Co., Ltd.                    Co., Ltd.                    Farm Co., Ltd.
                                                                │ 50%
                        67%  Bangkok Feedmill             Sea Farm Co., Ltd.
  チアラワーノン              Co., Ltd.                         │ 22%
    一族                                              13%  C. P. Food Products
                             Bangkok Farm                  Co., Ltd.
                             Co., Ltd.            22%
                        67%  Bangkok Livestock       21%  Bangkok In-Ex Co.,
Charoen Pokphand             Processing Co., Ltd.         Ltd.
Group Co., Ltd.         31%  Bangkok Produce         92%  Bangkok Seeds
本社/持株会社                 Merchandising PLC            Industry Co., Ltd.
                                                                │ 50%
                             C. P. Intertrade             Charoen Pokphand
                             Co., Ltd.                    Seeds Co., Ltd.
                       100%  C. P. Inter Food
                             (Thailand) Co., Ltd.
                             C. P. Consumer          60%  Bangkok Agro-Industrial
                             Products Co., Ltd.          Products PLC
                        49%  C. P. Seven-Eleven      50%  Arbor Acres
                             Co., Ltd.                    Thailand Co., Ltd.
                        67%  Charoen Pokphand       100%  Seafood Enterprise
                             Enterprise Co., Ltd.         Co., Ltd.
                        33%  Charoen Pokphand        57%  Charoen Pokphand
                             Feedmill PLC                 North Eastern PLC
                        67%  Charoen Pokphand       100%  K. I. N. (Thailand)
                             Industry Co., Ltd.          Co., Ltd.
                        35%  C. P. Land             100%  Chia Tai International
                             Co., Ltd.                    Telecommunication
                        22%  TelecomAsia            100%  Other 16 companies
                             Corporation PLC
```

注）二重括弧内は株式公開会社。
出所 1 ）Advanced Research Group of Companies, ed., *Thailand Company Information 1995-96*.
　　 2 ）Stock Exchange of Thailand, *Sarup Kho-sonthet Borisat Chot-thabian 2538*.
　　 3 ）Tara Siam Business Information Ltd., *Thai Business Groups 1995/96*.

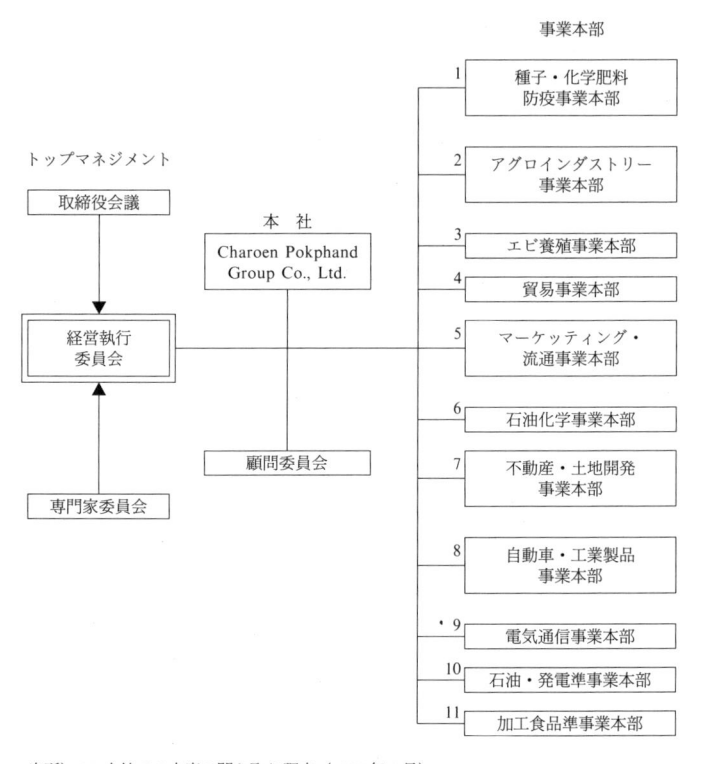

218 第Ⅱ部　イデオロギー，担い手，制度・組織

図9-5　CPグループの経営改革と組織図（1997年）

```
                                              事業本部
                                          ┌─────────────────┐
                                       1 │ 種子・化学肥料    │
                                          │ 防疫事業本部     │
                                          └─────────────────┘
      トップマネジメント                    ┌─────────────────┐
   ┌─────────────┐                       2 │ アグロインダストリー │
   │ 取締役会議   │                          │ 事業本部         │
   └─────────────┘        本　社           └─────────────────┘
          │           ┌──────────────┐    ┌─────────────────┐
          ↓           │Charoen Pokphand│  3 │ エビ養殖事業本部 │
   ┌─────────────┐    │Group Co., Ltd. │    └─────────────────┘
   │ 経営執行     │────│              │    ┌─────────────────┐
   │ 委員会       │    └──────────────┘  4 │ 貿易事業本部     │
   └─────────────┘                          └─────────────────┘
          │                                 ┌─────────────────┐
          │                               5 │ マーケティング・ │
          │                                 │ 流通事業本部     │
          │                                 └─────────────────┘
          │                                 ┌─────────────────┐
          │              ┌──────────┐     6 │ 石油化学事業本部 │
          │              │ 顧問委員会│      └─────────────────┘
          │              └──────────┘     ┌─────────────────┐
          │                               7 │ 不動産・土地開発 │
          ↓                                 │ 事業本部         │
   ┌─────────────┐                          └─────────────────┘
   │ 専門家委員会 │                        ┌─────────────────┐
   └─────────────┘                       8 │ 自動車・工業製品 │
                                            │ 事業本部         │
                                            └─────────────────┘
                                            ┌─────────────────┐
                                          9 │ 電気通信事業本部 │
                                            └─────────────────┘
                                         10 ┌─────────────────┐
                                            │ 石油・発電準事業本部│
                                            └─────────────────┘
                                         11 ┌─────────────────┐
                                            │ 加工食品準事業本部│
                                            └─────────────────┘
```

出所）CP本社での末廣の聞き取り調査（1997年8月）。

型ファミリービジネスの存続とその持続的発展を可能にしてきたことを，看過すべきではなかろう（末廣・南原 1993年）。

6　ファミリービジネスの事業多角化

「経営改革」と並んでもうひとつ注目すべき点は，財閥型ファミリービジネスの積極的な事業多角化戦略である。すでにCPグループでも確認した点であるが，アジア諸国の財閥は，その母胎企業や出発点の事業基盤が何であれ，「成長産業」に対してはきわめて積極的に進出し，そのことがひいては各国の

圧縮された工業化，産業構造の高度化を可能にしてきた。ところで，家族的経営は本来保守的で，リスクを伴う新規事業への進出（家産保持につながる不動産事業は別）には消極的であるというのが通説である。にもかかわらず，彼らが事業を多角化し，文字通り業種やセクターを超えて「コングロマリット化」していったのはなぜか，またどうして可能であったのか。

そうした問いに対しては，次の3点を指摘することができる。

第一に，新規事業に対して政府の投資奨励政策などで税制上の恩典が与えられ，政府機関による低金利融資や国内産業保護の措置（関税）なども享受できたこと。第二に，外国資本との合弁事業によって，必要な技術や投資資金を確保することができたこと。第三に，創業者の子弟がアメリカや日本に留学し，そこで学んできた新しい技術やノウハウを世代替わりと共に既存の事業に結合してきたこと[11]。以上がそれである。戦前日本の財閥と1960年代以降のアジア諸国の財閥を区別する大きな特徴は，第二の外国資本との積極的な提携であった。

さらに，1990年代に入って政府が金融の自由化と産業投資の自由化を推進すると，各財閥は競って新規事業へと進出していった（第6章第6節，参照）。かつてのように国内産業保護ではなく，海外にも門戸を開いた産業自由化政策が，かえって既存財閥の事業拡大にはずみをつけたのである。また，金融の自由化は海外からの資金の調達を容易にした。そしてこのプロセスでは，多国籍企業のアジア進出戦略と既存財閥の事業多角化戦略の利害がまさに一致した（末廣1999年）。先のCPグループが，ベルギーのソルベイ社（Solvay Ltd.）と合弁で石油化学へ，アメリカのベルアトランティク社の傘下企業であるナイネックス社（NYNEX Corp.）と組んで電気通信へ，オランダのマクロ社（Makro 物流専門の大手企業）やセブンイレブン・ジャパン社のノウハウを導入して近代流通業へそれぞれ進出していったのは，その典型であった。

---

11 世代交替による新規事業進出の代表として，鴻益成（Hong Yiah Seng）グループの繊維・コメ輸出から石油化学・セメント産業（第二世代はTPIグループと呼ぶ）への事業拡大，オーソットサパー（德興裕）グループの製薬（リポビタンDの製造販売）・建売住宅からアグロインダストリー，電機電子，不動産への事業拡大（新世代はプレミア・グループと呼ぶ）などを挙げることができる（末廣1993b年，57-63）。

表 9-4 タイ系財閥の事業多角化（1980 年代～経済危機）

順位	グループ名	家族名	企業数*	上場数	1980 年代半ばまで	1980 年代末以降
1	Siam Cement Group	王室財産管理局	230	15	セメント，建築資材，パルプ	石油化学，自動車関連
2	Bangkok Bank Group	ソーポンパニット家（陳姓）	46	10	金融コングロマリット	石油化学，通信
3	CP Group	チアラワーノン家（謝姓）	75	7	アグリビジネス	石油化学，通信，流通業
4	Thai Farmers Bank/Loxley	ラムサム（伍姓）	43	8	金融コングロマリット	通信
5	TCC Group	シリワッタナパクディ家（蘇姓）	60	1	酒製造販売，不動産	ビール
6	Boon Rawd Brewery	ピロムパクディ家（タイ）	14	1	ビール，ソーダ水	飲料多様化
7	Ayutthaya Group	ラッタナラック家（李姓）	25	4	金融コングロマリット	セメント関連
8	TPI/Hong Yiah Seng	リアオパイラット家（廖姓）	22	2	農産物輸出，繊維	石油化学，セメント
9	Srifuengfung	シーフエンフン家（鄭姓）	111	3	プラスチック，板ガラス	石油化学，化学製品
10	MMC Sittipol	リーイッサラーヌグン家（李姓）	7	1	自動車組立	自動車輸出
11	Italthai	ガンナスート家（陳姓）	37	2	建築請負，ホテル，不動産	工業団地造成
12	Metro Group	ラオハタイ家（劉姓）	46	4	農産物，倉庫，鉄鋼	石油化学，データ処理
13	Saha Group	チョークワッタナー家（李姓）	194	10	日用品	工業団地造成ほか
14	BMB Group	テーチャパイブン家（鄭姓）	81	1	金融コングロマリット	不動産
15	Siam Group	ポーンプラパー家（陳姓）	63	0	自動車組立	ディーゼルエンジン
16	Osoth Sapha/Premier	オーサタヌクロ家（林姓）	97	5	製薬，不動産	電機電子，アグロ，金融
17	Shinawatra (SHIN)	チナワット家（丘姓）	26	4	コンピュータ	通信，携帯電話，簡易電話
18	Soon Hua Seng	ダムヌンチャーンワニット家（張姓）	23	1	農産物輸出	パルプ，海外投資
19	Central Department Store	チラーティワット家（鄭姓）	69	3	百貨店，不動産	スーパーストア，コンビニ
20	Saha-Union Group	ダラカーノン家（陳姓）	78	6	繊維，衣類	電子，発電
21	Sahaviriya Group	ウィリヤープラパイキット家（呉姓）	58	3	鉄鋼二次製品，不動産	コンピュータ，鉄鋼一貫
22	Asia/TPC Group	ウアチューキアット家（余姓）	44	1	金融，化学，不動産	石油化学

注）傘下企業数は末廣の 1996 年時点での調査。
出所）末廣（2000c 年），58-60, 65 頁。

そこで，既存の財閥が1980年代末からどのように事業を多角化していったのかを整理したのが，表9-4である。この表は，1988年から始まる経済ブームのなかで急速に進んでいった，タイの重化学工業化や電気通信の普及，流通の近代化が，まさに既存財閥の事業拡大によって支えられていたことを如実に物語っているといえよう。第8章で述べたように，この時期タイには多数の多国籍企業が新規に進出し，その経済支配力を強めていった。しかし，タイの重化学工業化は地場系財閥の参加を抜きにしては到底正当に評価することはできない。

7　経済危機と「コーポレート・ガバナンス」

ところが，1997年に勃発した通貨・経済危機は，タイをはじめアジア諸国の財閥型ファミリービジネスの企業環境を一変させてしまった。為替の切り下げは，外貨建て借入金で事業拡大を図ってきたグループに，巨額の為替差損の発生と有利子負債の返済負担の急増を招いたからである[12]。また，バブル経済の崩壊と株式ブームの崩壊は，不動産価格や株式価格の下落につながり，信用収縮（クレジット・クランチ）と重なって，銀行からの借入を困難にした。また，国内市場向けの事業に基盤を置いていたグループは，国内不況に直面してたちまち販売不振に陥っていった。そうしたなかで，タイの財閥がとった道もしくはパターンは次の3つである[13]。

第一は，企業破産もしくは事業閉鎖である。タイ政府の国家電子産業開発計画の後押しを受けながら，国内最初の地場系半導体一貫メーカーをめざしたチャーン・アサワチョークが率いるアルファーテック社（Alphatec Electronics）

---

[12] タイ語紙『クルンテープ・トゥラギット』（1997年12月12日号）の報告によると，1997年第3四半期の為替差損総額は主要タイ系企業169社で3635億バーツ，借入金総額は1兆5400億バーツ，自己資本に対する借入金の比率は5.8倍にも達した。外貨建て対外債務は，サイアムセメント社の42億ドル，TPIグループの32億ドルをはじめ巨額に達し，これが主要財閥の企業経営を経済危機以降圧迫した。

[13] 通貨・経済危機以後のタイ系主要財閥における企業再編の実態については，末廣（2000c年，表4-10，66-67）にまとめておいた。

は，4億ドルの有利子負債を抱えて破産した。現在は，アメリカ系企業が買収し，事業の一部継続を計画している。ほかにコンピュータやプリンターの販売で伸びてきたサハウィリヤーOAグループは，台湾のエイサー・グループにまるごと身売りし，バンコク・メトロポリタン銀行を核とするテーチャパイブーン一族の事業も破綻した。

第二は，事業のダウンサイジングである。経済ブーム期に多角化した事業を外国人パートナーや新規の外国人企業に売却し，キャッシュフローを確保しようとする道がそれであった。

例えば，CPグループは「ドル箱」的存在であった近代流通部門（サイアム・マクロ社，ロータス社，サニースーパーマーケット社）の株式の大半を外国人パートナーに売却し，同時に石油化学部門や自動車関連部門からも撤退を決定した。そして1999年1月以降は，図9-6のように，アグロインダストリー関連の計13社を「Charoen Pokphand Foods PLC」のもとにすべて統合した。さらに既存の事業のうち，飼料，ブロイラー，エビ養殖などアグロインダストリーと電気通信の2分野を「コア・ビジネス」に，石油化学，近代流通業，不動産などを「ノンコア・ビジネス」に分類し直し，資金や人材を前者の「コア・ビジネス」に集中させる方針に転化している[14]。

同様の傾向は，先に紹介したセントラル・グループにも見られる。同グループは1990年代にCPグループと激しい競争を展開しながら，バンコク郊外や地方都市に巨大な流通センター（Big C Supercenter）やスーパーマーケット（トップス社，カールフール社）を次々と設立していった。しかし危機以後，百貨店事業を除く大半の新規事業を外国人パートナーにすでに売却している。またサイアムセメント・グループは，1999年にそれまで進出していた自動車関連事業，ガラス，鉄鋼からいっせいに撤退し（計49社），「コアビジネス」を

---

[14] CPグループの1999年1月から始まる抜本的な企業再編については，98年1月のタイ証券取引所の上場企業に対する情報開示の通達によって閲覧が可能になった，「Charoen Pokphand Foods PCL」の増資にあたっての投資家向け説明書，99年の株主総会向け報告趣意書，『1999年年次報告』（いずれもタイ文）などに詳細に記述されている。通貨・経済危機以後のIMF・世界銀行主導の金融制度改革が，企業情報の公開の面でも強い影響を与えている点に注意すべきであろう。

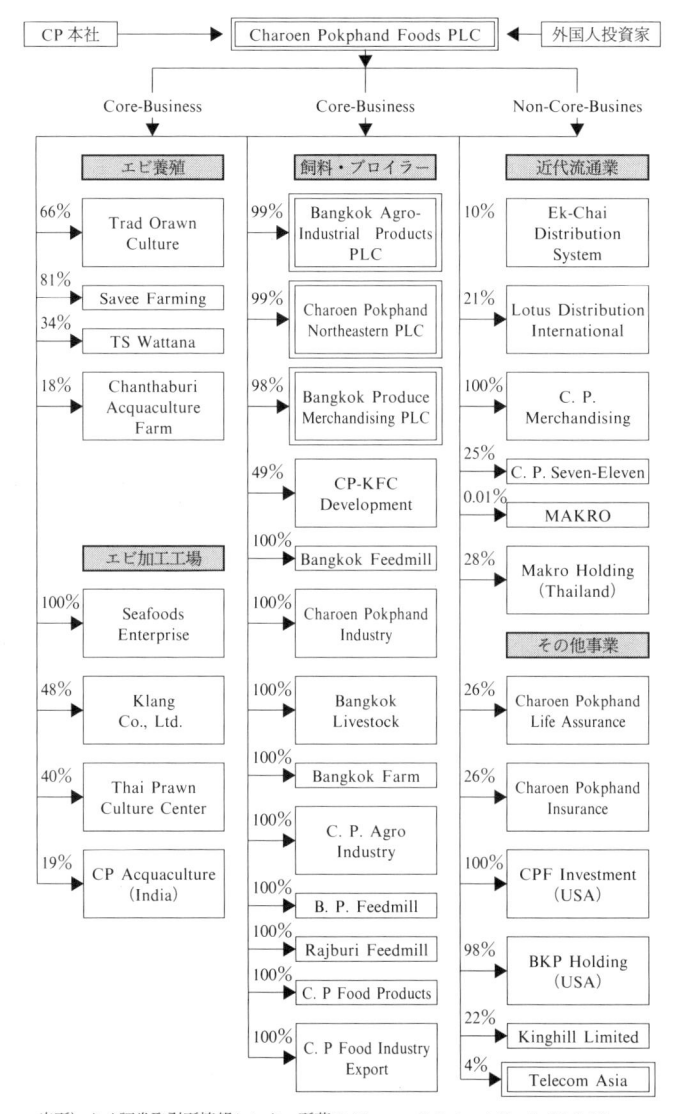

第9章　ファミリービジネスとコーポレート・ガバナンス　223

図9-6　CPグループの企業再編（1999年1月以降）

```
┌─────────┐         ┌──────────────────────────────┐         ┌──────────────┐
│ CP本社  │────────▶│ Charoen Pokphand Foods PLC   │◀────────│ 外国人投資家 │
└─────────┘         └──────────────────────────────┘         └──────────────┘
                    Core-Business   Core-Business   Non-Core-Busines
```

Core-Business (エビ養殖)	Core-Business (飼料・ブロイラー)	Non-Core-Business (近代流通業)
66% → Trad Orawn Culture	99% → Bangkok Agro-Industrial Products PLC	10% → Ek-Chai Distribution System
81% → Savee Farming	99% → Charoen Pokphand Northeastern PLC	21% → Lotus Distribution International
34% → TS Wattana	98% → Bangkok Produce Merchandising PLC	100% → C. P. Merchandising
18% → Chanthaburi Acquaculture Farm	49% → CP-KFC Development	25% → C. P. Seven-Eleven
	100% → Bangkok Feedmill	0.01% → MAKRO
(エビ加工工場)	100% → Charoen Pokphand Industry	28% → Makro Holding (Thailand)
100% → Seafoods Enterprise	100% → Bangkok Livestock	(その他事業)
48% → Klang Co., Ltd.	100% → Bangkok Farm	26% → Charoen Pokphand Life Assurance
40% → Thai Prawn Culture Center	100% → C. P. Agro Industry	26% → Charoen Pokphand Insurance
19% → CP Acquaculture (India)	100% → B. P. Feedmill	100% → CPF Investment (USA)
	100% → Rajburi Feedmill	98% → BKP Holding (USA)
	100% → C. P Food Products	22% → Kinghill Limited
	100% → C. P Food Industry Export	4% → Telecom Asia

出所）タイ証券取引所情報センター所蔵のCharoen Pokphand Foods PLC File。
二重括弧は株式公開会社。

セメント・建設資材，紙パルプ，石油化学の3業種に絞りこんだ。

　第三は，既存企業の生き残りのために，外資や新規株主と提携する道である。多くの財閥はこの方法をとっているが，ただし既存株主以外（とくに外国）から大量の資金を導入すれば，従来の取締役会議や経営執行委員会のメンバーの構成も当然ながら変更せざるをえない。主要な商業銀行，地場の鉄鋼業や自動車部品産業，電気通信事業，不動産業などで生じている，既存の財閥と外資の間の経営権をめぐる綱引きがそれであった。

　巨額の債務や業績不振とは別にタイ系財閥を襲っているのが，IMF・世界銀行が危機以後推進している「金融制度改革」とグローバルスタンダードにもとづく新しい「会計・監査制度」の導入であった。つまり，欧米流の「コーポレート・ガバナンス」の強化がそれである（コラム9-2）。

　この新しい方針のもとでは，商業銀行や金融会社は国際基準にもとづく自己資本規制（BIS規制。貸出に対する自己資本の比率を一定の水準に維持する）の遵守や，不良債権に対して巨額の貸し倒れ引当金の積みましを要求されている。この基準を指示どおり守ることのできなかったタイ老舗の金融コングロマリットのひとつであるBMBグループは，遂に1998年に政府の管理下に置かれ，外資に売却された。金融コングロマリットの別のひとつであるアユタヤー銀行グループは，傘下にあるセメント関連事業をすべてスイスの大手セメント会社であるホルダーバンク社に売却し，その売却益で本体の商業銀行の防衛を図ろうとしている。

　上場企業の場合には，1998年1月のタイ証券取引所・大蔵省の通達によって，新たな条件を満たすことが義務づけられている。具体的には，①最低2名以上の社外重役の任命，②社外の専門家で構成する「監査委員会」（Audit Committee）の設置，③役員の経歴や当該会社のオーナーとの関係を明らかにした株主に対する説明書の作成，④タイ語と英語の双方で表記した年次報告の作成などがそれである。一言でいえば，国際投資家や少数株主の権益を重視し，オーナーファミリーではなく，一般株主や投資家に対する「透明性」と「情報開示」に力点を置いた企業経営が，タイの上場企業や財閥系企業には求められているのである[15]。

Column 9-2

2つの「コーポレート・ガバナンス論」

アメリカにおける「コーポレート・ガバナンス論」は，1980年代後半の「敵対的な買収」やM&Aの急増と軌を一にして登場した。その後，90年代に入り，アメリカでM&Aの動きが鎮静化すると，こんどは公務員の年金などを扱う機関投資家の企業への巨額の投資や企業経営に対する積極的な介入が問題となった。ただしいずれの場合も，議論の焦点は株主，投資家がその資金を提供した企業に対して，いかにしてその権利を保持し，かつ効率的な企業経営を確保するのか，その法的・制度的枠組みの整備の問題に収斂している。また，こうした議論では「経営者」は株主から経営を委託された代理人（エイジェンシー）とみなされ，経営者の「独走」をどう制御するかが重要な関心事となる（Shleifer et al. 1997）。

これに対して，日本で議論されている「コーポレート・ガバナンス論」はかなり異なる。同用語の定義は日本銀行金融研究所編（1994年）でも，法律雑誌『ジュリスト』の特集号（ジュリスト編集部 1994年）でもほぼ同じで，次のようになっている。すなわち，「株主，経営者，従業員，債権者，取引先企業など企業をめぐる経済主体の利害調整を円滑・妥当に行いつつ，企業経営を規律づけるための仕組み」と定義している。ここでは規律づけの主体は株主を超えて多数のグループに広がり，関心は株価指標だけではなく，経営の安定性，国際競争力の高さなどにも及んでいる。一般にアメリカ流の概念を「ストックホルダー」（株主）重視，日本のそれを「ステイクホルダー」（企業経営に関わる利害関係者）重視とみなすのは，そのためである。また，アメリカは規律づけの目的を企業の透明性，健全性，効率性におき，日本はその目的を企業経営や雇用の安定性におく。

「コーポレート・ガバナンス」の国際比較については，深尾・森田（1997年），経済企画庁経済研究所（1998年）がよく整理されている。一方，日本のトップや役員が「コーポレート・ガバナンス」をどのように捉えているかについては，1200人以上の上場企業の役員のアンケート調査にもとづく稲上ほか（2000年）の画期的な共同研究を参照。同書は従来の「アメリカ型」「日本型」という単純な二分法をしりぞけ，①伝統的モデル，②洗練された株主価値モデル，③多元主義モデルという新しい枠組みを使って，日本の「コーポレート・ガバナンス」の実態に迫っている。

一般に,企業の「ガバナンス」は,株主や投資家の立場を重視する欧米流の「コーポレート・ガバナンス」(ストックホルダー型)と,経営者と従業員,取引先企業,メインバンクとの安定的な関係を重視する日本流の「コーポレート・ガバナンス」(ステイクホルダー型)の2つからなる(コラム9-2,参照)。従来の財閥型ファミリービジネスでは,どちらかと言えば日本的概念によって企業運営を実施してきたと言えよう。しかし,通貨・経済危機以後の国際機関による金融制度改革や企業改革は,タイのみならず韓国,インドネシアなどの財閥や企業グループにも深甚な影響を与えつつある[16]。オーナー兼経営者よりはオーナー以外の株主や一般投資家(機関投資家)の権益を,オーナー一族やその知人・友人よりは社外重役の意見を重視することや,アメリカ基準(American FASB)に従った会計監査制度を導入することは,従来の企業経営の根底的な見なおしを迫るからである。しかも,彼らが今後外資との提携や国際資金の追加的投入によって自らの「存続」を図ろうとする限り,こうした道は不可避の選択であった。

その一方,アジア諸国が工業化の基礎にすえてきた労働集約型輸出産業(繊維,衣類,履物,玩具,宝石加工など)や電子部品,自動車部品産業の分野では,上場していない「中小企業」の比率がきわめて高い。こうした企業は,各国の政府がすすめる金融制度改革や会計監査制度改革の対象外に置かれている。その結果,欧米流のコーポレート・ガバナンスに従う「上場企業」と,従来どおりの経営システムをとっている「非上場企業」との間では,会計監査制度の側面においても,情報開示の側面においても,格差が拡大しつつある。いずれにせよ,今回の通貨・経済危機を契機に,アジア諸国の企業経営システムは大きな転機を迎えつつあるのである。

---

[15] 1997年現在,私の調査によると,タイの主要財閥64グループは,データが確認できたものだけで計459社,その売上高合計は2兆3600億バーツに達した。このうち上場企業は計135社,売上高合計は1兆3900億バーツに達し,企業数の29%,売上高合計の59%をカバーするまでになっている(末廣 2000c年,61-62)。したがって,上場企業に対するさまざまな法的規制や機構改革は,タイ系財閥に大きな影響を与えざるをえない。

[16] 韓国の財閥の劇的な「構造改革」と「コーポレート・ガバナンス」の関係については,高(2000年,第7章)が詳しい紹介を行っている。

第 10 章

技術移転と技術形成の能力

　キャッチアップ型工業化の中心をなすのは製造業であり，かつ輸入技術をスムーズに導入し，定着させ，さらには改良していく社会的能力を，自国でどのように形成していくかである。そこで，本章ではまず生産技術の一般的な分類を試み，次いで業種別に要請される3つの異なる技術・技能形成の特性を整理する。さらに技術の移転サイクルもしくは技術形成の段階的発展を，設備機械とエンジニアリングの2つに分けて紹介する。その上で，技術を形成する能力として何が必要なのかを検討する。また，キャッチアップ型工業化の典型をなす「日本的生産システム」の特徴はどこにあるのか，同時にアジア諸国への波及（企業内技術移転）はどのようになされているのかを順次，検討していくことにしよう。また最後に日本的生産システムが直面している問題についても簡単に触れておきたい。

1　モノを作る技術：3つの分類

　ここでいう生産技術とは，モノを作りだす技術である。通常アメリカなどでは，製造業に関わる生産技術は「製品技術」（products technology）と「生産技術」（production technology）の2つに分けられる。つまり，「製品技術」とは，容量や熱消費量で示される製品の性能と，構造や強度などで示される製品の機能の2つを商品化するための設計並びに開発技術をさす。これに対して「生産

表 10-1 生産技術の 3 分類

生産技術のタイプ	技術の内容
製品技術 products technology	製品の性能（容量，熱消費量，効率など），機能（構造，強度）をつくりだす設計・開発技術（R & D）
生産技術 production technology	設計図や製造指示書にしたがい製品をつくりだす加工・組立技術（電子，自動車），もしくはオペレーション技術（装置産業）
製造技術 production management know-how	製品をつくりだすための生産設備，原材料，部品，ヒト（生産労働者），情報の組み合せを考える，職場での生産管理技術

出所）聞き取り調査にもとづき末廣作成。

技術」とは，設計図や作業（製造）指図書に従って特定の製品を作りだす組立加工技術や操作技術（オペレーション技術）をさす。「狭義の生産技術」という場合には，組立加工の技術や設備機械を操作する技術をさすのが一般である。

ところが，日本の自動車メーカーなどの間では，生産技術とは別に「製造技術」という別の範疇が存在する（表10-1，参照）。ここでいう「製造技術」とは設備機械を直接扱う技術ではなく，製品の品質や生産の効率性を向上させるために，生産設備，部品，補助具，原材料と労働者・技能者の間の組み合わせを工夫したり，生産の手順・段取りを改善したりするノウハウを指す。いわゆる職場での生産管理技術（production management know-how）がこれに該当する。もちろん，工程管理や工場のレイアウトには，IE（industrial engineering）と呼ばれる専門の技術者が存在する。ただしIEとは別に，グループリーダーや作業長が中心になって，生産現場の作業者自身がこの生産管理の仕事に直接参加する点が，日本の企業やアジアに進出した日系製造企業の大きな特徴である。

もっとも，ハードの生産技術とソフトの生産管理技術をどう呼ぶかは企業によって異なる。例えばある企業では，ハードの方を「製造技術部」，ソフトの方を「生産技術部」と名付けることもある。要は日本の製造メーカーがモノ作

り技術を3局面に分けて理解している点である。本書の第3章で後発国の技術形成の特徴を，製品技術に関わる「製品のイノベーション」(products innovation) ではなく，「製造工程のイノベーション」(process innovation) と位置づけたのもそのためである。また，『カイシャ』を著したアベグレンとストークが，「機械を効率的に使うのではなく，人間を効率的に使う」という点に日本の工場の特徴を求めたのも，まさに生産管理技術の側面を重視したからであった（アベグレン&ストーク 1990年，160）[1]。

2 技能形成の3類型

一方モノ作り技術は，製造業の各業種がそれぞれ要求する技能形成の違いによっても，表10-2のように3つに区分することができる（中岡・猪木 1987年；髙林 1993年）。つまり，(A)化学や鉄鋼に代表される装置産業の場合には，計器やパネルを扱う「操作する技術」，(B)自動車や家電，電子部品などのような最終組立工程を扱う量産型の産業の場合には，作業指図書に従って部品などを組みつけていく「組立てる技術」，(C)金型製作や工作機械製作などの非量産型，注文生産型の金属加工産業の場合には，鋳鍛造や熱処理，表面処理などを含む「加工する技術」が，それぞれ基本となる[2]。

技術・技能の習得の難易度からみると，(B)の「組立てる技術」がもっとも単純であり，次いで(A)の「操作する技術」，(C)の「加工する技術」になるにつれて，必要とされる技術知識の深さが増し経験の幅が広がっていく。注意すべきは，後発国が技術を輸入し定着させていくためには，これら3つの分野にそれぞれ特有の技術・技能の形成が必要であり，同時にそうした技術・技能の形成

---

[1] アベグレンたちは，アメリカと日本の自動車メーカーの製造工程を比較し，日本の場合には工場をスケジュールどおり運営していくための「間接労働」が，アメリカに比べてはるかに少ないこと，したがって日本ではワーカーやグループリーダーが間接労働の一部を分担していることが，両国のコストや労働生産性の違いにつながっていると主張した（アベグレン&ストーク 1990年，169-170頁）。

[2] この3つの分野の技能形成を，「労働史と産業技術史の統合」という視座に依拠して，江戸末期から1990年までの日本の歴史的展開を素材として実証的に明らかにした労作が山本潔（1994年）である。

表 10-2　生産技術における技能形成の 3 類型

生産技術のタイプ	技 術 の 内 容	要請される技術・技能の特徴
操作する技術 ＊装置産業 （化学，鉄鋼）	＊機械の操作にかかわる技術 ＊計器やパネルの操作を行なう技術 ＊工程連続タイプの生産	＊事故や異常事態への適切な防止もしくは対応能力 ＊機械・装置の仕組みに関する科学・技術知識の習得と経験の積み重ね
組立てる技術 ＊最終組立工程 （自動車，電子など）	＊仕様書，製造指示書に従って，部品の組み付け，組立を行なう ＊「プラモデル型技術」 ＊量産タイプの生産	＊日常的な小さい偶発事故，生産ラインでの不具合への迅速な対応 ＊部品の置き方や作業の段取り，金型交換の工夫その他 ＊各作業者の「仕事の幅と深さ」
加工する技術 ＊金属加工 （金型製作，工作機械）	＊鋳鍛造，精密機械加工の技術 ＊熱処理，表面処理を行なう技術 ＊注文生産，非量産タイプの生産	＊技術知識のほか，暗黙知としてのカン，技能，技能の経験的蓄積

出所）高林（1993 年）にもとづき末廣作成。

が「後発国の優位」の重要な基礎になるという事実である。

　例えば(A)の装置産業においては，計器やパネルを操作する反復作業はそれほど重要ではない。むしろ，突発的に発生する事故や故障，日々起こりえる異常や変化に対して，どれだけ迅速かつ適切に対応できるかどうかが，当該産業の生産の効率性に決定的な影響を与えるからである。もちろん，化学産業や鉄鋼業の場合，現在では想定しえるトラブル（鉄鋼会社では数万単位の既存のトラブル）がコンピュータのプログラムの中に組み込まれているので，作業員は計器類やパネルを見ながら，指示どおりに作業を進めていけばよい[3]。しかしそれでも，事故や故障の発生を完全に回避することはできない。

　そこで，①事故や故障に対する一定の予測と防止措置，②事故や故障が生じた場合のより迅速な原因の究明，③原因究明後の当面の処置とそれに続くより

---

[3] 日本の大手鉄鋼メーカーが異常トラブルへの対応のために，コンピュータに過去の経験なり事故の事例を入力し，単なる勘ではなくマニュアル化していったプロセスについては，相田（1997 年）の『NHK スペシャル　新・電子立国　第 5 巻　驚異の巨大システム』に興味深く描かれている。

システマチックな対応（保全要員や技術支援部との連携）の3つが求められる。それはひいては作業員に対して，一方で生産プロセスや化学反応などに対する体系的な技術知識や製品知識を要求し，他方では事故や故障の原因を見極める経験を通じた判断力を要求する。一言でいえばヒトが経験に基づいて形成する能力である。これを小池和男たちは「知的熟練」(intellectual skills) と呼んだ（小池・猪木編 1987年, 33）。

もっともアメリカなどでは，事故や故障への予防は「定期点検」で対応し，異常が起きた場合には，作業現場の外に待機する専門の保全要員や技術支援部が対応する。しかし，こうした体制は当然ながら時間のロスと人的コスト（間接コスト）を伴うので，日本の場合にはできるだけ現場サイドで解決するように努めるのが普通であった。別言すると，連続運転を維持し生産の効率や製品の品質を可能な限り高めるために，作業員の知識と経験の幅を広げるように訓練するのである。「単純作業者」ではなく「知的熟練工」の育成がそれであった。

次いで，(B)の「組立てる技術」も装置産業に似たところがある。確かに最終組立工程では，各作業者の面前に図解入りの作業指示書が掲示されており，比較的単純な作業内容であれば，2週間から3週間の実地訓練を受けたあと，組みつけ作業に従事するのが普通である。その点だけをとれば，説明書付きのプラモデルの製作と同じで，慣れてくれば反復作業のスピードはあがってくる。途上国において輸出産業の対象に，まず単純労働集約型の組立産業（衣類，スポーツシューズ，電子部品など）が選択されるのはそのためでもある。

一方，組立産業の競争力に大きな影響を与えるのは，作業のスピードだけではない。日常的に生じる生産ラインの故障や不具合にどう対処するか，あるいは作業者のリードタイム（部品を組み付ける時間）を短縮するために，生産ラインのレイアウト，部品や補助具の供給体制とその配置，作業の段取り（金型交換のスピードや作業の準備など）をどうするかが，組立工程ではきわめて重要となる。さらに，月毎や日毎の生産計画は市況に応じて変動するから，この変動に対してフレキシブルにヒトと作業内容を割り振っていく仕事も重要となってくるであろう。つまり，生産管理システムと作業組織の編成の仕方が，組立

工程の生産効率を大きく左右するのである[4]。自前の技術をもたない後発工業国にとって，重要な問題がここに秘んでいる。

そこで日本の製造工場では，さまざまな工夫や生産管理上の特徴が生まれてきた（後述）。①生産ラインの日常的な不具合に対処するために，一般ワーカーの技能の幅と深さを開発する「多能工化」，②製品の欠陥や品質の問題を最終検査工程でチェックするのではなく（アメリカ方式），生産のプロセスのなかで生産労働者自らがチェックしていく「品質の作り込み」方式，③部品を必要なときに必要なだけ供給する「ジャストインタイム（JIT）」や「かんばん方式」の採用，④製品をつくる時間を短縮するためのラインバランスの改善がそれである（コラム 10-1）。

そうなると，日本などが開発してきた組立技術は，もはや単純に「プラモデル製作技術」とは言えない。むしろ，生産現場において絶えず改善や改良を生みだすような，独自の生産管理システム（製造技術）の深化と精緻化が進んでいったとみるべきであろう。それは労使関係の側面からみると，現場の労働者の生産管理への積極的なコミットメントであり，作業組織の「自律性」の確保であった（仁田 1988 年；石田光男ほか 1993 年，第 1 章 仁田論文）[5]。

最後に(C)の「加工する技術」は，第 6 章でも取り上げたように，機械工業の輸入代替の「飛躍」が必要な分野である。例えば金属金型を例にとると，①注文に応じて詳細設計を行なう技術，②設計図から型を削りだしていく加工技術，③厳密に同一の寸法，規格に従った同じ型を繰り返し安定的に製造する技術と体制（金型は単品生産であるが，消耗品なので同じものを繰り返し作る必要がある），④型をつくるための鋳物や鋳造技術，⑤型を磨きあげていく表面加工の技術などが要請される。ここで必要なのは，単に技術・製品知識だけでなく，経験に支えられた技能とカン（暗黙知の世界）である。日本の中小企業が

---

[4] 日本の生産管理システムと作業組織に関するすぐれた分析については，仁田（1988 年），中村圭介（1996 年）を，韓国については呉（ウォン）（1999 年）を参照。

[5] もちろんこの生産労働者の経営へのコミットメントと作業組織の「自律性」が，他方では作業長やグループリーダーの労働側からの引き離し，経営管理側への取り込みと並行して実施された事実を無視すべきではない。この点については，熊沢誠の一連の研究（1993 年；1997 年）を参照。

> Column 10-1

日本的生産システムの文献案内

　日本的経営や日本的生産システムに関する関心が高まったのは，1970年代にアメリカの製造業の生産性や効率性が低下し，逆に日本のそれが高まり，アメリカの自動車企業などが「日本方式」（サプライヤーとの長期相対取引や製品開発期間の短縮，QC活動など）の導入を図ってからである。第2章で紹介したポーターが「国の競争優位」を刊行し，日本の生産・企業システムを積極的に紹介したとき，彼自身は「アメリカ製造業調査委員会」の大統領顧問の地位にあって助言を行なっていた。ただし90年代に入って日本で「バブル経済」が崩壊し，日本の製造業についても長期停滞が見られるようになると，日本ではなく，逆にアメリカのベンチャー企業の活力や「シリコンバレー・モデル」が注目を浴びるようになった。

　生産システムが大量生産方式からフレキシブルな生産方式へと転換していったプロセスについては，ピオリ＆セーブル（山之内・永易・石田訳1993年，原著は1984年），橋本（1995年），安保（1995年），浅沼（1997年），松本（1998年）を参照。アメリカと日本の生産システムの違いを，アメリカMIT国際共同研究チームが80年代初めと同半ばに実施した自動車組立企業の厖大な共同調査にもとづいてまとめたものに，ダートウゾスほか（依田訳1990年），ウォーマックほか（沢田訳1990年）がある。また，「トヨタ生産方式」については，その発案者である大野耐一（1978年），「ジャストイン・タイム」の仕組みを実例をもとに紹介した門田安弘（1989年）の2つが基本文献である。アベグレン＆ストーク（植山訳1990年），平野裕之（1990年），相田（1996-97年，全6巻）は豊富な事例を紹介している。

　アジア諸国へのQC活動の波及過程については，明石・中山（1999年）に詳しい。また，日本的生産システムの導入については，マレーシアのマラヤワタへの日本鉄鋼技術の移転と改良を感動的に描いた大岩（1985年），米山（1990年），韓国の自動車産業を扱った水野（1996年），呉（ウォン）（1999年），インドネシアのトヨタ自動車の事例研究（Nakamura & Padang 1999）や東芝の事例研究（Nakamura 1999）を，それぞれ参照。また，安保・板垣チームによる東・東南アジア諸国での比較調査の結果をまとめた板垣（1995年），板垣編著（1997年），安保・板垣チームと同様の手法を中国のテレビ産業に適用した郝（1999年）も参考になる。

金型製作や工作機械で発展させてきた技術・技能は，まさにそうした性格のものであり，「作ることで学ぶ」(learning by making) ことを要請する技術・技能であった（中岡編 1990 年，13-15）。

3 技術移転の発展段階論

　先発国（先進国）から後発工業国（途上国）へ技術が移転していくチャネルには，普通次の4つが考えられる。①政府や公的機関を通じた無償技術協力（専門家の派遣や技術訓練学校へのODA），②技術契約にもとづく技術ライセンスの供与，③進出先の経営に直接関与する直接投資，④フルターンキー方式によるプラント輸出がそれである。

　④のプラント輸出はセメント，鉄鋼，石油化学などに見られる方式で，設備機械一式を供与側（企業）が設計し設営し，さらには試運転までを行ない，納品とともに対価をえる方式である[6]。キーを差し入れて設備機械の稼働を確認してから引き渡すので，「フルターンキー方式」と呼ぶ。この方式は重化学工業などの立ち上げには便利であるが，供与側の保全要員や技術指導者が引き上げると，ただちに稼働率が下がり，導入したプラントの運営が困難になるといった問題がしばしば生じている（高林 1989 年；谷浦編 1990 年，第1章）。

　一方，②の技術ライセンス供与（技術購入）は先進国の企業相互間によく見られる方式で，アジア諸国では外国人の直接投資を政策的に制限してきた日本や韓国が採用した方式である[7]。これに対して，他のアジア諸国で一般に見ら

---

[6] 「プラント輸出」が技術移転に果たした役割は，日本プラント輸出協会編『日本プラント輸出年鑑』(各年版) の統計と解説が有益である。また，アジア NIES の重化学工業化が，国内不況に陥った日本・欧米諸国の重化学企業の「プラント輸出」と密接に関係があったことを実証的に分析した平川（1992 年，第4章）も参照のこと。

[7] テレビの技術導入のチャネルでは，合弁事業に依拠した台湾と技術供与方式をとった韓国で，明確な対照をなす。台湾は大同（東芝）や台湾松下電器，台湾三洋電機に代表されるように，「合弁事業→自主生産」の方式をとったが（佐藤幸人 1989 年，128-142），韓国は 1966 年の金星社（日立製作所）をはじめ，69 年までに東南電機（シャープ），三星（三洋電機），大韓国電線（東芝）のいずれも「技術供与方式」を選択した（深川 1989 年，188）。

れるチャネルは、③の直接投資を通じた技術移転、とりわけ多国籍企業の親企業が進出先の子会社や分工場に供給する「企業内技術移転」の方式である（菰田 1987年，第6章；安保編著 1988年；板垣編著 1997年）。この場合には、親企業が技術提供先の企業の経営に直接関与しているので、技術移転の連続性を確保し、導入技術の定着を供与側が管理するというメリットがある。

さて従来の技術移転論は、どちらかと言えば、技術供与側（ドナー）の技術移転に対する企業戦略の分析か、そうでなければ技術移転が途上国で順調にいかない受入側（レシピアント）の問題の解明に力点を置いてきた[8]。つまり、文字通り技術の「移転」(technology transfer) を問題にしてきたのである。しかし、後発国の工業化を議論する場合には、導入した技術の定着、普及、改良のプロセスこそが問題となる。つまり、技術の受入国なり受入企業の「技術形成」(technology formation) の能力こそが問題となる[9]。そこで以下ではこの点に着目し、設備機械とエンジニアリングの2つを事例に、生産技術の移転のサイクルと技術形成の自立化の過程を、概念図にそくして紹介することにしよう。

表10-3は、国連大学の委託プロジェクト「技術の移転・変容・開発：日本の経験」(1978-82年) の成果のひとつである「技術自立への5段階」の概念（林編 1986年，66-68）にもとづいて、設備機械の移転のサイクルを示したものである。段階は大きく、①操作技術の習得、②設備機械の保守保全、③設備機械の一連の修理と小改良、④使用設備機械の模倣生産と部分的設計、⑤自主設計と国産化、の5つに分けることができる。さてこの5段階で受入国側が最初にぶつかる高いハードルは、私自身のこれまでの調査によると、①の操作技術の習得から②の保守保全への移行過程である。というのも、設備機械の保守保全が、受入側の従業員や技術者によって可能となるためには、一定の技術知識と経験をそなえた人材の蓄積が必要となるからである。

---

[8] 国際技術移転論の基本的な紹介と整理は、菰田（1987年）、安保（1995年）を参照。
[9] 技術の移転ではなく、受け入れ国の「技術形成」や「技術形成の社会的能力」を本格的に取り上げたのは、小池・猪木編（1987年）と中岡編（1990年）である。もっとも、中岡たちのいう「社会的能力」は、本書で展開した「工業化の社会的能力」以上に広い概念である。

表 10-3 生産技術の移転のサイクル

移転段階		学習・移転の内容
操作技術の習得	operation	＊マニュアルや製造・作業指示書にしたがって操作ができる
⇐◆第1のハードル		
導入した機械設備の保守	maintenance	＊輸入機械や設備を外国人の支援なしで自分で保守，整備することができる
修理と一連の小改良	repair minor improvement	＊生産現場の要請に応じて自分で修理や簡単な改良ができる
設計企画	design	＊扱っている技術の設計ができる
⇐◆第2のハードル		
国産化	home-manufacturing	＊必要とする技術の設計と必要な機械・設備の国産化

出所）林編（1986年）などにもとづき末廣作成。

　例えば，私が1970年代後半から訪問を重ねていたタイ進出日系企業T社の合繊工場（ポリエステル）では，タイ人がプラントの操作から自主的な保守保全に移行するのに，じつに10年以上もの期間がかかった。つまり，作業現場で何か故障や異常事態が発生すると，作業者は赤色のブザーを押して日本人のエンジニアにその旨を伝える。それが自分で故障や異常の原因を究明し，さらにタイ人のみで初期段階の保全ができるようになるのに，じつに10年間を要したのである。ただし保守保全が可能になると，一定程度の修理や小改良はできるようになる。途上国が「後発性の利益」を発揮しえるのはまさにこの段階からである。したがって，輸入した設備機械の「模倣生産」までできるということは，じつはもっとも困難な技術移転の第一段階が完了したことを意味し，「モノまね」として軽侮したり自ら恥じることではない[10]。

ところが，④の設備機械の部分設計や模倣生産の段階から，⑤の自主設計や国産化への移行となると，再び第二の高いハードルが登場する。というのも，国産化のためには単に設備機械の生産・製造技術の蓄積だけではなく（第6章で検討した第二次輸入代替），素材・素形材の供給や部品の補充（産業集積の度合い），設計と製造の間の協力体制（企業内組織の問題），開発技術の人的蓄積（教育システム）など，新しいさまざまな問題をクリアしていく必要があるからである。

例えば，タイに進出した大手家電メーカーM社の場合（1963年進出），必要とする部品については工場内での「内製化」を精力的に進めていった。そして1980年代後半には，チュラーロンコーン大学工学部の先生を高給で引き抜いて特別チームを編成し，部品のプラスチック金型の自給体制に乗り出した。当初はタイ側で粗設計を行ない，詳細設計を本社が受け持つ分業体制から始まり，次いでタイ側が作成した設計図を本社で「朱入れ」する段階に進み，4年目にはタイ側でほぼすべてを設計する段階（自主設計を含む）までこぎつけた。ところが1990年代に入って，M社がタイ工場の生産体制を国内市場から輸出へと抜本的にシフトさせるに伴って，金型の精度や品質の要求水準がいっきょに上がり，使用する素形材の種類も変更せざるを得なくなった。その結果，コスト的にみて割高になる工場内の金型部門を閉鎖し，日本からの輸入と進出日系金型メーカーへの外注に再び戻るという経過をたどった。

この事例は，「企業内技術移転」について，次の2つの重要な問題を示唆している。ひとつは，技術の移転にあたって本社の企業戦略なり方針が大きな影響を与えていることである。もうひとつは，技術の移転サイクルは一回切りではなく連続したものであり，連続する時間のなかでより高い技術へと絶えずキャッチアップしていかなければ，「後発性の利益」は「後発性の不利益」に

---

10 この点，OEM（Original Equipment Manufacturing：相手先の設計とブランドによる受託製造）から始まって，ODM（Original Design Manufacturing：自前の設計・相手先ブランドによる半受託製造）に進み，さらにはOBM（Original Brand Manufacturing：自前の設計とブランドによる自主製造）へと発展させることを意図しながら，技術習得と海外市場の開拓をはかってきた台湾のパソコン産業や自転車産業の発展過程は，「後発工業国の追跡型技術形成論」として興味深い（小池洋一 1997年）。

たちまち転じてしまう可能性である。M社のタイ人による金型製作部門は，残念ながら次のステップへの技術的跳躍を行うだけの蓄積もなかったし，当時のタイでは時間的余裕も許されなかった。最近のように技術革新のサイクルが速く，機械の型の変更やME化（マイクロエレクトロニクス化）が進み，かつ経済の自由化とグローバル化のもとで，新技術の国境を超えた移転が速やかになされるようになると，受入国や受入企業の技術の自主的で連続的なキャッチアップは，ますます困難になってしまうのである。

この問題を，韓国を事例に後々発国の「技術追跡の二重ギャップ」として定式化したのが金泳鎬（1988年）である。またフィングルトン（中村訳 2000年）や関・富沢編（2000年）は，後発工業国において製造業が重要な役割を果たし続けることを前提に，先端技術の導入，開発の重要性を強調している。

さて，もうひとつの技術移転のサイクルは，エンジニアリングの分野である。例えばタイの洗剤工場を例にとると，次のような生産技術が必要となる。まず，①現地の市場ニーズに見合った香り，色，水への溶けやすさなどを備えた製品をつくるための配合技術（化学技術），②洗剤を箱に装填しフィルムラップを貼るための包装技術，③洗剤やその原料となる界面活性剤を製造するためのプラント設営技術，などがそれである。①は主として研究室でケミストが担当し，日系企業のK社では化学を専攻した大卒のタイ人（大半が女性）が担当していた。②の包装技術は，労賃コストと設備投資資金を比較し統計的に測定しながら，包装工程を機械による全自動化にするか，半自動化にするか，さらには生産労働者の手作業に全面的に依存するか，を生産コストを考慮しつつ決定する。注目すべきは，③のプラント建設でも部分的に「現地化」が始まっている点である。そこで，プラント設営のエンジニアリングの流れを見ると，図10-1のとおりであった。

プラントにはハードの側面とソフトの側面があり，それぞれが「企画・設計」「意思決定」「建設・試運転」の3段階に分かれる。K社では，タイの工場についてはすでにハードの「試運転・生産」と「プラント建設」の一部にタイ人を参加させ，1997年からは一歩進んで，「プロセス・設備化の検討」「設備・システム設計」の一部についても，簡単なものからタイ人技術者への権限

第 10 章 技術移転と技術形成の能力　239

図 10-1　エンジニアリング技術の移転のサイクル

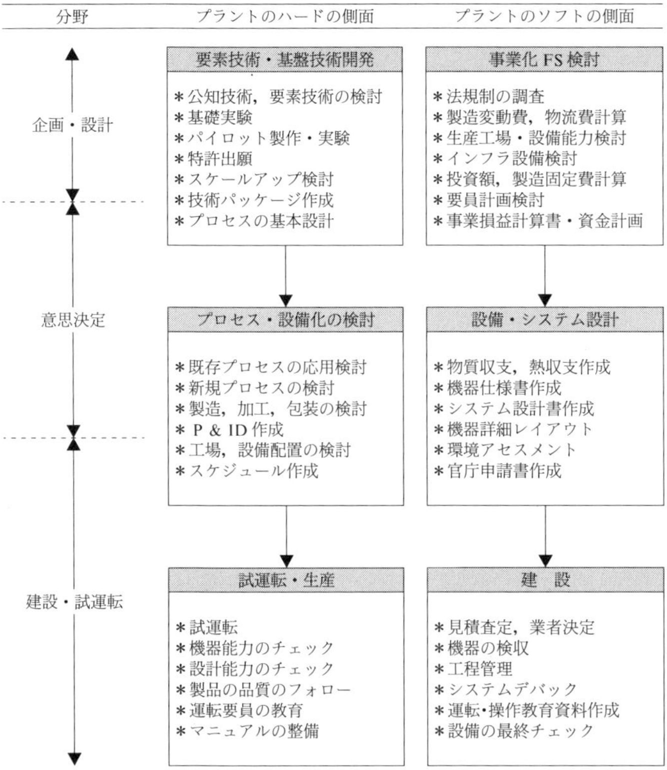

分野	プラントのハードの側面	プラントのソフトの側面
企画・設計	**要素技術・基盤技術開発** ＊公知技術，要素技術の検討 ＊基礎実験 ＊パイロット製作・実験 ＊特許出願 ＊スケールアップ検討 ＊技術パッケージ作成 ＊プロセスの基本設計	**事業化 FS 検討** ＊法規制の調査 ＊製造変動費，物流費計算 ＊生産工場・設備能力検討 ＊インフラ設備検討 ＊投資額，製造固定費計算 ＊要員計画検討 ＊事業損益計算書・資金計画
意思決定	**プロセス・設備化の検討** ＊既存プロセスの応用検討 ＊新規プロセスの検討 ＊製造，加工，包装の検討 ＊P & ID 作成 ＊工場，設備配置の検討 ＊スケジュール作成	**設備・システム設計** ＊物質収支，熱収支作成 ＊機器仕様書作成 ＊システム設計書作成 ＊機器詳細レイアウト ＊環境アセスメント ＊官庁申請書作成
建設・試運転	**試運転・生産** ＊試運転 ＊機器能力のチェック ＊設計能力のチェック ＊製品の品質のフォロー ＊運転要員の教育 ＊マニュアルの整備	**建　設** ＊見積査定，業者決定 ＊機器の検収 ＊工程管理 ＊システムデバック ＊運転・操作教育資料作成 ＊設備の最終チェック

出所）日本の代表的化学メーカーでの聞き取り調査（1997 年 7 月）により末廣作成。

の委譲を開始した。そして現在では，日本で長期の教育・訓練を受けた2名のタイ人技術者（大卒）を中心に，工場の中での設備・システム設計の現地化の試みを始めている。最終段階である設計や事業化 FS（feasibility study 企業化調査）の検討までタイ人に任せるのにはまだまだ時間が必要であるが，第2段階まで技術移転が始まったのは大きな進展であろう。その結果，K 社のタイ工場は立地条件が悪く，給与面でもそれほど厚遇していないにもかかわらず，タイ人技術者の定着率は同業他社に比較して高かった。設計や経営への技術者のコミットメントが，彼らの仕事への意欲を触発したわけである[11]。この事例は

本社の技術移転に対する方針とともに，工場内の労使関係が重要であることを示唆している。

4　技術形成の組織的能力

　本書の第3章ですでに紹介したように，後発国の技術形成能力は，3つのレベルで捉えることができる。すなわち，①個人レベルでの技術形成の能力，②企業（組織）レベルでの技術形成の能力，③社会レベルでの技術形成の能力，がそれである。本書では，技術知識を学習したり技能を習得する個人的能力の差は，人種や国民性の違いに由来するという仮定には立っていない。タイ人より日本人，日本人よりアメリカ人の方が学習能力が優れているとは考えていない。ただし，後発工業国の場合には，先発工業国とは異なる「個人レベル」での技術知識・技能の重要な形成チャネルがある。ひとつは海外留学という手段であり，もうひとつが技術供与国や進出企業が自国で与える実地研修や教育訓練である。

　新しい技術知識を身につける上で，海外留学が大きな役割を果たしていることは，改めて言うまでもなかろう。戦後日本の場合にはアメリカが，韓国，台湾，タイなどではアメリカと日本（工学系）が，留学の場を提供してきた。一方，海外研修についてみると，アジア諸国に進出した日系企業と欧米系企業の間にはきわだった違いがある。つまり，日本ではグループリーダーや班長・作業長以上のワーカー，技師，技術者を本社の親工場に呼び，2-3週間から1年間に及ぶ研修プログラムを，座学だけでなく現場での訓練（OJT）を通じて提供する。なおこの研修は，当面研修者の昇格や賃金水準の上昇に直接結び付くものではなく，将来の幹部候補生やリーダー格の事前研修であることが重要である[12]。

---

[11] 本社が現地の人間にどこまで権限を委譲し，仕事への参画意識を啓発するかが企業内技術移転の成功をかなり左右することを，この事例は示している。タイ人の仕事観や権限委譲については，ホームズ，スチャダー・末廣訳（2000年，末廣解説）を参照。

[12] タイにおける日系企業と欧米系企業の研修方法の違いは，少し資料が古くなるが，日本在外企業協会編（1987年）が参考になる。

これに対して欧米系企業の場合には，財務，人事労務，製造部門の広範囲にわたって中間管理職の研修を，マニュアル化された本国のプログラムに即して実施する。日本との大きな違いは，この研修プログラムが係長，課長，部長，技術指導要員といったポストの昇進に際しての不可欠な資格要件になっている点である。したがって，研修はポストや賃金・給与水準の変更と直接に結び付いている[13]。

　ところでここで問題にしたいのは，個人が留学や研修で取得した技術知識やノウハウが，受入国や受入企業の技術形成にどう反映するかの問題である。私がいう技術形成の第二のレベル，企業（組織）レベルの技術形成の能力がそれであった。理解を助けるために，タイで経験した2つの事例を掲げておこう。

　ひとつは個々の技術者の能力と企業経営形態のミスマッチの事例である。私がかつてしばしば訪れた鉄鋼二次製品の工場では，タイ人工場長が機械設備の更新を構想していた。彼の見通しでは，ある生産工程の機械を入れ替え生産ラインを変更することで，生産効率はかなり上昇するという。ところが，この工場（会社）はある華人系一族の企業グループの子会社であった。そのため，取締役会は一族のメンバーで構成され，工場長である彼は企業の意思決定機構からは排除されていた。その結果，彼の考えや工場管理のノウハウはまったく企業経営には反映されないまま，工場の設備機械は機械の値段のみを重視するオーナー一族の意見が通ってしまったのである。

　日本社会では工場長は技術系の最高ポストであり，大企業の工場長は本社の取締役と同格の権限を与えられるのが普通である。これに対して，タイのようにファミリービジネス型財閥が支配的な国では，オーナー一族以外の工場長は単なる「工場現場監督官」としてしか待遇されず，企業の最高意思決定にコミットすることはまれである。このようにファミリービジネスという企業組織形態が技術形成を阻害している事例は，アジア諸国では容易に見いだすことができる[14]。

---

[13] この点については，日本在外企業協会編（1987年）のほか，1984年から私自身が毎年実施している海外技術者研修協会（AOTS）におけるタイ人研修生を対象とする「アンケート調査」の結果にもとづく。

もうひとつの事例は、海外留学や国内研修で得た知識なりノウハウを、タイ人技術者、技能者がしばしば個人で占有し、周りの人々に教えようとしない事実である。自動車部品メーカーのB社は10年間、毎年一定数の幹部候補生を日本に派遣していたが、帰国後の離職があまりに多いので、その後中止してしまった。研修で授けた技術知識やノウハウが個人の「キャリアパス」にもっぱら利用され、生産現場や企業全体の生産性の向上に生かされなかったからである。こうした問題は、タイの日系企業でしばしば聞く不満であった。

以上の点を勘案すると、タイそしてより広くはアジア諸国（途上国）の場合、個人レベルで習得した技術知識・技能がどのように企業・組織全体へと移転・波及するか、あるいは阻害されるか、その点を明らかにすることが何より重要であることが判明する。私はこの問題をさしあたり「技術形成における組織的対応能力」と呼んでおきたい。というのも、組織全体の共通目標の設定、意思決定への参画意識（コミットメント）、そして情報の共有体制を可能にする「組織的統一性」の実現こそが、後発国の技術形成にとっては不可欠の要件と見なしえるからである[15]。この点の重要性は、先に紹介したK社がプラント設計の一部をタイ人技術者へ権限委譲し、言葉がほとんど通じなくても、日本研修期間中おもな契約交渉に本人を同行させ、「チーム全体の仕事の流れを肌で感じてもらった」という方式を採り、このタイ人技術者が帰国後タイでチームを編成し、その方式をタイで二次的に再生産して成果を収めた点からも、推測することができるだろう。

技術形成の第三のレベル、すなわち技術形成の社会的レベルは、①教育制度の在り方とその普及、②伝統的な技術の蓄積とその転用可能性、の2点に集約

---

[14] 橘木ほか（1995年、第9章）によると、日本のトップマネジメントへの昇進は「理工系」が「文科系」に比べて不利な立場にあった。それでも、有効回答の役員以上2246名のうち532名は、初任にあたって「製造・研究・技術」の部署についており、製造業の分野では「昇進」にあたってとくに有意の差はなかった。

[15] 「技術形成における組織的対応能力・組織的統一性」について、私は第二次大戦以前のタイ鉄道業をとり上げ、とりわけタイ人技術者がどのように形成され、海外留学組（鉄道局奨学生）の「技術者」とチュラーロンコーン大学工学部出身の「技術者補佐」との間でどのような対立・齟齬が生じたのか、詳細に実証分析したことがある（末廣1996年）。その要点は末廣（1997d年）を参照されたい。

することができるだろう。技術形成の社会的条件についてはさまざまな事項が想定されるが，ここでは何よりもまず教育の役割を重視しておきたい（本書の第12章）。具体的には，初等教育の普及の度合い，普通教育と実業教育の組み合わせ，企業内教育と企業外教育のバランス，海外留学・研修の利用などが問題となる。

　一方，②の伝統的技術の蓄積とその転用可能性は，発明ではなく改良・改善に比較優位をアッピールせざるをえない後発国の場合には，きわめて重要な意味をもつ。明治以降の日本の経験はその点を端的に示していると言えよう。例えば，伝統的な鍛冶屋の鋳物技術，大工の木工技術，治水工事における土木技術，造船修理工場や鉄道車輌修理工場などにみる在来技術などがそれである。後発工業国が既存の技術体系を外来技術にどう結合したのかは，日本をはじめ後発国の工業化を考える上で大切な問題となる（中岡・石井・内田 1986年；清川 1995年；鈴木淳 1996年）。

5　日本的生産システムのアジアへの波及

　アジア諸国における技術形成は企業の側面からみると，多くは日系製造企業のアジア進出に伴って生じた。つまり，直接投資と「企業内技術移転」のチャネルをとおして，現地子会社や関連する地場企業へと「日本的生産システム」が波及することで実現したのである。第2章でみたアジア諸国における工業化のダイナミズムの波及や追跡的工業化のプロセスは，技術形成の観点に立てば「日本的生産システム」のアジアへの波及と捉え直すこともできた（コラム10-1，参照）。テレビや電子部品の生産・輸出の増加，韓国や東南アジア諸国での自動車組立産業の本格化は，「日本的生産システム」の導入・定着を抜きに語ることは到底できない。

　それでは「日本的生産システム」とは何か。安保哲夫（1995年）の整理にしたがって，「アメリカ型」と「日本型」の生産システムを対比させながらまとめたのが表10-4である。表に示したように，「アメリカ型」は少品種大量生産を基本とし，新製品志向，価格志向で，「規模の経済」を生かしながらコスト

表 10-4　生産システムの「アメリカ型」と「日本型」の比較

項　目	アメリカ型	日本型
生産方式 （名称）	＊少品種大量生産 （フォードシステム）	＊多品種少量生産 （トヨタシステム）
技術・技能・産業 ＊ハード技術 ＊技能	＊自動車，電子・情報 ＊新製品，大規模自動機 ＊単能熟練	＊自動車，電子機器 ＊多品種，中規模自動機 ＊多能熟練
産業技術の特徴	＊大型標準品を固定的に配置された設備装置で量産する ＊価格志向と標準品を低価格で供給	＊"蓄積型"改良技術と市場・環境の絶えざる変化にきめ細かく柔軟に対応する能力（多能熟練＋ME技術） ＊品質志向と小型"高級品"の品揃え
社会類型との関係	＊ビッグサイエンス，巨大システムで細分化したジョブをそれに配置 ＊個別企業・個人ベースの徹底した競争（またはそれを回避する市場調整もしくは寡占，労組） ＊機能的デマーケーション社会	＊企業組織という「場」に集まった人間が全員参加的チームをつくり，改良し，効率，品質を高める ＊競争と協調の巧みな組み合せ（企業内，企業間）。組織内での格差を最小限にとどめ，長期にわたり競争と一体性の併存を図る ＊非デマーケーション社会

出所）安保（1995年），35頁。

の削減をもっぱら追求する。この大量生産方式（フォードシステム）を支えるのは主として「単能熟練工」であり，ジョブ（職務）は細分化され，労働者は企業横断的な労働組合のもとで利益保護を図る。

　ところが，1970年代の石油危機を契機に2つの大きな変化が製造工業に生じた。ひとつは消費市場の多様化と消費者の省エネルギー志向（低燃費，反公害対策）の強化であり，もうひとつが「ME革命」と呼ばれるマイクロエレクトロニクスを活用した新しい生産技術体系の導入であった[16]。そして，これら需要サイドと供給サイドの双方を結合させた新しい生産システムが登場したの

---

[16] 日本の生産システムにおける「ME技術革命」の意義については，橋本（1995年）を参照。なお，反公害キャンペーンの消費者運動と石油危機以後のガソリン価格の高騰に直面して，フォード社が「低燃費用のエンジン制御装置」の開発を海外に依頼した際，東芝が示した対応が，マイクロエレクトロニクスを生かした日本技術の特徴を見事に伝えている（相田洋 1996年，第2巻第4章-第6章）。

> Column 10-2
>
> ## トラック組立にみる多品種少量生産
>
> 　私が見学したH自動車は，東京近郊の工場でトラックの組立を行なう企業である。話を聞いた1992年12月当時，トラックといえども顧客の嗜好や用途が多様化しており，2000種類以上の図面を常時揃えているという（対応可能な図面は4000種類以上であった）。また，同工場で当時，月産100台を越える車種の生産台数は全生産台数の20％にすぎず，月産10台未満のトラック組立が年に1400種類もあるということであった。一方，生産ラインの管理は，①コンピュータによる管理，②色区分したマグネット（丸いマグネット一個一個が組立中のトラックを表す）によるパネルボードでの管理，③熟練者による視覚（目で見る管理），の3つを同時並行的に使用して実施していた。したがって，この工場では多品種小ロット生産と流れ作業による大量生産システムを組み合わせることで，多様化した顧客のニーズに応じていた。
>
> 　さらに，多品種小ロット生産のために使用する部品の数は2万点を越え，サプライヤーの数も250社を越える。同工場では部品を，大物部品（順序納入），継続部品（毎日納入品で，かんばん方式を採用），断続部品（指示納入）の3種類にわけ，「継続部品」については部品ごとに一日の納入サイクル，納入指定時間，置き場コード，部品箱の種類と色，数量などを記入した「かんばん」（一種のカード）を使って，トヨタ自動車以上に厳格な「ジャストイン・タイム方式」を採用していた。

である。多品種少量生産を基本とし[17]，市場や環境の絶えざる変化に柔軟に対応する品質志向の生産体制がそれであった（コラム10-2）。これが「日本的生産システム」の大きな特徴であり，それを支えているのは多能熟練工と企業内に形成された作業組織や小集団サークルなどであった。

---

[17] 日本の生産方式を，アメリカの「大量生産」に対照させて「多品種少量生産」と呼ぶのは誤解を招きやすい。実際には，多品種小ロット生産を組み込んだ「柔軟な大量生産方式」（high-volume flexible production）というのが，より正確な表現であろう（安保1995年，35）。

246 第II部 イデオロギー, 担い手, 制度・組織

> Column 10-3
>
> ### マレーシア・プロトン社のモデルチェンジ
>
> マレーシアの国民車「プロトン・サガ」は, マハティール首相の「新経済政策」による野心的な重化学工業化方針と, 三菱商事・三菱自動車工業の全面的な協力が結びついて実現した。当初三菱グループは, 1983年設立の「プロトン社」(Perusahaan Otomobil Nasional Bhd. : Proton) の資金, 経営, 技術指導, 販売のすべての側面で協力し, 1988年から91年, 91年から93年まで2代にわたって日本人を同社の社長に派遣したあと, 93年7月に経営権を全面的にマレーシア側に委譲した。
>
> 「プロトン・サガ」は三菱車「ミラージュ」を下敷きにしたものである。一時期は手厚い政府の税制面での保護もあって, 国内のシェアは70％近くに達した。しかし, 買い替え需要の伸び悩みもあって, プロトン社は「プロトン・サガ」のモデルチェンジ, 三菱車ランサーをモデルとする「プロトン・ウィラ (Proton Wira)」の組立に踏み切ることを決定する。その際, 三菱自動車工業の水島工場が再度, 全面協力を行なった。すなわち, マレーシアのエンジニア, フォアマン, リーダーをそれぞれチーム (8名ずつ) に編制し, 水島工場敷地内に仮設した特別の生産ラインで, 93年1月から1ラウンド1カ月, 3ラウンドにわたって, 徹底的に日本人が訓練をほどこした。これなども, 日本的生産システムがマレーシアに波及するひとつのチャネルとみることができる (93年9月, プロトン社での聞き取り調査)。マレーシアの「国民車構想」とローカルの部品産業の育成 (ベンダー育成) の展開については, 鳥居 (1987年), 石井 (1997年), 穴沢 (1998年) などを参照されたい。

そしてこの「日本的生産システム」は, 単に日本製の機械や設備 (プラント) のアジアへの輸出だけではなく, 経営者や技術者といった「ヒト」を媒介にして, アジア諸国へと伝播していった。韓国の国営製鉄業である浦項製鉄所 (POSCO) は, 在日韓国人が技術指導を行なって初期の成功を実現させたし, 韓国の現代自動車やマレーシアのプロトン社 (Proton Berhard) は, 三菱自動車工業が頻繁な技術指導を現地と日本の双方で実施することで, 本格的な稼働が可能になった (コラム10-3)[18]。また, トヨタ自動車タイランド社の2つの組

表 10-5 東南アジア諸国における日系企業の OJT 実施状況（1990 年 11 月）

(単位：％)

項　　　目	シンガポール	マレーシア	タ　イ	インドネシア
調査企業数（社数）	270	183	203	110
(1)　経営部門				
OJT の実施	82	80	80	76
日本人スタッフによる	37	61	—	56
現地人上級スタッフによる	37	42	—	38
日本での研修	52	60	61	55
海外留学	1	3	5	4
(2)　生産製造部門				
OJT の実施	82	89	87	88
日本人スタッフによる	29	53	—	53
現地人上級スタッフによる	47	62	—	58
日本での研修	58	71	65	73
日本人の技術指導	57	57	68	61
QC サークル	29	34	43	40
提案制度の実施	36	43	39	35

出所）末廣（1995 年），187 頁。
原典）日本貿易振興会『NIES およびアセアンの日系メーカーの活動状況調査』1991 年 5 月。

立工場，インドネシアのアストラ・グループの自動車組立工場は，経営権を握るトヨタ自動車の日本人技術者の直接指導によって，「トヨタシステム」が導入され，生産性の向上を実現している。同様の現象は，家電製品（テレビ，ルームエアコン），VTR の組立，電子部品や半導体の製造においても，私が過去訪問した東南アジア諸国の工場で確認することができた。

　データが少し古くなるが，表 10-5 は日本貿易振興会が 1990 年末に東南アジア 4 カ国の日系企業計 766 社を対象に，経営部門と生産製造部門で「OJT (On-the-Job-Training)」や「日本での研修」，「QC サークル活動」，「提案制度」などがどの程度実施されているか，その点の調査結果をまとめたものである（本書の第 11 章，図 11-2 の「5S 運動」も参照）。「OJT」や「日本での研修」の普及率をみると，オフィスより生産現場で「日本的生産システム」を重視して

---

[18] 韓国の浦項綜合製鉄所の成功例については，Amsden（1989, Chapter 12）；Juhn, Sung-il（1991）を，韓国における現代自動車の日本からの技術移転については，Amsden（1989, Chapter 7）；谷浦（1990 年）をそれぞれ参照。

いることがわかる。また，この数字は各国で輸出志向がより明確になった90年代後半にはさらに進展した。

6　日本的生産システムの適用と適応

「日本的生産システム」は多くの場合，設備機械ではなく「ヒト」や「しくみ」を媒介して移転していく。日本的生産システムがアメリカ，ヨーロッパ，アジア諸国に進出した自動車組立工場や電機電子工場でどのように適用され，逆に持ち込んだ生産システムを現地の経営環境に合わせてどのように適応させているのか，その点を独自の手法を使って国際比較してきたのが，安保・板垣のチームである（安保編著 1988年；板垣編著 1997年）。

彼らはまず，日本企業の生産システムの企業内移転を「ヒト方式」と「モノ方式」に区分し，「ヒト方式」をさらに，(A)作業組織とその管理方法，(B)参画意識，(C)労使関係の3つにブレイクダウンする。さらに，(A)の「作業組織とその管理方法」は，①職務区分の広がり（あいまいさ），②単能工ではなく多能工の育成の重視，③企業外（Off-JT）ではなく職場内での教育・訓練（OJT）の重視，④職務ではなく勤続年数・学歴・職位を加味した賃金体系の存在，⑤作業長やグループリーダーの独自の役割などを，「日本的生産システム」の定着度を判定する際の基準とする。(B)の参画意識では，①小集団活動の存在，②集団内の情報の共有，③チーム内での一体感，(C)の労使関係では，①新卒採用重視を含む従業員の採用方式，②長期雇用，③労使協調路線（企業別組合方式の優勢），④下からの苦情の処理方式，などを「日本的生産システム」を適用しているかどうかの判断基準に使用する。一方，「モノ方式」の方は，(A)メインテナンス，(B)品質管理，(C)工程管理，(D)部品調達方法，の4つが重要な判定基準となる（板垣 1995年，232）。

こうした特徴や基準を使いながら，安保・板垣チームは欧米やアジア諸国の日系製造企業の「日本的生産システム」の定着度合いを，点数制を用いて判定していった。ところが，当然ながら「日本的生産システム」は日本の経営環境や社会文化構造を一定の背景として発展してきたものである。この条件が進出

先で変われば生産システムはうまく機能しないし，変わらざるをえないだろう。この点を安保・板垣チームは「適用と適応」という2つの分析枠組で処理してきた[19]。私が理解する限り，アジア諸国の経営環境で日本のそれと大きく異なっている問題は次のような点である（末廣 1997b 年）。

第一に，日本の場合には生産労働者や技術者の定着率がよいのに対して，アジア諸国では急速に工業化が進み，企業の事業拡大も早いために，一方では人材不足が，他方では引き抜き（中途採用）や離職が頻出した。その結果，長期雇用を前提とした日本型の技術・技能形成方式がうまくいかない。

第二に，賃金決定や企業内昇進においては，勤続年数や能力より「学歴」を何より優先する方式が見られた（本書の第12章）。海外留学組を含めて「学歴による分断」が，職種や職位を超えたチームワークや中間管理職層と生産現場の間の情報共有を困難にしている。

第三に，アジア諸国では日本以上に「職務」内容を明確にしたがる傾向があり，同時に与えられた仕事の幅や深さを広げたり深めたりする意思が弱い（「仕事生きがい論」の希薄さ）。その結果，いきおい「多能工化」や「ジョブローテーション」に対しては，一般ワーカーからの心理的抵抗が存在する。

以上のような理由から，次のような2つの方向での「適応」が，アジアに進出した日系企業ではみられた。ひとつは，現地の労務管理方式（家族主義，職務の明確化）や学歴至上主義を取り込みながら，職場での日本型生産管理方式を徐々に定着させていくやり方である（漸進的適応型）。1980年代半ばまで，日系企業の多くはこの方式をとっていた。

もうひとつは，逆に現地の社会的文化的要素の影響をできるだけ極小化し，日本的生産システムの効率性や高い品質管理を生かそうとするやり方である

---

[19] 安保・板垣チームは，合計23の項目についてそれぞれ1から5までの段階評価を与え，数字が5に近くなるほど「日本的生産システム」の適用度が高いと判定する。ただし，この方式はもともと自動車組立であれ電子部品製造であれ，「タイ式」とか「マレーシア式」といった独自の生産システムをもたず，日本企業が直接的にシステムを移入しているアジア諸国でどこまで有効かは疑問が残る。また，23の項目の数字（相対評価）を単純に合計して各国別に「平均点」を算出し，国や地域間の特性を比較する手法も，統計処理上問題が残るだろう。

(直接的移植型)。私が見学したマレーシアのM社のテレビ工場がその典型であった。マレーシアはマレー人，中国人，インド人から構成される多人種社会であり，食習慣も勤務時間（イスラムは金曜日の午後に長時間の礼拝がある）も異なる。加えて，生産ワーカーの離職率はきわめて高かった。人種別に対応しようとすれば，マレー人と中国人用の社員食堂の分離や，マレー人，中国人の生活慣習に即した勤務体系を構築する必要がある（中国人社員向け旧正月の対応やマレー人向けの断食明け祭りへの対応）。ところでマレーシアでの工場経験が豊富なM社は，そうした社会慣習の違いは十分承知しているので，上記の文化的差異をすべて生産計画の中に織り込んでいった。むしろM社が重視したのは，人種が違っても，また次々と新しい労働者を雇用しても，現地の社会構造や「ヒト的要素」が工場の生産性や製品の品質に影響を及ぼさない，そうした方式の開発であった。その結果，同社は生産管理工程を英語，マレー語，中国語の3種で徹底的にマニュアル化していき（欧米方式），同時に生産工程の自動化も日本の工場以上に進めていったのである。

　興味深い別の事例は，進出先の経営環境や労働市場の変化に柔軟に対応しつつ「適応」を図っていった，タイの日系タイヤメーカーG社（2つの工場）のケースである。タイヤの製造工程はゴムのパーツ貼りや車種別の段取り替えも含めて，非常に熟練を要する作業工程であり，G社の第一工場（69年操業）では，高卒ワーカーの職長への昇進は勤続10年以上を最低必要年限とし，またタイ人工場長や部長，課長，主任（職長と同格）といった管理職への登用もほぼ入社年の順番によって決定していた。また，製造部門とオフィス部門では職種に関係なく「同一賃金」の方針をとってきた（家族的経営主義）。しかし，引き抜きや離職（遅い昇進への不満）が急増したことで，別の県に建設した第二工場（94年操業）では，職長への昇進の必要勤続年数は10年から5-6年に引き下げ，賃金体系も職種と能力を重視する方式をとった。第一工場では複雑だった職制も第二工場では大幅に簡素化し，作業過程のマニュアル化も進めていった。タイを取り巻く経営環境の変化に応じて，持ち込んだ生産管理システムも同一企業内で変化していったのである。

　タイでは1988年から「直接投資ラッシュ」と「経済ブーム」が始まり，90

年代初めから産業投資の自由化の中で進出企業間の競争が激しくなると，日本の生産管理方式や「管理と競争」をより直接的に適用する傾向も強まっている（末廣 1997b 年；本書の第 11 章）。そして，今回の通貨・経済危機の勃発は，国内市場向けであれ輸出志向企業であれ，日本的生産システムの「直接的な適用」を日系企業や関連部品メーカーに促す契機になったようにも思える。しかしその一方，「日本的生産システム」の企業内移転を通じた波及効果に対する障壁も，アジア諸国で顕在化しつつある。

第一の障壁は，第 9 章ですでにみたアメリカ流の「コーポレート・ガバナンス」の強調，つまり産業の競争力を支える製造企業の生産管理ノウハウではなく，個別企業の健全性を支える財務管理能力や少数株主の意見の重視がそれである。第二のより根本的な障壁は，日本企業の進出先であり，技術移転の受け手であるアジア諸国の「社会的レベルでの技術形成能力」の限界，とりわけ技術者・技師の層の薄さ（教育システム）や研究開発関連（R&D）の支出の小ささであった。表 10-6 は，国別・地域別に人口 100 万人当たりの研究者の数と，当該国の民間企業レベルでの対人口比 R&D 支出の規模や，全 R&D 支出が名目 GDP にしめる比率を比較したものである。タイを例にとると，研究者の数は人口 100 万人中わずか 103 名，民間企業の対人口比 R&D 支出の規模 0.71 ドルは調査国 44 カ国中 41 位（IMD 1999, 476），全 R&D 支出が名目 GDP にしめる比率 0.18％は，調査国 46 カ国中じつに 44 位（ibid., 47）であった。対象をアジア諸国に広げても欧米諸国との格差は大きく，とりわけ東南アジア諸国の場合には，ラテンアメリカ諸国と比べてもなお低かったのである（経済企画庁調査局編 2000 年，第 2 章）。

情報技術（IT）産業の比重が高くなり，製品毎の技術革新のスピードが上がる中で，「キャッチアップ型工業化」をさらに進めようとすれば，個人や組織レベルでの技術形成だけではなく，教育制度や技術開発の社会的基盤が当然問題となる。それは単なる「組立てる技術」から機械や素材を「加工する技術」への発展だけでなく，「生産技術」から「製品技術」へと進んでいくための必要条件でもあった。この条件が整わないと，日本企業による「企業内技術移転」の波及効果も，「国を基本単位」とする一人当り所得の水準のさらなる上

表 10-6　各国の研究者，R&D 支出，R&D 比率

国　名	調査年	研究者（人） 対人口 100 万人比	企業の R&D 支出 97 年 対人口比ドル	全 R&D 支出 97 年 対 GDP 比率(％)
韓　　国	1994	2,637	217.38	2.79
台　　湾		n. a.	154.84	1.92
シンガポール	1995	2,318	236.59	1.49
フィリピン	1992	157	0.04	0.22
タ　　イ	1995	103	0.71	0.18
マレーシア	1996	93	6.56	0.20
インドネシア	1994	n. a.	0.50	0.09
中　　国	1995	347	2.17	0.64
イ　ン　ド	1994	149	0.40	0.73
メキシコ	1995	214	1.94	0.33
ブラジル	1995	168	8.30	0.57
チ　　リ	1994	445	5.28	0.65
アルゼンチン	1995	660	4.54	0.37
ポーランド	1996	1,358	10.85	0.76
日　　本	1996	4,909	735	2.33
アメリカ	1993	3,676	574	2.55
カ　ナ　ダ	1995	2,719	205	1.56
ド　イ　ツ	1995	2,831	418	2.40
フランス	1996	2,659	329	2.26
オランダ	1996	2,219	281	2.09

　　注）調査年は研究者の統計のみ。その他は 1997 年の数字を示す。
　出所 1) 研究者：UNESCO, *Statistical Yearbook 1999*, Section III. 1 Selected R&D Indicators.
　　　 2) 企業の R&D 支出，全 R&D 支出：IMD, *The World Competitiveness Yearbook 1999*, pp. 47 and 476.

昇も，おのずから限界を迎えるだろう[20]。

---

[20]「日本的生産システム」の適用と適応の一定程度の限界に対して，興味深い新しい発展パターンを示しているのは，台湾のパソコン産業である。パソコン産業は今回の通貨・経済危機の中でも発展を続けており，第 3 章で紹介した米倉（1999 年，第 5 章）の「シリコンバレー・モデル」と「人的ネットワーク」を組み合わせて，ユニークな発展を遂げてきた。この点の研究については，川上（1998 年），サクセニアン（2000 年）などを参照。

第11章

労働市場と「管理と競争」

「キャッチアップ型工業化」は，後発工業国の労働市場や労使関係にどのような特徴を与えるのだろうか。その検討が本章の課題である。最初にドーアの『イギリスの工場・日本の工場』を取り上げ，ドーアが指摘する労使関係の「後発効果」を紹介する。その上で労働市場に見られるいくつかの特徴を検討する。また，急速な工業化と輸出産業の成長が，競争とより厳格な管理にもとづく「労使関係」を生みだすことを紹介する。さらに，開発主義体制は国家による労使関係への介入を引き起こした。そこで，労働組合の結成や労働運動に対する政府の抑圧と「上からの包摂」を取り上げ，最後に通貨・経済危機以後の労働問題について展望しておく。

1 ドーアの「イギリスの工場・日本の工場」

欧米諸国と比較した場合，後発国日本の労働市場や労使関係にはいくつかの特徴をみることができる。従来しばしば指摘されてきた特徴は，①終身雇用制度（life-time employment），②年功型賃金（seniority system）と昇進にあたっての勤続年数の重視，③良好な労使関係，の3つがそれであった[1]。そしてこれらの特徴は，後発国の工業化の社会的能力，とりわけ輸入技術の導入を進める上で貢献すると捉えられてきた。

例えば，「終身雇用制度」は雇用を保障することで，一方では企業内部にお

ける技能や熟練の長期にわたる蓄積を可能にし,他方では企業に対する忠誠心の涵養や良好な労使関係の基礎になったとみる(大川・ロソフスキー 1973年;南 1992年)。「積み重ね型革新」の技術形成(本書の第3章)にとっては,熟練労働者,技能者,技術者の定着とチームワークが不可欠であり,雇用の保障はその重要な条件になったとみなすからである。

次に「年功型賃金」や「勤続年数重視の昇進」も,労働者の離職を抑え定着を促したとみなす。そして「良好な労使関係」は,生産の連続性の確保(ストライキなどによる生産計画の変更の回避)や,作業者による経営への一定のコミットメントを通じて,製造企業の生産効率性を高めたといわれる。こうした制度が,1970年代以降変化のサイクルが激しくなった消費動向に柔軟に対応するフレキシブルな生産システムと,生産現場における継続的な生産性向上運動に与って力のあったことは,第10章でみたとおりである。

後発国に特徴的な労使関係を,より実証的かつ体系的に研究したのが,日本研究者として有名なロナルド・ドーアの『イギリスの工場・日本の工場』(山之内・永易訳 1987年;文庫版,1993年;原著,1973年)であった。ドーアは日本の労働経済学者と共同で,イギリスと日本をそれぞれ代表する2つの重電関連の大企業(イングリッシュ・エレクトリック社と日立製作所)を選び,両者の生産・経営管理システム,労働組織,賃金,昇進制度,人事労務管理,労働組合などを詳細に比較した。そして,両国に見られる労働組織の違いは,「文化性」や「国民性」の違いから説明すべきではなく,むしろ「工業化の段階」の違い,すなわち遅れて工業化を開始した国の制度・組織面での「後発効果」(late development effect)に求めるべきであると主張した(文庫版,1993年上巻,序;同書下巻,第15章)。

ドーアはまず,イギリスの工場でみられる労使関係の特徴を,先発工業国にみられる「市場志向型労働組織」(market-oriented forms of work organization),

---

[1] もっとも,日本の「年功」賃金制度については,勤続年数(年)と人事評価・査定(功)の2つからなり,「年」より「功」の方を労務管理に巧みに利用しているのが,日本の労使関係の特徴であるという議論がある(橋本 1995年;橋本編 1996年,第2章の遠藤論文)。

日本の工場にみられる特徴を「組織志向型労働組織」（organization-oriented forms）とそれぞれ名付ける。その上で，技術革新のスピードがあがり，経営組織がより複雑になり，生産現場での人間的要素がより重視されてきている今日では，後者の「組織志向型労働組織」へと労使関係が向かうと指摘した[2]。そして日本語版が増刷された機会に，ドーアは「1990年版へのあとがき」と題する長文の論文を新たに寄稿し，両者の相違をあらためて整理しなおした。それが表11-1である。

表は「イギリスの大企業（工場）」と「日本の大企業（工場）」の比較対照を試みたものであるが，同時に「先発国の大企業」と「後発国の大企業」の比較対照表と読み替えることもできる。また，対照表のうち「会社観」以下の項目は，第9章で取り上げたアメリカと日本の「コーポレート・ガバナンス」の相違とも対応している（Dore 2000）。「1990年版へのあとがき」では，その後の日本経済の長期不況や日本的生産管理システムに対する自信喪失がまだ顕在化していなかったために，ドーアは日本に見られる「組織志向型労働組織」や「共同体型会社」のもつ競争的優位を強調する意見を展開している[3]。

「1990年版へのあとがき」でもうひとつ注目すべき議論は，日本より工業化をより遅く開始したセネガル，スリランカ，メキシコの3カ国で，ドーアのグループが工場調査を実施し，工業化が後になればなるほど「組織志向型労働組織」への志向がより強まるという，「後々発効果」の検証を試みた点である。なお上記の調査対象国からは，日本と文化的要素が近いとみなされやすい東アジア地域は，意識的に排除されている。

さて，ドーアたちが3カ国の調査から得た結論は次の8つであった。①製造業部門では，賃金，労働条件，雇用保障，組合組織率のいずれをとっても，明確な二重構造がある，②正規と臨時従業員の間には制度的な区別がある，③正

---

[2] ドーアはのちにこの区分ではなく，会社法にもとづく企業（company law firm）と共同体型会社（community-type firm）という別のカテゴリーで，欧米企業と日本企業の特徴を捉えるようになる（文庫版〔下〕「1990年版へのあとがき」，212頁）。
[3] 1999年10月に私も参加した大阪での国際シンポジウムで，ドーアは長期不況下の日本企業の問題を指摘しながらも，「共同体型会社」のもつ利点は経済グローバル化のもとでもけっして失われたわけではないことを強調している。

表 11-1　ドーアの大企業・労働組織の 2 つの類型

項　目	市場志向型/会社法による企業 先発工業国の大企業（イギリス）	組織志向型/共同体型会社 後発工業国の大企業（日本）
労働移動率	＊労働移動率は一般に高い ＊平均して 3, 4 年に一回職を変える	＊労働移動率は一般に低い ＊終身雇用の常用労働者と臨時工の峻別
賃　金	＊賃金は一定の技術・技能に対する現行の賃率に従い、市場を反映する ＊企業間を越える「同一労働同一賃金」の原則が働く	＊賃金決定は組織内で行なわれる ＊勤続年数、年齢、功労が、職能と共に賃金決定の重要な要素となる ＊職務ではなく人間的要素が大きい
労働訓練	＊個人の市場価値を高める訓練は、本人の負担か公共の負担となる	＊訓練は会社が行ない、労働者の質の向上は会社にプラスとなる
中途採用	＊いかなる地位も外部からの参入が可能	＊内部昇進を重視する ＊ブルーカラーにも「出世」の道がある
社会保障	＊基本的に個人か国家の責任である	＊労働者の身分保障と福利は会社が責任を負う
労働組合 労使交渉	＊同一の職種、産業で結束する ＊全国的もしくは地域レベルでの交渉	＊基本的に会社別組合である ＊交渉は企業レベルで実施する
帰属意識	＊専門家、熟練工としての自己意識、階級意識、地域への帰属意識が強い	＊経営者は意識的に労働者に企業への「参加」意識、企業への帰属意識を育成する
仕事の 動機づけ	＊個々人の物質的利害がもっとも強い ＊出来高制、責任範囲の明確化、処罰や解雇の行使、個人間の競争の督励	＊会社の繁栄や名声など集団的利害もひとつの重要な動機づけとなる ＊集団ベースの出来高制、職務範囲のあいまいさ、集団の協調性の重視
会社観	＊会社は株主の所有物である ＊会社の構成員は株主である ＊敵対的買収が行なわれる	＊会社は人々の共同体である ＊会社の構成員は従業員である ＊敵対的買収は少ない
管理職観	＊株主の代理人である	＊会社共同体の上級メンバーである
資本市場	＊株式資本により依存する	＊銀行資本により依存する
経営風土	＊より金銭志向的である	＊より生産志向的である

出所）ドーア，山之内・永易訳（1993 年，下巻），205-213 頁より作成。

規従業員の転職率は低い，④内部昇進のパターンをかなりの程度確認できる，⑤勤続年数を重視する，⑥特定の技術ではなく一般的な教育を企業が重視する，⑦企業内の厚生施設が整っている，⑧産業別組合よりも企業別組合が中心である。したがって，「組織志向型労働組織」の特徴を，概ね確認することが

できたと結論づけている。一方賃金については,「同一労働同一賃金」や「職務給」(イギリス型) への志向が日本以上に強いことが示された。ただしその場合でも,勤続年数,企業への忠誠度,集団内での協調性が加味されている,というのがドーアたちの観察である。

それでは他のアジア諸国の場合にはどうであろうか。後発工業化の過程で,ドーアのいう「組織志向型労働組織」,もしくは彼のいう「後発効果」を確認することができるのだろうか。以下では,労働市場,人事労務管理,労使関係・労働組合の3つの分野に分けて,それぞれ特徴を明らかにしてみたい。

2　労働市場の4つの特質

アジア諸国の労働市場の特徴として第一に言えることは,「生産労働者・技能者」の急速な数の増大と労働人口にしめるその比率の上昇である。この点は前掲表6-3の韓国,台湾における労働人口の構成比率の推移からも窺い知ることができるが,表11-2のタイの事例がより明確に示している。

タイは工業化が進みつつも労働人口にしめる農業人口の比率が高く,その点がタイを「NAIC型工業化」と規定する大きな特徴のひとつであった (本書の第6章)。ところが,1988年から始まる「経済ブーム」を契機に,タイの労働人口構成は急速に変わっていった。表から分かるように,農林漁業の従事者の比率は,88年の66%から95年には47%へといっきに低下した。一方,生産労働者・技能工の比率は同期間に11%から21%へと上昇している。同時に,「地位別就業人口」の構成をみると,同じ88年から95年の間に,民間企業被雇用者の人数が627万人から996万人へと370万人も増加し,逆に「家計補充者」(主として農業と商業。大半が女性) の方は923万人から796万人へと130万人も減少したことが分かる。民間企業の労働者の急増は,労働力の新規供給だけではなく,従来農業や自営業の手伝いを行なっていた女性の「労働力」の転化によっても支えられたということができるだろう。

この労働人口の構成変化は,農業部門から製造業・サービス部門への労働力の移動を通じて実現した。ただし,生産労働者の急増と農業部門の関係は,韓

表 11-2 タイにおける職種別・地位別就業人口の推移（1980-98 年）

〈1〉職種別就業人口の推移

職種別分類	1980 1,000人	%	1988 1,000人	%	1995 1,000人	%	1998 1,000人	%
専門職・技術職	559	2.5	982	3.3	1,539	5.0	1,874	6.2
行政職・管理職	294	1.3	399	1.4	775	2.5	895	3.0
事 務 職	391	1.7	836	2.8	1,231	4.0	1,254	4.1
販 売 従 事	1,877	8.3	2,725	9.2	3,737	12.1	4,226	14.0
農 林 漁 業	15,959	70.9	19,578	66.4	14,446	46.9	13,489	44.6
採鉱・運輸通信	490	2.2	720	2.4	1,308	4.2	1,235	4.1
技能工・生産労働	2,350	10.4	3,203	10.9	6,328	20.5	5,744	19.0
サービス労働	599	2.7	1,011	3.4	1,443	4.7	1,529	5.1
分 類 不 明	0	0.0	0	0.0	8	0.0	14	0.0
合 計	22,524	100.0	29,464	100.0	30,815	100.0	30,260	100.0

〈2〉地位別就業人口の推移

地位別分類	1980 1,000人	%	1988 1,000人	%	1995 1,000人	%	1998 1,000人	%
雇 用 主	282	1.3	376	1.4	813	2.6	772	2.6
政府関係被雇用者	1,190	5.3	1,993	7.4	2,421	7.9	2,697	8.9
民間企業被雇用者	3,727	16.5	6,269	23.3	9,961	32.3	9,771	32.3
自 営 業 者	6,787	30.1	9,023	33.6	9,659	31.3	9,737	32.2
家計補充従業者	10,537	46.8	9,225	34.3	7,962	25.8	7,283	24.1
合 計	22,524	100.0	26,886	100.0	30,815	100.0	30,260	100.0

出所）国家統計局の該当年の「労働力調査」結果より末廣作成。
　　　1980：SYB Vol. 33, 1981-84, pp. 500-501, YBLS 1981/82, p. 13
　　　1988：SYB Vol. 35, 1987-88, pp. 378, 380
　　　1995：YBLS 1996, pp. 11-12.；1998：YBLS 1998, pp. 14-15
　　　SYB：タイ国家統計局, *Statistical Year Book of Thailand*
　　　YBLS：タイ労働社会福祉省編, *Year Book of Labour Statistics*

国と台湾では大きく異なっていた点に注意する必要がある。つまり，韓国では多くの労働力が農業を捨て，家族全体が都市に移動して賃金労働者に転化するという，「挙家離村」の形態をとった（倉持 1994 年）。一方，台湾の場合には，工場が地方に分散していたこともあって，戸主や両親は農業を続け，家族労働力の一部が賃金労働者に転化するという，典型的な「兼業農家」の形態をとった。実際，台湾の農家統計をみると，1960 年当時，77 万 6000 戸（うち兼業農家の比率は 51%）あった農家戸数は，70 年に 87 万 9000 戸（兼業農家率は

69%）へと増加し，80年でも87万2000戸（同91%）を記録した。農家戸数の減少が始まるのは80年代に入ってからである。とはいえ，85年の数字をとっても，農家戸数は77万2000戸（同89%）と，60年当時の数字を維持していたのである（隅谷ほか 1992年，62）。

タイの場合は，台湾の「兼業農家型」と同様であり，農家戸数は1980年の447万戸から88年には504万戸，さらに93年には517万戸へと，一貫して増加している（末廣編著 1998a年，149）。農業人口が80年の1596万人から98年の1349万人へと250万人も減少していることを考えると（表11-2），世帯レベルで農業を維持しながら工業化を進めてきたタイの特徴が明らかになるだろう。東南アジアの場合，「兼業農家型」はインドネシアでも見ることができる（水野廣祐 1999年）。一方，フィリピンやマレーシアは，韓国ほどではないが，「挙家離村」のプロセスをたどっている。

アジア諸国の労働市場が示す第二の特徴は，大企業中心の雇用構造である。一般に，途上国では中小企業の多数の存在や，都市部における街頭商人を含めた「インフォーマルセクター」の広範な存在が強調されてきた（コラム11-1）。しかし，急速に工業化を遂げたアジア諸国の場合，注目すべきは大企業における雇用が全体にしめる比率の大きさと，雇用形態にみる大企業と中小企業との大きな違い，あるいはドーアが指摘する労働市場の「二重構造」であろう[4]。

表11-3は，この点をタイで確認するために作成したものである。表が示すように，タイでは300人以上を雇用する事業所の数は，1986年時点で431ヵ所（全体の1%），98年でも2163ヵ所（同6%）にすぎなかった。ところが，雇用人数の合計でみると，同事業所は86年に33万4000人（雇用全体の43%）をしめ，93年には130万人（同50%）と，半分を超えるまでになっていた。したがって，タイの労働市場や労使関係を見ていく場合には，まず大企業の実態を検討する必要がある。この点は他の諸国でもほぼ同じで（インドネシアは

---

[4] 日本における労働市場の「二重構造」については，南（1992年）のほか，尾高（1984年）が基本文献である。アジア諸国の場合には，この問題に本格的に取り組んだ文献はほとんどない。アジア全般については渡辺利夫（1986年，第Ⅳ章），韓国については隅谷（1975年），倉持（1994年），マレーシアについては吉村（1998年），インドネシアについては水野（1999年）などが参考になる。

Column 11-1

工業化とインフォーマルセクター

　途上国の工業化は「都市化」（Urbanization）の急速な進展と，都市部における雑多な職種の増大，つまり「インフォーマルセクター」とか「民衆生業」と呼ばれる都市雑業層の肥大化と密接な関係にある。都市雑業層と呼んでいるなかには，行商人，露店商，ベチャ運転手，売買春婦，乞食，日雇い労働者なども含まれる。開発経済学の教科書を編纂したことで有名なトダロ（Todaro 1994）は，1969年の論文（Todaro 1969）で，先に紹介した農業・農村・伝統部門と工業・都市・近代部門の「ルイスによる2部門モデル」（コラム6-1）を再検討し，途上国の労働力は経済発展に伴って，まず農業部門から都市伝統部門へ，次に都市近代部門へと段階的に移動するという「3部門モデル」を提唱した。次いで73年には，ILO（国際労働機構）のハーツ（Hart 1973）が，ガーナの都市労働者の就労形態に関する本格的な調査を実施し，その論文の中ではじめて「インフォーマルセクター」という用語を使用した。そして，セスラマンをリーダーとするILOの調査グループ（Sethuraman ed. 1981）による大規模な途上国における国際比較調査が，「インフォーマルセクター研究」の転機になった。

　もっとも，「インフォーマルセクター」の数量的規模を各国の統計からどのように把握するかについては，職種による判別，就労形態や就業人口の地位別判別，雇用契約の有無からの判別など，さまざまな規準が採用されており，その規模や人数は研究者や政策担当者が採用する手法・基準によって大きく変動する。また，「インフォーマルセクター」を生みだす要因についても，農村部における「プッシュ要因」を重視するか，都市部における「プル要因」を重視するかで議論が分かれている。「インフォーマルセクター」の研究史の整理については鳥居・積田（1981年）がすぐれている。アジア諸国の「スラム」については，フィリピンの事例を分析した中西（1991年）を，バンコクの都市化による経済社会問題の実態については末廣（1989b年）を，それぞれ参照されたい。また，東南アジア各国におけるベチャ，サームロー（人力三輪車，自動三輪車）の「乗り物変遷史」を，多数の写真・イラストとともに紹介した前川（1999年）なども，本書の読者にはぜひ読んでほしい本である。

表 11-3 タイ製造業の従業員規模別事業所の分布（1986-98 年）

〈1〉事業所の従業員規模別分布　　　　　　　　　　　　　（単位：事業所数，%）

従業員規模	1986	%	1990	%	1993	%	1998	%
10 人未満	27,479	74.4	34,991	66.5	43,510	62.3	58,499	59.3
10〜99 人	8,175	22.1	14,820	28.2	21,642	31.0	33,418	33.9
100〜299 人	828	2.2	1,774	3.4	3,055	4.4	4,518	4.6
300〜499 人	225	0.6	478	0.9	774	1.1	1,069	1.1
500〜999 人	136	0.4	349	0.7	552	0.8	692	0.7
1000 人以上	70	0.2	200	0.4	323	0.5	402	0.4
合　計	36,913	100.0	52,612	100.0	69,856	100.0	98,598	100.0
300 人以上小計	431	1.2	1,027	2.8	1,649	4.5	2,163	5.9

〈2〉従業員数の従業員規模別分布　　　　　　　　　　　　（単位：1000 人，%）

従業員規模	1986	%	1990	%	1993	%	1998	%
10 人未満	94	12.0	132	8.1	172	6.7	236	6.5
10〜99 人	218	27.8	398	24.3	597	23.2	933	25.8
100〜299 人	138	17.6	293	17.9	508	19.7	738	20.4
300 人以上	84	10.8	178	10.9	293	11.4	402	11.1
500 人以上	93	11.9	237	14.5	374	14.5	470	13.0
1000 人以上	156	20.0	398	24.3	633	24.5	834	23.1
合　計	783	100.0	1,635	100.0	2,577	100.0	3,612	100.0
300 人以上小計	334	42.6	813	49.7	1,299	50.4	1,705	47.2

出所）タイ内務省労働局もしくは労働社会福祉省の『労働年鑑』より末廣作成。
　　　1986, 90 年：Department of Labour, *Year Book of Labour Statistics 1986*（pp. 70-71）; do., *Year Book of Labour Statistics 1991*（p. 173）.
　　　1993, 98 年：Ministry of Labour & Social Welfare, *Year Book of Labour Statistics 1993*（p. 25）; do., *Year Book of Labour Statistics 1998*（p. 36）.

異なり，農村家内工業が広範に存在する），アジア諸国は「大企業・大規模工場社会」であることをまず確認しておく必要があろう。

　第三の特徴は，女性の労働参加率の高さと労働人口にしめる女性の比率の高さである。経済活動人口（economic active population）にしめる男女の労働参加率（95 年統計）は，タイが男性 86%，女性 67% でもっとも高く，以下シンガポールが男性 84%，女性 53%，マレーシアが男性 91%，女性 52%，韓国が男性 76%，女性 41% であった。ちなみに，日本は男性 84%，女性 53%，アメリカは男性 86%，女性 60% である（世界銀行，世界銀行東京事務所訳 1995 年，150-151）。女性の労働参加率が 40% を超えるという現象は，先発工業国の労働

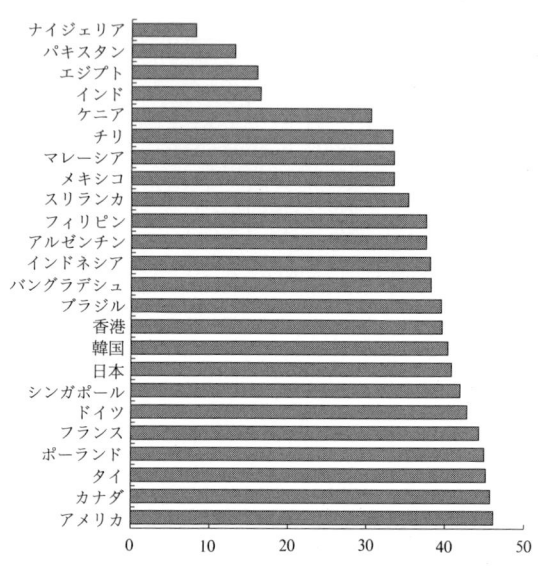

図 11-1 雇用人口にしめる女性の比率

ナイジェリア
パキスタン
エジプト
インド
ケニア
チリ
マレーシア
メキシコ
スリランカ
フィリピン
アルゼンチン
インドネシア
バングラデシュ
ブラジル
香港
韓国
日本
シンガポール
ドイツ
フランス
ポーランド
タイ
カナダ
アメリカ

出所) ILO, *Yearbook of Labour Statistics 1999* より作成。

市場のひとつの特徴であるが，こうした傾向はアジア諸国にも確認できた[5]。図 11-1 は，「女性労働参加率」の最新データが入手できないので，ILO の『労働年鑑 1999 年版』をもとに，就業人口の女性比率を示したものである。

アジア諸国にみる女性の労働参加率の高さは，儒教文化圏論（本書の第 1 章）や宗教的要因のみで説明することはできない。というのも，1995 年の経済活動人口（15-64 歳）にみる女性の労働参加率は，宗教的に女性労働が抑制される同じイスラム国でも，パキスタン（16%），エジプト（10%），バングラデシュ（8%）とマレーシア（52%）の間では，大きな違いが存在したからである。しかもマレーシアでは，機械を扱う現場にも多数の女性労働者を見いだ

---

[5] ラテンアメリカ諸国の場合，従来は女性の労働参加率は 30% 前後で，それほど高くなかった。ところが，1980 年代以降の経済の自由化とその後の経済改革（国営企業の民営化など）の影響を受けて労働市場が不安定かつ流動的になり，労働者やもと公務員の所得の低下が生じた。その結果，家計補充を目的とする女性のパート労働が増加し，女性の労働参加率が高まるという新しい現象が生まれている。

図 11-2　マレーシアの電機工場で働くイスラム女性（1993 年 9 月 8 日，著者撮影）。通常は男性が行なう部品交換を担当する。

すことができた（図 11-2 の写真を参照）。アジア諸国における女性の労働参加率の相対的高さは，労働集約型の輸出産業を中心とする工業化の発展パターンと密接に関係しているとみるべきであろう。

例えば，表 11-4 にはタイとシンガポールを取り上げ，全体の労働人口と製造業の労働人口にそれぞれしめる女性の比率を示しておいた。労働人口全体では農業の家計補充労働者の存在が理由となってタイがきわだって高くなっているが，製造業でみると，継続的に女性労働者の比率が上昇していることが判明する。シンガポールなどはその点をもっとも典型的に示している。これは，繊維・衣類，電子部品，アグロインダストリー（ブロイラー，養殖エビ，ツナ缶詰など）といった，「手先の労働」にもっぱら依存する輸出産業が，若年女子労働者を大量に動員することで発展してきたことと不可分の関係にある。

実際，私が 1980 年代に見て回った多数のタイの工場は，ブロイラーの内臓の抜き取り作業にしろ，エビの皮剥き作業にしろ，電子部品の検査工程にしろ，忍耐と規律を要する単純作業の繰り返しであり，その 9 割を 20 代前半までの若い女性が担っていた（末廣 1993a 年，第 5 章）。しかもこうした女性労働

表 11-4 タイとシンガポールの女子労働者比率の推移

(単位：1000人，%)

国名/年次	労働人口			製造業人口		
	全体	女子労働者	女子の%	全体	女子労働者	女子の%
タイ						
1960	13,772	6,665	48.4	471	177	37.6
1970	16,652	7,867	47.2	682	291	42.7
1980	23,140	11,174	48.3	1,320	615	46.6
1990	31,297	15,019	48.0	2,328	1,133	48.7
シンガポール						
1957	471	84	17.8	66,754	12,298	18.4
1970	651	154	23.7	143,100	48,121	33.6
1980	1,077	371	34.4	324,121	149,973	46.3
1990	1,537	620	40.3	447,436	209,323	46.8

注）シンガポールの製造業人口のみ単位は人。
出所）タイ，シンガポールとも，各国の人口センサスより作成。

者は多くの場合，男性労働者よりも平均労働時間が長く，しかも平均賃金水準は低かった。アジア諸国の工業製品の輸出増大は，女性労働者が支えてきたといっても過言ではない[6]。

第四の特徴は，正規労働者とは別の臨時労働者，人材派遣企業による短期契約労働者や外国人労働者の，日本以上の広範かつ大規模な存在である。アジア諸国の急速な工業化は，単に技術者や専門職の不足を招いただけでなく，単純労働者の不足も引き起こした。これに対応して不足分を埋めてきたのが，臨時労働者と外国人労働者の2つのグループである。

タイを例にとると，1989年10月に政府は労働者の権利保護の観点から，4カ月以上の雇用関係にあるものを会社都合で解雇する場合には，すべてに「解雇手当」を支給することを義務づけた（末廣編著 1998b年，224）。ところがこの新しい規定は，かえって4カ月未満の「短期雇用」を促すことになり，こうした契約労働者を派遣する「人材派遣会社」が急速に増加していった。経済危機以前には，建設，セメント，自動車組立などでは人材派遣会社が派遣する労

---

[6] アジア諸国の工業化と女性労働者の関係をジェンダーの観点から分析した文献としては，森・水野編（1985年），などを参照。

働者を大量に雇用し，契約を4カ月ごとに更新しながら，大体1年目に有能な人材を正規社員に切り替える方針がとられた[7]。一方経済危機が生じたとき，まっさきに解雇（契約更新の打切り）の対象となったのが，こうした「臨時労働者」であった。

　同時にタイでは，ミャンマー，ラオス，ベトナムなど近隣諸国の外国人労働者，それも非合法労働者に「3K労働」（危険，きつい，きたない）を依存する体制が定着している。1990年代初めに30万人程度であった外国人労働者の数は，96年5月に労働省が各県の県労働事務所を通じて調査した時点では72万人に膨れ上がっていた（末廣 1997b年, 70-71）。実際には，100万人を超える外国人労働者がタイには存在したのである。民間企業の被雇用者数が98年当時，977万人であることを想起すれば，その数字の大きさが分かるだろう（前掲表11-2）。これらの労働者は，精米所での籾の荷下し[8]，天然ゴムの採液作業，サトウキビの刈り取り作業，漁業，家事手伝いなど，文字通りの「3K労働」に従事している。タイは20万人に近い人々が日本や中近東などに出稼ぎや「じゃぱゆきさん」に向かう「労働輸出国」として理解されてきた。しかしその実態は，海外出稼ぎ労働者の数をはるかに上回る「労働輸入国」だったのである[9]。

　外国人労働力の存在はアジア諸国ではごく普通の現象となっている。シンガ

---

[7] 私が訪れたタイの日系自動車組立工場では，1996年当時，生産ラインの55%をこの人材派遣会社の短期雇用労働者に依存していた。板ガラス製造工場や鉄鋼工場もほぼ同様である。この事実は，長期安定雇用を前提とする「日本的生産システム」の海外移転（本書の第10章）の議論に再検討を迫る。市場が急速に拡大したり離職率が高い場合には，教育訓練に時間のかかる「日本的生産システム」が，アジア諸国に進出した日系製造企業によって常に適用されるとは限らないからである。

[8] 昔は，精米所のコメ運搬は60キログラム（ハーブ）の麻袋入りであったが，袋が化繊のポリプロピレンに変わったことで，1袋100キログラムの重量になった。その結果，タイ人は重労働の「コメ担ぎ」を忌避するようになった。

[9] 通貨・経済危機のあと，タイ政府はいったん「合法化」した外国人労働者を再度非合法滞在とみなし，1998年5月をもって国外追放の方針に転じた。しかし，労働者の大半をミャンマー人に頼る精米所，天然ゴム，漁業などの経営者グループの強い反対にあって，就労許可の延長を図らざるをえなくなった。危機後の外国人労働問題については，末廣（2000b年）を参照。

ポールは中国やマレーシアやタイから20万人以上，マレーシアはバングラデシュやインドネシアから120万人以上，タイはミャンマーやラオスから100万人以上，フィリピンの工業団地はタイから2万人，韓国はフィリピンから1万人以上，日本は中国やタイから10万人以上，それぞれ不足する労働者や家事手伝いを補充していた[10]。こうした外国人労働者の存在は，アジア諸国の労働市場をいっそう複雑なものにしている。

3 「働きやすい職場」と「管理と競争」

　民間企業，それも大企業を中心とする被雇用者の急増に伴って，工場やオフィスにおける労使関係も急速に変わりつつある。それは家族主義や人間関係をベースにおき，「働きやすい職場」を志向する労務管理から，「管理と競争」を軸にすえた労務管理へのシフトと要約できる。「キャッチアップ型工業化」では，すでに繰り返し見てきたように，生産現場での「積み重ね型革新」の努力や創意工夫が不可欠であり，それだけ職場での管理と個人間の競争が厳しくなることを意味する。この点を，私が何度か訪れたタイの3つの工場を事例に説明しておこう。なお，いずれの工場も「手先の労働」に依存する輸出向け製造工場で，作業者の大半を若年の女子労働者がしめていた。

　第一の工場は，西タイに存在するパイナップルの缶詰工場の事例である。この工場は製造工場であるが，じつは労働過程そのものは農作業に近い性格を有していた。まず，原料のパイナップルは農産物であるので，その収穫は天候に左右される。また，西タイは訪問当時（80年代後半）記録的な洪水に何度か見舞われ，原料の工場への搬入も不確定であった。したがって，当然ながら厳格な生産計画はなく，原料が搬入されると近隣農村から労働者を招集して，随時選果作業を行なうことになる。近代工場に不可欠の雇用契約や生産計画は存在しなかった。

　このパイナップル工場内の作業そのものも比較的単純であった。大きさに合

---

[10] 日本における外国人労働者問題については，法務省が刊行している月刊誌『国際人流』が参考になる。

わせた選果作業，裁断，梱包などで，缶詰への挿入は半自動機械が行なった。訪れた工場では，輪切りのリング型の日本向け輸出と，カクテル用のピース型（果実を細かく裁断する）のヨーロッパ向け輸出の2種類を，それぞれ製造していた。パイナップルに虫食いや色の変質が少しでもあると，「見た目」にうるさい日本の消費者が受け付けないので，こうした原材料はリング型缶詰には使えない。そこで，この工場では虫食いなどのパイナップルは，ピースに裁断してヨーロッパ向けに輸出していた。つまり，生産管理だけではなく厳格な品質管理も不必要だったのである。

　第二の見学工場は，北タイに拠点を有する日系あられ製造・輸出メーカーの事例である。北タイでは良質の「もち米」がとれるので，日本から海苔と醬油を持ち込み，海苔を巻く「手先の作業」をタイ人に任せて，日本とヨーロッパに輸出するのが，同メーカーが進出した目的であった。こうした工場は私が訪問した1993年当時，北タイだけでも7工場を数えた。海苔を巻く作業は，出来たての熱々のあられに醬油をからめているため海苔が破れやすく，機械を使った自動化が難しい。結局，日本でも大半は手作業に頼るしかなかった。この工場を最初に訪れた1993年当時は，おおまかなノルマしかなく，作業の遅い女子労働者は，別の部署の女子労働者が必要に応じて応援にきていた。ちょうど農作業にみられる伝統的な手間貸し交換（アウレング・アウンガーン）に似た慣行をとっており，応援部隊には特別の手当は支給されなかった（あくまで助け合いの精神だから，対価は求めない）。

　ところが2年後に同じ工場を訪れたときには，様相は一変していた。海苔巻き作業は10以上のチームに編成され，1時間毎のノルマが明確に指示され（作業長が時間毎に個人の実績を記帳する），これを超える分については出来高の報償金が加味され，作業者間の競争が奨励されていた。前回の訪問時にはそれこそ井戸端会議に近い「おしゃべり」（クイガン）がさかんであったが，2回目の訪問時は，成績をあげるために女子労働者が黙々と海苔巻きに専念していたのが印象的であった。あられの原料は併設する工場の設備で次々と作られるので，パイナップルの缶詰工場と違って日毎の生産計画が成り立つ。一方，海苔巻きの作業過程では，海苔が破れたり捩れたりといった「不良品」が頻繁に発

生してしまう。ただし、この「不良品」は袋詰めで日本の飲み屋やバーの酔客用の「おつまみ」に出荷できるという。卸し価格は安いとはいえ不良品の市場もあるので、品質管理にはそれほど神経を使っていないというのが工場長の説明だった。

　以上の2つの工場とまったく違っていたのが第三の事例、つまり北タイの工業団地内に進出した電子部品の組立工場であった。この工場は、作っている特定の電子部品では世界の70％以上のシェアを誇る日本企業の100％出資子会社で全品を輸出する。電子部品は不良品がひとつでもあれば、これを組み付けた家電製品や電子製品自体が「欠陥品」に転化する。そこで、この工場が決めている「不良品発生率」は、じつに30万個に1個の割合であった。しかも不良品のチェック体制は、日本でみられる「抜き取り検査」ではなく、一個一個を目と検査器具に頼る「全品検査」であった。この工場では、言うまでもなく厳格な品質管理、生産の効率性、生産コストの引き下げを、何より重要な方針として従業員に指示していた。その結果、一人一人の作業者の前には毎日のノルマと達成した個数が、「緑色」はノルマ達成、「赤色」はノルマ未達成の棒グラフで表示され、生産ライン毎に毎日の生産実績と「不良品」発生率が掲示され、1カ月毎に成績優秀なチームを表彰し、逆に成績の悪いチームを廊下の壁に「X印」で表示するという方式をとっていた。

　加えて、最初にこの工場を訪れたときにびっくりしたことがある。それはこの企業が運営する5つの工場（製造する製品は異なる）をすべて色で識別し、作業者一人一人の胸のネームプレートにも同じ色の線を刷りこんでいたことである。これは日本人管理者がタイ語が読めないので、各工場の作業者を色で識別するための便宜的措置かと思った。しかし実際は、近隣農村から来たばかりの女子労働者が単純作業に飽きて他の生産ラインの友達のところに「おしゃべり」に行ったり、各作業班ごとに分単位で指定している昼食時間に他のチームの作業者が紛れ込むのを、日本人監督者が視覚的に摘発するための手段であった。さすがにこの方法は2年後に訪れたときには中止していたが、分単位の生産管理、徹底した品質管理、棒グラフやスローガンを多用した厳格な労務管理方式は変わっていなかった。「和気藹々」（ガーンエーング）、「家族的」（クロー

図 11-3　タイ企業における 5S 運動（1996 年 11 月 14 日，著者撮影）。
整理（Sasan），整頓（Saduwak），清掃（Sa-art），清潔（Suk-laksana），しつけ（Sang-winai）の「5S 運動」をタイ語に置き換えたもの。

プクルア）といった，先のパイナップル缶詰工場に見られた雰囲気は微塵もなかったのである。

　タイの製造工場が，国内市場ではなく世界市場を相手に輸出を図り，企業間の競争が厳しくなれば，「管理と競争」が厳しくなるのは当然といえる。もともとタイの企業では，社員や労働者を「家族の一員」とみなす家族的経営や，職場の人間関係を重視する労務管理が支配的であった（ホームズ＆スチャダー，末廣訳 2000 年）。例えば，タイで最大の財閥であり王室財産管理局が所有するサイアムセメント社の場合，社是のひとつが「社員は家族の一員とみなすべし」というものだった。

　ところが，急速な工業化と工業製品の輸出比率の上昇に伴って家族的経営は後退し，能力主義にもとづく人事査定が導入される。あるいは，アジアに進出した日系企業は 5S 運動，QC 活動，TQC（total quality control）活動，小集団活動，提案制度などを，次々と生産現場に持ち込んだ。図 11-3 は，タイ人が経営する企業の壁に貼ってあった「5S 運動」のキャンペーンを，写真にとっ

たものである。「清掃,整頓,整理,清潔,しつけ」の「5つのS」が,かなり無理をしてSで始まるタイ語(サアート,サドゥアック,ササーング,スック・ラックサナ,サーング・ウィナイ)に置き換えられていることが分かる。「サアート＝清掃」はともかくとして,「サドゥアック(本来の意味は便利,労働を軽減する)＝整頓」,「サーング・ウィナイ(規律をつくる)＝しつけ」などは,まさに造語に近かった。「5S運動」はこの工場の特殊な事例ではなく,大企業では日系企業,タイ系企業を問わずかなり普及していたことに注意する必要がある。

　第10章では,後発工業国の技術形成の要点が,輸入技術の導入・定着と集団的な受容にあることを指摘した。このプロセスはじつは,「管理と競争」をベースとする労務管理の発展と不可分の関係にある。そこでもう一度,ドーアの日英工場比較(表11-1)に戻っていただきたい。表では,日本の企業の特徴として,「会社は人々の共同体である」「会社の構成員は従業員である」「管理職は会社の上級メンバーである(もとは同じ社員!)」といった指摘がなされていた。こうした特徴は,大企業の大半をファミリービジネス型財閥と外国人企業が支配するアジア諸国では,必ずしも合致しない。会社は従業員のものではなく,オーナーファミリーか,そうでなければ外国人のものだからである。

　一方,「会社はより生産志向的である」「職務ではなく人間関係を重視する」「労働者の経営参加意識や帰属意識を督励する」「集団的利害や集団の協調性を重視する」という項目は,アジア諸国の労使関係にも概ねあてはまる。これらを儒教文化圏論で説明するのは,すでに第1章で見たように無理があろう。むしろドーアが強調するように,「後発効果」で説明した方が分かりやすい。そして,ドーアの議論では軽視されていた企業内の「管理と競争」をベースとする労務管理方式こそが,「キャッチアップ型工業化」の工場に共通する特徴であったといえよう。

　「管理と競争」の労務管理は,結局は「国の競争優位＝特定産業の競争優位＝特定産業内の特定企業の競争優位」の原則(本書の第3章,参照)から来ている。問題は,こうした「管理と競争」の労務管理がきわめて短期間のうちにアジア諸国に導入され,労働者の組織化が遅れている若年女子労働者を最大

限に動員しつつ，輸出向け製造工場で実施された点であろう。日本の事例は，「家族主義的労務管理」から「管理と競争の労務管理」へ，一定の時間を経てシフトしていった。この転換を現在のアジア諸国はきわめて短期間のうちに実現しようとしている。そこに「無理」が生じ，「軋轢」が生じる。

その点，後発工業国の労働問題を，女子労働者の差別的待遇からのみ捉える「搾取理論」や，レギュラシオン学派が主張する「流血的テーラー主義」（リピエッツ，若森訳 1987 年）の議論には，私は全面的には同意しかねる。その側面を無視することはできないにしても，もっと重視すべき点が別にあると考えるからである。すなわち急速な工業化のもとで，「管理と競争」を強いられた労働者が感じるストレスと適応不全の問題がそうであった[11]。この点は次章のテーマである，教育にみる過度の学歴主義と並んで，アジア諸国が抱えている大きな問題でもある。

4　労働運動の抑圧と包摂

アジア諸国の労使関係を規定する大きな特徴は，「産業別組合」ではなく「会社別組合」の発展と，会社を超えた横断的な労働者の組織化の未発達の2つであった。この点は，第5章の「開発主義」で紹介した労使関係への国家の介入政策と密接に関係している。途上国の経済開発や「開発主義体制」を考える上でもっとも重要な要件は，①為替管理，②投資資金配分への国家の介入，③労使関係への国家の直接介入，④成長イデオロギーの共有，の4点であった。このうち③の「労使関係への国家の直接介入」は，次の2点で重要である。

---

[11] 1994 年に北タイのラムプーン工業団地で相次いで生じた，婦女子労働者 13 名の原因不明の死亡事件はその典型例であろう。NGO や地元のマスコミは「鉛公害」を主張し，政府当局はこれを「エイズ」で片付けようとした（両親が名誉毀損で訴えている）。私自身は，この事件は公害の要因も否定できないにしろ，主たる原因は年間 340 日を越える異常な長時間労働による「過労死」であったと考えている。こうした過度の労働は，企業における「管理と競争」の強化と，労働者自身の休日出勤や残業の繰り返し（通常の賃率の 1.5 倍から 2 倍になる）が結びついた不幸な事例である。

第一に，アジア諸国は政治的な独立のあと，農民や労働者といった特定階級ではなく，「国民一般」を対象とする経済開発戦略で「上からの国民統合」を図ろうとした。こうした冷戦体制のもとでの国民統合では，労働者の「階級的要求」は当然政治の不安定性を引き起こす撹乱要因となる（末廣 1998 年；藤原 1998 年）。その結果，労働者は国民経済の発展を支える一員（会社の従業員）として把握し直され，経済成長への貢献が期待された。

　第二に，「キャッチアップ型工業化」が，労使協調や生産現場での作業長の経営参画を重視した事実である。問題は，労働運動を政治的に抑圧するか，労働者を「経営者側」に引き込むか，その点の差であろう。アジア諸国の多くは，冷戦体制の枠組みが強かったために，労働団体代表を経営者側に引き寄せる前に，まず労働運動そのものを封じ込める政策に転じた（コラム 11-2，参照）。

　東アジアの労働問題を論じたデヨは次のように結論づけている。「（東アジアの）開発戦略が成功するかどうかは，低廉で規律のある地場の労働力（disciplined local labor）を，国際的な技術，資本，市場といかにうまく結びつけるかにかかっていた。そして，この労働規律は国家の発展にとってもっとも重要な経済資源である労働力をフルに利用するために，労働の政治世界からの排除を不可欠としたのである」と（Deyo 1987b, 199）。

　アジア諸国の労働組織に対する政府の政策には，2 つのパターンを見いだすことができる。ひとつは労働組合に対する直接的な弾圧であり，タイで 1958 年 10 月にクーデタによって実権を掌握したサリット陸軍司令官が，クーデタから 10 日後の 10 月 30 日付けの「革命団布告」で，はやくも労働者の政治集会や労働組合の結成を禁止した例にみることができる（浅見 1991 年）。韓国やシンガポールでも，ストライキは実質的に禁止されていた。

　もうひとつは，労働組織を国家が上から統制し官製化するパターンである。韓国の労働組合総聯盟（60 年）の結成，フィリピンの全国労働団体（PLCC：75 年）と全国雇用者団体（ECOP：75 年）の結成，シンガポールの全国労働組合評議会（NTUC：61 年）と全国賃金評議会（NWC：72 年）の設置などは，その典型的な事例であろう。同時に，韓国では朴政権の「維新体制」のもとで

> **Column 11-2**
>
> ## アジア労働問題・労働運動の文献案内
>
> 労働問題や労働運動の研究は、おそらく「アジア経済論」、「アジア工業化論」の中でもっとも欠落している分野である。日本経済史研究や現代日本経済論の中で「労働経済」の研究が大きな比重をしめていることを勘案すると、労働問題や労働史に関する研究関心の低さは、そのまま日本におけるアジア研究の関心の狭さ、研究者層の薄さを示していることになろう。アジア諸国を横断した労働問題や労働運動に関してまとまった邦文の研究書は、残念ながらまだない。日本労働協会機構(『日本労働研究雑誌』)や海外労働者協会(『海外労働時報』)が、アジア諸国に関する労働問題を断片的に紹介しているだけである。とはいえ、韓国とシンガポールについては、かなりの研究蓄積がある。韓国については、小林・川上編(1991年)、法政大学大原社会問題研究所編(1997年;1998年)が基本文献である。またシンガポールについては、パン(木村訳 1988年)、ロダン(田村・岩崎訳 1992年)、Chew & Chew (1996) を見てほしい。タイについては末廣(1997b 年;2000b 年)、末廣・東編(2000年、第6章の浅見論文)、Sungsidh & Itoga (1997)、マレーシアについては Jomo & Todd (1994)、吉村(1998年)、フィリピンについては Dejillas (1994)、インドネシアについては今村(1999年)がそれぞれ参考になる。アジア諸国の労使関係を扱った英文の研究書としては、Frenkel and Harrod (1995) を参照。

72年に「国家保衛特別措置法」が、シンガポールでは68年に「雇用法」がそれぞれ制定され、労働者の政治活動が制限された(パン、木村訳 1988年;末廣 1998年, 31-36)。

シンガポールの全国労働組合評議会(NTUC)は、公務員、国営企業の従業員、大企業の労働者などからなり、同評議会の組合員は1964年当時、全組合員数の65%をしめていたのが、72年には85%、79年にはついに98%をしめるまでになった。まさに「翼賛体制」が作られたのである。しかもNTUCの委員長や幹部は、政府党である人民行動党から派遣された。さらに、80年代半ばから盛んになる「QC運動」や「生産性向上運動」に全面的に協力し企業

レベルで支えてきたのも，このNTUCであった。同様に，シンガポールの政府管理による賃金政策が有効に機能したのも，NTUCの全面的な協力なしには到底無理であった（ロダン，田村・岩崎訳 1992年，第5章）。

　アジア諸国の労働運動に対する政府の政策の特徴は，ラテンアメリカ諸国と比較することでよりいっそう明確になる。ラテンアメリカ諸国では，労働組合が政治に直接参加し，逆に各国の政権も「ポピュリズム」の立場から労働組合を重要な支持勢力にした（細野・恒川 1986年）。そのため，労働者の権利保護や社会保障，失業保険制度はアジア諸国よりはるかに進んでいるが，それだけ政府の財政負担も大きい。一方，アジア諸国では労働組合の政治への参加は大半の国で制限され，むしろ労働者の参加は政治ではなく，生産現場での「経営」へのコミットメント，生産性向上運動や品質管理への集団的関与の形をとった。「会社別組合」をベースとする労働者の組織化がこれを助けたことは，改めていうまでもない。

　アジア諸国で労働運動が大きな転換を迎えるのは，1980年代後半の「冷戦体制」の崩壊と民主化運動の昂揚からである。韓国の場合には，ストライキの件数は70年代後半が年50件前後，80年代前半が年100件前後であったのが，87年には3749件に跳ね上がり，88年の1873件，89年の1616件と続いた。まさに抑圧体制の「雪どけ」と共に，堰を切ったように労働運動が噴出したのである（法政大学大原社会問題研究所編 1997年）。タイでも労働組合の数は84年の430組合から94年には931組合と，急速に増加していった。そして80年代後半以降，合法的な労働争議は150件前後で横這いを示しながら，違法の労働争議の数は，86年の80件から90年には170件，95年には557件と増加していった（末廣編著 1998b年，第9章）。この過程でアジア諸国でも，一方では労働者が直接その要求を表明し，他方では政府が労使紛争を力で封じ込めるのではなく，労働裁判所の設立や「政府・経営者・労働者代表」からなる「三者構成組織」の活用によって，利害対立を調停する方向へ向かっていった。いわば労使紛争を解決する「制度化」が開始されたのである（末廣・東編 2000年，第6章の浅見論文）。

5 通貨・経済危機と労働問題

 ところが,1997年の通貨・経済危機を契機に,労働団体は再び「厳しい時代」を迎える。その象徴は,韓国における「整理解雇制」(会社都合による従業員の解雇)の法制化であろう。韓国では長く労働組合の政治的活動を厳しく制限していたが,他方では労働者の身分と終身雇用を保障していた。仮に経済不況があっても,日本と同様に操業短縮や人員の配置替えで対処し,解雇はできるだけ回避する方針をとってきたのである。ところが経済危機が生じ,さらにIMFが救済融資を提供する際の条件のひとつに「労働市場の柔軟化」の促進を含めたことで,終身雇用の慣行は崩れてしまった。

 1998年初めに現代自動車では,この「整理解雇制」の導入をめぐって大規模なストライキを予定していたが,結局は「労働者の利害」より「国家の利害」を優先させるという,金大中大統領の方針と労組指導者の政治判断でストライキを断念し,会社側の「人員合理化計画」を受け入れた。一方,金新政権は98年1月に,大統領諮問機関として「政労使委員会」を発足させ,政府労働部長官(労働大臣),各政党の代表,韓国経営者総協会などの企業代表,韓国労組や民主労組など労働団体代表を集めて「経済危機を克服するための社会協約」を採択し,整理解雇制の法制化に道を開いた(高 2000年,132-134)。つまり,政府・使用者代表・労働代表が協力することで,一方では国際機関や企業側が要求する「労働市場の柔軟化」を実現し,他方では労働側が要求する政治活動の自由を一定程度認めた。それは,経済自由化のもとでの新しい「政府と労働団体」の関係の模索とみなすことができる。

 一方,タイでは労働団体(いわゆるナショナルセンター)や個別労働組合の役割は,韓国に比べるとはるかに弱かった。1997年7月の通貨・経済危機以降1年間の間に,約70万人を超える解雇が生じたにもかかわらず,労働団体は有効な対抗措置をとることはできなかった(末廣 2000b年)。労働組合の数は96年の1015組合をピークに減少し,国営企業の労働組合も91年2月の軍事クーデタ以後解散を命じられ,「従業員・職員協会」のみが認められたままである。

また，タイ政府は93年から社会保険制度の導入を図り，最初は医療，傷害，死亡，出産手当の4つ，98年には養老年金と児童手当の2つを導入した。しかし，当初予定されていた「失業保険」は，政府の財政支出の制限や経営者側の強い反対もあって，2003年まで凍結の決定がなされた。

　タイの労働運動もいっきょに停滞し，ストライキ件数は1998年が2件，99年も3件を数えるにすぎなかった。政府の労働政策は「失業者救済基金」や「解雇労働者転職支援基金」といった，労働省内部のファンドを利用した小規模で臨時的な対応に限定されている。経済危機に対応した包括的な労働対策は，金融制度改革や「中小企業支援政策」に比べて明らかに立ち遅れていた。むしろタイで注目すべきは，国家の労働政策の遅れを村落コミュニティや地域住民組織の伝統的な相互扶助原理でカバーしようとする社会運動であろう。第4章で紹介した「強い社会論」などは，そうした動きのひとつである。

　本章の最初に紹介したドーアは，「組織志向型労働組織」である日本型企業の特徴のひとつを，企業が政府に替わって従業員の福利厚生や生活保障を補完する点に求めた[12]。しかし，日本であれ経済危機を迎えたアジア諸国であれ，個別企業は従業員にとって必ずしも雇用と生活の安全装置にならないことを示している。こうした動きは，経済自由化とアメリカ流の「コーポレート・ガバナンス」概念の導入という外圧によって，ますます明確になりつつある。右上がりの経済成長を前提にした雇用の拡大と長期雇用の維持は，「キャッチアップ型工業化」を進める上で有利に働いてきたし，同時に「キャッチアップ型工業化」が雇用の安定を保障してきた。しかしこうした相互関係は現在，変容を迫られつつあるのである。

---

[12] この点をドーアは最新の著作（Dore 2000）の中で，アングロサクソンの株式市場志向型資本主義（Stockmarket Capitalism）と対比させて，福祉志向型資本主義（Welfare Capitalism）と名付けている。

第 12 章

教育制度と学歴競争社会

　「キャッチアップ型工業化」を特徴づけているのは，教育制度と教育への高い関心，そして高いランクづけの学校をめざす激しい競争である。同時に教育機関は，エリートの文化的アイデンティティを再生産する機関や，特定職種の資格を与える機関として機能するのではなく，企業が必要とする人材の選抜機関としての役割を果たす。本章ではまず教育機関の役割をめぐる「人的資本アプローチ」や「シグナル論」「スクリーニング論」を紹介し，教育社会学の議論が「キャッチアップ型工業化論」に多くの示唆を与えてくれることを確認する。次いで，アジア諸国における教育制度の特徴を紹介し，それが工業化にどう貢献してきたのか，逆に学歴重視の競争社会がどのような社会問題を生み出しているのかを，順次検討してみたい。

1　教育制度と経済発展

　世界銀行の『東アジアの奇跡』がアジア諸国における高い経済成長の要因のひとつに掲げたのが，積極的な教育投資と教育歴の高い労働力の広範な存在であった。つまり，「タイを除いた HPAEs（高いパフォーマンスを示す東アジア経済群）では，学齢期の男子および女子に提供された基礎教育の量は一人当たり国民所得が同程度の他の国に比べて，これまで一貫して多かった。HPAEs は，大部分の途上国よりも 10 年以上も早く普通初等教育を達成し，それによ

り初等教育における男女間格差を解消した後，急速に中等教育を拡大した」（世界銀行 1994年，180，傍点引用者）と指摘し，教育制度の整備がアジア諸国の経済パフォーマンスの良さに貢献したことを評価した[1]。

ある国の教育レベルが高いか低いかの判断やその国際比較は，一般的には次のような被説明変数（結果）と説明変数（原因）の2つを指標にとってなされる[2]。まず被説明変数の方から紹介しておくと，ある国の教育レベルや教育サービス水準が高いか低いかは，通常，次の5つの基準を使って測定される。

① 就学率の比較（初等教育6-11歳，中等教育12-17歳の学齢人口に対する就学者の比率）

② 一人当たり学童に対する教師の数の比較（教育サービスの高さを測る代理変数）

③ 教師の賃金水準の比較（人的資本の質の高さを測る代理変数）

④ 政府の全支出にしめる教育支出の比率の比較（比率が高ければ，それだけ教育サービスの水準は高いと仮定する）

⑤ 一人当たり学童に対する教育支出の金額の大きさの比較（同上）

次に，教育レベルの高さを左右する要因もしくは背景（説明変数）は次の3つである。

① 学童人口の規模（人口成長率が低く，学童人口の規模が小さければ，それだけ一人当たりの教育サービスは向上すると仮定する）

② 非学童人口の一人当たり国民所得の大きさ（家計が負担できる教育向け支出の額が大きければ，それだけ教育サービスは高まると仮定する）

③ 都市化率の進展（農村部より都市部の方が教育施設の規模の拡大や質の向上があると仮定する）

ところが，政府支出にしめる教育支出が大きいからといって，必ずしも教育

---

[1] 世界銀行や国際機関から中等教育（中学進学率）の普及の遅れを名指しで批判されてきたタイでは（1980年代半ば30%），1980年代後半から地方における中学進学促進の国家プロジェクトにのりだす。その結果，中学進学率は90年に57%，92年に73%，94年に89%と急速に上昇した。「遅れている」と言われている東北タイ11区（5県）を例にとっても，99年現在，中学進学率は92%，さらに高校進学率も81%に達している。

[2] この点についての詳しい説明と計測結果については，Schultz（1988，618-620）を参照。

表 12-1　アジア諸国の教育段階別就学率（1960-92 年）

(単位：％)

教育段階/年	中国	韓国	タイ	インドネシア	インド
初等教育					
1960	−	94	83	67	61
1970	122	105	81	75	72
1980	112	110	99	107	83
1990	125	107	90	116	98
1992	121	105	97	115	102
中等教育					
1960	−	27	12	6	20
1970	46	43	18	15	29
1980	46	78	29	29	30
1990	48	88	33	45	44
1992	54	90	36	43	49

注）中国の 1970 年の数字は 75 年の数字。
出所）『ユネスコ文化統計年鑑』各年版，加藤編（1996 年），155，166 頁。

レベルが高く，したがって経済パフォーマンスもよいという単純な関係にはならない。例えば，1980 年と 96 年の 2 時点をとって，政府の教育支出が名目 GDP にしめる比率を地域毎に比較すると，ラテンアメリカ（80 年 3.8％，96 年 3.7％），中近東・北アフリカ（同 5.0％，5.3％），サハラ以南のアフリカ（同 4.1％，4.3％）であった。これに対して，東・東南アジアの数字（同 2.5％，2.3％）は他地域より低かった（World Bank 2000a, 241）。第 1 章に掲載した表 1-1 の地域別実質成長率の推移と比較すれば，教育支出の大きさが必ずしも経済成長率の高さと一致していないことが分かるだろう。

一方，初等教育と中等教育にみるアジア諸国の就学率の推移は，表 12-1 に整理したとおりである。この数字をみると，アジア諸国の就学率はラテンアメリカ諸国などよりやや高いが，2 つの地域の間にそれほど大きな差があったとは言い難い。例えば，シンガポールの場合には，1982 年当時労働人口 117 万人に対して初等教育以下の人口は 60 万人にも達していたし，90 年代のタイでも製造業労働者の 7 割近くを同じく「小卒以下」がしめていた。したがって，政府による教育支出の大きさや，教育年限の長さが，そのまま経済発展につながらないことが分かる。むしろ，経済発展や工業化を促してきたのは，教育

サービスの量的な多寡ではなく、のちにみる教育制度、選抜のしくみ、カリキュラムの内容などの方であった。

ところが経済学の分野では、各国の教育制度の違いや選抜のしくみの研究は長く軽視されてきた。彼らの関心は、もっぱら「なぜ、人は高い教育を受けようとするのか」の問いに向かい、この問題を個人（家計）の合理的選択による行動仮説や、教育の費用と便益の相互比較の観点から説明しようとしてきた。シュルツの「教育費用仮説＝人的資本アプローチ」などはその代表的なものである。シュルツは、機会費用分析の手法を使って教育を受けた場合と受けない場合の生涯所得を計算し、進学するか就職するかの選択は、本人（実際は子弟に教育投資を行なう両親）の合理的選択の行動にもとづいていると説明した。具体的には、進学することで失われた「機会費用分」を長期利子率で割り引いた上で、個人の「生涯所得」を最大化するところまで、本人（親・家計）は教育投資を続けると主張したのである（Schultz 1988）。

しかし、こうした教育投資の費用便益分析に対しては、早くからシグナル理論を主張するスペンス（Spence 1974）や、選抜仮説を主張するスティグリッツ（Stiglitz 1975）などから批判がなされてきた。すなわち、教育への個人的投資と高い学歴の志向は、企業が「学歴」を人的資本の質に関する情報を提供する「シグナル」とみなすからであり、教育制度は人格的形成の手段や生涯賃金の最大化への期待ではなく、あくまで労働市場が必要とする、質的に高い人的資源や労働力の選抜装置として機能するというのが、「シグナル理論」や「スクリーニング理論」（教育選抜論）の主張であった。

シュルツたちの「教育費用仮説＝人的資本アプローチ」は、高等教育は個人の生産性を上昇させることで本人の労働市場における価値を高めると想定する。他方、「シグナル理論」や「スクリーニング理論」は、「高等教育の修了証書は、その教育を通して獲得された知識や技能の証書ではなく、主に職業生活における適性や潜在的能力を示す不完全な尺度にすぎない」ということを前提にし、本人の生産性の向上を教育の必要条件とはみなしていない（猪木 1996年，128-129）。社会が必要とする生産性の向上は、教育機関ではなく企業が、教室ではなく職場での訓練を通じて、もっぱら引き受けるからである。

以上のような教育経済学の発展を踏まえた上で，猪木武徳は明治期から高度成長期に至る日本の近代化・産業化のプロセスを検討し直し，2つの重要な人的資源の供給・育成機関である「学校」と「工場」の役割を統一的に捉え直すという野心的な試みを行なった。猪木は次のように説明する。

　「シグナル理論によると，高等教育はひとつのスクリーニング（選抜）装置であり，異なった能力をもつさまざまの人々を選抜し，労働の購入者（すなわち企業）に能力に関する情報を提供する役割を演じていると見る」。しかしこうした議論だけでは，日本における高学歴志向や高等教育の大衆化を十分説明することができない。また，教育年数の上昇がそのまま生産性の向上につながっているという統計的根拠を得ることも困難である。そこで彼は，教育は「人的資本アプローチ」が想定するように，家計の「投資」の対象になっているのではなく，むしろ教育サービスそのものを「消費」していると捉える。そして「所得水準の上昇が教育サービスの購入を増やし，同時に高等教育が経済的な生産性を上昇させるというよりも，人材発見のための装置としての役割を担うようになった」（同上書，130）と結論づけるのである。この議論は，アジア諸国の高等教育志向，そして「キャッチアップ型工業化」と教育制度の関係を考える上で，きわめて示唆的な視点といえよう。

2　「教育の経済学」から「経済の教育社会学」へ

　学校教育を個人・家計の合理的選択仮説ではなく労働市場の側から，あるいは工業化の促進の要請から捉え直そうとする視点は，教育社会学の研究者にも見いだすことができる（コラム 12-1，参照）。これを苅谷剛彦は，シュルツたちの「教育の経済学」から「経済の教育社会学」への視座転換と呼んだ。本書もほぼこの立場にたっている。

　教育社会学のひとつの特徴は，教育機関と求職・就職活動の間にみられる相互連関を重視する点にある（表 12-2）。就職とは学校から職業への移行過程であり，人々が職業へと配分・選抜される過程である。一方社会にとってみれば，どのような労働力をいかなる職業に配分するかを決める社会的選抜，つま

> **Column 12–1**
>
> ### 教育社会学の文献案内
>
> 「キャッチアップ型工業化」と教育制度の関係を理解する上では，日本で発展をみた教育社会学の文献が何より参考になる。教育社会学の基本的な知識を得るためには，まず放送大学の教科書として作成された天野・藤田・苅谷編（1994年）が有益であろう。その上で，この分野のパイオニアである天野郁夫の長年にわたる研究の集大成（1996年），教育社会学に「競争の社会学」の分析枠組みを導入し，理論的整理を試みた竹内洋（1995年），高卒の職業選択の実証分析を行なった苅谷剛彦（1991年）の4つの文献へと読み進めるのがお奨めである。
>
> 教育社会学の観点から日本の教育制度の歴史を辿ったものには，一般読者向けに書きおろされ，かつアジア諸国の社会に関心を抱く読者にも魅力的で示唆に富む文献がいくつも存在する。明治期以降の日本の社会を「学歴と昇進」の2つをキーワードに見事に分析した竹内洋（1981年）や，同じ著者による『立志・苦学・出世』（1991年），明治期以降の試験の歴史を興味深く描いた天野郁夫『試験の社会史』（1983年）や，学歴主義の中に日本の近代化のプロセスを鋭く捉えた同じ著者による『学歴の社会史』（1992年），戦後の大学進学の大衆化を描いた苅谷剛彦『大衆教育社会のゆくえ』（1995年）などがそれである。明治期の大学教育（工部大学校などのカリキュラム編成）と実学教育の体系化を，お雇い外国人であるイギリス人ダイアーの提言と共に紹介した三好信浩『明治のエンジニア教育』（1983年）も，後発工業国の教育制度を考える上で必読文献であろう。馬越編（1993年）はアジアの教育制度の概説書であるが，労働市場や職業選抜との関連での教育機関の関わりを紹介した本格的な研究書は，瞥見するかぎりまだない。

り「職業選抜」の過程でもある（苅谷 1991年, 12）。表12-2をみれば，本人の就職活動においてアメリカ，イギリスでは「親族」「友人・知人」「広告」が大きな比重をしめるのに対して，日本では「学校」（そして学校と結びついた政府機関＝各県の職業安定所）が，きわめて大きな役割をしめてきたことが判明する。また，学校の卒業と求職・就職が直結していることも分かるだろう。

表 12-2 就職活動と学校の役割の国際比較（日本，アメリカ，イギリス）

〈1〉最初の職探しでの接触先（複数回答） (単位：%)

	家族親戚	友人知人	学校	広告	職業紹介所
日本					
初等中等教育	22.4	11.7	62.6	6.6	5.4
高等教育	25.1	15.8	59.6	13.0	7.4
アメリカ					
初等中等教育	41.1	35.5	13.8	45.8	24.1
高等教育	38.4	36.1	46.6	56.2	31.0
イギリス					
初等中等教育	37.6	29.8	42.3	48.7	41.1
高等教育	18.1	25.0	36.2	68.1	36.3

〈2〉職探しの平均会社数と就職にかかった時間 (単位：%)

	平均の会社数（社数）	就職活動開始時期		就職までの期間	
		卒業前3カ月以前	卒業前直前～3カ月	卒業後3カ月以内	卒業後3カ月以上
日本					
初等中等教育	1.3	61.7	21.6	89.5	6.0
高等教育	2.6	77.4	12.4	91.5	5.1
アメリカ					
初等中等教育	3.3	24.7	22.5	79.4	18.9
高等教育	8.6	35.6	18.3	83.1	15.5
イギリス					
初等中等教育	3.8	34.0	31.8	86.9	12.6
高等教育	8.2	50.0	25.9	82.8	17.2

出所）苅谷（1991年），22-24頁の表より作成。
原典）雇用職業総合研究所の調査（1989年）。

　ところで，日本が産業社会として成功してきた一因は，一部のエリート層の優秀さによるよりも，平均的にすぐれた大衆労働者を形成したことにある，もしくは戦後日本社会に出現した「メリトクラシーの大衆化状況」にあると言われてきた（苅谷 1991年；同 1995年）。なおここでいうメリトクラシーとは，「出身階層や性別などの属性よりも，努力と能力との加算によって定義されるメリット（業績）を基準に，報酬の分配や社会的な地位が決まるしくみである。その意味で『業績主義』による選抜のしくみであるといいかえてもよい」

(苅谷 1991 年，14)。

　メリトクラシーの大衆化状況は，戦後日本の高度成長の大きな要因を普通教育の底上げと，高等教育の進学率の高さに求めるドーアの研究（Dore 1987）や，「日本の成功」（ジャパン・アズ・ナンバーワン）の要因のひとつを選抜試験制度と教育の均質化にもとめたエズラ・ヴォーゲル（広中・木本訳 1979 年，第 7 章）の見解とも一致している。本書がこうした議論に注目するのは，学校による職業選抜と人的資本の配分が，まさしく「キャッチアップ型工業化」が要求する人材育成と合致していたとみなすからである。

　急速な工業化を目指す後発工業国にとっては，早期選抜によるエリートの育成や，特定階層に所属するエリートの再生産は必ずしも必要ではない。人間形成やエリートの文化的特性の生産ではなく（イギリス型），産業社会が必要とする基本的な知識と技能を学生に伝達し，質の高い労働力を広範に作りだすことを，学校教育に求めるからである（天野・藤田・苅谷 1994 年，136-137）。そしていったん就職すれば，今度は会社が必要な知識や技能を現場において伝達する。選抜を重視する教育制度と会社別の内部労働市場が結合し，後発工業化に必要な労働力がまさに作られていくのである。

　以上のしくみは，労働者（求職中の学生）と会社の双方における「仕事観」の違いとも密接に関係している。図12-1 は，カミングスたちの国際比較（アメリカ，日本）にタイを加えて，「仕事観」の違いを図示したものである。アメリカでは，労働者（学生）はまず自分が身に付けた技術や資格に見合った「職種」（Occupation）を選択し，その上で賃金水準や職場環境を考慮しながら，自分に合った「会社」（Company）を決める。一方，企業の方は必要とする「仕事」（Job）がまず設定され，その上で「本人・ヒト」のもつ資格なり経歴をチェックする。

　ところが，日本の場合には労働者（学生）はまず就職希望先の「会社格」（Company）を重視し，その上で「仕事」（Job　職種ではない）の内容を考える。これに対して企業は，「本人・ヒト」の学歴，学校名歴，成績，人柄をみた上でまず採用し，あとで適当な「仕事」への配置を考える。タイの場合には，ほぼこの2つが混在しているといえよう。つまり大学の新卒者はどちらか

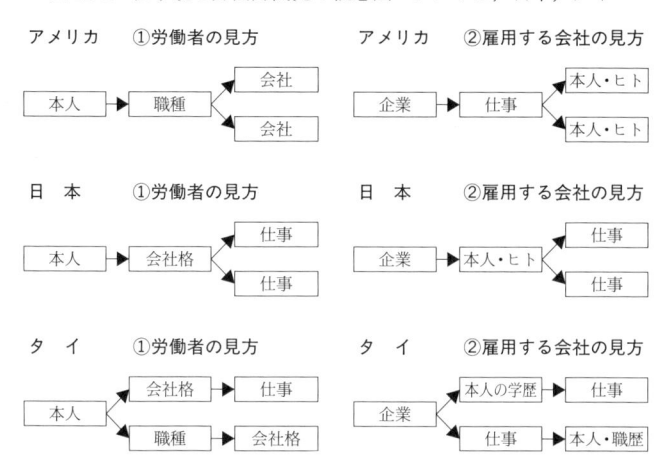

図 12-1 仕事観と労働力開発の概念図：アメリカ，日本，タイ

アメリカ ①労働者の見方

本人 → 職種 → 会社 / 会社

アメリカ ②雇用する会社の見方

企業 → 仕事 → 本人・ヒト / 本人・ヒト

日　本 ①労働者の見方

本人 → 会社格 → 仕事 / 仕事

日　本 ②雇用する会社の見方

企業 → 本人・ヒト → 仕事 / 仕事

タ　イ ①労働者の見方

本人 → 会社格 → 仕事 / 職種 → 会社格

タ　イ ②雇用する会社の見方

企業 → 本人の学歴 → 仕事 / 仕事 → 本人・職歴

注）カミングスほか編の「company」は，必要に応じて「企業」と「会社格」に分けた。
出所）アメリカ・日本は，Cummings & Altbach eds. (1997), p. 177；タイは末廣が補充。

といえば「会社格」を重視し（日本型），職業学校の卒業生は取得した資格をにらみながら「職種」を考える場合が多い（アメリカ型）。一方，企業の側は募集に際して，学歴，学校名歴，在学時代の成績を重視する場合と，中途採用のように「仕事」，次いで「本人の職歴」を重視する場合の2つがある[3]。

こうした違いの背景としては，2つ要因を考えることができる。ひとつは各国の教育制度の違い（学校系統がくし型か墓石型か）であり，もうひとつは労働市場の特性の違い（自由競争型労働市場か内部労働市場か）である。そこで以下ではこの点をもう少し検討してみよう。

---

[3] タイの大学には日本でいう「就職課」や「進路相談室」がなく，教官が学生の就職の面倒をみるという慣行もない。一方，企業側が横並びでいっせいに新卒者を採用するという制度もなく，各企業は人員採用計画にもとづいて随時募集を行なう。もっとも，1988年から始まった「経済ブーム」の中で新卒者の供給不足が生じ，大手企業は独自に主要大学と提携して，定期的に「会社説明会」や「体験ツアー」を企画するようになった。CPグループの「CPを知ろう」という主要大学の3年生を対象とした「体験プログラム」は，その最たる例である（1996年8月のCP本社での聞き取り調査）。

3　資格制度教育と普通教育の大衆化

　一般に学校系統の形態には，図 12-2 に示したように，①「分離・複線型」，②「分岐型（くし型もしくはフォーク型）」，③「段階・単線型（墓石型）」の 3 つがあり，経済社会の発展に伴って，「分離・複線型」から「段階・単線型」へ進化すると理解されている。①の「分離・複線型」は最初から学校系統が異なっているもの，②の「分岐型」は義務教育である初等教育を終えると，学校系統が「くし状」に分化していくものを指す。これに対して③の「段階・単線型」は，上位段階の学校への進学機会がすべての人々に開かれており，絞り込みは出身階層や特定の社会集団への帰属ではなく，選抜試験によってなされるところに大きな特徴がある[4]。

　戦前日本の教育制度は，中等教育段階から「普通学校」「高等女学校」「実業学校」（農業学校，工業学校，商業学校など）に分化していく「分岐型」であった。ところが戦後の高等教育の大衆化と実業学校（農業高校など）の専門性の後退に伴って，「段階・単線型」に移行した。「普通高校」と「職業高校」の違いは，身につける技能や知識の分野の違いではなく，大学進学のためのランクの違いへと収斂していったのである。

　これに対して，「分岐型」の系統をとっているのはドイツの場合である。ドイツでは 4 年制の基礎学校のあと，「ハウプトシュトーレ・職業学校」，「実科学校・上級専門学校」，「ギムナジウム」などの道に分岐していき，それぞれが必要とする知識や技能を習得し，実習や検定試験の資格を獲得したうえで就職していく。その意味で，学校教育は資格の基礎を与える場であり，労働市場はこの資格を軸に需給を調整する。アメリカの場合には「段階・単線型」に近いが，労働市場について言えば，各人が取得した資格に応じて規律づけられ，賃

---

[4] 天野たちは，高等教育制度のパターンを，イギリスやその他のヨーロッパ諸国にみられる「エリート型」，日本・カナダ・スウェーデンなどにみられる「マス型」，アメリカにみられる「ユニバーサル型」の 3 つに類型化し，それぞれの「カリキュラムの特徴」「学生の進学パターン」「学生の選抜原理」「大学内部の運営形態」などを，一覧の比較表に示している（天野・藤田・苅谷 1994 年，136-137）。

図 12-2　学校系統の類型

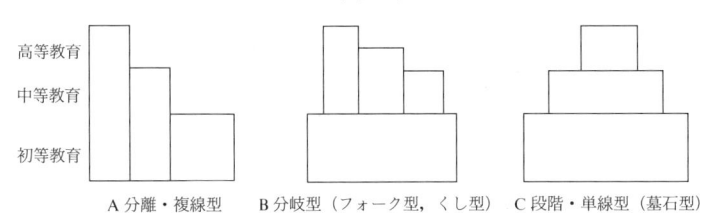

A　分離・複線型　　B　分岐型（フォーク型，くし型）　　C　段階・単線型（墓石型）

（縦軸：初等教育／中等教育／高等教育）

出所）天野・藤田・苅谷（1994年），85頁より作成。

金水準も資格や職種に対応している。

　それではアジア諸国の教育制度はどうなっているのか。一般的に言えば，「分岐型」から「段階・単線型」への移行過程にあるといえよう。例えばタイについてみると，図12-3，表12-3のごとくであった。中等前期（日本の中学に相当）までは事実上の義務教育であり（1999年新教育法で高校までを国民の権利としての教育に制定），中等後期から「普通科」と「職業科」に分かれる。1994年現在の在籍数でみると，中等前期3年間が220万人，中等後期は「普通科」が64万人，「職業科」が54万人であった。「普通科」はさらに4年制大学（国立，私立），教員養成大学，入学自由のオープン大学に分かれ，「職業科」は2年制の短大（タイ語でポーウォーチョーと呼ぶ）と3年制もしくは4年制の専門課程（ポーウォーソー）に分かれる。

　1970年当時，タイには全国で9つの国立大学しかなかった（私立はカレッジのみ）。70年の大学在籍数は5万5300人，卒業生は年間1万700人程度であった。ところが，71年に入学試験なしのラームカムヘーン大学が，80年に放送大学（スコータイ・タンマティラート校）がそれぞれ開校したことで，状況が大きく変わった[5]。88年には国立大学の数は13校（在籍数は9万7600人），オープン大学が2校（同52万3500人），私立大学が24校（6万1700人），年間の卒業生も5万7000人に増加した。99年現在は，大学の数は従来の教員養成学校（ウィタヤーライ・クルー）や私立のカレッジが大学に格上げされたことで90校を越えることになり，年間の卒業生も10万人近くに達している。高等教育の大衆化が始まったのである。

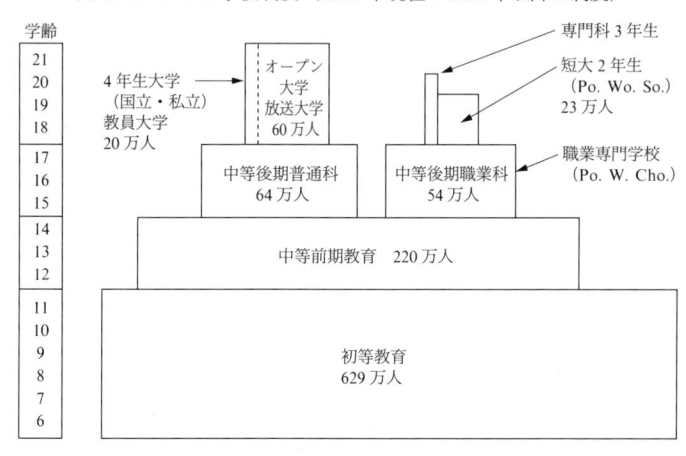

図 12-3 タイの学校制度（1994 年現在：1978 年以降の制度）

```
学齢
21
20    4年生大学 ──┐   オープン         ┌─ 専門科3年生
19    （国立・私立）   大学            │   短大2年生
18    教員大学     放送大学            │   (Po. Wo. So.)
      20万人      60万人             │   23万人
17                                 ─ 職業専門学校
16    中等後期普通科      中等後期職業科     (Po. W. Cho.)
15       64万人           54万人
14
13          中等前期教育　220万人
12
11
10
 9           初等教育
 8           629万人
 7
 6
```

注）各段階，学校系統別の在籍数は，出所のデータにもとづく。
出所）タイ教育省教育次官事務所編『要約版教育統計1994年版』（タイ語）より作成。

表 12-3　バンコクと地方の国公立と私立の生徒数の割合（1994 年）

（単位：1000人，%）

教育段階	バンコク			バンコク以外		
	国公立	私　立	私立の割合	国公立	私　立	私立の割合
就学前教育	155	125	44.6	1,060	344	24.5
初等教育	510	239	31.9	5,067	473	8.5
中等教育前期	251	49	16.3	1,788	112	5.9
普通科	250	49	16.4	1,786	112	5.9
職業科	14	—	0.0	2	0	0.0
中等教育後期	136.5	115.6	45.9	743.5	189.2	20.3
普通科	100.9	12.7	11.2	504.6	21.7	4.1
職業科	33.7	102.9	75.3	238.9	167.6	41.2
高等教育合計	465.0	146.9	24.0	455.4	82.0	15.3
高等職業科	25.5	38.0	59.8	110.5	55.8	33.6
大学以上	410.2	109.0	21.0	252.4	26.1	9.4

出所）タイ教育省教育次官事務所編『要約版教育統計1994年版』（タイ語）より作成。

したがって，大卒者をかつてのように「少数のエリート集団」とみなすことはもはやできない。むしろ，最近では有名国立大学（チュラーロンコーン大学やタンマサート大学など），有名私立大学，新興国立大学，新興私立大学，オープン大学の間で序列や格付けがなされ，教育段階別の「タテの学歴」ではなく，同一段階の学校内での「ヨコの学歴」，つまり「学校名歴」が前面にでるようになっている。こうした学校名歴主義，もしくは「銘柄大学主義」（竹内 1981 年）は，単に大学だけではなく，バンコクの高校・中学，私立の小学校や幼稚園まで波及しているのが現状であった。

　高等教育の大衆化と選抜の論理がより進んでいるのが韓国である。韓国の大学は国立，私立を合わせて 900 を越え，日本以上の受験戦争が繰り広げられているのは，マスコミなどが報道するとおりである。また，1955 年と工業化が本格化した 75 年の 2 時点を比較すると，中学校の数はこの間に 4.3 倍，職業高校の数は 4.0 倍，普通進学高校の数は 4.6 倍，高校以上の教育機関は 3.7 倍に，それぞれ伸びた（Mason et al 1980, 348）。日本と同様に，高等教育の大衆化現象を確認することができる。ちなみに，学齢人口に対する大学（高等教育）の就学率を 1985 年と 95 年の 2 時点で比較すると，韓国がそれぞれ 34% と 52%（男 66%，女 34%）で，日本の数字（28%→40%）を上回っていた。また 95 年の大学の就学率は，シンガポールが 34%，フィリピンが 27%，タイが 20% であった（ユネスコ編 1998 年，163-176）。

　シンガポールは人口規模が小さいこともあるが，大学は国立シンガポール大学と私立の南洋工科大学の 2 つしかない。小学校卒業と高校卒業段階で進路が厳しく振り分けられ，公務員と大企業への就職や管理職への昇進は，両大学の卒業生か海外での学位取得者に限定されている。しかもシンガポール大学に進

---

[5] ラームカムヘーン大学は入学自由の「オープン大学」であり，当初は所定の単位を最高 8 年間以内（のち 12 年間）に取得すれば卒業資格を得ることができた。ただし日本と違って，仮にある科目で「赤点」をとった場合には全体の平均点に加算されていくので，総合平均点は下がっていく。卒業にあたっては既定単位の取得だけでなく，一定以上の平均点を維持する必要があるので，当然ながら卒業は難しくなる。その結果，短期間で卒業した同大学の卒業生の中には優秀な人材が多く（家庭の経済事情で国立・私立大学の進学をあきらめた学生），実際，タイの内務省をはじめとする公務員や民間企業で活躍している。

学したあとも，学業成績によって「3年制就学組」と「4年制就学組」にさらに振り分けられ，「4年制就学組」には政府が奨学金を供与すると同時に，将来の高いポスト（公務員や国営企業）を保障した。シンガポールの場合には，かつての植民地宗主国であるイギリスの「エリート選抜」の影響が残っているとみるべきであろう。

韓国やシンガポールと異なる制度をとっているのはフィリピンである。フィリピンでは，営利目的のミッション系私立大学が多数存在し，高校から大学への進学率は40％以上と，東南アジアのなかでは抜きんでて高かった。しかし，大学修了証書とは別に，フィリピンでは農学，医学，化学，機械工学，土木工学など分野別に国家が全国統一の資格検定試験を実施しており，この資格がないと決められた職種につくことはできない。その意味では，韓国やタイ以上に「資格」がものをいう社会であり，ドイツやアメリカなどの教育制度に近い。実際，私が訪れたフィリピンの製造工場では，「資格」を持たない大卒者を，経験に長けた高卒の職長が管理する事例を多数みることができた。

4 学歴と選抜・昇進の競争社会

それでは教育段階別の学歴や銘柄別の学校名歴，そして労働市場の特性（競争的労働市場と内部労働市場の違い）と，特定企業の中の昇進システムはどのような関係になっているのか。アジア諸国（フィリピンを除く）に共通してみられる顕著な特徴は，就職できる企業の範囲も企業内の昇進機会も，学歴さらには学校名歴で明確に分断されているという点である。この点を，①教育段階別の学歴（タテの学歴），②企業内（主として大企業）の階層別の昇進（経営陣，中間管理職層，一般ワーカー・社員），③企業内昇進と中途採用，の3つの側面から，アメリカ，日本，韓国，タイの4つの国について比較し図示したものが，図12-4である。

図で太い実線は，労働市場の個別企業の内と外，あるいは企業内での経営陣・中間管理職層・一般ワーカー社員の間の移動や昇進を妨げる明確な「仕切り」が存在することを意味する。細い実線はこの移動が一定程度可能であるこ

図 12-4　4 カ国の大企業の採用と昇進のしくみ

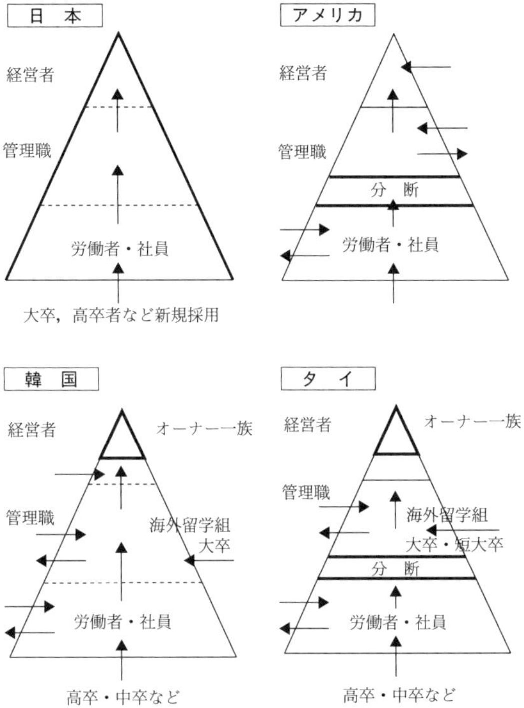

[日本] 経営者／管理職／労働者・社員　大卒，高卒者など新規採用

[アメリカ] 経営者／管理職／分断／労働者・社員

[韓国] 経営者／オーナー一族／管理職／海外留学組 大卒／労働者・社員　高卒・中卒など

[タイ] 経営者／オーナー一族／管理職／海外留学組 大卒・短大卒／分断／労働者・社員　高卒・中卒など

出所）加藤編（1996 年），80 頁。原型の図は末廣の報告にもとづく。

とを示し，破線は移動にほぼ「仕切り」がないことを示す。以上を念頭にまず日本の事例をみておこう。

　日本の場合には，多くは高卒者もしくは大学新卒者の中から新規労働者を採用し，企業内での内部昇進が原則になっている（役員や社長も同じ企業のもと平社員というしくみ）。したがって，一般ワーカーであれ中間管理職層であれ，中途採用は大企業の場合珍しい（橘木ほか 1995 年）。また同一企業であれば，すべての人々に昇進の機会は開かれており，中間管理職への第一次選抜は勤続 15 年目くらいに大体目鼻がつく，「おそい選抜方式」(late track system) をとる。次いで第二次選抜が始まり，その過程で①中枢管理職層，②部門管理職

層，③非管理職層のふるいわけが完了する。こうした「おそい選抜方式」を日本がとるのは，競争原理がより公正に働き，企業内の従業員の技能向上が進むことで，激しく変化する技術や市場への対応が可能になることを期待するからである（小池 1991 年，177-188）。

アメリカの場合には，日本のこうした昇進と選抜のしくみとは大きく異なっている。まず，アメリカでは「おそい選抜方式」ではなく「はやい選抜方式」(fast track system)，もしくはローゼンバウムが言う「トーナメント方式」(tounament mobility)，つまり「勝てば次の昇進ゲームに進める，しかし負ければそこでおしまい」(Rosenbaum 1984) という選抜方式が一般的であった[6]。一方，一般ワーカーは取得した資格や経歴で職種と職務が決まり，賃金も両者に対応している。彼らが管理職に昇進する機会はほとんどなく，管理職を目指すものは，最初からそれに見合った学歴や教育コースを求められる。労働力の需給は資格と経歴にもとづくので，企業間の人の移動もある程度見られる。もっとも，デトロイトの自動車組立工が他州の自動車工場に職を求めて移動するということはほとんどない。一方，経営陣（会社役員）の大半は内部昇進ではなく，いわゆる「社外重役」であり，社長や経営責任者（CEO）も他社からの移籍や引き抜きが普通であった（経済企画庁編 1992 年，第 3 章）。

韓国の大企業の場合には，日本的生産システムとファミリービジネスに固有の特性との組み合わせになる。「タテの学歴」「ヨコの学歴」による厳格な選抜と差別が歴然と存在する中で，高卒であれ大卒であれ内部昇進が保証され，現代グループ（財閥）の場合には，高卒でも勤続年数が長ければ大卒より基本給は高く，副工場長のポストまでは能力と業績次第で昇進が可能になっていたからである[7]。ただし，短期間に事業を拡大したために，中間管理職や専門職の分野で著しい人材不足に直面し，日本以上に中途採用組や海外留学組（修士以

---

[6] 中間管理職に昇進できるかどうかの企業内での「はやい選抜」「おそい選抜」については，小池（1991 年），小池編（1991 年），井上（1982 年），Rosenbaum（1984）を参照。もっとも，最近の研究ではアメリカでも「おそい選抜」が，他方日本でも「はやい選抜」の事例が紹介されている（Baker et al. 1994）。

[7] 筆者の聞き取り調査にもとづく（1997 年 8 月）。韓国の財閥の企業経営組織の特徴については，服部（1987 年）を参照。

図 12-5 サイアムセメント社の職級階層と役職（1993 年現在）

職階層	入社時格付け			備考
上級管理層			J5 社長	
			J4 副社長	
			J3 取締役	
			J2 部長	
中級管理層		B5 課長	J1 部長	*B4 から B5 は 50 歳以上
		B4 課長		*B4 から J1 は特別の業績があるもの。
	大学院卒	B3 課長		*B3, B2 の昇進管理は事業部毎の経営執行委員会が決定する。
		B2 係長		*B2 以下の昇進管理は、事業部内傘下企業の社長ほか
監督者層	大卒	P5 スーパーバイザー	B1 スーパーバイザー	
		P4 職長		*P2 から B2 までは年 2 回の人事考課を実施。
	高等専門卒	P3 班長		*一般工員は P5（B1）で昇進はストップする。
一般工	高卒 職業学校卒	P2 ワーカー		

注) P はパティバット（現業部門），B はバンカップバンチャー（管理部門），J はヂャットガーン（経営部門）のタイ語の頭文字を表す。
出所) ソルット（1994 年），60-63 頁，末廣のサイアムセメント本社での聞き取り調査より作成。

上）の採用を実施している。経営陣は基本的にオーナー一族の姻戚グループか，軍・官界の有力一族がしめるので，平社員からの昇進はまれである。

最後にタイの場合には，アメリカと韓国の双方の特徴が混在している。アメリカと近いのは，一般ワーカーと管理職層の間には明確な「仕切り」があり，「タテの学歴」が決定的な意味をもつ。例えば，タイ最大の財閥であるサイアムセメント本社の場合，図 12-5 に示したように，高卒や職業学校卒と大卒・海外留学組（修士・博士）では，最初から格付けが異なっていた。高卒のワーカーは通常，職制の「P2」から入り，勤続年数と業績を重ねることで「班長」（P3），「職長」（P4）へと昇進する。ただし，彼らの昇進はスーパーバイザー

(P5) で事実上「打ち止め」となる。

一方, 大卒はこのスーパーバイザーからまさに始まり, 現業部門 (P：Pathibat) ではなく管理部門 (B：Bankhapbancha) の第一段階 B1 に位置づけられる。修士以上はひとつ上の「係長待遇」(B2) であるが, この管理部門も課長上級職 (B4) から部長職 (J1) と同格の課長最高職 (B5) への昇進については厳しい審査と一定期間の研修が義務づけられている。しかし同じ大卒であっても, 銘柄大学かどうかの学校名歴, 在学時代の学業成績, 出身の家柄などによって「はやい選抜」がなされており, サイアムセメント社では, 「幹部候補生」については, 一般の社員とは別に「無試験の一本釣り」も実施していた[8]。ちなみに同社ではチュラーロンコーン大学工学部や政治学部の出身者が上級管理職や子会社の社長の相当数を占めている (末廣 1990 年, 29-31)。

韓国と近い特徴は, 短期間の事業拡大のため中途採用者が比較的多いことである。内部昇進が中心であるが, 他社からの移動や引き抜きは珍しくない。また大企業の大半はファミリービジネスを基盤とする財閥が支配的なので (本書の第 9 章), 経営陣はオーナー一族か名望家族の一員, 軍・官界のもと有力者が多い (末廣 1993b 年)。

以上の比較をみると, 日本のような内部昇進型による閉鎖的な内部労働市場は, アジア諸国の中ではかなり特異であることが分かる。ただし, 就職にあたって本人の資格ではなく, 学歴や学校名歴が何より重視され, 学校教育が職業選抜のシグナルとなり, 人柄を含むあいまいな基準の人事査定が同学歴・同期の入社組の昇進を大きく規定している点では, 韓国, タイ, シンガポールなどは日本と同じであった。さらに学歴によって昇進に「仕切り」がある以上, より高い学歴, より序列の高い学校を目指す受験競争が促進される。学歴と職業選抜の結合は, 「分岐型教育制度」ではなく「段階・単線型教育制度」のもとでは, 日本と同じ受験競争を生み出すのである。

---

8 サイアムセメント社にみられる幹部候補生の「一本釣り」の事例は, 「トーナメント方式」や選抜試験方式とは別に, 「庇護型選抜」(sponsored mobility) のリクルート方式を指摘したターナー (Turner 1960) の議論を支持するものである。

5　受験競争と過労死社会

　早い時期から「よい学校，よい大学，よい企業，高いポスト」を目指す個人間競争は，何も日本の専売特許ではない。韓国やシンガポールがまさにそうであるし，大企業の存在が大きな比重をしめるようになった，1980年代以降のタイでもそうであった。表12-3は，94年現在のタイにおける教育段階別の学校の在籍数を，国立と私立，バンコクと地方に分けて，その比率をみたものである。バンコクの場合，就学前教育（幼稚園など）の在籍数にしめる私立の比率は45%，小学校が32%に達した。中等教育後期（高校）にしめる私立の比率の高さは職業学校の存在に由来するが，小学校の私立の高さは明らかに「よい学校・よい会社」を求める親の選択に拠っている。

　実際，タイでは有名私立中学・高校（戦前から存在するアサンプション校，バンコククリスチャン校，セントガブリエル校など）や公立の有名校（スワヌグラープ校）を目指して，有名幼稚園や塾に通学させることが，当たり前になっている。私の知人であるチュラーロンコーン大学の教員は，同大学の社会的に高いステータスではなく，同大学の附属幼稚園の枠を娘のために確保することが目的で，教員を続けていた。また，1998年に国立カセサート大学附属のモデル小学校の政治家や学校パトロンの子弟たちの「不正入学疑惑」をめぐり，娘の不合格に不満を抱く母親が情報公開を請求して裁判を起こし，マスコミのみならず教育界，政界を巻き込む一大社会事件に発展したケースも，タイがすでに「受験競争社会」に突入したことを語っているといえよう。

　竹内洋は『競争の社会学』の中で，「学歴志向の論理と心理」を実証するために，浅利慶太演出の戯曲『モモと時間泥棒』の次のセリフを紹介している（竹内 1981年，60-61）。

　　ママ「今，怠けていたらロクな大人になれないのよ。イチョウ舞い散るまなびやの特級大学（東大のことか？──引用者）めざすのよ。さあ，学習塾！」
　　子どもたち「国語算数理科社会，頭は一杯，おなかはペコペコ！」

> Column 12-2
>
> ### タイの小説にみる教育と出世
>
> 　タイの小説が従来繰り返し取り上げてきたテーマは，男女の恋愛，それも社会階層の壁に阻まれた「悲恋物語」である。とくに王族や富裕層出身の女性と平民男性の間の「成就しない恋」は，現在のテレビドラマでも人気のテーマになっている。そうしたなかで，近代社会の形成を意識し，家柄の低い都市中間層の「立身出世」の意気込みを描いたのが，タイにおける近代小説の祖といわれるシーブラパーの一連の小説（『快男児』1928 年，『人生の闘い』1932 年）であった。その後 1980 年代には，70 年代の第一次民主化運動の影響や 80 年代の大きな社会変動を受けて，女性の社会進出，核家族化と共稼ぎの問題などを扱う社会小説も登場した（宇戸 1996 年）。
>
> 　ところが 1990 年代に入ると，両親の大学進学への期待の重みに耐えかねて家出する子供たちと両親との心理的な葛藤を扱う小説がでてくる。ウィモン（Wimon Sainimnuan）の『空をつかむ』（*Phu Khwai Khwa*, 1994）がその一例で，息子のナチャイは大学受験に失敗し，娘のナーカリーも当初は聞き分けのよい子供であったのが，「学校嫌い・親への反発」を示すようになった。ウィモンの小説は，この 2 人の子供と両親の間の葛藤を中心にドラマが展開する。小説のテーマは教育そのものというより，教育を素材に家族の在り方がどう変わってきたかに重点が置かれている。しかし，家族や恋愛に与えるファクターが，階層や出自から教育問題に移行し，高等教育を受けたいわゆる「都市中間層」が主人公として登場してくる事実は，注目すべきであろう（宇戸清治の国際交流基金アジアセンターにおける 2000 年 2 月 16 日の講義録）。

ママ「パパが入れなかったトクダイ。あなたは絶対に入らなければ。まず，すばらしい中学校，すばらしい高校，そしてああ夢の特級大学生」。

子どもたち「ゆこうゆこう特大へ，すすめすすめエリートコース Go Go Go Go Go オール 5」。

このセリフの引用を笑ってばかりはいられない。戯曲のセリフが語る状況は，そのまま韓国やタイの現在の実態を示しているからである（コラム 12-2, 参照）。やや資料が古いが，タイの国立大学の入試データによると，国立大学

の合格者のうち 1975 年は 78％（バンコクの人口は全国の 10％，志願者は全国の 65％），85 年でも 73％（同 10％，49％）がバンコク所在の高校の出身者であった。また，85 年にバンコクで予備校に通ったり，家庭教師についたバンコクの受験者は，国立大学入試合格者全体のうち 35％をしめ，そうした準備をしないで合格した地方出身の受験者は 8％にすぎなかった[9]。バンコク在住の両親が塾や予備校に血道をあげ，地方在住の両親が少しでも経済的に余裕があればバンコクに子弟を送り込もうとするのは，こうした受験合格者の明確な格差，さらに「よい大学がよい就職とよい企業を保証する」という「職業選抜」のメカニズムがタイの教育でも働いているからである。

　ここで翻って，「キャッチアップ型工業化」と教育制度の関係について整理しておこう。後発国が急速な工業化を進めるためには，特定社会階層の文化的特性や精神を再生産するようなエリート養成教育では不十分である。むしろ，こうした教育制度は第 8 章のコラム 8-1 でみたように，家族的経営の「反工業的な文化的性格」を生み出しかねない。他方，早くからの「分岐型・くし型」学校系統も，必ずしも適合的ではない。特定の職種に応じた知識と技能の提供を目的とする教育制度や，資格と経歴にもとづく労働市場は厳格な分業を生み出し，そのことは輸入技術の学習と定着，輸入技術の改善を基礎とする企業単位の「積み重ね型努力」，あるいは激しく変わる技術と消費市場の変化に対する「柔軟な対応」を要請される後発工業国では，かえって障害に転じてしまうからである。

　結局，後発国にとってより合目的的な教育制度は，次の 2 つの点に帰着する。ひとつは，実業教育を残した高等教育の大衆化による労働力の質の全体的な底上げである。その場合，教育サービスは創意工夫の涵養や個人の人格形成ではなく，基本的な知識や技能の提供となる。そしてもうひとつの特徴は，教育機関が企業や労働市場が必要とする「潜在的に有用な人的資源」を発見するための選抜装置（スクリーニング機関）になることである。自由競争的な労働市場では，労働力の価値はその職種別資格や経歴で測られる。しかし学歴主義の社会では，「高い学歴，銘柄大学の卒業生は，そうでない卒業生よりもより高い能力を発揮する」という暗黙の期待にもとづいて採用される。そして，企

業は労働力を企業内に内部化し，個別企業が必要と考える技術技能（firm-specific skill）をほどこす。一方，「高い学歴，銘柄大学」の人間は，そうした期待に応えるために，自らの潜在的能力を業績に結び付けようとして，企業内の個人間競争に邁進する。

第3章で述べたように，「キャッチアップ型工業化」の本質は「国の競争優位」の追求にある。「国の競争優位」は世界市場で競争優位を証明する輸出産業間の競争（competition）に向かう。さらに産業間の競争は，同一産業間における主要企業同士の厳しい競争（rivalry）に結び付き，企業間の競争は結局，企業内の個人同士の地位昇進競争（race）に帰着する。この企業内の個人レベルの激しい昇進競争は，学歴が職業選抜の基本になっている社会では，当然ながら高い学校名歴を求める「受験戦争」へと発展せざるをえないだろう。

その結果，個人は学校での競争，会社での競争に組み込まれる。「競争・管理・会社」という新しい「3K社会」が，後発工業国の社会組織原理になるのである（末廣 1993a 年）。この「3K社会」の行き着く先は「疲労社会」（山崎 1992年）や，「究極のK」を意味する「過労死」であった（川人 1996年）。この問題は，もはや日本だけではなく，韓国をはじめアジア諸国に波及しつつある。日本的生産システムのアジアへの波及は，確かに多くの国に輸出競争力の向上と生産の効率性をもたらした。ただし，そのプロセスは「過労死の輸出」でもあったことを忘れるべきではなかろう。

---

9 タイ教育省のデータより算出。このデータについては，アジア経済研究所の船津鶴代氏のご教示による。

終章

「国の競争優位」論を超えて

1 2つの報告書

　ここに2つの本がある。ひとつは，アメリカの経営コンサルタント会社がアジア通貨・経済危機直前に作成した韓国経済に関する報告書『韓国経済再生への道：21世紀へ向けて』，邦訳書のタイトルは『韓国報告書：日本型経済システムのゆくえ』である（ブーズ・アレン＆ハミルトン，森脇・田中訳 2000年）。韓国経済の限界や財閥の脆弱性を鋭く指摘していたため，ハングル語版は危機のさなかの韓国でさかんに読まれた本であった。

　もうひとつは，東京に在住するアメリカ人経済ジャーナリストが書いた『ハード産業を讃える：なぜ情報経済ではなく製造業こそが将来の繁栄の鍵なのか？』，邦訳書のタイトルは『製造業が国を救う：技術立国・日本は必ず繁栄する』である（フィングルトン，中村訳 1999年）。著者は日本通でもあり，『見えない繁栄システム』という著書もある。

　この2つの邦訳書はほぼ同時期に刊行され，どちらも副題に「日本型経済システム」とか「技術立国・日本」を付し，日本の工業化の発展パターンを，それぞれ積極的に取り上げている。しかし同じアメリカ人にもかかわらず，その評価の内容はきわめて対照的であった。前者の『韓国報告書』は，日本の工業化パターンをひたすら模倣し追跡してきた韓国経済（したがって日本経済）は，

図 13-1A　主要 D-RAM 製造企業の市場占有率（95年）

- *三星
- NEC
- 日立
- *現代
- 東芝
- TI
- *LG

0.0　5.0　10.0　15.0　20.0%

図 13-1B　主要半導体メーカーの金融コスト（96年）

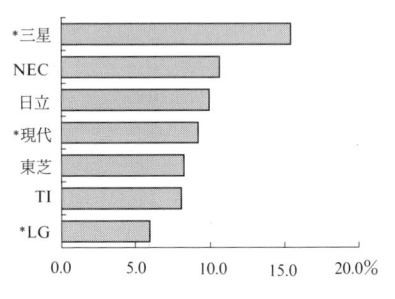

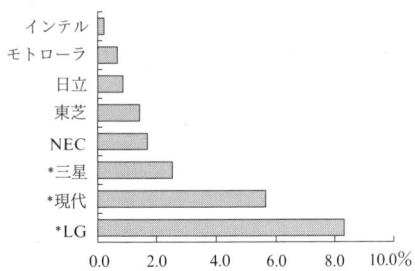

- インテル
- モトローラ
- 日立
- 東芝
- NEC
- *三星
- *現代
- *LG

0.0　2.0　4.0　6.0　8.0　10.0%

注）金融コストは売上高に対する資金調達費用の比率。＊は韓国企業
出所）ブーズ・アレン＆ハミルトン，森脇・田中訳（2000年），49，52頁。

経済のグローバル化と自由化の中ではもはや発展は望めず，抜本的な構造改革が必要であることを強調する。一方フィングルトンの本は，アメリカや日本でもてはやされている「ポスト工業化論」「先端型サービス産業社会論」「IT 革命論」を手厳しく批判し，世界経済の将来は，一握りの高学歴の人間しか雇用しないマイクロソフト社などを有するアメリカではなく，技術開発力をもった多数の先端製造企業を有する日本にこそあると説いた。

『韓国報告書』の主張は，図 13-1 に端的に示されている。図 13-1A が示すように，韓国の財閥は，もっとも汎用性が高く大量生産・大量販売型の「D-RAM」の分野で，ついに売上高上位 7 社のうち 3 社（三星，現代，LG）をしめるまでになった。ところがそれぞれの会社の金融コスト（売上高にしめる資金調達費用の比率）を比べると，韓国の企業はアメリカ企業の 3 倍から 40 倍にも達した。売上高規模や世界市場にしめるシェアは大きくても，企業の財務内容は著しく不健全だったのである。しかも，今回の韓国の経済危機は，半導体の価格暴落（米系マイクロチップ社による技術革新や世界市場での供給過剰）と輸出の激減が重要な引き金になった（World Bank 1998, 25-26）。その結果，大量生産で価格競争力がものをいう汎用性半導体の輸出に過度に依存した韓国経済は，96-97 年の「半導体不況」の影響をもろに受けたわけである。

したがって，『韓国報告書』は次のように提言する。現在の韓国経済は，技

術・知識資源の面で優位にたつ先進国と，低廉な労働力を武器に「追い上げ」を図ろうとする後発国の間にあって，「くるみ割り器」にはさまれたくるみのように，競争上のはさみ撃ちにあっている（同上書，29-69）。韓国がこの状態を脱却し，先進国の仲間入りを本当に果たすためには，政府のミクロ経済レベルの介入を排除して，徹底した経済の自由化，市場メカニズム主導型の経済運営を追求する必要がある。同時に，銀行借入と「規模の経済」に依存した企業経営を改めて，「コーポレート・ガバナンス」を強化しなければならない。また，従来の一国レベルにこだわった自力依存型の経済発展戦略を放棄して，アジア地域の統合と世界との連携を強化することが大切である。これがブーズ・アレン＆ハミルトン社の主張であった。こうした論調は，政府主導の産業政策が企業の過剰投資とモラルハザードを引き起こし，ひいては1997年の経済危機に発展したとみなすチャンたちの論文（Chang et al. 1998）の主張とも重なっている。

一方，フィングルトンは「ポスト工業化論」が期待をかける「情報産業」（出版，映画，放送，情報通信，コンピュータ・ソフトウェアの5業種）ならびに「先端サービス産業」（金融サービス，データベース，インターネット，経営コンサルティング，会計，法律など）を「製造業」と比較し，前者は一国の雇用創出，輸出所得の増加，一人当たりGDPの向上のいずれをとっても，製造業ほどには貢献していない事実を指摘する。もっとも，フィングルトンが重視する製造業は，成熟した技術を使用する労働集約型の製造業ではなく，絶えず更新していく技術と知識に依拠した先端型製造業である。

以上の論点を実証するために，フィングルトンはじつに豊富で興味深い事例を次々と紹介していく。例えば彼は，半導体の心臓部にあたるシリコンウェハの「マスク」の上に回路を印刷する一種のリトグラフ印刷機である「ステッパー」の製造を例にとりあげる。1998年に大量生産が可能になった最新型のステッパーは，4分の1ミクロン以下の幅の線の印刷が可能である。ステッパーの1台当たりの価格はじつに6億5000万円であった。シリコン・ウェハのリトグラフ印刷では世界のトップをしめる日本のニコン社は，7000人の従業員のうち半数をこのステッパー製造部門に投入し，かつその従業員の半数が

高卒であった。彼らの平均年収は5万5000ドルで，ニコン社のステッパー部門の売上（輸出が主力）は年15億ドル以上に達している（フィングルトン，中村訳1999年，163-166）。

一方，コンピュータソフトの巨人企業であるアメリカのマイクロソフト社が雇用している従業員1万5000人（それでも自動車のフォード社の20分の1でしかない）は，大半が「天才に近い」技術者か高学歴のものばかりで，高卒の労働者は対象外である（同上書，54-58）。また，情報産業の代表である映画のパラマウント社が年間に輸出で稼ぐ金額は2.8億ドル，インターネット利用の書籍販売で有名なアマゾンコム社のそれは1.5億ドルにすぎなかった。ニコン社1社のステッパーの輸出金額にはるかに及ばなかったのである。したがって，情報産業や先端サービス産業に依存したアメリカ経済は，低学歴の労働者の失業と職種にもとづく所得格差の拡大を招いており，同時にアメリカからの輸出に対する貢献度も低い，というのがフィングルトンの主張であった。

2つの報告書は，本書の課題である「キャッチアップ型工業化論」に照らして読むと，きわめて興味深い。言うまでもなく，国民経済を指標にとり，製造業（ただし先端型製造業）を重視し，企業の雇用創出効果と輸出への貢献を強調するフィングルトンの議論は，そのまま「キャッチアップ型工業化論」の基本的な前提（本書の序章）と重なるからである。他方，国ではなく「個別企業」を重視し，当該企業の売上高規模や世界市場にしめるマーケットシェアではなく，金融コストの高さや財務管理能力の方を重視し，製造業ではなくグローバル化するネットワーク型の「サービス業」に対してより関心を向ける『韓国報告書』は，本書で紹介したアメリカ流の「コーポレート・ガバナンス論」（第9章）や，「IT革命論」の立場を代表しているといえるだろう。両者の主張の違いは，そのまま「キャッチアップ型工業化」の将来を占う論点につながっているのである。

2　ポーターの「国の競争優位」の再検討

そこでもう一度，第2章で紹介したポーターの「ダイヤモンド・モデル」

(図 2-6) を見ていただきたい。ポーターの議論の特徴は，国の競争優位を決定する要因は何か，その点を国レベル，主要産業レベル，当該産業をリードする主要企業レベルの 3 つで検討した点にある。また，彼が取り上げたのは製造業のみであり，ある国の「競争優位」は特定の製品の世界市場にしめる当該国のマーケットシェアで測ることができるとした。そして，ポーターが「国の競争優位」の規定要因として提示したのは，①企業の戦略・構造，ライバル間競争，②要素条件，③需要条件，④関連・支援産業の集積の 4 つであり，これら 4 つの要因が相互に刺激し合うことでイノベーションが生じ，ある国の競争優位は向上すると捉えた。

しかし，1990 年代以降明確になった情報技術の著しい進展，コンピュータやインターネットを使った情報の迅速な伝播，金融・産業の自由化に伴う大規模で国際的な資金移動は，ポーターが「ダイヤモンド・モデル」を作成したときの前提なり環境を，大きく塗り替えてきているようにも思える。例えば，「企業のライバル間競争」を例にとると，自動車業界ではもはや国内でのトヨタと日産，進出先での日本企業と欧米企業との競争とはいえない。GM 社はイギリスのオペル社や日本のいすゞ，スズキと提携し，フォード社はボルボ社やマツダと提携し，フランスのルノー社は日産と提携し，ダイムラーベンツ社はアメリカのクライスラー社と合併したり，三菱自動車工業と提携しているからである。親企業の国籍を超えた「戦略的提携」(Strategic Alliance) が主要製造業のビッグビジネスの世界では急速に進み，そのことが海外の事業展開にも大きな影響を与えつつある (森 2000 年)。

「要素条件」の中心をなす人的・知識資源も，「需要条件」の消費者のニーズの中身も，インターネットを利用して国を超えた知識ネットワークが構築され，あるいは世界に広がる供給者 (サプライヤー) の対応に直結した需要が生じている。その一方情報技術 (IT) の発展は，消費者のニーズを無限に多様化させ，以前よりもますます迅速で柔軟な対応を製造者やサービス提供者に迫っている。「関連・支援産業の集積」も，一国内の特定地域に限定する必要はない。世界中どこからでも品質と価格が適切な部品や素材を「アウトソーシング」(外から調達) することができるからである。GM 社が競争企業と協力し

図 13-2　ポーターの「ダイヤモンド・モデル」と経済グローバル化・情報社会化・企業ガバナンス

国の競争優位の決定要因	企業の戦略・構造ライバル間競争	要素条件人的知識資源	需要条件買い手のニーズ	関連・支援産業産業の集積
①一国レベルの決定要因	*国内の企業間競争を促す環境 *企業経営システム	*選択的要素の劣位(資源不足など)、人的資源の蓄積	*要求水準の高さ *需要におけるセグメント的構造	*品質水準の高いサプライヤーの豊富な存在
②経済の自由化グローバル化	*多国籍企業間の戦略的提携 *地域市場をめぐる製品開発競争(アジア・カーなど)	*技術と知識のネットワーク化 *シリコンバレーモデルの波及	*消費者ニーズのいっそうの多様化 *輸出市場の拡散	*アウトソーシング重視の供給体制 *地域内での分業体制の構築
③情報技術・産業の発達	*産業ベースから国を超えた企業ベースの競争	*知識資源の個人化 *高等教育の要請 *技術革新のサイクルの迅速化	*多様な消費者ニーズの顕在化 *迅速な対応の要請	*産地,産業集積の流動化
④企業のガバナンス(アメリカ流)	*企業の生産技術の競争力から収益・株価指標の競争へ	*管理会計から財務会計中心へ	*②と③に依存	*長期相対取引の後退

て，インターネットを通じて世界中の部品メーカーのネットワーク化 (Trade Xchange) を図ろうとしている試みは，その代表例とも言えよう。

　以上のように，情報技術の発達や経済のグローバル化，企業ガバナンスの強調が，ポーターの「ダイヤモンド・モデル」に書き換えを要求している論点を整理したものが，図 13-2 である。実際，ポーター自身は 1998 年の『ハーバード・ビジネス・レビュー』の論文 (Porter 1998) の中で，従来の「ダイヤモンド・モデル」のうち④の「関連・支援産業の集積」をより重視する見解を示した。つまり，消費者，サプライヤー，製造メーカー，政府機関・大学・シンクタンクなどの諸機関 (institutions) が，特定地域を拠点に緊密なリンケージを形成し，生産性と競争力をアクター間で相互補完的に向上させる「クラスター」(clusters) の発展をより重視する視点を，前面に打ち出した。しかも，

消費市場の「グローバル化」が進めば進むほど、企業がどの「クラスター」に拠点を築くか、その立地戦略こそがますます重要になると説いた。

一方、20世紀の企業組織の変化を刺激的に鳥瞰した米倉（1999年）は、情報技術革新のもとで生じている変化を次のようにまとめている。すなわち、生産は技術・技能や経験の蓄積ではなく、不確実な市場に対する試行錯誤や「確率論」的アプローチに変わり、ビッグビジネスではなくベンチャー・キャピタリストが台頭すると述べている。彼はさらに続けてこうも観察している。消費者のニーズが多様化し、マイクロエレクトロニクスが発達したとき（ME革命）、これに真っ先に対応したのがじつは日本であった（同上書、第4章の「日本型組織革命の進展」を参照）。日本は「ジャストイン・タイム方式」を導入し、縦のリードタイム（製品開発や製品をつくる時間）を短縮し、大量生産を基盤におく多品種小ロット生産体制を構築した。そして、製品の開発や改良に必要な経営資源を企業内部に蓄積してきたのが日本の方式であり、アメリカの大企業もこれに追随した。

しかし、いまや縦のリードタイムの短縮（縦のスピードへの対応）に加えて、目まぐるしく変わる消費者のニーズを迅速につかむ、横っ飛びの素早さ（横のスピードへの対応）を競う時代に入った。その場合、時間とコストのかかる経営資源の企業内部での組織化は適合的でなくなる。つまり、ゆるやかな企業の連携やネットワーク化が新しい企業組織として必要とされ、生まれてきたと捉えた（米倉 1999年、242-243）。そして、こうした新しい企業組織を、アメリカのビッグビジネス方式や日本の組織革命モデルと対比させて、「シリコンバレー・モデル」と名付けたのである。

米倉の議論は、人的・知識資源のネットワーク化の強化という点で、ポーターの最近の主張と重なっている。両者の違いは、米倉が国境を超えたネットワークを想定し、ポーターがその点を認めつつも（Porter 1998, 79）、特定地域に密着した「産業・情報知識のクラスター」の形成をより重視している点にある。とはいえ、「国の競争優位論」からの離脱という点では、両者は共通していた。このことは国を基本単位とし、経営資源や技術知識の企業内蓄積を重視してきた「キャッチアップ型工業化」路線からの離脱を意味する。

3 「キャッチアップ型工業化」の存続

　それではアジア諸国の今後の経済発展にとって,「キャッチアップ型工業化」はもはや意義を失ったとみなすべきなのだろうか。冒頭に紹介した『韓国報告書』は,まさにこの立場に立っていた。それとも「キャッチアップ型工業化」はまだ有効とみなすべきなのか。私自身は次の理由から,「キャッチアップ型工業化」はアジア諸国で続くし,それ以外選択の道がないと考えている。

　第一は雇用の問題である。例えば前掲表6-3に示したように,韓国と台湾では工業化の進展に伴って第二次産業人口や「製造業人口」の比率が急速に伸びていったが,そのうち頭打ちとなり,替わりに第三次産業人口の比率が上昇していることが分かる。製造業人口が伸びているタイでも,近い将来同じ現象が起きるであろう。しかし,このことは「ポスト工業化論」が想定するように,次の時代は「情報産業」や「先端型サービス産業」が主導産業ということにはならない。

　前掲表11-2のタイにおける職種別就業人口の推移が示しているように,「専門職・技術職」や「サービス労働」の就業人口は1980年の120万人から98年の340万人に大きく伸びているものの,全体に占める比率は11％程度であり,「技能工・生産労働者」の574万人（19％）には及ばなかった。「サービス労働」を金融や情報関連産業に限定すれば,その数字はずっと低くなる。前掲表10-6に示した技術者の層の薄さや,民間企業のR&D支出の低さも,「情報産業型経済」や「IT経済化」への近い将来の移行に対しては,疑問を投げかけている。アジア諸国が今後も雇用を創出していこうとする場合,農業はもちろんのこと,先端型サービス産業に過大に期待することは到底できない。雇用創出の基本セクターは依然として「製造業」なのである。

　第二は輸出の問題である。日本の場合,輸出が名目GDPにしめる比率は,60年が9％,80年が12％,99年が10％であった。したがって,日本はもはや輸出立国とはいえない。一方,アジア諸国（中国を除く）の場合には,輸出の対GDP比率は99年現在34％から135％の高さであった。しかも経済危機を

契機に，その比率が高まっている事実が重要である（前掲表4-7）。輸出の伸びは各国の経済回復だけでなく，持続的な経済成長にとっても不可欠であろう。

アジア諸国の輸出のうち70％以上は，すでに工業製品か農水産物の加工品である。農産物が輸出にしめる比率がもっとも高いタイでさえ，今後農産物の輸出を増やそうとすれば，灌漑，水管理，品種改良，流通網の整備など，製造業以上の追加投資が必要である。また環境問題への関心が強まる中で（例えば，内陸部のエビ養殖は，主要輸入国であるアメリカの消費者団体の圧力で禁止措置になった），農業をとりまく環境は厳しくなる一方である。農水産物の輸出は全体の底支えにはなっても，輸出拡大の主導セクターにはなりにくい。「キャッチアップ型工業化」が前提とする産業と貿易のリンケージは，アジア諸国の場合には依然として強いのである。したがって，比較優位をもつ輸出産業の育成やその輸出競争力の強化は，旧社会主義国も含めて重要な課題であり続けている。

第三は所得分配の問題である。フィングルトンが指摘するように，「ポスト工業化」の道は「タテの学歴」による労働市場の分断と，学歴別・職種別の所得格差を拡大する可能性が高い。世帯を所得別にいくつかのグループに分類し，最上位5％の世帯の平均所得と最下位20％の世帯の平均所得を比較すると，アメリカは1978年の15.1倍から88年の19.1倍，さらに98年の24.1倍へと，一貫して所得格差を拡大させていった（アメリカ商務省の数字）。一方，アジア諸国は前掲図4-1でも見たように，過去20年間に高い経済成長だけではなく，相対的に公正な所得分配を実現してきた地域であった。製造業を中心とする工業化が各国の消費購買力を向上させ，所得格差の是正に貢献してきた事実をもっと重視すべきであろう。

第四は技術形成に関わる問題である。1998年の100人当たりのインターネットの利用数は，アメリカが22人，日本が13人であった。一方，アジア地域内では，シンガポール24人，香港15人，台湾14人，韓国7人の「旧アジアNICs」と，マレーシア3.7人，タイ0.3人，フィリピン0.2人，インドネシア0.15人の東南アジア諸国の間で，普及率に大きな開きが存在した。国をあげて「IT革命」に邁進している中国は0.17人，多数の先端的な研究所を有す

るといわれるインドでさえ，まだ0.05人である（経済企画庁調査局編 2000年，86-87）。同様に前掲表10-6に見たように，政府や民間のR&Dの支出の大きさにおいても，アメリカとアジア諸国の間，そして何よりアジア諸国内でも大きな格差が存在する。

　技術形成のための社会的基盤や情報通信のインフラが整備されていないところで，仮に急速に「IT革命」を推進すれば，それは一方では必要な設備機械の輸入急増による貿易収支の悪化と産業の不均等発展をもたらし，他方では都市と農村，中央と地方の間に所得格差を上回る「情報格差」（degital divide）を生み出しかねない。国際規格を有するソフトウェアの開発研究所は世界でわずか76カ所，うちアメリカの45カ所に次ぐのがインドの29カ所である（同上書，97）。しかし，「IT革命」がインドの農村の国民所得を引き上げるとはとても思えない。むしろ必要とされるのは，アジア諸国の産業構造全体を製造業中心から情報サービス産業へといっきょに「切り替える」のではなく，既存の輸出向け製造企業やそれを支えるサポーティング産業，そして企業間取引に，いかに「IT革命」の成果を結び付け，輸出競争力を改善するかであろう（かつての「ME革命」がそうである）。その意味では，積み重ね型の技術形成は依然重要であるし，それ以上に教育を含む技術形成の社会的能力の向上こそが不可欠であろう。その重要性の認識は，アジア諸国ではようやく定着しつつある。

　以上の理由から，私はアジア諸国では「キャッチアップ型工業化」が続くと考える。しかも，日本，中国，シンガポール，タイなどで現在展開されている，国をあげての「IT革命論」自体が，従来の「アメリカに追い付け・追い越せ」という発想をそのまま踏襲していた。「キャッチアップ型工業化」の発想から脱却するのは，決して容易なことではないのである。同時に，アジア諸国が引き続き「キャッチアップ型工業化」を選択するいくつかの条件が存在することにも，改めて注目しておきたい。

　第一に，通貨・経済危機をへて，アジア諸国内では「国を基本単位」とする工業力の強化より，国境を超えた企業そのものの競争力や「コーポレート・ガバナンス」の強化が重要となった。事実，日本の通産省は『21世紀経済産

業構造調整事業計画政策検討小委員会報告書』（1999年9月）の中で，21世紀に向けての政策提言のひとつとして，「政策客体は業種単位から企業単位，NPO，個人へ，政策視野は国境を意識しつつも地球大へ，政策手法は立案・実施・評価の政策サイクルの中で国民に開かれた政策協創へ」（同報告書，19-21）という提言を行なった。こうした論調は最近のアジア経済論にもしばしば見出すことができる。

にもかかわらず，アジア諸国が「コーポレート・ガバナンス」の強化を図るためには，第4章で紹介した金融制度改革や金融市場の整備，会計・監査制度の法的整備や証券市場の改革が不可欠である。「IT革命」を進めるにしても，情報通信のインフラ整備や一連の国際基準に従った法律の制定は不可避であろう。さらに高等教育の拡充のためには膨大な社会投資が必要となる。これらの事業はいうまでもなく一企業レベルでなしえることではない。経済の自由化のもとで，かつてのような「閉鎖経済型政府」の市場介入に代わる，「開放経済型政府」の新たな役割が要請されているのである。それは産業・生活インフラを整備する役割と同時に，多様化する社会的利害を調整し，企業や市場の動きをモニタリングする機能であろう。

第二に，そして第一の課題を補強しているのが，「開発主義」を支えてきた「成長イデオロギー」の強固な存続である。冷戦体制の崩壊以後，国家の露骨な危機管理や，政府の直接的な経済介入は正当性を失い，経済の自由化がその流れを強めている。そうした中で，冷戦対応型の「開発主義」はすでにイデオロギー的根拠を失っているが，国民経済を前提とする「成長イデオロギー」そのものは存続している事実を無視すべきではない。人々の「ゆたかさ」への志向は強まりこそすれ，決して弱まることはないからである。いわば「危機管理なき開発主義」が存続し，それは依然として国民国家レベルでの工業化に向けての，人々の重要なインセンティブであり続けている。

第三に，情報技術はあたかも世界の経済構造を変えているかにみえる。しかし，それを支えているのは情報通信機器をつくる生産技術やそれを管理する技術，新しい物流を支える輸送インフラストラクチャーである。フィングルトンも指摘するように，雇用機会を提供し，外貨を獲得し，所得を向上させている

のは情報技術そのものではなく，情報技術の革新と結びついた製造業や関連産業の幅広い存在である。そうだとするならば，本書で検討した「キャッチアップ型工業化」のメリットは，決して失われたわけではない。また，雇用の確保と所得の向上が依然としてアジア諸国にとって最重要課題である以上，工業化の道はもっとも現実的で有効な選択だと私は考える。

4　「国の競争優位」を超えて

　しかし改めて言うならば，「キャッチアップ型工業化」自体にも大きな問題がある。それは「国の競争優位」を規定するのが結局は主導的な企業であり，同時に同一産業内での企業同士の激しいライバル競争に依拠するという前提に内在している。世界市場における自国の工業製品のマーケット・シェアを拡大するという「国の競争優位」は，すでに第11章や第12章でみてきたように，一方では，過労死につながる企業レベルでの「管理と競争」の強化と個人間の出世競争を促し，他方では，職業選抜の場として機能する教育機関をつくり，「就職に有利な大学」をめざす無限の「受験競争」を生み出し続けてきた。

　「キャッチアップ型工業化」では，本来政府やコミュニティが果たすべき役割を，しばしば「大企業」が分担する。会社中心主義は，経済成長が右上がりのときには，長期雇用，豊かな生活，福利厚生の拡充を実現する場になった。しかし，会社中心主義はジェンダーの視点からすれば「男性優位」の賃金体系と昇進システムであり（大澤 1996年），さらに日本の構造不況，アジア諸国の通貨・経済危機は，「大企業」が決して唯一の生活の基盤ではないことを冷酷な形で暴露した。ホワイトカラーを含む突然の解雇や，年功ではなく成果主義を重視した新しい人事管理方式の導入は，その最たる例であろう。もはや「大企業」に過大に期待することはできないのである。

　もうひとつ，「キャッチアップ型工業化論」は，世界の構成国を「先発工業国」と「後発工業国」に二分してきた。そしてこの議論は，世界経済を覇権国（アメリカ）＝主要先発工業国（OECD諸国やG7）＝後発工業国（それぞれの国民国家）＝後発工業国内部の主導的産業＝主導的産業内部の支配的企業とい

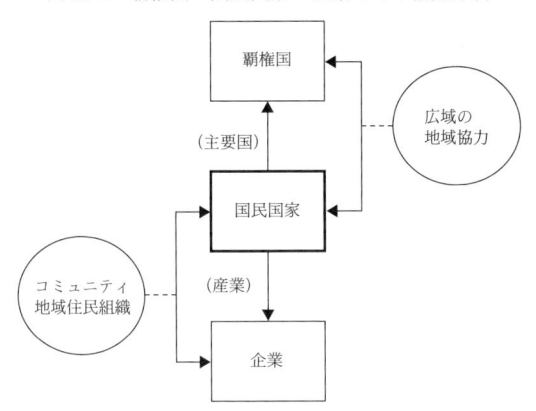

終章 「国の競争優位」論を超えて **311**

図 13-3 覇権国・国民国家・企業とその補完体制

う，垂直的な図式の中で捉えてきたともいえる。しかし，上記の問題はこうした図式に修正を迫っているといえよう。かりに「個別企業」に視点をすえても，次のような新しい動きが生じているからである。

第一に，後発国の企業活動の発展をもはや一国の政府の支援政策に委ねず，「広い地域」(region)の連携や地域統合に求める動きがそれである。EU（93年），ユーロ（99年），NAFTA（94年），メルコスール（95年），APEC（89年），AFTA（93年）などを基盤とする地域統合・地域協力の活発な動きと，特定地域内での企業の連携を進める企業活動は，そうした流れを示唆している（通商産業省編 1999年, 262-296）。

第二に，労働者や従業員が「会社別組合」の結成や労働者の組織化の方向に期待しないで，「狭い地域」(community)，つまり村落社会や地域住民組織に生活基盤の一部を委ねる動きである。ヨーロッパでもアジア諸国でもみられる，自然村落共同体ではなく人為的な「地域住民共同体（コミュニティ）」を創設する運動や，タイで提唱されている「強い社会論」などがそれに該当する。一方，マレーシアやインドネシアでみられる宗教団体や宗教的共同体の存続や復興は，会社中心主義とは別の生活基盤のシナリオを示唆している。

この点を図示したのが図 13-3 である。こうした動きや発想は，金子勝が提唱する「上に向けてはるセイフティネット」，「下にはるセイフティネット」の

議論（金子 1999 年，55-61）ともほぼ照応しているし，世界銀行が 1998 年以降強調する，突発的な経済危機が社会に与えるインパクトを緩和する「セイフティネットの強化」の議論（World Bank 1999, 101-110）も，そのひとつである。いずれにせよ，人々の生活基盤を国家と企業の 2 つの経済主体に過度に依存することを回避し，人々が「外的ショック」や「不確実な経済」に柔軟に対応し，生活のリスク分散を図ることが議論の主題であった。

　こうした議論は，「キャッチアップ型工業化論」と関連させていえば，「企業」の構成要員を国家の目標に貢献する「従業員」ではなく，社会の「生活者」として捉え直そうとする視点とみなすことができる。「過労死」に代表される過剰なまでの企業間競争や企業内の個人間競争（経済的 competition から個人 race への移行）を，「キャッチアップ型工業化」が生み出したと判断するならば，図の新しい動きは歓迎すべき傾向であろう。「ゆたかな社会」を「過労死」であがなう社会は，だれしも望まないからだ。この問題は「キャッチアップ型工業化論」が重視してきた「国の経済発展」に対して，「国の社会発展」をどう考えるかという視座転換と関わっている。

　ただし，最後につけ加えておきたいことがある。こうした対応はあくまで従来のシステムに対する「補完」や「社会的クッション」であり，既存の工業化パターンの根本的な止揚ではなく，あくまでこうした工業化パターンが生みだす矛盾の激化を軽減するための「調整」でしかないという点が，それである。「キャッチアップ型工業化」を真に超えるのは「IT 革命論」や「シリコンバレー・モデル」ではない。また，先端技術製造業の技術開発力を育成する企業の努力やそれを支援する政府の政策でもない。結局は，1960 年代以降アジア諸国に定着した「開発主義」と，それを国民レベルで支えてきた「成長イデオロギー」をどう克服するか，それこそが問われているのだと私は考える。

付録

統計の探し方・読み方・作り方

1　国際機関の経済統計

　アジア諸国に関心をもち，いざ研究を進めようとすると，統計やデータの収集が必要になる。ここでは国際機関をはじめ利用可能な統計の所在と，統計を利用するにあたって注意すべき事項を整理しておきたい。

　アジア諸国の経済統計をとりあえず調べてみたいという人には，経済企画庁調査局編『アジア経済』（年刊）が便利だろう。もともとこの年報はテーマ別，国別にその年の経済動向をまとめたものであるが，巻末の「参考統計」はひととおりのデータを揃えている。「1999年版」を例に取ると，経済成長率，一人当たりGDP，貯蓄率，投資率，物価上昇率，マネーサプライ，失業率，輸出額，輸入額，経常収支，対外債務残高，為替レートなど計25項目にわたって，1960年から最新までのデータが収録されている。対象国は日本，オーストラリアを含めて計14カ国であり，「ドル表示」や「％」に統一してあるので，他国との比較も容易に行なうことができる。また，巻末には各国で利用した現地の統計書の出典一覧表も明示してある。

　この『アジア経済』よりさらに詳しいデータを調べてみたい人には，アジア開発銀行（ADB）の「Key Indicators」が有用であろう。また，アジア地域だけではなく，他の途上国地域（ラテンアメリカや中東，アフリカ），さらには先

発工業国(高所得国),体制移行国(旧社会主義国)と比較したい人には,世界銀行の年報『世界開発報告(World Development Report)』と,国連開発計画(United Nations Development Planning：UNDP)の年報『人間開発報告(Human Development Report)』の2種類が基本文献である。

『世界開発報告』の付録統計の方は,途上国の基本的な経済指標をほぼ網羅しており,年毎に特集テーマを組んで分析を加えている本文とともに利用価値が高い。ちなみにここ10年間の主な特集テーマは,1990年と2000年が「貧困問題」,91年が「開発戦略の見直し」,92年が「環境問題」,93年が「医療・健康問題」,95年が「労働問題」,97年が「国家の役割の再考」であった。一方,『人間開発報告』の方は,栄養,医療・保健サービス,人口,教育など「社会開発指標」に焦点をあてた報告書で,世界銀行の『世界開発報告』と対をなすものである。

また世界銀行は,『グローバル経済展望と発展途上国(Global Economic Prospects and the Developing Countries)』と題する報告書を毎年刊行し,その年の途上国・地域の重要なトピックスを取り上げて分析している。「1998/99年版」「1999/2000年版」は,いずれも「アジア通貨・経済危機」とその克服が重要なテーマになっている。

主題別,セクター別にさらに国際比較研究を進めたい人には,国際機関がそれぞれ出している年鑑,年報,季報,月報が参考になる。例えば,為替や国際資本取引,対外債務の動向を知るためには,国際通貨基金(IMF)の「International Financial Statistics」,中央政府の財政収入・支出については同基金の「Government Finance Statistics Yearbook」が,もっともスタンダードである。また,海外からの借入金を貸し手銀行の国籍別分布を含めて知るためには,国際決済銀行(BIS)の「Consolidated International Banking Statistics」がある。今回のアジア通貨危機の分析にあたっても,この統計は頻繁に引用された。

同様に,労働統計としては国際労働機構(ILO)の統計書「Yearbook of Labour Statistics」,貧困率と所得格差の基本データとしては同機構の「Statistics on Poverty and Income Distribution」が基本である。教育統計はユネスコの「UNESCO Statistical Yearbook」,各国の工業センサスについては国連工業

付録　統計の探し方・読み方・作り方　315

付録表1　国際機関のアジア関連経済統計

機　　関	統計のタイトル	収　録　項　目
United Nations 国際連合	*Yearbook of International Trade Statistics（Asia-Pacific Region）（年刊）	国別貿易，輸出・輸入 国際商品分類による
UNDP 国連開発計画	*Human Development Report（年刊）	各国の医療，保健，栄養などの社会指標。世界銀行開発報告と対をなす
World Bank 世界銀行	*World Development Report（年刊）（1978-1999/2000 CD-ROM） *Global Economic Prospects with the Developing Countries（年刊） *World Debt Table（年刊）	各国の経済活動の基礎指標 毎年テーマが異なる 地域別経済の分析 各国の対外負債の比較
IMF 国際通貨基金	*World Economic Outlook（月報） *International Financial Statistics *Exchange Arrangements and Exchange Restrictions（年刊） *Government Finance Statistics Yearbook	月別の経済データ 為替，資本取引，債務 為替相場と為替政策 国別の財政収入・支出
BIS 国際決済銀行	*Quarterly Review : International Banking and Financial Market Developments *The BIS Consolidated International Banking Statistics（年刊）	貸し手側の銀行からみた貸出残高の統計 貸し手銀行の国籍別，相手国別融資
UNIDO 国連工業開発機構	Industrial Statistics Database 1999（国際標準産業分類3桁，ディスケット）	工業センサス，工業統計
ILO 国際労働機構	*Yearbook of Labour Statistics（年刊） *Economically Active Population 1950-2010（Fourth Edition） *Statistics on Poverty and Income Distribution	労働関連統計の国際比較 経済活動人口の長期統計 国別の貧困と所得分配
UNESCO 国連教育科学文化機関（ユネスコ）	*UNESCO Statistical Yearbook	教育関連統計の国際比較
ADB アジア開発銀行	*Key Indicators of Developing Asian and Pacific Countries（年刊） *Asian Economic Outlook（年刊）	国別の基本経済社会統計 国別の経済動向と統計
ISEAS シンガポール東南アジア研究所	*Southeast Asian Affairs（年刊） *Regional Outlook : Southeast Asia（年刊）	国別の政治経済動向 トピックス別の分析
経済企画庁調査局	『アジア経済』（年刊）	国別の基本経済統計とテーマ別分析
日本貿易振興会アジア経済研究所	『アジア中東動向年報』	国別の政治経済動向と主要経済政治データ

出所）末廣作成。

開発機構（UNIDO）が出している「Industrial Statistics Database」が，それぞれもっともスタンダードである（付録表1を参照）。各国の技術度や情報技術（IT）の進展度合いを知るためには，国際機関ではないが，スイスのIMD社が主要国の企業・政府によるR&D支出，技術者・研究者の数，コンピュータの普及率，情報関連産業のインフラの整備状況について整理し，「The World Competitiveness Yearbook」の名前で毎年刊行している。

2　統計を自分で探す

アジア諸国の経済統計や途上国のデータについては，しばしば「資料・データがない」という不満を聞く。しかし実際には，対象国に「データがない」のではない。研究者自身がデータへのアクセス方法を知らないか，そのための努力（現地語の習得を含む）をしないだけである。

ところで，国際機関の統計シリーズや調査報告書の類は，最近ではインターネットによるオンラインサービスがなされているので，これを利用するのが便利であろう。各機関のウェッブサイトに直接アクセスする方法もあるが，国際機関の基本資料を幅広く収集している東京大学総合図書館内の「国際資料室」(http://www.lib.u-tokyo.ac.jp/undepo; e-mail kokusai@lib.u-tokyo.ac.jp) の資料案内にまずアクセスし，そこから必要な情報を入手する方法もある。

ところで，国際機関の年報，統計年鑑類は，統一のフォーマットで，しかも多くは「ドル表示」でなされているので，国際比較する場合には大変便利である。しかし半面，こうした統計書は各国の報告書をもとに国際機関が整理したり加工したデータであるため，多くの問題も含んでいる。とりわけ注意しなければならないのは，①各国の調査の方法（回収率の低さなど），②概念の定義のバラツキ，③分類上の問題点など，本来統計に付記すべき「注記」が省略されている点である。

例えばタイの場合，経済活動人口のデータは，国家統計局が実施する「労働力調査」(Labour Force Survey) のサンプリング調査にもとづいている。この調査は1971年から開始され，当初はラウンド1（農閑期：1月〜3月）とラウン

ド2（農繁期：7月～9月）の年2回であった。その後84年から，農閑期（2月，5月）と農繁期（8月）の計3回に拡充されている。また，経済活動人口の対象は71年から88年までが11歳以上で，89年に学齢人口の上昇に伴い，対象を13歳以上の人口に引き上げた（詳しくは末廣編著〔1998a年〕を参照）。こうした推移は，つい見過ごしてしまう点であるが，利用にあたっては当然留意すべき点であろう。

　同様の問題は，ILOの労働統計（非合法ストライキの扱いなど），ユネスコの教育統計（入学自由のオープンシステム大学の扱い），UNIDOの工業センサス（調査の回収率など）になると，もっと深刻になる。例えば，タイの工業センサスを例に取ると，1987年の工業調査（Industrial Survey）は，バンコクでの郵送調査の回収率がわずかに10％，地方でも21％であった。1990年の工業調査の場合も，バンコクでの回収率が7％，地方が19％である（末廣編著 1998a年，110）。その結果，次節で述べるような統計上の不備がでてくるのである。

　したがって，国際機関の統計であるからといって，これを鵜呑みにしたり無批判に利用することは避けるべきである。むしろ，各国の研究を進める場合には，必ず当該国の統計データや原典に直接あたって，それぞれの統計書に付記されている「注記」や「調査上の問題点」を注意深く読む必要がある。国際機関の統計は，他国や他地域との国際比較のための一手段と考えるべきであろう。

　それでは，各国の統計データにあたるためにはどうしたらよいのか。通常，アジア諸国の経済統計を収集するためには，①統計年鑑類，②国家統計局や中央統計局が刊行する「統計ハンドブック」，③中央銀行が刊行する経済関連の季報，月報，④国民所得会計の作成や経済開発計画の策定を担当する政府機関の統計類，の4つがある。国別の利用可能な統計の種類とそのタイトルについては，経済企画庁調査局編『アジア経済』の巻末の一覧が便利である。

　また，もっと深く知りたい場合には，日本貿易振興会アジア経済研究所が編集した『発展途上国の統計資料目録』がもっとも詳細かつ網羅的である。アジア経済研究所が，1959年以降集めてきた途上国の統計類は膨大な数にのぼり，手元にある『平成7年版目録』（745ページ）によると，95年末現在で所蔵統

計書は1万1500タイトル，計10万8500冊に及ぶ。アジア諸国に限っても5100タイトル，5万100冊に達する。この目録には国別・主題別に，アジア経済研究所が所蔵している統計のタイトルと主な内容が示されており，研究者が必ず目を通さなければならない文献である（最新版は平成10年版。ただしCD-ROMで提供）。

　もっとも，最近では国際機関と同様，アジア諸国の経済統計についても，一部はインターネットや「CD-ROM」の形で利用できるようになった。速報性を重視する場合には，インターネットから中央銀行や当該機関のウェッブサイトにアクセスするのが便利である。ただし，この場合は統計データの作成の仕方や「注記事項」が脱落しているし，データの範囲も限定されているので，やはり原典に直接あたるのが望ましい。

3　探した統計を読む

　さて，アジア諸国の統計を収集し整理しても，まだ大きな問題が残されている。統計の読み方と統計数字そのものの信頼性の判別がそれである。

　まずひとつの例として，インドネシアとタイの輸出統計にみる「工業製品輸出比率」の推移をみておこう。この比率は工業製品輸出を輸出総額で除したものであり，ある国の工業化率や外向きの工業化を示す指標として，しばしば利用される。さて表2が示すように，インドネシアの「工業製品輸出比率」は，1969年に59％であったのが，77年には39％にいったん下がり，その後は80年に50％，90年に81％へと上昇していった。通常，工業製品輸出比率は，工業化の進展に伴って右上がりの傾向を示すのが普通であり，このように「U字型」のカーブを描くことはない。なぜ，このような奇妙な事態が生じたのか。

　答えは簡単で，インドネシアの場合には主要輸出品である天然ゴムを，タイのように「ラバーシート」（農産物扱い）ではなく，「ブロック」（収集したゴム液を化学処理し，方形状に固める）の形で，つまり「工業製品」として輸出しているからである。したがって，この天然ゴムを除いた数字でみると，69年の

付録表 2　インドネシアとタイの工業製品輸出比率

〈1〉インドネシアの工業製品輸出比率の推移　　　　　　　　　　　　　　　　（単位：100万ドル，％）

年次	輸出総額	石油・ガスを除く輸出総額①	工業製品②	工業製品輸出比率（②/①）	工業製品③ゴム加工品を除く	工業製品輸出比率（③/①）
1969	1,044	532	311	58.5	92	17.3
1972	1,939	1,049	414	39.5	189	18.0
1974	7,186	2,081	859	41.3	433	20.8
1977	10,860	3,792	1,480	39.0	913	24.1
1980	22,885	5,819	2,898	49.8	1,759	30.2
1984	19,901	5,927	4,118	69.5	3,270	55.2
1987	18,343	9,414	7,438	79.0	6,415	68.1
1990	27,467	15,378	12,460	81.0	11,573	75.3

出所）三平・佐藤編（1992年），46-47頁より作成。

〈2〉タイの工業製品輸出比率の推移　　　　　　　　　　　　　　　　　　　（単位：100万バーツ，％）

年次	輸出総額①	工業製品輸出スズ含む②	工業製品輸出比率（②/①）	農産加工品③	狭義の工業製品輸出④	狭義の工業製品輸出比率（④/①）
1974	50,325	19,654	39.1	4,037	12,520	24.9
1977	71,198	34,152	48.0	8,366	21,245	29.8
1981	153,001	77,610	50.7	13,751	54,330	35.5
1983	146,472	62,378	42.6	15,541	41,368	28.2
1987	299,853	178,555	59.5	37,460	138,640	46.2
1990	589,813	431,618	73.2	70,864	358,879	60.8
1993	940,863	707,873	75.2	83,067	624,353	66.4
1996	1,411,039	1,043,973	74.0	130,811	912,401	64.7

注）工業製品②は「狭義の工業製品」にスズ精練品と農産加工品（砂糖，水産缶詰，果実缶詰を含む）。
「狭義の工業製品」とは，繊維・衣類や家電・コンピュータ部品など。
出所）末廣編著（1998a年），173-175頁より作成。

工業製品比率は59％ではなく17％であった。そして，天然ゴムを除く「工業製品比率」は，80年代前半までゆっくりと上昇し，繊維・衣類や合板といった新しい工業品の輸出が急速に伸びていく80年代後半以降，初めて急テンポで上昇していくのである。

　逆にタイの場合には，「工業品」のなかに含まれる重要な一次産品加工物として，精練したスズ，砂糖，缶詰の水産物・果実があげられる。日本向けの天丼用やエビフライ用の冷凍エビは「農水産物」，ヨーロッパ向けのカクテルサラダ用の小エビで缶詰になったものは「農水産加工品」（アグロインダストリー），つまり「工業製品」にそれぞれ分類される。本書の第6章で紹介した，

付録表3 タイの地域別国民所得格差と世帯収入格差（1991，92年）

（単位：バーツ/年，指数）

地　域	一人当たりGDP	指数	世帯収入（都市部）	指数	世帯収入（農村部）	指数
全　　　国	44,095	31	84,744	44	84,744	44
バンコク首都圏	142,084	100	191,412	100	191,412	100
中　部　タ　イ	36,304	26	136,968	72	71,796	38
北　部　タ　イ	23,328	16	146,952	77	51,732	27
東　北　タ　イ	14,931	11	132,492	69	48,336	25
南　部　タ　イ	27,084	19	143,228	75	64,344	34

注）一人当たり名目国民所得は1991年，世帯収入は1992年の数字。
出所）地域別一人当たり所得は国家経済社会開発庁（NESDB），*Gross Regional and Provincial Products Series 1981-1991.*
世帯収入は国家統計局（NSO），*Report of the 1992 Household Socio-Economic Survey.*

　タイの「NAIC型工業化」の発展パターンは，言うまでもなく「農水産加工品」を工業製品からいったん分離して，独自に検討することで明らかになったテーマであった。

　したがって，出来合いの「工業製品輸出比率」を指標にとって，アジア諸国内で比較を進めたり，あるいは国際比較を行なっても，各国の工業化の段階や性格は必ずしも明らかにすることはできない。各国の輸出構成の特性を考慮に入れながら，独自の表を自分で作っていかなければ，実態に即した議論はできないからである。

　統計の中身を十分把握しないままこれを利用することから生じる過ちは，タイにおける「首都・地方の所得格差」をめぐる議論にも見いだすことができる。タイ経済論で繰り返し紹介されてきたのは，「バンコクと地方の所得格差」の問題であり，貧富の格差拡大を伴う経済開発路線に対する批判であった。その際の統計的根拠になっているのが，表3の「地域別一人当たりGDP」（91年）の数字である。そして，「東北タイの所得はバンコクの10分の1から15分の1でしかない」という主張が繰り返しなされてきた。

　ところで，ここで「地域別一人当たりGDP」というのは，全国の付加価値総額（Gross National Products）を地域別付加価値額（Gross Regional Products: GRP）にブレイクダウンし，これを地域の人口で除したものである。したがって，天然ゴムを有する南タイや多数の工業団地を有する東タイの数字は当

然高くなり，付加価値額の低い農産物しか有しない東北タイは，いきおい数字が低くなる。「地域別一人当たりGDP」はあくまで，付加価値額で測った一人当たりの経済活動の規模であって，当該地域の可処分所得や消費購買力とは別の代物なのである。

そこで，国家統計局がほぼ3年に1回実施している「家計支出調査（社会経済調査）」による地域別の世帯収入の調査結果をみると，1992年当時，東北タイの「都市部」の世帯収入はバンコク首都圏の70％に相当した。また，東北タイの「農村部」の世帯収入をとっても，4分の1の水準だった。「地域別一人当たりGDP」が示すバンコク首都圏と東北タイの10分の1の格差とは大きく違っていたのである。

このことから，付加価値額でみた地域間の経済格差ほど，世帯別収入でみた地域間の所得格差は大きくないこと，所得格差で測った場合，「バンコク対地方」の格差ではなく，むしろ「バンコク・地方主要都市対農村部」の格差の方がもっと顕著であるという，重要かつ新たな結果を引き出すことができる。表3は経済ブームや消費ブームがタイ社会に何をもたらしたのか，従来の通説とは異なる視点を示唆している。実際，家電製品やオートバイの世帯別保有率を調べると，バンコクと地方都市の間にはほとんど格差がなく，農村部との間で大きな格差が確認できた（末廣編著1998b年，第8章）。

以上2つの問題は，統計そのものではなく，統計を利用する側の不注意に由来する事例であった。次に作成された統計の側に問題があるケースとして，タイの「工業センサス」の問題を掲げておこう。図1は工業センサス（工業調査）の結果をもとに，業種別に製造業の付加価値構成比の推移を整理したものである。一見して分かるように，「食品・飲料」，「陶器・ガラス類など」「金属・機械」は，調査年によって増えたり減ったりといった動きを示している。通常，工業化が進めば，「食品・飲料」の比率は傾向的に下がっていき，「金属・機械類」のそれは上昇していく。事実，韓国や台湾などの工業センサスの結果を図に描くと，この傾向を明確に確認することができた。

それではなぜ，タイの場合にはこうした凹凸の奇妙な動きになるのか。答えは「工業センサス」(Industrial Census)もしくは「工業調査」(Industrial Sur-

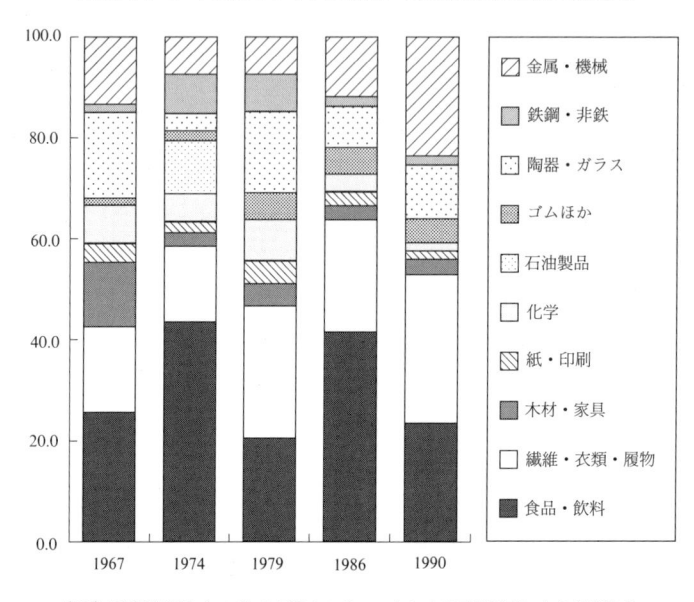

付録図1 タイ工業センサスの結果（業種別付加価値の構成比）

出所）国家統計局（NSO）の工業センサス，もしくは工業調査により末廣作成。

vey）のサンプル数の少なさ，調査地域の変動，回収率の低さと，それらを引き起こしている予算不足にある。タイでは1980年代以降，ほぼ2年から3年おきに「工業調査」を実施してきたが，これを担当する国家統計局では人口センサス，労働力調査，社会調査にもっぱら力点をおき，「工業調査」に対しては低い優先度しか与えてこなかった。また，サンプリングの対象地域も調査年によって異なり，ある年には大手企業のセメント工場が，次の調査年には大手の鉄鋼工場が入って，その都度，特定業種の数字がはねあがるという現象が生じた。

確かに「工業センサス（工業調査）」は，事業所別・業種別に生産額，付加価値額，従業員数（したがって労働生産性）が判明する便利なデータである。しかし，図1を見るかぎり，同調査が連続データとしてはもちろん，単年度のデータとしても利用できないことは明らかであろう。にもかかわらず，このデータを利用して論文を書く人がいるのは，統計の制約を真剣に検討していな

付録表4A 国民所得会計と投入産出表（I-O表）の食い違い（1980年）

（単位：100万バーツ，％）

項　　目	国民所得会計表	指　数	国民所得 I-O表	指　数
①名目GDP	684,932	100	702,514	103
②一人当たりGDP	14,744	100	15,122	103
③農業	173,806	100	141,047	81
④農業/GDP	25.40%		20.10%	
⑤製造業	134,515	100	178,687	133
⑥製造業/GDP	19.60%		25.40%	

出所）末廣「タイ工業：統計数字と実感」（『アジ研ニュース』1986年7月），4頁。

いからである。

　最後により厄介な分野として，タイの国民所得，GDP推計が抱える問題を紹介しておきたい。表4Aは，1980年における農業と製造業の名目価額の乖離を，国家経済社会開発庁（NESDB）が作成する国民所得会計と，国家統計局が作成する「I-O表」（投入産出表）の間で示したものである。「I-O」表というのは，調査を実施した年の各セクター，業種の生産に，どの分野の投入財が使用されたか，あるいは国内生産財か輸入財かを区分して，マトリックスで表示したものである。縦軸の $X1$，$X2$，$X3$ 産業……に使用された，横軸の投入財（国内）$Y1$ を合計すれば，それは $Y1$ 産業の国内産出額の合計と一致する。多くの場合には，サンプル調査，生産統計，既存の貿易データなどを使って推計する。

　一方，国民所得会計のGDP推計では，①生産ベース（国民総生産），②所得ベース（国民所得），③支出ベース（国民総支出）の3つを組み合わせて，全体を推計していく。製造業の付加価値額の場合には，タバコ，酒のように国営企業が独占している業種では，直接生産データを収集し，衣類や電機電子産業のように数多くの工場が多種多様の製品を生産している業種では，中央銀行が月別に公表している工業生産指数（production index）の変化と商務省の物価統計を利用する。したがって，GDP推計は過去のトレンドの延長線上に推計され，同時に過去の数字に左右される。スポットで特定年のGDPを計算する「I-O

付録表 4B　名目 GDP の旧シリーズと新シリーズの比較（1978-84 年）
(単位：100 万バーツ)

年次	旧シリーズ GDP	農業	製造業	新シリーズ GDP	農業	製造業
1978	444,196	120,425	85,037	488,226	119,638	97,658
1979	556,240	147,076	109,740	558,861	134,148	117,611
1980	684,930	173,806	134,515	662,482	153,960	142,504
1981	786,166	187,886	158,272	760,356	162,390	172,143
1982	846,136	188,742	164,659	841,569	156,098	179,438
1983	910,054	185,628	194,344	920,989	184,752	203,837
1984	973,412	175,190	218,050	988,070	173,642	226,360

出所 1 ）旧シリーズ：Bank of Thailand, *Quarterly Bulletin*, March 1984, September 1988.
　　 2 ）新シリーズ：National Accounts Division, NESDB, *National Income of Thailand 1970-1980*（1972 Base Year Series）; do., *National Income of Thailand 1980-1990*（1988 Base Year Series）, 1997.

表」とは作成方法が異なり，過去の統計が過大評価や過小評価の場合，その傾向が増幅される可能性が高い。

　さて，タイの「I-O 表」は「1975 年表」がまず試験的に作成されたあと（82 年に公表），「80 年表」「82 年表」「85 年表」「90 年表」「95 年表」（2000 年 3 月，公表）と，順次回を重ねていった。この過程で，NESDB が公表する時系列データとしての GDP と，「I-O 表」が示す特定年の数字との乖離が明確になった。具体的に 80 年を例にとると（表 4A，参照），合計した付加価値額は，「I-O 表」の方が農業では国民所得推計の数字より 20％も少なく，逆に製造業では 33％も大きくなることが判明した。また，80 年の GDP に占める農業と製造業の比率も，国民所得推計がそれぞれ 25％，20％に対し，「I-O 表」の方は 20％，25％と，まったく逆転してしまった。

　そこで NESDB は 1988 年に，「I-O 表」の調査結果に近付ける形で，過去の国民所得会計の数字を名目と実質の双方で，60 年に遡って全面的に改訂するに至った。それが「1988 年版新シリーズ」（基準年は 1972 年）である。この新シリーズをみると（表 4B），製造業の名目価額が農業のそれを追い抜くのは，旧シリーズのように 83 年ではなく，2 年早い 81 年であった。また，実質 GDP 成長率も，77 年は旧シリーズの 7.2％に対して，新シリーズは 9.9％と変更されたのである。

NESDB は，その後も 1992 年，97 年と改訂版を作成し，さらに 99 年 3 月には過去の推計方法や「基準年」の違いを考慮して，4 つの異なるシリーズ（名目と実質を併記）から構成する「決定版」を，ハードコピーとウェッブサイトの双方で発表した。

①タイ国民所得 1951-63 年　基準年 1956 年価格シリーズ
②タイ国民所得 1960-75 年　基準年 1962 年価格シリーズ
③タイ国民所得 1970-90 年　基準年 1972 年価格シリーズ
④タイ国民所得 1980-96 年　基準年 1988 年価格シリーズ

　このことは，実質 GDP 成長率については，1951 年以降の連続した長期統計が利用できないことを意味する。換言すると，60 年代，70 年代，80-90 年代の「実質成長率」の数字はそれぞれが独立しており，単純に比較することはできないのである。この点を自覚してタイの長期経済のトレンドを分析しているアジア研究者は，じつはごく少数しかいない。

　また，仮に 1970 年代の製造業について，その業種別付加価値構成比の推移を知りたいと思って当時の「国民所得会計表」を探してきても，その名目価額は 88 年以降の「新シリーズ」ですでに大幅に改訂されているので，利用することはできない。いまや 99 年に公表された 4 つのシリーズのうち，「基準年 1972 年価格シリーズ」に収録されている数字（名目）が，公式の 70 年代の依拠すべきデータだからだ。対 GDP にしめる固定資本形成比率や貯蓄・投資比率を算出する場合も同様である。もちろん，物価表を使って各期間の数字を調整し，連続したデータに組み替えることは，困難ではあるが不可能な作業ではない。しかし，1970 年代までと 80 年代以降では推計方法に変更があるので，NESDB はあえて「連続データ」に組み替えることを控えているのが現状である。

　こうした事実を紹介したのは，タイの経済統計が使えないとか，統計の専門家の能力が低いことを言いたいからではない。むしろ，NESDB が 4 つの異なるシリーズで公表したのは，彼らの専門家としての良心を示しているとみるべきである。ここで言いたいのは，統計には国によっていろいろな制約条件があり，そうした制約や統計書に含まれている「但し書き」を無視して，数字を恣

意的に操作することの危険性の方であった。

　ところで，現在数多く刊行されているアジア経済論の中には，こうした統計の制約にあまりに無関心か，もしくは無視しているものが多すぎる。一方，アジア諸国の経済統計に関する作成方法や，統計の読み方を知ろうとしても，適切な解説書がないのが実情である（途上国全般の統計案内については，山形ほか〔1998年〕を参照）。瞥見するかぎり，中国の統計に関する共同研究（小島編 1989b 年）と，私たちのグループが作成したタイに関する報告書（末廣編著 1998a 年）の2つくらいしかない。こうした分野での地道な調査や研究が，統計専門家との協力のもとでもっと進むことを強く望みたい。

4　統計を自分で作る

　国際機関の経済統計から，各国別の経済統計に対象を絞り込んできた学生，研究者の前には，まだまだ別の障壁が待っている。例えば，タイにおける外国人直接投資の問題を勉強したいと思ったとしよう。そうした人がまず利用しようとするのが，投資委員会（Board of Investment: BOI）が発表する投資奨励企業のデータである。このデータは入手が容易なこと，速報性があること，個別企業毎に生産品目や投資規模，雇用者数，外国人の出資比率の動向が分かることなどから，多数の研究者が広範に利用してきた。ただし，このデータを利用するにあたっては，最低次の4点に留意する必要がある（末廣 1989a 年，196-197）。

　第一に，BOIが奨励する対象業種は製造業と農業関連産業の一部（サイロ，大規模農場など）に限定されており，金融，商業，建設などを含んでいないこと。第二に，BOIデータには企業の「申請」「認可」「認可証発給」「操業」の4つの段階があり，どの段階をとるかで数字が大きく異なること。経済ブーム期に多数タイに進出した台湾資本の場合，工場用地の取得とその転売が本当の目的で，実際に認可証どおりに操業を開始した企業は少なかった事実が，その一例である。第三に，投資奨励の件数は企業数を示すものではなく，例えば異なる製品を生産する場合，1社で3，4件申請することも珍しくないこと。第

四に，奨励企業は新規の進出企業だけではなく，既進出企業の設備拡張計画も多数含んでいること。以上の4点である（インドネシアの投資調整庁BKPMのデータの問題点については，三平・佐藤編〔1992年〕，214頁を参照）。

したがって，タイ向けの直接投資の国別動向を調べるためにはBOIデータだけではなく，中央銀行調査部国際収支課が作っている全産業のデータを，併せて利用することが不可欠となってくる（ただし，中央銀行の経済季報にはこのデータは掲載されていない）。また，単にネットの数字だけではなく，グロスの流入（gross-in）とグロスの流出（gross-out）の双方の表を入手する必要がある。これは株式取得を目的とする直接投資（日本，アメリカが中心）の場合，グロスの流入とネットの流入の間に大きな差はないが，直接投資のもうひとつの柱である「1年以上の貸付」（香港，シンガポール）の場合，流入（借入）に匹敵する流出（返済）が毎年あり，ネットでみると流入の数字が流出で相殺されて，香港やシンガポールの金融面での重要な役割が，過小評価されてしまうからである。

さらに，もっと掘り下げた分析をしようと思えば，国別業種別のより細かいデータがどうしても必要となる。ただしこうした業種別データは，中央銀行でも日本とアメリカの2国しか作成していないので，韓国・台湾や他の国の動向を知りたい場合には，自分で原データに戻り，集計し直さなければならない（原データの利用を，相手が許可しない場合ももちろんある）。つまり，データの所在を確認するだけではなく，データを自分で作ることもときに必要になるのである。

こうした問題は，企業を対象とする場合にはより頻繁に起こる。本書の第4章で紹介したアジア諸国の企業のリバレッジ（自己資本・負債比率）の推移は，世界銀行のクレッセンズたちのチームが，2000社以上の上場企業の公表データを入力し，統一フォーマットに合わせて集計し直したものであり，従来の国際機関の統計にはない重要データであった（Claessens et al. 1999）。それによって，アジア企業の資金調達の特徴が初めて統計的に確認できたのである。とはいえ，彼らが依拠しえなかった現地語のデータや，証券取引所が所蔵するより詳細な公開資料を整理し入力しなおすと，国際機関の調査のずさんさや概念設

定のあいまいさが，次第にあぶり出されてくる（とくに企業の資本所有形態）。世界銀行の報告書だからといって，その結果や議論をそのまま鵜呑みにすることはできない。結局，研究者本人が検証する作業が不可欠となる。

　この点は各国の財閥や企業集団の分析でも同じである。アジア諸国では，さまざまな企業ダイレクトリーや証券取引所のデータ，さらには個別企業の会社案内書を丹念に収集し，同時にオーナー一族に関する個別情報（姻戚関係など）を積み重ねて，独自の企業データベースを作り上げるしかないのである（本書の第9章，参照）。

　アジア諸国には「データがない」「あっても使えない」というのは，実のところ研究者の怠慢か言い訳にすぎない。実際は現地語を含め多数のデータが存在するにもかかわらず，データにアクセスする方法を知らないか，アクセスするための努力を惜しんでいるか，そのどちらかであるからだ。さらに収集しえたデータも注意深く検討しないと，思わぬ間違いを犯してしまう。本当に利用可能なデータがない場合には，結局自分で実地調査し，自分で統計を作るしかない。その作業は苦労が多いが，逆にその作業をなしえた時の充実感は何物にも替えがたいだろう。そして，真の地域研究に立脚したアジア経済論は，そうした「積み重ね」の上にこそはじめて進展していくことを最後に強調しておきたい。

あとがき

なぜ，いま「キャッチアップ型工業化論」なのか。

経済のグローバル化，自由化，IT革命が喧伝される中，国を基本単位とし，政府が経済に介入し，製造業の積み重ね型技術形成を重視する「キャッチアップ型工業化」を，なぜいま論じなければならないのか。そうした疑問は当然，読者の間にもあるだろう。

金融のグローバル化やIT革命が進む中，「モノ作り」の世界はすでに終わったという意見もある。主役はもはや国民国家ではなく，国境を超えて活動する企業だという意見もある。とはいえ，ハードの情報通信機器や電子部品の製造を抜きにして，「IT革命」を論じることはできない。情報技術の発展が情報の伝達，流通の形態，企業間取引を大きく変えてきていることは事実であるが，それらを媒介するのは依然として「モノ」であり「ひと」であり，すぐれた品質の製品が存在し，そうした製品をつくる技術者や技能者がいなければ，そもそも情報技術の発展はありえないからである。同様に，国民国家は一見後景に退いているようにみえるが，教育の基盤整備や産業発展のための法的枠組みや制度の設計は，依然として国民国家の枠の中にある。

私は1976年にアジア経済研究所に入所してから，大阪市立大学，東京大学と職場を変えてきた。ただしこの25年間，タイを中心としてアジア諸国の企業と工場を訪ね歩き，個別産業や個別企業の発展をできるかぎりミクロのレベルから把握しようと努めてきた。

タイで最初に取り組んだ産業は繊維である。その後，衣類，産業用ミシン，セメント，テレビ，砂糖，精米，タピオカ，ブロイラー，養殖エビ，ツナ缶詰，天然ゴム，鉄鋼，金型，鋳造と研究の対象分野を広げ，各産業の特性を現場で理解するように努力した。同時に，各産業ごとに代表的な企業や企業グループを選定し，彼らの資本所有の変化と経営組織改革を中心に企業発達史を描こうとした。そして，1990年代に入ってからは，自身の関心を企業内の技

術形成，労使関係にも広げていった。企業や工場で働く人々から企業経営をながめ，企業から産業を，産業からタイの国民経済を，タイからアジア諸国を，そして日本を照射するというのが，私が続けてきた方法である。同時に私は，地方から日本を，地方の日本からアジア諸国を，生産現場から国民経済を，この3つを私のアジア研究の基本原則にしてきた。

　そのようにフィールド調査を繰り返す中で，私が強く印象づけられたのは，産業を問わず着実に進む「キャッチアップ」の進展であり，何より「キャッチアップ」のために人々が投入する膨大なエネルギーであった。序章に書いたように，私が一貫して持ち続けている関心は，工業化の「担い手」であり，それを支える「制度・組織」である。この2つは，結局は「ひと」の問題に行き着く。工業化の中で人々はどのように考え，自分をどのように変えてきたのか。その軌跡を私なりの「アジア経済論」で描こうとしたのが，この本である。

　私が「キャッチアップ型工業化」にこだわるのは，現在までの日本，そしてアジア諸国がこの路線にしたがって工業化を進めてきたからであるが，そのほかにより個人的な事情も存在する。それは私が地方出身者であり，大学に入ると共に山陰の鳥取から東京に「上京」してきたことと関係している。

　30年前に15時間かけて夜行列車で東京にきたとき，地下鉄，駅の長い階段，ビートルズ，学生デモと，すべてが私にとっては新しい経験であり，疲れる経験でもあった。大学で知り合った東京出身の早熟の学生たちは，マルクス，サルトル，ウェーバーを多弁に語り，いずれも読んだことのない本ばかりであった。おおいに焦った私は，大学1年の夏休みは，友人の口をついてでる本を片っ端から読み，少しでも東京の学生に「追い付こう」とする毎日で明け暮れた。鳥取から東京に移ったときの「カルチャー・ショック」は，6年後の1976年に最初の「外国」であるタイに赴き，3週間かけて東北タイを回ったときの「カルチャー・ショック」をはるかに上回る。

　東京で感じたコンプレックスや憧れは，その後の私のタイ理解やアジア理解の導きの糸であり，同時にタイ研究を続けていくときのエネルギーの源泉でもある。コンプレックスや憧れは，途上国が工業化に向かうときの大きなエネル

ギーの源泉でもあろう。日本は欧米を目標に，タイや中国はアメリカや日本を目標に，厖大なエネルギーを発揮してきた。アジアの工業化の軌跡は，こうした人々の「追い付け・追い越せ」の集団的な意思の現れであったと私は思う。そのことをきちんと踏まえ，その上で新しいパラダイムを考える。アジア諸国の工業化の軌跡を整理し，評価すべきは評価し，冷静に今後の展望を図ることがいま必要ではないのか。そういう想いを込めて私はこの本を書いた。

さて，この本の成り立ちを少し紹介させていただきたい。10年前に大阪の天王寺駅に近い鰻屋で，当時名古屋大学出版会（現在，大阪商業大学）の後藤郁夫さんと話をする機会があった。そのとき私は，19世紀半ば，タイに開国を迫った自由貿易主義者で，当時香港総督のバウリング（John Bowring）について熱っぽく語り，後藤さんは同一人物ではあるが，『ベンサム著作集』の編集者である文筆家バウリングについてとうとうと語った。その後，私は大阪から東京に移ってしまったが，後藤さんは東京出張のたびに私に電話をくださり，市ケ谷や本郷でお銚子を傾けては，あれこれ研究の話をした。

ちょうどその頃，私はアジア経済研究所が新たに開校した「開発スクール」（IDEAS : IDE Advanced School）で，「アジア経済方法論」を講義する機会を与えられた。国際経済協力をめざし，いったん勤めた会社をあえて辞めてスクールに入り直した，個性豊かな少数精鋭の学生たちが相手だったので，私も張り切って，できるだけ経験にもとづくユニークなアジア経済論を目論んだ。1993年から97年まで続けた，IDEASでのつたない講義録がこの本の原型であり，お見せした講義録に関心を寄せていただき，ぜひ本を書くように奨めてくださったのが，後藤さんであった。手元の資料をみると，目次構成を名古屋に送ったのは1996年秋である。

後藤さんはその後，名古屋大学出版会を退職され，出版の話は無効になったものとばかり思っていた。ところが，後藤さんのあとを引き継いだ橘宗吾さんが，東京出張のたびに訪ねてこられ，本の構成について意見を交わし，しり込みする私を激励し，ときにはプレッシャーを頂戴して，ようやく本に仕上がった次第である。1997年のアジア通貨・危機以後，私の身辺は慌ただしくなり，「忙しい，忙しい」を連発して逃げ回っていたが，橘さんの粘り強い激励のお

かげで出来上がってきた初校ゲラに目を通すと，やはり深い感慨を覚える。まずはきっかけを作っていただいた後藤さんと，編集の過程で草稿を丁寧に読んでいただき，懇切丁寧なコメントを頂戴した橘さんのおふたりに，心よりお礼を申し上げたい。

　この本は，じつに多数の人々のご指導や支援があって初めて出来たと，いまにしてつくづく思う。IDEAS での講義を自由にやらせてくれたアジア経済研究所の山本一巳校長もそのひとりである。1978 年にアジア経済研究所が初めて取り組んだ「アジア諸国の製造業比較」のプロジェクトで一緒に仕事をさせていただいた，林俊昭，加賀美充洋の両氏，1986 年から私も企画に加わって開始した「アジア工業化」シリーズの故伊藤正二，谷浦孝雄，服部民夫の各氏にもお世話になった。韓国研究者の服部氏とは，当時「アジア工業化」プロジェクトに投入された「新人」の研修も一緒に担当した。そのとき，日夜残業を共にした若手研究者が，タイの重冨真一，香港の沢田ゆかり，中国・台湾の佐藤幸人，マレーシアの鳥居高，インドの山崎幸治の各氏であった。

　また，調査研究部では滝川勉部長が主宰する「東南アジア農業問題研究会」を通じて，統計部では国連の産業統計の作成作業を通じて，多くの人々と仕事をする機会を得た。アジア経済研究所で，フィリピン研究者の小池賢治氏とともに「発展途上国のビジネスグループ研究会」を組織したときに参加し，現在まで議論を続けているのが，メキシコ企業研究の星野妙子氏とインドネシア企業研究の佐藤百合氏の2人である。ブラジル研究の小池洋一氏からも，じつに多くのことを学んだ。また，タイ研究の手ほどきをしていただいた野中耕一氏，地域研究のイロハを教えていただいた故堀井健三氏のおふたりは，私の「タイ研究」の師でもある。

　1987 年に大阪市立大学経済研究所に移ってからは，同研究所の奥村茂次先生や濱田博男先生のご指導を仰いだ。また，経済学部の中岡哲郎先生や，そのゼミに参加していた社会人大学院生である高林二郎氏（川崎製鉄）などからも，多くの示唆をえた。もともと関心のあった「技術形成論」に本格的に取り組むようになったのは，中岡先生との楽しい議論があったからである。経済学部の本多健吉，塩沢由典両先生や経済研究所の明石芳彦氏との議論も有益で

あった．89年からは京都大学東南アジア研究センターの土屋健治先生の要請で，「21世紀のアジアと大阪」委員会に参加し，それ以来土屋先生からも多くの刺激を受けた．本書の「開発主義」の議論は，土屋先生が編者として編まれた『東南アジアの思想』（1990年）への寄稿論文がもとになっている．

1992年に，私は大阪から東京大学社会科学研究所へ移った．この研究所には，私が学部時代にゼミナールでお世話になった柴垣和夫先生をはじめ，馬場宏二先生，加藤栄一先生，山崎廣明先生が在職されており，20年ぶりに学生の気分で勉強を再開した．財閥研究は柴垣先生から，日本経済史は原朗先生の学部時代のゼミナールで学び，そのときの経験がのちにタイ研究のスタート時点で，大きな影響を与えた．

社会科学研究所は，この本の執筆にとってとりわけ重要な意義をもったと私は思っている．和田春樹，安保哲夫，橋本寿朗，工藤章，仁田道夫，渋谷博史，田島俊雄，西田美昭，平石直昭，廣渡清吾の各氏といった大変な論客に囲まれ，同時に橘川武郎，藤原帰一，石田浩，中村圭介の各氏といった得がたい同僚，鈴木淳，中村尚史氏といった気鋭の助手と，頻繁に議論する機会にも恵まれた．私が，アジア諸国の企業研究の見直しを開始し，同時に研究テーマを労使関係や教育制度にまで広げることができたのは，ひとえにこうした人々との「異業種交流」や社会科学研究所の自由な雰囲気があったからである．

タイだけでなくアジア諸国の研究を続けるにあたっては，石井米雄先生と池端雪浦先生から多大な刺激と暖かい励ましをいつも頂戴している．またアジア経済論では，石川滋，渡辺利夫，尾高煌之助，原洋之介，絵所秀紀の各先生にとりわけお世話になった．平川均，朴一の両氏とはよく議論し，彼らの本や私の本の編集者でもある勝康裕氏とも議論を重ねた．この場を借りてお礼を申し上げたい．また，タイに関するデータの収集に執念をもやす私の仕事にずっと協力してもらっている村嶋英治，南原真，玉田芳史，宮田敏之，浅見靖仁，東茂樹，遠藤元，船津鶴代，柿崎一郎，杉山晶子の各氏にもお礼を申し上げたい．なお本書の文献目録のチェックにあたっては，私の大学院のゼミ生であるネートナパー・ワイラートサックと細江葉子，アジア経済研究所の川上桃子，石崎菜生の各氏の手をわずらわした．

最後に，タイ研究を支援していただき，あるいは共同調査を実施したチュラーロンコーン大学のワリン元社会調査研究所長，スリチャイ，サンシット，ソムポップ，サーマート，ブッサバーの各先生，タンマサート大学のグルークキアット元学長，ナリット現学長，経済学部のランサン，商学会計学部のスプラニー，ワイ，政治学部のナッカリン，チエンマイ大学のルーチャイ，タネート，ソンクラー大学のサランヤーの各先生にも，お礼を申し上げる。そして何より，私の度重なる聞き取り調査に辛抱強く協力していただいたタイの企業や工場，政府機関や労働組合で働く多数のタイの人々，あるいは進出企業で働く日本人の方々にも，この場をお借りして心からお礼を申し上げたい。私の手元にある，タイやマレーシア，フィリピン，ベトナムでのフィールドノートは100冊を超える。その記録の10分の1も本書で利用できなかったが，それらのノートは私のアジア研究の軌跡であり宝物でもある。

　最後に私ごとになるが，本書の初校ゲラを校正中に83歳で他界した，そして本を手にすることが何より好きだった私の母満恵の霊前に，この本を捧げたいと思う。

2000年10月10日

著　者

文献目録

相田洋　1991-92　『電子立国　日本の自叙伝』（上，中，下，完結）　日本放送出版協会（のち NHK ライブラリー全7巻）．
相田洋　1996-97　『NHK スペシャル　新・電子立国』全6巻，NHK 出版．
青木昌彦・奥野正寛編著　1996　『経済システムの比較制度分析』東京大学出版会．
青木昌彦・奥野正寛・岡崎哲二編著　1999　『市場の役割，国家の役割』東洋経済新報社．
青木昌彦，金瀅基，奥野正寛（白鳥正喜監訳）　1997　『東アジアの経済発展と政府の役割：比較制度分析アプローチ』日本経済新聞社．
青木昌彦・寺西重郎編　2000　『転換期の東アジアと日本企業』東洋経済新報社．
明石芳彦・中山茂　1999　「品質管理技術の国際的影響」（中山茂ほか責任編集『通史日本の科学技術　第5巻I　国際期　1980-1995』学陽書房，所収）．
赤松要　1935　「我國羊毛工業品の貿易趨勢」（名古屋高等商業学校『商業経済論叢』第13巻上冊，7月』），129-212頁．
赤松要　1937　「吾國経済発展の綜合弁証法」（名古屋高等商業学校『商業経済論叢』第15巻上冊，7月），179-210頁．
赤松要　1956　「わが国産業発展の雁行形態：機械器具工業について」（『一橋論叢』第36巻第5号，11月），514-526頁．
赤松要　1965　『世界経済論』国元書．
赤松要　1972　「世界経済の異質化と同質化」（小島清・松永嘉夫編『世界経済と貿易政策』ダイヤモンド社，所収）．
浅沼萬里　1997　『日本の企業組織　革新的適応のメカニズム：長期取引関係の構造と機能』東洋経済新報社．
浅見靖仁　1991　「タイの労働運動（1900-1958年）：その成長の軌跡と政治経済的背景の変化」（『アジア研究』第37巻第2号，3月），1-32頁．
アジア経済研究所編　1969　「日本におけるアジア，アフリカ，ラテン・アメリカ研究」（『アジア経済』第10巻第6・7号，通巻100号記念特集，1969年7月）．
アジア経済研究所編　1978a　「70年代日本における発展途上地域研究：地域編」（『アジア経済』第19巻第1・2号，通巻200号記念特集，1978年2月）．
アジア経済研究所編　1978b　「70年代日本における発展途上地域研究：「テーマ編」（『アジア経済』，第19巻第3号，1978年3月）．
アジア経済研究所編　1981　『発展途上国の電機・電子産業』アジア経済研究所．
アジア経済研究所編　1986　「日本における発展途上地域研究　1978-85」（『アジア経済』第27巻第9・10号，通巻300号記念特集，1986年10月）．
アジア経済研究所編　1995a　「日本における発展途上地域研究　1986-94：地域編」（『アジア経済』第36巻第6・7号，通巻400号特集，1995年7月）．
アジア経済研究所編　1995b　「日本における発展途上地域研究　1986-94：テーマ編」（『アジア経済』，第36巻第8号，通巻400号特集，1995年8月）．
アジア経済研究所経済開発分析プロジェクトチーム編　1981　『アジア諸国の製造業の比較優位』アジア経済研究所．

穴沢眞　1996　「マレーシアの工業化と外資系企業」(小樽商科大学『商学討究』3月), 47-78頁。
穴沢眞　1998　「マレーシア国民車プロジェクトと裾野産業の形成：プロトン社によるベンダー育成」(『アジア経済』第39巻第5号, 5月), 92-114頁。
安部悦生　1995　「革新の概念と経営史」(由井常彦ほか編『革新の経営史』有斐閣, 所収)。
アベグレン, ストーク [植山周一郎訳]　1990　『カイシャ』講談社文庫 (原著 James C. Abegglen and George Stalk Jr., *Kaisha*, New York : Basic Books, 1985)。
安保哲夫　1995　「生産力・産業の経済理論」(橋本寿朗編『20世紀資本主義Ⅰ：技術革新と生産システム』東京大学出版会, 所収)。
安保哲夫編著　1988　『日本企業のアメリカ現地生産：自動車・電機：日本的経営の「適用」と「適応」』東洋経済新報社。
天野郁夫　1983　『試験の社会史：近代日本の試験・教育・社会』東京大学出版会。
天野郁夫　1992　『学歴の社会史：教育と日本の近代』新潮選書, 新潮社。
天野郁夫　1996　『日本の教育システム：構造と変動』東京大学出版会。
天野郁夫・藤田英典・苅谷剛彦編　1994　『教育社会学』放送大学教育振興会。
荒巻健二　1999　『アジア通貨危機とIMF：グローバリゼーションの光と影』日本経済評論社。
アンダーソン, ベネディクト [白石さや・白石隆訳]　1997　『[増補] 想像の共同体：ナショナリズムの起源と流行』NTT出版 [初版：1987年, リブロポート] (原著 Benedict Anderson, *Imagined Communities : Reflections on the Origin and Spread of Nationalism*, London ; New York : Verso, 1983 ; revised edition, 1991)。
池川勝　1993　『トータル人事システム　設計・導入マニュアル』日本コンサルタンツグループ。
石井貫太郎　1997　「マレーシア国民車とプロジェクト成功への軌跡：プロトンと日本企業」(『アジア研究』第43巻第2号, 1月), 107-141頁。
石井米雄　1999　『地域研究の40年』上智大学アジア文化研究所。
石川滋　1990　『開発経済学の基本問題』岩波書店。
石川滋　1996　「開発経済学から開発協力政策へ」(石川滋編『開発協力政策の理論的研究』アジア経済研究所, 所収)。
石崎昭彦　1962　『アメリカ金融資本の成立』東京大学出版会。
石崎菜生　2000　「韓国の重化学工業化政策と『財閥』：朴正煕政権期の造船産業を事例として」(東茂樹編『発展途上国の国家と経済』アジア経済研究所, 所収)。
石田光男・井上雅雄・上井喜彦・仁田道夫　1993　『労使関係の比較研究：欧米諸国と日本』東京大学出版会。
板垣博　1995　「日本型生産システムの国際移転」(橋本寿朗編『20世紀資本主義Ⅰ：技術革新と生産システム』東京大学出版会, 所収)。
板垣博編著　1997　『日本的経営・生産システムと東アジア：台湾・韓国・中国におけるハイブリッド工場』ミネルヴァ書房。
伊丹敬之・加護野忠男・宮本又郎・米倉誠一郎　1998　『イノベーションと技術蓄積』(ケースブック　日本企業の経営行動3), 有斐閣。
伊丹敬之・松島茂・橘川武郎編　1998　『柔軟な分業・集積の条件：産業集積の本質』有斐閣。
市村真一編　1988　『アジアに根づく日本的経営』東洋経済新報社。

伊東和久編　1995　『発展途上国の金融改革と国際化』アジア経済研究所。
伊藤正二編　1988　『インドの工業化：岐路に立つハイコスト経済』アジア経済研究所。
伊藤元重・奥野正寛・清野一治・鈴村興太郎　1988　『産業政策の経済分析』東京大学出版会。
稲上毅・連合総合生活開発研究所編著　2000　『現代日本のコーポレート・ガバナンス』東洋経済新報社。
猪木武徳　1996　『学校と工場：日本の人的資源』(20 世紀の日本 7)，讀売新聞社。
今井賢一　1992　『資本主義のシステム間競争』筑摩書房。
今井正明　1988　『カイゼン：日本企業が国際競争で成功した経営ノウハウ』講談社。
今岡日出紀・大野幸一・横山久　1985　『中進国の工業発展：複線型成長の論理と実証』アジア経済研究所。
今村祥子　1999　「パンチャシラ労使関係：インドネシアにおける抑圧と「保護」のイデオロギー」(『アジア研究』第 45 巻第 3 号，11 月)，49-81 頁。
岩崎育夫　1997　『華人資本の政治経済学：土着とボーダレスの間で』東洋経済新報社。
岩崎育夫　1998　「開発体制の起源・展開・変容：東・東南アジアを中心に」(東京大学社会科学研究所編『20 世紀システム 4　開発主義』東京大学出版会，所収)。
岩崎育夫編　1994　『開発と政治：ASEAN 諸国の開発体制』アジア経済研究所。
岩崎育夫編　1997　『アジアと民主主義：政治権力者の思想と行動』アジア経済研究所。
岩崎育夫編　1998　『アジアと市民社会：国家と社会の政治力学』アジア経済研究所。
岩崎美佐子・大野和興編著　1998　『アジア小農業の再発見』緑風出版。
岩本宣明　1998　『新宿・リトルバンコク』ふたばふいふ新書，双葉社。
ヴァンデルメールシュ[福鎌忠恕訳]　1987　『アジア文化圏の時代：政治・経済・文化の新たなる担い手』大修館書店。
ヴォーゲル，エズラ[広中和歌子・木本彰子訳]　1979　『ジャパンアズナンバーワン：アメリカへの教訓』TBS ブリタニカ(原著　Ezra F. Vogel, *Japan as Number One : Lessons for America*, Cambridge, Mass.：Harvard University Press, 1979)。
ヴォーゲル，エズラ[渡辺利夫訳]　1993　『アジア四小龍：いかにして今日を築いたか』中公新書。
ウォーマックほか[沢田博訳]　1990　『リーン生産方式が，世界の自動車産業をこう変える』経済界。
呉在烜(ウォン)　1999　「韓国自動車企業の生産管理と作業組織：日本式生産方式の導入と限界」東京大学大学院経済学研究科博士論文。
内橋克人　『匠の時代』第 1 巻～第 4 巻，第 11 巻，講談社文庫。
内橋克人・佐高信　1991　『「日本株式会社」批判』現代教養文庫。
宇戸清治　1996　『タイ文学を味わう』(アジア理解講座 1996 年度第 2 期)，国際交流基金アジアセンター。
宇野弘蔵　1974　『宇野弘蔵著作集第 7 巻　経済政策論』岩波書店(原典は，宇野弘蔵『経済政策論：改訂版』時潮社，1971 年)。
馬越徹編　1993　『現代アジアの教育：その伝統と革新』(訂正版)，東信堂。
絵所秀紀　1991　『開発経済学：形成と展開』法政大学出版局。
絵所秀紀　1997　『開発の政治経済学』日本評論社。
絵所秀紀　1999　「開発主義の政治経済学」(『日本労働協会雑誌』No. 469，1999 年 8 月号)，23-33 頁。
NHK 取材班　1990　『NHK スペシャル　知られざるアジアの帝王たち』潮出版社。

OECD ［大和田憲朗訳］1980 『新興工業国の挑戦』東洋経済新報社（原著 OECD, *The Impact of the Newly Industrializing Countries*, Paris, 1979）。
大岩泰 1985 『マラヤワタ製鉄建設日誌』新潮社。
大川一司 1976 『経済発展と日本の経験』大明堂。
大川一司編 1986 『日本と発展途上国』勁草書房。
大川一司・小浜裕久 1993 『経済発展論：日本の経験と発展途上国』東洋経済新報社。
大川一司・H. ロソフスキー 1973 『日本の経済成長：20世紀における趨勢加速』東洋経済新報社。
大蔵省財政金融研究所編 1998 『ASEAN4の金融と財政の歩み：経済発展と通貨危機』（東南アジア各国の財政金融政策に関する研究会），大蔵省財政金融研究所。
大澤真理 1993 『企業中心社会を超えて：現代日本を〈ジェンダー〉で読む』時事通信社。
大西裕 1991-92 「韓国官僚制と経済成長：輸出指向工業化の新たな説明(1)(2)」（『法學論叢』130巻1号, 4号, 91年10月, 92年1月），84-112頁, 92-122頁。
大野健一 1996 『市場移行戦略：新経済体制の創造と日本の知的支援』有斐閣。
大野健一・桜井宏二郎 1997 『東アジアの開発経済学』有斐閣。
大野耐一 1978 『トヨタ生産方式』ダイヤモンド社。
岡崎哲二 1993 「企業システム」（岡崎哲二・奥野正寛編『現代日本経済システムの源流』日本経済新聞社，所収）。
小川英次 1990 「技術移転の理論モデル形成に向けて」（小川英次・牧戸孝郎編『アジアの日系企業と技術移転』名古屋大学出版会，所収）。
奥田宏司 1989 『途上国債務危機とIMF，世界銀行』同文舘出版。
奥村茂次・柳田侃・清水貞俊・森田桐郎編 1990 『データ世界経済』東京大学出版会。
押川文子編 1999 「地域研究と経済学」（『季刊南アジア：構造・変動・ネットワーク』Vol. 2, No. 2, 12月），23-56頁。
尾高煌之助 1984 『労働市場分析：二重構造の日本的展開』岩波書店。
尾高煌之助 1993 『職人の世界・工場の世界』リブロポート（新版2000年，NTT出版）。
尾高煌之助編 1989 『アジアの熟練：開発と人材形成』アジア経済研究所。
小野一一郎編 1981 『南北問題の経済学』同文舘出版。
海外経済協力基金開発援助研究所編 1994 『開発援助研究　特集：東アジアの奇跡』（Vol. 1, No. 3, 3月）。
郝燕書 1999 『中国の経済発展と日本的生産システム：テレビ生産における技術移転と形成』ミネルヴァ書房。
加藤秀樹編 1996 『アジア各国の経済・社会システム：インド・インドネシア・韓国・タイ・中国』東洋経済新報社。
金子勝 1999 『反グローバリズム：市場改革の戦略的思考』岩波書店。
加茂利男・遠州尋美編 1998 『東南アジア：サステナブル世界への挑戦』有斐閣。
苅谷剛彦 1991 『学校・職業・選抜の社会学：高卒就職の日本的メカニズム』東京大学出版会。
苅谷剛彦 1995 『大衆教育社会のゆくえ：学歴主義と平等神話の戦後史』中公新書。
河合正弘・Quick総合研究所アジア金融研究会編 1996 『アジアの金融・資本市場』日本経済新聞社。
川上桃子 1998 「企業間分業と企業成長・産業発展：台湾パーソナル・コンピュータ産業の事例」（『アジア経済』第39巻第12号, 12月），2-28頁。

川人博　1996　『過労死と企業の責任』現代教養文庫。
菊池努　1995　『APEC：アジア太平洋新秩序の模索』日本国際問題研究所。
北原淳編　1989　『東南アジアの社会学：家族・農村・都市』世界思想社。
北原淳・赤木攻編　1995　『タイ：工業化と地域社会の変動』法律文化社。
北村かよ子編　1991　『NIEs　機械産業の現状と部品調達』アジア経済研究所。
橘川武郎　1996　『日本の企業集団：財閥との連続と断絶』有斐閣。
木宮正史　1994　「韓国における内包的工業化戦略の挫折」(法政大学『法学志林』第91巻第3号)，1-78頁。
木宮正史　1999　『韓国における経済危機と労使関係レジームの展開』㈶産業研究所。
金元重　1991　「第1次経済開発5カ年計画と経済開発体制の成立」(小林謙一・川上忠雄編・法政大学比較経済研究所『韓国の経済開発と労使関係』法政大学出版局，所収)。
金日坤　1992　『東アジアの経済発展と儒教文化』大修館書店。
金泳鎬　1988　『東アジア工業化と世界資本主義：第4世代工業化論』東洋経済新報社。
清川雪彦　1995　『日本の経済発展と技術普及』東洋経済新報社。
キンドルバーガー［藤原武平太・和田和編訳］　1971　『多国籍企業：その理論と行動』日本生産性本部。
クズネッツ［塩野谷祐一訳］　1968　『近代経済成長の分析』東洋経済新報社（原著　Simon, Kuznets, *Modern Economic Growth : Rate, Structure and Spread*, New Heaven & London : Yale University Press, 1966)。
朽木昭文・野上裕生・山形辰史，アジア経済研究所編　1997　『テキストブック開発経済学』有斐閣。
国宗浩三編　2000　『アジア通貨危機：その原因と対応の問題点』アジア経済研究所。
熊沢誠　1993　『日本の労働者像』ちくま学芸文庫。
熊沢誠　1997　『能力主義と企業社会』岩波新書。
倉持和雄　1994　『現代韓国農業構造の変動』御茶の水書房。
クルーグマン［山岡洋一訳］　1997　「アジアの奇跡という幻想」(同『クルーグマンの良い経済学，悪い経済学』日本経済新聞社，所収) (原著　Krugman, Paul. 1994. "The Myth of Asia's Miracle," *Foreign Affairs*, Vol. 73, No. 6, Nov. /Dec. : 62-78)。
黒木靖夫　1990　『ウォークマンかく戦えり』ちくま文庫。
経済企画庁編　1990　『平成2年版経済白書：持続的拡大への道』大蔵省印刷局。
経済企画庁編　1992　『平成4年版経済白書：調整をこえて新たな展開をめざす日本経済』大蔵省印刷局。
経済企画庁編　1998　『平成10年版世界経済白書：アジア通貨・金融危機後の世界経済』大蔵省印刷局。
経済企画庁経済研究所　1998　『日本のコーポレート・ガバナンス：構造分析の観点から』同研究所。
経済企画庁調査局編　1999　『アジア経済 1999』大蔵省印刷局。
経済企画庁調査局編　2000　『アジア経済 2000』大蔵省印刷局。
経済評論編集部　1984　『経済評論　特集・南北「問題」分析の新潮流』1984年2月号。
小池和男　1981　『日本の熟練』有斐閣。
小池和男　1991　『仕事の経済学』東洋経済新報社。
小池和男編　1991　『大卒ホワイトカラーの人材開発』東洋経済新報社。
小池和男・猪木武徳編　1987　『人材形成の国際比較：東南アジアと日本』東洋経済新報社。

小池賢治編　1981　『アジアの公企業：官営ビッグビジネスのパフォーマンス』アジア経済研究所。

小池賢治・モンテス編　1988　『フィリピンの経済政策と企業』アジア経済研究所。

小池洋一　1997　「OEMとイノベーション：台湾自転車工業の発展」(『アジア経済』第38巻第10号, 10月), 22-34頁。

小池洋一・西島章次編　1997　『市場と政府：ラテンアメリカの新たな開発枠組み』アジア経済研究所。

高龍秀　2000　『韓国の経済システム：国際資本移動の拡大と構造改革の進展』東洋経済新報社。

国際金融情報センター　1992　『東南アジアの民営化』国際金融情報センター。

小島清　1970　「プロダクト・サイクル論と雁行形態論」(『世界経済評論』1970年1月号), 59-74頁。

小島清　1985　『日本の海外直接投資』文眞堂。

小島麗逸編　1989a　『香港の工業化：アジアの結節点』アジア経済研究所。

小島麗逸編　1989b　『中国経済統計・経済法解説』アジア経済研究所。

小林謙一・川上忠雄編(法政大学比較経済研究所)　1991　『韓国の経済開発と労使関係：計画と政策』法政大学出版局。

菰田文男　1987　『国際技術移転の理論』有斐閣。

榊原英資　1998　『国際金融の現場：市場資本主義の危機を超えて』PHP新書。

サクセニアン, アナリー　2000　「シリコンバレーと台湾新竹コネクション：技術コミュニティと産業の高度化」(青木昌彦・寺西重郎編著『転換期の東アジアと日本企業』東洋経済新報社, 所収)。

さくら総合研究所編　2000　『1999/2000年　アジア主要産業の回顧と展望：企業間提携を軸に変わる事業戦略』さくらアジア調査報告　No. 10, 同研究所。

さくら総合研究所環太平洋研究センター　1999　『アジアの経済発展と中小企業：再生の担い手になりうるか』日本評論社。

サックス編[三浦清隆ほか訳]　1996　『脱「開発」の時代』晶文社。

佐藤幸人　1989　「台湾：受け手から出し手へのダイナミズム」(谷浦孝雄編『アジアの工業化と直接投資』アジア経済研究所, 所収)。

佐藤百合　1992　「サリム・グループ：東南アジア最大のコングロマリットの発展と行動原理」(『アジア経済』第33巻第3号, 3月), 54-86頁。

佐藤百合　1993　「インドネシアにおける企業グループの所有と経営：『パートナーシップ型』企業グループを中心に」(小池賢治・星野妙子編『発展途上国のビジネスグループ』アジア経済研究所, 所収)。

佐藤百合　1995　「インドネシアにおける経営近代化の先駆者：アストラ・グループの事例研究」(『アジア経済』第36巻第3号, 3月), 2-32頁。

佐藤百合編　1999　『インドネシア・ワヒド新政権の誕生と課題』アジア経済研究所。

沢井実　1990　「工作機械」(米川伸一・下川浩一・山崎広明編『戦後日本経営史　第II巻』東洋経済新報社, 所収)。

重冨真一　1996　『タイ農村の開発と住民組織』アジア経済研究所。

篠原三代平　1961　『日本経済の成長と循環』創文社。

司馬正次　1973　『労働の国際比較：技術移行とその波及』東洋経済新報社。

島田晴雄　1988　『ヒューマンウェアの経済学』岩波書店。

ジャンセン編[細谷千博編訳]　1968　『日本における近代化の問題』岩波書店(原著

Marius Jansen B. ed., *Changing Japanese Attitudes Toward Modernization*, Princeton: Princeton University Press, 1965).

朱炎編著 2000 『徹底検証 アジア華人企業グループの実力』ダイヤモンド社.

シュムペーター［塩野谷祐一ほか訳］ 1977 『経済発展の理論(上)』岩波文庫（原著 Schumpeter, J. A., *Theorie Der Wirtschaftlichen Entwicklung*, 2 Aufl., 1926).

シュンペーター［清成忠男編訳］ 1998 『企業家とは何か』東洋経済新報社.

ジュリスト編集部 1994 「コーポレート・ガバナンス特集号」（『ジュリスト』第1050号, 8月).

シュレスタ, M. L. 1996 『企業の多国籍化と技術移転』千倉書房.

ジョージ, スーザン［向壽一訳］ 1989 『債務危機の真実』朝日新聞社（原著 Susan George, *A Fate Worse Than Debt*, Harmondsworth, Middlesex: Penguin, 1988).

ジョンソン, チャルマーズ［矢野俊比古監訳］ 1982 『通産省と日本の奇跡』TBSブリタニカ（原著 Chalmers Johnson, *MITI and the Japanese Miracle*, Stanford: Stanford University Press, 1982).

白石隆 1997 『スカルノとスハルト：偉大なるインドネシアをめざして』岩波書店.

進藤榮一編 1999 『アジア経済危機を読み解く：雁は飛んでいるか』日本経済評論社.

末廣昭 1981 「日本電機・電子産業の海外投資と多国籍化戦略：アジアを中心として」（アジア経済研究所編『発展途上国の電機・電子産業』アジア経済研究所, 所収).

末廣昭 1984 「タイ系企業集団の資本蓄積構造：製造業グループを中心として」（『アジア経済』第25巻第10号, 10月), 2-34頁.

末廣昭 1986 「従属論・世界システム論・接合論」（『アジア経済』第27巻第9・10号, 10月), 76-84頁.

末廣昭 1987 「タイにおけるアグリビジネスの展開：飼料・ブロイラー産業の6大グループ」（滝川勉編『東南アジアの農業技術変革と農村社会』アジア経済研究所, 所収).

末廣昭 1989a 「タイ：1987年以降の外国人投資ラッシュ」（谷浦孝雄編『アジアの工業化と直接投資』アジア経済研究所, 所収).

末廣昭 1989b 「バンコク：人口増加・経済集中・交通渋滞」（大阪市立大学経済研究所編『バンコク, クアラルンプル, シンガポール, ジャカルタ』〔世界の大都市6〕, 東京大学出版会, 所収).

末廣昭 1990 「タイ産業コングロマリットの経営改革：サイアムセメント・グループの事例研究」（大阪市立大学『季刊経済研究』11巻4号), 1-37頁.

末廣昭 1991 「アジア工業化の担い手」（谷浦孝雄編『アジア工業化の軌跡』アジア経済研究所, 所収).

末廣昭 1992a 「バンコク銀行：タイの金融コングロマリット(1)(2)」（『アジア経済』第33巻第1号；第33巻第2号, 1月, 2月), 42-62頁；58-70頁.

末廣昭 1992b 「東南アジア経済論：思想の輸出から工業製品の輸出へ」（東京大学社会科学研究所編『現代日本社会3 国際比較(2)』東京大学出版会, 所収).

末廣昭 1993a 『タイ：開発と民主主義』岩波新書.

末廣昭 1993b 「タイの企業組織と後発的工業化：ファミリービジネス試論」（小池賢治・星野妙子編『発展途上国のビジネスグループ』アジア経済研究所, 所収).

末廣昭 1994a 「アジア開発独裁論」（中兼和津次編『講座現代アジア 第2巻 近代化と構造変動』東京大学出版会, 所収).

末廣昭 1994b 「多国籍企業と経済変動」（坂本義和編『世界政治の構造変動3 発展』岩波書店, 所収).

末廣昭　1995　「アジア工業化のダイナミズム」(工藤章編『20世紀資本主義Ⅱ　覇権の変容と福祉国家』東京大学出版会,所収)。
末廣昭　1996　『戦前期タイ鉄道業の発展と技術者形成』京都大学東南アジア研究センター(重点領域,総合的地域研究)。
末廣昭　1997a　「戦後日本のアジア研究:アジア問題調査会,アジア経済研究所,東南アジア研究センター」(東京大学社会科学研究所『社会科学研究——創立50周年記念号』第48巻第4号,1月),37-71頁。
末廣昭　1997b　「タイにおける労働市場と人事労務管理の変容」(東京大学社会科学研究所『社会科学研究』第48巻第6号,3月),59-108頁。
末廣昭　1997c　「開発主義・国民主義・成長イデオロギー」(恒川惠市編『開発と政治』[講座開発と文化6],岩波書店,所収)。
末廣昭　1997d　「タイの技術者形成と産業高度化:戦前の鉄道奨学生の経験から」(バンコク日本人商工会議所『所報』425号,7月),1-9頁。
末廣昭　1997e　「タイ:農業農村社会から会社工場社会へ」(粕谷信次・法政大学比較経済研究所編『東アジア工業化ダイナミズム:21世紀への挑戦』法政大学出版局,所収)。
末廣昭　1998　「発展途上国の開発主義」(東京大学社会科学研究所編『20世紀システム4　開発主義』東京大学出版会,所収)。
末廣昭　1999　「タイの経済危機と金融・産業の自由化」(一橋大学経済研究所『経済研究』第50巻第2号,4月),120-132頁。
末廣昭　2000a　「タイの経済改革:産業構造調整事業と中小企業支援」(東京大学社会科学研究所『社会科学研究』第51巻第4号,3月),25-65頁。
末廣昭　2000b　「アジア通貨・経済危機と労働問題:タイの事例」(田端博邦・加瀬和俊編『失業問題と政治・経済』日本経済評論社,所収)。
末廣昭　2000c　『タイ大企業のデータと分析:国営企業・多国籍企業・財閥グループ』(東京大学社会科学研究所調査報告第28集),東京大学社会科学研究所。
末廣昭編著　1998a　『タイの統計制度と主要経済・政治データ』アジア経済研究所,3月。
末廣昭編著　1998b　『タイ:経済ブーム・経済危機・構造調整』財団法人日本タイ協会。
末廣昭・南原真　1991　『タイの財閥:ファミリービジネスと経営改革』同文舘出版。
末廣昭・東茂樹編　2000　『タイの経済政策:制度・組織・アクター』アジア経済研究所。
末廣昭・安田靖編　1987　『タイの工業化:NAICへの挑戦』アジア経済研究所。
鈴木佑司　1988　『新版　東南アジアの危機の構造』勁草書房。
鈴木淳　1996　『明治の機械工業:その生成と展開』ミネルヴァ書房。
鈴木長年編　1974　『アジアの経済発展と輸出指向工業化』アジア経済研究所。
隅谷三喜男　1975　『韓国の経済』岩波新書。
隅谷三喜男・劉進慶・涂照彦　1992　『台湾の経済:典型NIESの光と影』東京大学出版会。
世界銀行[世界銀行東京事務所訳]　1981　『世界開発報告　1981　国内及び国際調整』同事務所。
世界銀行[世界銀行東京事務所訳]　1991　『世界開発報告　1991:開発の課題』イースターン・ブック・サーヴィス社(原著 World Bank, *The World Development Report 1991: The Challenge of Development*, New York: Oxford University Press, 1991)。
世界銀行[白鳥正喜監訳,海外経済協力基金開発問題研究会訳]　1994　『東アジアの奇跡:経済成長と政府の役割』東洋経済新報社(原著 World Bank, *The East Asian Miracle: Economic Growth and Public Policy*, New York: Oxford University Press, 1993)。

世界銀行［世界銀行東京事務所訳］　1995　『世界開発報告　1995：統合を深める世界における労働者』イースタン・ブック・サーヴィス社.
世界銀行［海外経済協力基金開発問題研究会訳］　1997　『世界開発報告 1997：開発における国家の役割』東洋経済新報社（原著　World Bank, *World Development Report 1997 : The State in Changing World*. New York : Oxford University Press, 1997）.
関満博・富沢木実編　2000　『モノづくりと日本産業の未来』新評論.
セン, アマルティア［石塚雅彦訳］　2000　『自由と経済開発』日本経済新聞社（原著　Amartya Sen, *Development As Freedom*, New York : Alfred A. Knopf, 1999）.
セン, アマルティア［黒崎卓・山崎幸治訳］　2000　『貧困と飢餓』岩波書店.
宋立水　1998　『アジア NIES の工業化過程：資本と技術の形成』日本経済評論社.
ソルット・スッターウォン　1994　「タイ大企業の人事管理」（北海道大学『経済学研究』第 44 巻第 1 号, 6 月）, 53-85 頁.
ダートウゾスほか［依田直也ほか訳］　1990　『Made In America：アメリカ再生のための米日欧産業比較』草思社.
高中公男　2000　『外国貿易と経済発展』（東アジア長期経済統計第 9 巻）, 勁草書房.
高橋琢磨・関志雄・佐野鉄司　1998　『アジア金融危機』東洋経済新報社.
高林二郎　1989　「セメントプラントによる技術移転上の問題点についての考察」（『アジア経済』第 30 巻第 10 号, 10 月）, 113-125 頁.
高林二郎　1993　「技術移転におけるいくつかの視点：技能形成の型からみた発展途上国の技術移転」（大阪国際大学『国際研究論叢』6 巻 3 号）, 55-76 頁.
高谷好一　1996　『「世界単位」から世界を見る：地域研究への視座』京都大学学術出版会.
高山正樹　1989　「シンガポール：変容する都市国家の社会・経済構造」（大阪市立大学経済研究所編『バンコク, クアラルンプル, シンガポール, ジャカルタ』［世界の大都市 6］, 東京大学出版会, 所収）.
滝井光夫・福島光丘編　1998　『アジア通貨危機：東アジアの動向と展望』日本貿易振興会.
瀧澤秀樹　2000　『アジアのなかの韓国社会』御茶の水書房.
竹内洋　1981　『競争の社会学：学歴と昇進』世界思想社.
竹内洋　1991　『立志・苦学・出世』講談社現代新書.
竹内洋　1995　『日本のメリトクラシー』東京大学出版会.
武田隆夫編　1961　『帝国主義論上』（経済学体系 4）, 東京大学出版会.
竹之内秀行　1997　「多国籍企業と組織理論」（『世界経済評論』第 41 巻第 9 号, 9 月号）, 56-63 頁.
田坂敏雄　1996　『バーツ経済と金融自由化』御茶の水書房.
田島俊雄　1998　「中国・台湾 2 つの開発体制：共産党と国民党」（東京大学社会科学研究所編『20 世紀システム 4　開発主義』東京大学出版会, 所収）.
橘木俊詔・連合総合生活開発研究所編　1995　『「昇進」の経済学：なにが「出世」を決めるのか』東洋経済新報社.
立本成文　1996　『地域研究の問題と方法：社会文化生態力学の試み』京都大学学術出版会.
谷浦孝雄　1990　「韓国：技術立国への挑戦」（谷浦孝雄編『アジアの工業化と技術移転』アジア経済研究所, 所収）.
谷浦孝雄　1991　「アジア工業化の成果と展望」（谷浦孝雄編『アジア工業化の軌跡』アジア経済研究所）.

谷浦孝雄編　1988　『台湾の工業化：国際加工基地の形成』アジア経済研究所。
谷浦孝雄編　1990　『アジアの工業化と技術移転』アジア経済研究所。
田村紀之　1991　「アジア工業化論の現段階」（谷浦孝雄編『アジア工業化の軌跡』アジア経済研究所，所収）。
チャンドラー，Jr.［鳥羽欽一郎・小林袈裟治訳］1979　『経営者の時代(上)(下)』東洋経済新報社（原著　Alfred Chandler, Jr., *The Visible Hand: The Managerial Revolution in American Business*, Harvard University Press, 1977）。
チャンドラー，Jr.［安部悦生ほか訳］　1993　『スケール・アンド・スコープ：経営力発展の国際比較』有斐閣（原著　Alfred Chandler Jr. *Scale and Scope: The Dynamics of Industrial Capitalism*, Harvard University Press, 1990）。
通商産業省編　1999　『平成11年版通商白書』大蔵省印刷局。
通商産業省通商産業政策史編纂委員会編　1990　『通商産業政策史　第6巻』通商産業調査会。
土屋健治　1991　『カルティニの風景』めこん。
土屋健治編　1994　『講座現代アジア　第1巻　ナショナリズムと国民国家』東京大学出版会。
恒石隆雄　1989　『タイ工業化と国営企業：産業インフラの形成と民営化の展開』バンコク日本人商工会議所。
恒川恵市　1983　「権威主義体制と開発独裁：ラテンアメリカの視点から」（『世界』1983年7月号），66-81頁。
寺西重郎　1991　『工業化と金融システム』東洋経済新報社。
涂照彦　1990　『東洋資本主義』講談社現代新書。
ドーア，ロナルド［田丸延男訳］　1986　『貿易摩擦の社会学：イギリスと日本』岩波新書。
ドーア，ロナルド［山之内靖・永易浩一訳］　1993　『イギリスの工場・日本の工場』ちくま学芸文庫［1987年，筑摩書房］（原著　Ronald Dore, *British Factory-Japanese Factory: The Origins of National Diversity in Industrial Relations*, Berkeley: University of California Press, 1973; revised edition, 1990）。
東京大学社会科学研究所編　1998　『20世紀システム2　経済成長・受容と対抗』東京大学出版会。
トダロ，マイケル［OCDI開発経済研究会訳］　1997　『M.トダロの開発経済学』国際協力出版会（原著　Michael P. Todaro, *Economic Development, Sixth Edition*, London: Longman, 1997）。
戸原四郎　1960　『ドイツ金融資本の成立過程』東京大学出版会。
トラン・ヴァン・トゥ　1992　『産業発展と多国籍企業：アジア太平洋ダイナミズムの実証研究』東洋経済新報社。
鳥居高　1987　「転換点のマレーシア自動車産業」（林俊昭編『アジアの工業化：高度化への展望』アジア経済研究所，所収）。
鳥居高編　1998　「特集　マハティールの国家構想：主要政策の検討を通じて」（『アジア経済』第39巻第5号，5月），2-114頁。
鳥居泰彦・積田和　1981　「経済発展とインフォーマル・セクターの影響」（慶應義塾大学『三田学会雑誌』第74巻第5号，1981年10月），1-46頁。
中岡哲郎編　1990　『技術形成の国際比較：工業化の社会的能力』筑摩書房。
中岡哲郎・石井正・内田星美　1986　『近代日本の技術と技術政策』東京大学出版会。

中兼和津次　1999　『中国経済発展論』有斐閣。
中兼和津次編　1994　『講座現代アジア　第2巻　近代化と構造変動』東京大学出版会。
中川敬一郎　1981a　「経済発展と家族的経営」(同『比較経営史序説』東京大学出版会，所収)。
中川敬一郎　1981b　「後進国工業化と企業者活動」(同『比較経営史序説』東京大学出版会，所収)。
中西徹　1991　『スラムの経済学：フィリピンにおける都市インフォーマル部門』東京大学出版会。
中村圭介　1996　『日本の職場と生産システム』東京大学出版会。
中村尚司　1994　『人々のアジア：民際学の視座から』岩波新書。
西川潤　1976　『経済発展の理論』日本評論社。
西口章雄・朴一編著　2000　『転換期のアジア経済を学ぶ人のために』世界思想社。
仁田道夫　1988　『日本の労働者参加』東京大学出版会。
ニッカーボッカー［藤田忠訳］　1978　『多国籍企業の経済理論』東洋経済新報社（原著　F. T. Knickerbocker, *Oligopolistic Reaction and Multinational Enterprise*, Cambridge, Mass.: MIT Press, 1973)。
日本開発銀行　1993　『政策金融：戦後日本の経験』同行。
日本銀行金融研究所編　1994　「特集　日本企業のコーポレート・ガバナンス」(『金融研究』13巻3号，9月)。
日本経済調査協議会監修　1989　『東アジア知識人会議：東アジア地域の経済発展とその文化的背景』第一法規。
日本在外企業協会編　1987　『在タイ欧米系企業の労務管理：日系企業との相違点を探る』日本在外企業協会。
日本電子機械工業会編　1980　『'80東南アジア電子工業調査団報告書(1980年6月5日-16日)』同工業会。
日本電子機械工業会編　1991　『'91東南アジア電子工業調査団報告書』同工業会。
日本電子機械工業会編　1999　『'99東南アジア電子工業の動向調査報告書』同工業会。
沼崎一郎　1992　「台南幫："バナナ型"ビジネスグループの生成と展開」(『アジア経済』第33巻第7号，7月)，71-87頁。
ヌルクセ［大畑弥七訳］　1960　『外国貿易と経済発展』ダイヤモンド社（原著　Ragnar Nurkse, *Patterns of Trade and Development*, Stockholm: Wicksell Lecture Society, 1959)。
根岸佶　1943　『商事に関する慣行調査報告書：合股の研究』東亜研究所。
野中郁次郎・竹内弘高（梅本勝博訳）　1996　『知識創造企業』東洋経済新報社（原著　Ikujiro Nonaka & Hirotaka Takeuchi, *The Knowledge Creating Company: How Japanese Companies Create the Dynamics of Innovation*, Oxford University Press, 1995)。
バーナード=ラヴェンヒル　1999　「雁行とプロダクト・サイクルの神話：リージョナリズム，階層化，工業化」(進藤榮一編『アジア経済危機を読み解く：雁は飛んでいるか』日本経済評論社，所収)（原著　M. Bernard & J. Ravenhill, "Beyond Product Cycles and Flying Geese", *World Politics*, Vol. 47, January 1995)。
パイ，ルシアン著［園田茂人訳］　1995　『エイジアン・パワー(上)(下)』大修館書店（原著　Lucian Pye, *Asian Power and Politics: The Cultural Dimensions of Authority*, Cambridge, Mass.: Harvard University Press, 1985)。

ハイマー，ステファン［宮崎義一編訳］　1979　『多国籍企業論』岩波書店。
萩原宜之編　1994　『講座現代アジア　第3巻　民主化と経済発展』東京大学出版会。
朴一　1990　「韓国の工業化と支配三者体制」（内田勝敏編『世界経済と南北問題』ミネルヴァ書房，所収）。
朴一　1999　『韓国NIES化の苦悩　増補版』同文舘出版。
間宏　1989　『日本的経営の系譜』文眞堂（初出　1963年，日本能率協会）。
橋本寿朗　1991　『日本経済論：20世紀システムと日本経済』ミネルヴァ書房。
橋本寿朗　1994　「高度成長期における日本政府，業界団体，企業：機械工業振興臨時措置法を事例として」（東京大学社会科学研究所『社会科学研究』第45巻第4号，1月），235-256頁。
橋本寿朗　1995　『戦後の日本経済』岩波新書。
橋本寿朗編　1996　『日本企業システムの戦後史』東京大学出版会。
橋本寿朗・武田晴人編　1992　『日本の経済発展と企業集団』東京大学出版会。
橋本寿朗・長谷川信・宮島英昭　1998　『現代日本経済』有斐閣。
長谷川信次　1999　『多国籍企業の内部化理論と戦略提携』同文舘出版。
服部民夫　1987　『韓国の経営発展』文眞堂。
服部民夫　1999　「『組立型工業化』の成功と挫折：韓国を中心として」（『アジア研究』第45巻第2号，8月），1-21頁。
服部民夫編　1987　『韓国の工業化：発展の構図』アジア経済研究所。
服部民夫・佐藤幸人編著　1996　『韓国・台湾の発展メカニズム』アジア経済研究所。
馬場宏二　1988　「日本経済とNICs」（東京大学社会科学研究所『社会科学研究』第40巻第4号，11月），175-195頁。
馬場宏二　1997　『新資本主義論：視角転換の経済学』名古屋大学出版会。
馬場正雄・建元正弘　1967　「日本における外国貿易と経済成長」（篠原三代平・藤野正三郎編『日本の経済成長』日本経済評論社，所収）。
浜田和幸　1999　『ヘッジファンド：世紀末の妖怪』文春新書。
濱田博男・大阪市立大学経済研究所編　1993　『アジアの証券市場』東京大学出版会。
林武編　1986　『技術と社会：日本の経験』東京大学出版会。
林俊昭編　1990　『シンガポールの工業化：アジアのビジネスセンター』アジア経済研究所。
速水佑次郎　1995　『開発経済学：諸国民の貧困と富』創文社。
速水佑次郎　2000　『新版開発経済学：諸国民の貧困と富』創文社。
原不二夫編　1994a　『マレーシアにおける企業グループの形成と再編』アジア経済研究所。
原不二夫編　1994b　『東南アジアの華僑と中国：中国帰属意識から華人意識へ』アジア経済研究所。
原洋之介　1985　『クリフォード・ギアツの経済学』リブロポート。
原洋之介　1992　『アジア経済論の構図』リブロポート。
原洋之介　1994　『東南アジア諸国の経済発展』東京大学東洋文化研究所。
原洋之介　1999　『グローバリズムの終宴：アジア危機と再生を読み解く三つの時間軸』NTT出版。
原洋之介編　1999　『アジア経済論』NTT出版。
パン・エンフォン［木村陸男訳］　1988　「変容するシンガポールの労使関係」（ピーター・チェン編『シンガポール社会の研究』めこん，所収）。
樋泉克夫　1993　『華僑コネクション』新潮選書。

ピオリ&セーブル［山之内靖・永易浩一・石田あつみ訳］ 1993 『第二の産業分水嶺』筑摩書房（原著 M. J. Piore & C. F. Sabel, *The Second Industrial Divide : Possibilities for Prosperity*, New York : Basic Books Inc., 1984）．
東茂樹ほか 2000 「特集・アジア通貨危機後の金融システム改革」（『アジ研ワールド・トレンド』第57号，6月），2-27頁．
平石直昭 1991 「近代日本の『職業』観」（東京大学社会科学研究所編『現代日本社会4 歴史的前提』東京大学出版会，所収）．
平川均 1992 『NIES：世界システムと開発』同文舘出版．
平川均 1997 「東アジア工業化ダイナミズムの論理」（粕谷信次編・法政大学比較経済研究所『東アジア工業化ダイナミズム：21世紀への挑戦』法政大学出版局，所収）．
平野健一郎編 1994 『講座現代アジア 第4巻 地域システムと国際関係』東京大学出版会．
平野裕之 1990 『ジャストインタイムの実際』日経文庫．
ヒルシュマイヤー［土屋喬雄・由井常彦訳］ 1965 『日本における企業家精神の生成』東洋経済新報社．
フィース 1982 「経済開発と強権政治」（坂本義和編『暴力と平和』朝日新聞社，所収）．
フィングルトン，エーモン（中村仁美訳） 1999 『製造業が国を救う：技術立国・日本は必ず繁栄する』早川書房（原著 Eamonn Fingleton, *In Praise of Hard Industries : Why Manufacturing, Not The Information Economy, is The Key to Future Prosperity*, Boston : Houghton Mifflin, 1999）．
ブーケ［永易浩一訳］ 1979 『二重経済論：インドネシア社会における経済構造分析』秋童書房（原著 J. H. Boeke, *Economics and Economic Policy of Dual Societies : As Exemplified by Indonesia*, New York : Institute of Pacific Relations, 1953）．
ブーズ・アレン&ハミルトン［森脇喜一・田中良和訳］ 2000 『韓国報告書：日本型経済システムのゆくえ』朝日新聞社（原著 Booz-Allen & Hamilton, *Revitalizing The Korean Economy Toward The 21st Century*, Seoul, 1997）．
フェイ，John C. H.，大川一司，G. レニス 1986 「経済発展の歴史的パースペクティブ：日本，韓国，台湾」（大川一司編『日本と発展途上国』勁草書房，所収）．
深尾光洋・森田泰子 1997 『企業ガバナンス構造の国際比較』日本経済新聞社．
深川由起子 1989 『韓国：ある産業発展の軌跡』日本貿易振興会．
深川由起子 1998 『韓国：先進国経済論』日本経済新聞社．
福崎久一編 1996 『華人・華僑関係文献目録』アジア経済研究所．
福島光丘編 1989 『フィリピンの工業化：再建への模索』アジア経済研究所．
藤本隆宏 1997 『生産システムの進化論』有斐閣．
藤森英男編 1978 『アジア諸国の輸出加工基地』アジア経済研究所．
藤原帰一 1992 「『民主化』の政治経済学：東アジアにおける体制変動（東京大学社会科学研究所編『現代日本社会3 国際比較(2)』東京大学出版会，所収）．
藤原帰一 1994a 「工業化と政治変動：国家，資本，社会」（坂本義和編『世界政治の構造変動3 発展』岩波書店，所収）．
藤原帰一 1994b 「政府党と在野党：東南アジアにおける政府党体制」（萩原宜之編『講座現代アジア 第3巻 民主化と経済発展』東京大学出版会，所収）．
藤原帰一 1998 「ナショナリズム・冷戦・開発：戦後東南アジアにおける国民国家の理念と制度」（東京大学社会科学研究所編『20世紀システム4 開発主義』東京大学出版会，所収）．

フリードマン，D. ［丸山恵也監訳］　1992　『誤解された日本の奇跡：フレキシブル生産の展開』ミネルヴァ書房．
別冊宝島編集部編　2000　『我らがバブルの日々』宝島社文庫．
ヘライナー［関下稔・中村雅秀訳］　1982　『多国籍企業と企業内貿易』ミネルヴァ書房．
法政大学大原社会問題研究所編　1997　『韓国労使関係の展開と現状』総合労働研究所．
法政大学大原社会問題研究所編　1998　『現代の韓国労使関係』御茶の水書房．
ポーター［土岐坤ほか訳］　1992　『国の競争優位(上)(下)』ダイヤモンド社（原著　Michael Poter, *The Competitive Advantage of Nations*, New York : The Free Press, 1990）．
ホームズ&スチャダー［末廣昭訳・解説］　2000　『タイ人と働く：ヒエラルキー的社会と気配りの世界』めこん．
星野妙子　1998　『メキシコの企業と工業化』アジア経済研究所．
細野昭雄　1994　「東アジアの経済発展とラテンアメリカ」（日本輸出入銀行『海外投資研究所所報』1994年5月号），4-35頁．
細野昭雄　1995　『APECとNAFTA：グローバリズムとリジョナリズムの相克』有斐閣．
細野昭雄・恒川恵市　1986　『ラテンアメリカ：危機の構図』有斐閣．
堀井健三　1998　『マレーシア村落社会とブミプトラ政策』論創社．
堀井健三編　1990　『マレーシアの工業化：多種族国家と工業化の展開』アジア経済研究所．
堀井健三・萩原宜之編　1988　『現代マレーシアの社会・経済変容：ブミプトラ政策の18年』アジア経済研究所．
堀坂浩太郎　1999　「企業体制の変容：『三者同盟』モデルの消滅とコスモポリタンな企業社会の出現」（小池洋一・堀坂浩太郎編『ラテンアメリカ新生産システム論：ポスト輸入代替工業化の挑戦』アジア経済研究所，所収）．
本多健吉監修　1990　『韓国資本主義論争』世界書院．
前川健一　1999　『東南アジアの三輪車』旅行人．
松本厚治　1998　『新版　企業主義の興隆』新評論（旧版　1993年　日本生産性本部）．
丸川知雄　1999　『市場発生のダイナミクス：移行期の中国経済』アジア経済研究所．
丸谷吉男編　1988　『ラテンアメリカの経済危機と外国投資』アジア経済研究所．
丸山伸郎編　1991　『中国の工業化：揺れ動く市場化路線』アジア経済研究所．
水野廣祐　1999　『インドネシアの地場産業：アジア経済再生の道とは何か？』京都大学学術出版会．
水野順子　1996　『韓国の自動車産業』アジア経済研究所．
溝口雄三・中嶋嶺雄編　1991『儒教ルネッサンスを考える』大修館書店．
南亮進　1981　『日本の経済発展』東洋経済新報社．
南亮進　1992　『日本の経済発展（第二版）』東洋経済新報社（Minami, R., *Economic Development in Japan*, revised edition 1992）．
三平則夫編　1990　『インドネシア：輸出主導型成長への展望』アジア経済研究所．
宮崎義一　1982　『現代資本主義と多国籍企業』岩波書店．
宮崎義一　1985　『現代企業入門：コーポレイト・キャピタリズムを考える』有斐閣．
宮崎義一　1986　『世界経済をどう見るか』岩波新書．
三好信浩　1983　『明治のエンジニア教育：日本とイギリスのちがい』中公新書．
三輪芳朗　1998　『政府の能力』有斐閣．
ミント［小島清監訳］　1970　『アジア開銀・ミント報告　70年代の東南アジア経済：緑の革命から経済発展へ』日本経済新聞社（原著　Hla Myint ed., *Southeast Asia's Econ-*

omy in the 1970's, Manila : ADB, 1970)。
ミント [渡辺利夫・高梨和紘・小島真・高橋宏訳] 1973 『低開発国の経済理論』東洋経済新報社（原著 Hla Myint, *The Economic Theories and Underdeveloped Countries*, New York : Oxford University Press, 1971)。
ミント [木村修三・渡辺利夫訳] 1981 『開発途上国の経済学』東洋経済新報社（原著 Hla Myint, *The Economics of the Developing Countries, Fifth Edition*, London : Hunchinson 1980)。
村井吉敬・鶴見良行編 1992 『エビの向こうに日本が見える』学陽書房。
村上泰亮 1992 『反古典の政治経済学：二十一世紀への序説(上)(下)』中央公論社。
本山美彦編 1995 『開発論のフロンティア』同文舘出版。
森健・水野順子編 1985 『開発政策と女子労働』アジア経済研究所。
森美奈子 2000 「欧米自動車メーカーのアジア展開と戦略的提携」（さくら総合研究所環太平洋研究センター『RIM』Vol. 1, No. 48，2月），33-50頁。
森澤恵子 1993 『現代フィリピン経済の構造』勁草書房。
門田安弘 1989 『実例 自動車産業の JIT 方式』日本能率協会。
安田信之 1987 『アジアの法と社会』三省堂。
安中章夫・三平則夫編 1995 『現代インドネシアの政治と経済：スハルト政権の 30 年』アジア経済研究所。
安場保吉 1980 『経済成長論』筑摩書房。
柳田邦男 1981 『日本の逆転した日』講談社。
柳田侃編著 1993 『アジア経済論：転換期のアジア経済』ミネルヴァ書房。
山影進 1991 『ASEAN：シンボルからシステムへ』東京大学出版会。
山影進 1997 『ASEAN：アジア太平洋の中核へ』東京大学出版会。
山形辰史ほか 1998 「特集開発経済学：データの取り方・使い方」（『アジ研ワールド・トレンド』No. 40, 1998 年 11 月），2-24 頁。
山口博一 1991 『地域研究論』（地域研究シリーズ 1），アジア経済研究所。
山崎喜比古 1992 「ホワイトカラーにみる疲労，ストレスの増大とライフスタイル」（『日本労働研究雑誌』5 月号），2-19 頁。
山澤逸平 1984 『日本の経済発展と国際分業』東洋経済新報社。
山澤逸平・平田章編 1988 『発展途上国の工業化と輸出促進政策』アジア経済研究所。
山本栄市編著 1999 『アジア経済再生：通貨危機後の新たなシステム構築に向けて』日本貿易振興会。
山本潔 1994 『日本における職場の技術・労働史：1854-1990』東京大学出版会。
山本信人・高埜健・金子芳樹・中野亜星・板谷大世 1999 『東南アジア政治学 増補版』成文堂。
山本啓 1984 「従属理論の現在的位相」（『経済評論』1984 年 2 月号），23-38 頁。
由井常彦・橋本寿朗編 『革新の経営史：戦前・戦後における日本企業の革新行動』有斐閣。
ユシーム [岩城博司・松井和夫監訳] 1986 『インナー・サークル：世界を動かす陰のエリート群像』東洋経済新報社（原著 Useem, M., *The Inner Circle : Large Corporations and the Rise of Business Political Activity in the U. S. and U. K.*, New York : Oxford University Press, 1984)。
ユネスコ編・永井道雄監訳 1998 『ユネスコ文化統計年鑑』原書房。
吉村真子 1998 『マレーシアの経済発展と労働力構造：エスニシティ，ジェンダー，ナ

ショナリティ』法政大学出版局。
米倉誠一郎　1986　「企業家精神の発展過程」（小林規威ほか編『現代経営事典』日本経済新聞社，所収)。
米倉誠一郎　1993　「政府と企業のダイナミクス：産業政策のソフトな側面」(一橋大学『商学研究』第33号)，249-292頁。
米倉誠一郎　1999　『経営革命の構造』岩波新書。
米山喜久治　1990　『適正技術の開発と移転：マレーシア鉄鋼業の創設』文眞堂。
リスト，フリードリッヒ［小林昇訳］　1970　『経済学の国民的体系』(原著は1841年)。
リピエッツ［若森章孝訳］　1987　『奇跡と幻影：世界的危機とNICS』新評論。
ロストウ［木村健康ほか訳］　1961　『経済成長の諸段階』ダイヤモンド社（原著 W. W. Rostow, *Stages of Economic Growth : A Non-Communist Manifest*, London : Cambridge University Press., 1960)。
ロダン，ギャリー［田村慶子・岩崎育夫訳］　1992　『シンガポール工業化の政治経済学：国家と国際資本』三一書房（原著 Garry Rodan, *The Political Economy of Singapore's Industrialization : National State and International Capital*, Kuala Lumpur : Forum, 1989)。
渡辺利夫　1979　『アジア中進国の挑戦』日本経済新聞社。
渡辺利夫　1982　『現代韓国経済分析：開発経済学と現代アジア』勁草書房。
渡辺利夫　1984　「現代アジアの発展論的構造」(『経済評論』1984年8月号)，22-35頁。
渡辺利夫　1985　『成長のアジア　停滞のアジア』東洋経済新報社。
渡辺利夫　1986　『開発経済学：経済学と現代アジア』日本評論社。1996　『同第2版』。
渡辺利夫　1990　「韓国：経済発展と権威主義の熔解」(『アジア研究』第36巻第3号，7月)，15-24頁。
渡辺利夫　1995　『新世紀アジアの構想』ちくま新書。
渡辺利夫　1999　「アジア化するアジア：危機の向こうに見えるもの」(『中央公論』1999年6月号)，80-130頁。
渡辺利夫・今井理之編　1994　『概説・華人経済』有斐閣。
渡辺真知子　1992　「タイの労働市場：季節性と低雇用問題」(『アジア経済』第33巻第12号，12月)，34-49頁。

Abernathy, William J. 1978. *The Productivity Dilemma*, Baltimore Md. : Johns Hopkins University Press.
Abernathy, William J. and Kim B. Clark. 1985. "Innovation : Mapping the Winds of Creative Destruction," *Research Policy*, XIV, February : 3-22.
Agenor, Pierre-Richard, M. Miller, D. Vines et al. (eds.). 1999. *The Asian Financial Crisis : Causes, Contagion and Consequences*, Cambridge : Cambridge University Press.
Akamatsu, Kaname. 1962. "A Historical Pattern of Economic Growth in Developing Countries," *The Developing Economies* (Institute of Asian Economic Affairs), Preliminary Issue No. 1, March-August : 3-25.
Amsden, Alice H. 1977. "The Division of Labor Is Limited by the Type of Market : The Taiwanese Machine Tool Industry," *World Development*, Vol. 5, No. 3 : 217-233.
Amsden, Alice H. 1989. *Asia's Next Giant : South Korea and Late Industrialization*. New York : Oxford University Press.
Anek Laothamatas. 1992. *Business Associations and the New Political Economy of*

Thailand : From Bureaucratic Polity to Liberal Corporatism. Boulder : Westview Press.
Anek Laothamatas. (ed.). 1997. *Democratization in Southeast Asia and East Asia*, Singapore : Institute of Southeast Asian Studies.
Asian Development Bank. 1998. "Governance in Asia : From Crisis to Opportunity," in *ADB Annual Report 1998*, Manila : ADB.
Asian Development Bank. *Key Indicators of Developing Asian and Pacific Countries*, Hong Kong : Oxford University Press, various years.
Baker, George, Michael Gibbs and Bengt Holmstrom. 1994. "The Internal Economics of the Firm : Evidence from Personal Data," *The Quarterly Journal of Economics*, November : 881-919.
Balassa, Bela. 1978. "Export Incentives and Export Performance : A Comparative Anaysis," *Weltwirtshaftliches Archiv*, Vol. 114, No. 1 : 24-61.
Balassa, Bela. 1981. *The Newly Industrializing Countries in the World Economy*, New York : Pergamon Press.
Balassa, Bela. 1982. *Development Strategies in Semi-Industrializing Economies*, Baltimore Md. : Johns Hopkins University Press.
Balassa, Bela. 1991. *Economic Policies in the Pacific Area Developing Countries*, New York : New York University Press.
Behrman J. and T. N. Srinivasan (eds.). 1995. *Handbook of Development Economics*, Vol. 3, Amsterdam : Elsevier Science Publisher.
Berle, Adolf and Gardiner Means. 1932. *The Modern Corporation and Private Property*, New York : Macmillan.
Bongini, Paola, Stijin Claessens, and Giobanni Ferri. 2000. "The Political Economy of Distress in East Asian Financial Institutions," World Bank Policy Research Working Paper No. 2265, Washington D. C. : World Bank, January.
Bradford, Colin I. Jr. 1982. "The Rise of the NICs as Exporters on a Global Scale," in Louis Turner et al. (eds.), *The Newly Industrializing Countries : Trade and Adjustment*, London : George Allen and Unwin.
Browett, John. 1985. "The Newly Industrilaizing Countries and Radical Theories of Development," *World Development*, Vol. 13, No. 7 : 789-803.
Brown, Rajeswary Ampaiavanar. 1995. *Capital and Entrepreneurship in South-East Asia* (Studies in the Economies of East and South-East Asia), London : St. Martin's Press/Macmillan.
Bruton, H. J. 1989. "Import Substitution," in Chenery, H. & T. N. Srinivasan (eds.), *Handbook of Development Economics*, Vol 2, Amsterdam : Elsevier Science Publisher.
Caporaso, James A. 1980. "Dependency Theory : Continuities and Discontinuities in Development Studies," *International Organization*, Vol. 34, No. 4, Autum : 605-628.
Chang, Ha-Joo, Hong-Jae Park and Chul-Gyue Yoo. 1998. "Interpreting the Korean Crisis : Financial Liberalization, Industrial Policy and Corporate Governance," *Cambridge Journal of Economics*, Vol. 22, No. 6, November : 735-746.
Chen, Edward K. Y. & Kui-Wai Li. 1991. "Industrial Development and Industrial Policy in Hong Kong," in Edward K. Y. Chen et al. (eds.). *Industrial and Trade Development in Hong Kong*, Hong Kong : University of Hong Kong, Centre of Asian Studies.
Chenery, H. & T. N. Srinivasan. (eds.). 1988. *Handbook of Development Economics*, Vol 1,

Amsterdam : Elsevier Science Publisher.
Chenery, H. & T. N. Srinivasan. (eds.). 1989. *Handbook of Development Economics*, Vol 2, Amsterdam : Elsevier Science Publisher.
Chew, Soon Beng & Rosalind Chew. 1996. *Industrial Relations in Singapore*, Singapore : Adison Wesley.
Chia Siow Yue. (ed.). 1994. *APEC Challenges and Opportunities*, Singapore : ISEAS.
Claessens, Stijin, Simeon Djankov, and Larry Lang. 1998. "East Asian Corporates : Growth, Financing and Risks Over the Last Decade," World Bank Policy Research Working Paper No. 2017, Washington D. C. : World Bank, October.
Claessens, Stijin, Simeon Djankov, and Larry H. Lang. 1999. "Who Controls East Asian Corporations ?," World Bank Policy Research Working Paper No. 2054, Washington D. C. : World Bank, February.
Claessens, Stijin, Simeon Djankov, and Larry H. Lang. 2000. "East Asian Corporations : Heroes or Villains ?," World Bank Discussion Paper No. 409, Washington D. C. : World Bank, January.
Corbo, V., A. O. Krueger and F. Ossa (eds.) 1985. *Export-Oriented Development Strategies : The Success of Five Newly Industrializing Countries*, Boulder : Westview Press.
Cumings, Bruce. 1999. "The Asian Crisis, Democracy, and the End of 'Late' Development," in Pempel, T. J. (ed). *The Politics of the Asian Economic Crisis*, Ithaca : Cornell University Press : 17-44.
Cummings, William K. and Philip G. Altbach. (eds.). 1997. *The Challenge of Eastern Asian Education : Implication for America*, Albany : State University of New York Press.
Dejillas, Leopolde. 1994. *Trade Union Behavior in the Philippines 1946-1990*, Manila : Ateneode Manila University Press.
Delhaise, Phillipe F. 1998. *Asia in Crisis : The Implication of the Banking and Finance Systems*, Singapore : John Wiley & Sons (Asia) Pte Ltd.
Department of Foreign Affairs and Trade, Commonwealth of Australia. 1995. *Overseas Chinese Business Networks in Asia*, Canberra : AGPS Press.
Deyo, Frederic. 1987a. "Coallition, Institutions, and Linkage Sequencing : Toward a Strategic Capacity Model of East Asian Development," in F. Deyo ed., *The Political Economy of the New Asian Industrialism*. Ithaca : Cornell University Press.
Deyo, Frederic. 1987b. "State and Labor : Models of Political Exclusion in East Asian Development," in F. Deyo ed., *The Political Economy of the New Asian Industrialism*. Ithaca : Cornell University Press.
Deyo, Frederic (ed.). 1987. *The Political Economy of the New Asian Industrialism*, Ithaca : Cornell University Press.
Doner, Richard. 1991a. *Driving a Bargain : Automobile Industrialization and Japanese Firms in Southeast Asia*, Berkeley : University of California Press.
Doner, Richard. 1991b. "Approaches to the Politics of Economic Growth in Southeast Asia," *Journal of Asian Studies*, Vol. 50, No. 4, November : 818-849.
Doner, Richard. 1992. "Limits of State Strength : Toward an Institutionalist View of Economic Development," in *World Politics*, Vol. 44, No. 4, November : 398-431.
Doner, Richard F. and Ansil Ramsay. 1997. "Competitive Clientalism and Economic Governance : The Case of Thailand," in Sylvia Maxfield and Ben Ross Schneider (eds.),

Business and the State in Developing Countries, Ithaca : Cornell University Press.
Dore, Ronald. 1987. *Taking Japan Seriously : A Confucian Perspective on Leading Economic Issues*, Stanford : Stanford University Press.
Dore, Ronald. 1998. "Asian Crisis and the Future of the Japanese Model," *Cambridge Journal of Economics*, Vol. 22, No. 6, November : 773-787.
Dore, Ronald. 2000. *Stockmarket Capitalism, Welfare Capitalism : Japan and Germany versus the Anglo-Saxons*, Oxford : Oxford University Press.
Dunning, J. H. 1993. *The Globalization Business*, London : Routledge.
Edwards, Sebastian. 1995. *Crisis and Reform in Latin America : From Depair to Hope*, Published for the World Bank, New York : Oxford University Press.
ESCAP/UNCTC Joint Unit on Transnational Corporations. 1985. *Transnational Trading Corporations in Selected Asian and Pacific Countries*, Bangkok : ESCAP.
Evans, Peter. 1979. *Dependent Development : The Alliance of Multinational, State, and Local Capital in Brazil*, Princeton, N. J. : Princeton University Press.
Fei, John. C. H. and Gustav Ranis. 1964. *Development of the Labor Surplus Economy : Theory and Policy*, Homewood : Richard D. Irwin, Inc.
Fields, K. J. 1995. *Enterprise and the State in Korea and Taiwan*, Ithaca : Cornell University Press.
Fischer, Stanley. 1999. "The Asian Crisis : A View from the IMF." (IMF January 22, 1999).
Frenkel, Stephen & Jeffery Harrod (eds.). 1995. *Industrialization and Labour Relations : Contemporary Research in Seven Countries*, Ithaca : Cornell University Press.
Fröbel, F., J. Heinrichs and O. Kreye. 1980. *The New International Division of Labour*, Cambridge : Cambridge University Press.
Gerschenkron, A. 1962. *Economic Backwardness in Historical Perspective*, Cambridge, Mass. : Harvard University Press.
Gerschenkron, A. 1968. *Continuity in History and Other Essays*, Cambridge, Mass. : Harvard University Press.
Girling, J. L. S. 1988. "Development and Democracy in Southeast Asia," *Pacific Review*, vol. 1, no. 4 : 332-340.
Golay, Frank H. et al. (eds.). 1969. *Underdevelopment and Economic Nationalism in Southeast Asia*, Ithaca : Cornell University Press.
Gold, Thomas, B. 1981. "Dependent Development in Taiwan," Ph. D. dissertation, Harvard University.
Gomez, Edmund T. 1994. *Political Business : Corporate Involvement of Malaysian Political Parties*, Townsville : James Cook University of North Queenland.
Gomez, Edmund T. 1997. *Politics in Business : UMNO's Corporate Investments*, Kual Lumpur : Forum.
Gregor, James. 1979. *Italian Fascism and Developmental Dictatorship*, New Jersey : Princeton University Press.
Grit Permtanjit. 1981. *Political Economy of Dependent Capitalist Development : Study of the Limits of the Capacity of the State to Rationalize in Thailand*, Bangkok : Social Research Institute Chulalongkorn University.
Haggard, Stephan. 1986. "The Newly Industrializing Countries in the International System," *World Politics*, Vol.38, No. 2, January : 343-370.

Haggard, Stephan. 1990. *Pathways from the Periphery : The Politics of Growth in the Newly Industrializing Countries*, Ithaca : Cornell University Press.

Haggard, Stephan, Moon Chung-in, and Kim Byung-Kook. 1992. "The Transition to Export-led Growth in South Korea : 1954-1966," *Journal of Asian Studies*, Vol. 50, No. 4. : 850-873.

Haggard, Stephan & Robert R. Kaufman. (eds.). 1992. *The Politics of Economic Adjustment : International Constrains, Distribution Conflicts and the State*, Princeton : Princeton University Press.

Haggard, Stephan & Steven B. Webb. (eds.). 1994. *Voting for Reform : Democracy, Political Liberalization, and Economic Development*, New York : Oxford University Press.

Hamilton, Gary. (ed.). 1991. *Business Networks and Economic Development in East and Southeast Asia*, Hong Kong : Center of Asian Studies, University of Hong Kong.

Hamilton, G. G. et al. 1987. "Enterprise Groups in East Asia : An Organizational Analysis," *Shoken Keizai*, No. 161, September : 78-106.

Hart, K. 1973. "Informal Income Opportunities and Urban Employment in Ghana," *The Journal of Modern African Studies*, Vol. 11, No. 1 : 61-89.

Hattori, Tamio. 1998. "The Rise of Salaried Managers : Comparing Japan and South Korea," *Japanese Yearbook on Business History*, Vol. 14 : 7-30.

Hawes, Gary. 1987. *The Philippine State and the Marcos Regime : The Politics of Export*, Ithaca : Cornell University Press.

Hawes, Gary & Hong Liu. 1993. "Explaining the Dynamics of the Southeast Asian Political Economy : State, Society, and the Search for Economic Growth," *World Politics*, Vol. 45, No. 4, July : 629-660.

Hedlund, Gunner. 1986. "The Hypermodern MNC : A Heterarchy ?," *Human Resource Management*, Vol. 25, No. 1, Spring : 9-35.

Helleiner, G. K. 1973. "Manufactured Exports from Less Developed Countries and Multi-national Firms," *Economic Journal*, Vol. 83, No. 329. : 21-47.

Herman, E. S. 1981. *Corporate Control, Corporate Power*, New York : Cambridge University Press.

Hewison, K. 1989. *Bankers and Bureaucrats : Capital and State in Thailand*, New Haven : Yale University Southeast Asian Monographs No. 34.

Hewison, Kevin, Richard Robison & Garry Rodan. (eds.). 1993. *Southeast Asia in the 1990s : Authoritarianism Democracy & Capitalism*, Sydney : Allen & Unwin.

Higgott, R. and R. Robison. (eds.). 1985. *Southeast Asia : Essays in the Political Economy of Structural Change*, London : Routledge & Kegan Paul.

Hill, H. (ed.). 1994. *Indonesia's New Order : The Dynamics of Socio-Economic Transformation*, Sydney : Allen & Unwin.

Hirakawa, Hitoshi. 1999. "East Asia's Industrialization and the Currency and Financial Crises within the World Economy," *Journal of International Economic Studies*, No. 13 : 1-23.

Hirsch, Philip. 1997. "The Politics of Environment : Opposition and Legitimacy," in Hewison, Kevin (ed.), *Political Change in Thailand : Democracy and Participation*. London : Routledge.

Hirschman, A. O. 1981. "The Rise and Decline of Development Economics," in do., *Essays*

in Trespassing : Economics and Politics and Beyond, Cambridge : Cambridge University Press.
Hobday, Michael. 1995. Innovation in East Asia : The Challenge to Japan, Northampton, MA : Edward Elger.
Hong, Sung-Gul. 1997. The Political Economy of Industrial Policy in East Asia : The Semiconductor Industry in Taiwan and South Korea, Northampton, MA : Edward Elgar.
Hsiao, Hsin-Huang, M. (ed.). 1999. East Asian Middle Classes in Comparative Perspectives, Taipei : IEO Academic, Sinica.
Hunter, William G., George Kaufman & Thomas H. Krueger (eds.). 2000. The Asian Financial Crisis : Origins, Implication and Solutions, Boston : Kluwer Academic Publisher.
Hutchcroft, Paul D. 1991. "Oligarchs and Cronies in the Philippines State : The Politics of Patrimonial Plunder," World Politics, Vol. 43, No. 3, April : 414-450.
Hutchcroft, Paul D. 1994. "Booty Capitalism : Business-Government Relations in the Philippines," in MacIntyre (ed.), Business and Government in Industrializing Asia, Sydney : Allen & Unwin.
Hymer, Stephan (Cohen, R. et al. eds.). 1979. The Multinational Corporation : A Radical Approach, Papers by Stephan Hymer, Cambridge : Cambridge University Press.
IMD. 1999. The World Competitiveness Yearbook 1999, Laussanne, Switzerland (http://www.imd.ch/wcy.html).
IMF. 1999. "IMF's Response to the Asian Crisis," (January 17, 1999).
Ingham, Barbara. 1992. "Shaping Opinion on Development Policy : Economics at the Colonial Office during World War II," History of Political Economy, Vol. 24, No. 3 : 689-710.
Ishida, Hiroshi. 1993. Social Mobility in Contemporary Japan : Educational Credentials, Class and the Labour Market in a Cross-National Perspective, London : Macmillan Press.
Islam, N. 1973. "National Import Substitution and Inward-Looking Strategies : Policies of Less Developed Countries," in P. Streeten (ed.), Trade Strategies for Development, London : Macmillan Press Ltd.
Itagaki, Hiroshi. (ed.). 1997. The Japanese Production System : Hybrid Factories in East Asia, London : Macmillan Press.
Jesudason, James. 1989. Ethnicity and the Economy : The State, Chinese Business and Multinationals in Malaysia, Singapore : Oxford University Press.
Jomo, K. S. (ed.). 1993. Industrializing Malaysia, London : Routledge.
Jomo, K. S. (ed.). 1995. Privatizing Malaysia : Rents, Rhetoric, Realities, Boulder : Westview Press.
Jomo, K. S. (ed.). 1998. Tigers in Trouble : Financial Governance, Liberalization and Crises in East Asia, London : Sed Books.
Jomo, K. S. & Patricia Todd. 1994. Trade Unions and the State in Peninsular Malaysia, Singapore : Oxford University Press.
Jones, Leroy P. and Ill Sakong. 1980. Government, Business, and Entrepreneurship in Economic Development : The Korean Case, Cambridge, Mass. : Harvard University

Press.
Juhn, Sung-il. 1991. "Challenge of a Latecomer : The Case of the Korean Steel Industry with Specific Reference to POSCO," in E. Abe & Y. Suzuki (eds.), *Changing Pattern of International Rivalry : Some Lessons from the Steel Industry*, Tokyo : University of Tokyo Press.
Kim, Eun Mee. 1997. *Big Business, Strong State : Collusion and Conflict in South Korean Development, 1960-1990*, Albany : State University of New York Press.
Kim Kyong-dong. (ed.). 1987. *Dependency Issues in Korean Development*, Seoul : Seoul National University Press.
Krueger, A. O. 1981. "Export-led Industrial Growth Reconsidered," in W. Hong and L. B. Krause, eds., *Trade and Growth of the Advanced Developing Countries in the Pacific Basin*, Seoul : Korea Development Institute.
Kuznets, Paul W. 1988. "An East Asian Model of Economic Development : Japan, Taiwan, and South Korea," *Economic Development and Cultural Change*, Vol. 36, No. 3 Supplement : S11-S43.
Kuznets, S. 1968. "Notes on Japan's Economic Growth," in L. Klein and K. Ohkawa (eds.), *Economic Growth : The Japanese Experience since the Meiji Era*, Richard D., Irwin.
Lane, Timothy, Atish R. Ghosh, Javier Hamann, Steven Phillips, Marianne Schultze-Chattas, and Tsidi Tsitaka, *IMF-Supported Programmes in Indonesia, Korea and Thailand : Preliminary Assessment*, Washington D. C. : IMF.
Lazonic, William. 1990. *Competitive Advantage on the Shop Floor*, Cambridge, Mass. : Harvard University Press.
Lee, Eddy. 1981. "Export-led Industrialization in Asia : An Overview," in Eddy Lee (ed.), *Export-led Industrialization and Development*, Singapore : Asian Employment Programme, ILO.
Lee Tsao Yuan & Linda Low. 1990. *Local Entrepreneurship in Singapore : Private & State*, Singapore : Times Academic Press.
Lee, Yeon-ho. 1997. *The State, Society and Big Business in South Korea*, London : Routledge.
Leff, Nathaniel H. 1979. "Entrepreneurship and Economic Development : The Problem Revised," *Journal of Economic Literature*, Vol. 17, March : 46-64.
Lehmbruch, Gerhard. 1977. "Liberal Corporatism and Party Government," in Special Issue : Corporatism and Policy-Making in Contemporary Western Europe, *Comparative Political Studies*, Vol. 10, No. 1, April : 91-126.
Leo Suryadinata. (ed.). 1995. *Southeast Asian Chinese and China : The Politico-Economic Dimension*, Singapore : Times Academic Press.
Lewis, W. Arthur. 1954. "Economic Development with Unlimited Supplies of Labour," *The Manchester School of Economic and Social Studies*, Vol. 22, No. 2 : 139-191.
Lewis, W. Arthur. 1965. *The Theory of Economic Growth*, London : George Allen & Unwin.
Liker, Jeffery K., John E. Ettlie and John C. Campbell. (eds.). 1995. *Engineered Japan : Japanese Technology-Management Practices*, Oxford : Oxford University Press.
Low, Linda. 1984. "Public Enterprises in Singapore," in You Poh Seng & Lim Chong Yah (eds.), *Singapore : Twenty Five Years of Development*, Singapore : Nanyang Xing Zhou Lian He Zaobao.

Low, Linda. 1993. "The Public Sector in Contemporary Singapore: In Retreat ?," in Garry Rodan (ed.), *Singapore Changes Guard*, Melbourne: Longman.
MacIntyre, A. 1990. *Business and Politics in Indonesia*, Sydney: Allen & Unwin.
MacIntyre, A. (ed.). 1994. *Business and Government in Industrialising Asia*, Sydney: Allen & Unwin.
Magno, Alexander R. 1983. *Developmentalism and the 'New Society': The Repressive Ideology of Underdevelopment*, The Philippines in the Third World Papers Series No. 35, Manila: University of the Philippines.
Manapat, Ricardo. 1991. *Some Are Smarter Than Others: The History of Marcos' Crony Capitalism*, New York: Alethecia Publications.
Mason, Edward S. et al. 1980. *The Economic and Social Modernization of the Republic of Korea*, Cambridge, Mass.: Harvard University Press.
Masuyama, Seiichi, Donna Vandenbrink and Chia Siow Yue. 1997. *Industrial Policies in East Asia*, Singapore: Institute of Southeast Asian Studies.
McVey, Ruth. (ed.). 1992. *Southeast Asian Capitalists*, Ithaca: Cornell University Press.
Millikan, M. and W. W. Rostow. 1957. *A Proposal: Key to An Effective Foreign Policy*, New York: Harper & Brothers.
Montes, Manuel F. & Vladimir V. Popov. 1999. *Asian Crisis Turns Global*, Singapore: ISEAS National University of Singapore.
Muscat, Robert J. 1994. *The Fifth Tiger: A Study of Thai Development Policy*, Helsinki, Finland: United Nations University Press.
Myint, Hla. 1955. "The Gains from Trade and the Backward Countries," *Review of Economic Studies*, No. 22: 129-142.
Myint, Hla. 1958. "The Classical Theory of International Trade and the Underdeveloped Countries," *The Economic Journal*, No. 68: 317-327.
Nakamura, Keisuke. 1999. *Toshiba in Indonesia: A Case Study on the Transfer of a U-shaped Line*, Jakarta: The Center for Japanese Studies, University of Indonesia.
Nakamura, Keisuke & Padang Wicaksono. 1999. *Toyota in Indonesia: A Case Study on the Transfer of the TPS*, Jakarta: The Center for Japanese Studies, University of Indonesia.
O'Donnell, Guillermo. 1973. *Modernization and Bureaucratic-Authoritarianism: Studies in South American Politics*, Berkeley: University of California Press.
O'Donnell, Guillermo, Philippe C. Schmitter and Laurence Whitehead. (eds.). 1986. *Transition from Authoritarian Rule*, Baltimore: Johns Hopkins University Press.
Odaka, Konosuke (ed.). 1983. *The Motor Vehicle Industry in Asia: A Study of Ancillary Firm Development*, Singapore: Singapore University Press.
Ohkawa, Kazushi & Hirohisa Kohama. 1989. *Lectures on Developing Economies: Japan's Experience and Its Relevance*, Tokyo: University of Tokyo Press.
Okouchi, Akio and Shigeaki Yasuoka. (eds.). 1984. *Family Business in the Era of Industrial Growth: Its Ownership and Management*, Proceedings of the Fuji Conference, Tokyo: University of Tokyo Press.
Pasuk Phongpaichit & Chris Baker. 1998. *Thailand's Boom and Bust*, Chiangmai: Silk Worm Books.
Pempel, T. J. (ed). 1999. *The Politics of the Asian Economic Crisis*, Ithaca: Cornell University Press.

Porter, Michael E. 1998. "Clusters and the New Economic Competition," *Harvard Business Review*, November-December : 77-90.
Remmer, Karen. 1997. "Theoretical Decay and Theoretical Development : The Resurgence of Institutional Analysis," in *World Politics*, Vol. 50, No. 4, October : 34-61.
Robison, Richard. 1986. *Indonesia : The Rise of Capital*, Sydney : Allen & Unwin.
Robison, Richard, Kevin Hewison and Richard Higgott. (eds.). 1985. *Southeast Asia in the 1980s : The Politics of Economic Crisis*, London : Routledge & Kegan Paul.
Robison, Rechard & David S. G. Goodman. (eds.). 1996. *The New Rich in Asia : Moble Phones, McDonalds and Middle Class Revolution*, London : Routledge.
Robison, Richard, M. Beeson, K. Jayasuriya et al. (eds.). 2000. *Politics and Markets in the Wake of the Asian Crisis*, London : Routledge.
Rosenbaum, James E. 1984. *Career Mobility in a Corporate Hierarchy*, New York : Academeic Press.
Rosenberg, Nathan. 1970. "Economic Development and the Transfer of Technology ; Some Historical Perspectives," *Technology and Culture* Vol. 11, No. 4, October : 550-575.
Rosenberg, H. & C. Frishtak. (eds.). 1985. *International Technology Transfer*, New York : Praeger Publishers.
Rostow, W. W. 1983. *Eisenhower, Kennedy and Foreign Aid*, Texas : University Press of Texas.
Rozman, Gilbert. (ed.). 1991. *The East Asian Region : Confucian Heritage and Its Modern Adaptation*, Princeton : Princeton University Press.
Sachs, Jeffrey D. 1985. "External Debt and Macroeconomic Performance in Latin America and East Asia," *Brookings Papers on Economic Activity*, Vol. 2.
Sachs, Jeffrey D. (ed.) 1989. *Developing Country Debt and the World Economy*, Chicago : University of Chicago Press.
Schmitter, Philipe. 1974. "Still the Century of Corporatism ?," in Frederick Oike & Thomas Stritch (eds.), *The New Corporatism : Socio-Political Structures in the Iberian World*, Notre Dame : University of Notre Dame Press.
Schults, T. P. 1988. "Education Investments and Returns," in Chenery, H. and T. N. Srinivasan (eds.), *Handbook of Development Economics Volume 1*, Chapter 13, Elsevier Science Publishers B. V. : 543-630.
Schumpeter, J. A. 1947. "The Creative Response in Economic History," *Journal of Economic History*, Vol. VII, No. 2, September : 149-159.
Sethuraman, S. V. (ed.). 1981. *The Urban Informal Sector in Developing Countries : Employment, Poverty and Emvironment*, Geneva : ILO Publisher, WEP.
Shleifer, Andrei and Robert W. Vishny. 1997. "A Survey of Corporate Governance," *Journal of Finance*, Vol. LII : 737-783.
Spence, A. M. 1974. *Market Signalling : Information Transfer in Hiring and Related Screening Processes*, Cambridge, Mass. : Harvard University Press.
Stafford, D. C. and R. H. A. Purkis (with Consultant Editor Stopford). 1985. *Macmillan Directory of Multinationals*, 2 vols., London : Macmillan Publishers.
Stern, J. J., Ji-hong Kim, D. H. Perkins and Jung-ho Yoo. 1995. *Industrialism and the State : The Korean Heavy and Chemical Industry Drive*, Cambridge, Mass. : Harvard University Press.

Stiglitz, Joseph. 1975. "The Theory of 'Screening', Education and the Distribution of Income," *American Economic Review*, 65 : 283-300.
Stiglitz, Joseph. 1998. "The Role of International Financial Institutions in the Current Global Economy," Council on Foreign Relations, Chicago, February 27, 1998.
Stiglitz, Joseph & Shahid Yusuf. eds. 2001. *Rethinking th East Asian Miracle*, New York : Oxford University Press.
Stopford, J. M. 1992. *Directory of Multinationals*, 2 vols., London : Macmillan Publishers.
Suehiro, Akira. 1989. *Capital Accumulation in Thailand 1855-1985*. Tokyo : UNESCO Centre for East Asian Cultural Studies.
Suehiro, Akira 1998. "Modern Family Business and Corporate Capability in Thailand : A Case Study of the CP Group," *Japanese Yearbook on Business History*, Vol. 14 : 31-58.
Suehiro, Akira. 1999. "A Japanese Perspective on the Perception of "Ajia" : from Eastern to Asian Studies," *Asian Studies Review*, Vol. 23, No. 2, June : 153-172.
Suehiro, Akira. 2000. "Asian Crisis and Economic and Social Restructuring : Americanization and Social Governance," in Yamazawa Ippei (ed.), *Developing Economies in the Twenty-First Century*, Tokyo : IDE.
Sungsidh Piriyarangsan. 1983. *Thai Bureaucratic Capitalism, 1932-1960*, Bangkok : Chulalongkorn University Social Research Institute.
Sungsidh Piriyarangsan & Shigeru Itoga. (eds.). 1996. *Industrial Relations System in Thailand*, Tokyo : Institute of Developing Economies.
Timbrell, Martin and Diana L. Tweedie. 1998. *Directory of Multinationals 5th Edition : The World's Top 500 Companies*, 2 vols., London : Waterlow Specialist Information Publishing Ltd.
Todaro, M. P. 1969. "A Model of Labor Migration and Urban Unemployment in Less Developed Countries," *American Economic Review*, Vol. LIX, No. 1, March : 138-148.
Todaro, Michael P. 1994 *Economic Development, Fifth Edition*, London : Longman Group Limited.
Tong Chee Kiong. 1989. "Centripetal Authority, Differentiated Networks : The Social Organization of Chinese Firms in Singapore," Working Paper No. 99, Department of Sociology, National University of Singapore.
Tsiang, S. C. & Rong-I Wu. 1985. "Foreign Trade and Investment as Boosters for Take-off : The Experience of the Four Asian Newly Industrializing Countries," in Walter Galenson (ed.), *Foreign Trade and Investment : Economic Growth in the Newly Industrializing Asian Countries*, Wisconsin : The University of Wisconsin Press.
Turner, Ralph. 1960. "Sponsored and Contest Mobility and School System," *American Sociological Review*, No. 25 : 855-867.
UNCTC (United Nations Centre on Transnational Corporations). 1988. *Transnational Corporations in World Development*, New York : The Centre on Transnational Corporations.
UNDESA (United Nations Development of Economic and Social Affairs). 1973. *Multinational Corporations in World Development*, Washington D. C.
Vernon, Raymond. 1966. "International Investment and International Trade in the Product Cycle," *Quarterly Journal of Economics*, Vol. 80, May : 190-207.
Vernon, Raymond. 1979 "The Product Cycle Hypothesis in a New International Environ-

ment," *Oxford Bulletin of Economics and Statistics*, Vol. 41, No. 4, November: 255-267.
Wade, Robert. 1988. "The Role of Government in Overcoming Market Failure: Taiwan, Republic of Korea and Japan," in Hughes (ed.), *Achieving Industrialization in East Asia*, Ithaca: Cornell University Press.
Wade, Robert. 1990. *Governing the Market: Economic Theory and the Role of Government in East Asian Industrialization*, Princeton: Princeton University Press.
Wade, Robert. 1992. "East Asia's Economic Success: Conflicting Perspectives, Partial Insights, Shaky Evidence," in *World Politics*, Vol. 44, No. 2, July: 270-320.
White, Gordon and Robert Wade. 1988. "State Intervention in 'Outward-looking' Development: Neoclassical Theory and Taiwanese Practice," in Gordon White (ed.), *Developmental States in East Asia*, London: Macmillan Press.
Williamson, Oliber. 1985. *The Economic Institutions of Capitalism*, New York: The Free Press.
Woo, Jung-en. 1991. *Race to the Swift: State and Finance in Korean Industrialization*, New York: Columbia University Press.
World Bank. 1980. *Thailand: Coping with Structural Change in a Dynamic Economy*, Report No. 3067a-TH, Washington D. C.: The World Bank, September.
World Bank. 1990. *World Development Report 1990: Poverty*, New York: Oxford University Press.
World Bank. 1995. *World Development Report 1995: Workers in an Integrating World*, New York: Oxford University Press.
World Bank. 1998. *East Asia: The Road to Recovery*. Washington D. C: The World Bank.
World Bank. 1999. *Global Economic Prospects and the Developing Countries 1998/99: Beyond Financial Crisis*, Washington D. C.: The World Bank. Chapter 2, Responding to the East Asian Crisis: 55-118.
World Bank. 2000a. *World Development Report 1999/2000: Entering the 21st Century*, New York: Oxford University Press.
World Bank. 2000b. *East Asia: Recovery and Beyond*, Washington D. C.: The World Bank.
Yoshihara, Kunio. 1988. *The Rise of Erzats Capitalism in South-East Asia*, Singapore: Oxford University Press.

図表一覧

口　絵　マレーシアの紙幣：「イスタナ・ヌガラ」（王宮）から「開発」へ
図 1-1　アジア NIES 論の接近視角 …………………………………………… 31
図 2-1　プロダクトサイクルの概念図 ………………………………………… 45
図 2-2　日本繊維産業の雁行形態的発展（1870 年代から第 2 次大戦まで）…… 47
図 2-3　白黒テレビの国別生産と輸出の推移 ………………………………… 49
図 2-4A　テレビ製品と生産・輸出国の移動 ………………………………… 50
図 2-4B　技術革新と生産・輸出国の移動 …………………………………… 51
図 2-5　アジア地域のテレビの生産・輸出・海外生産 ……………………… 53
図 2-6　「国の競争優位」論のダイヤモンド・モデル ……………………… 58
図 3-1　「革新」の発展段階と経営者のタイプ ……………………………… 70
図 3-2　タイにおける CP グループのブロイラー事業展開 ………………… 75
図 4-1　所得の不平等度と GDP 成長率，1965-89 年 ………………………… 83
図 4-2　アジア諸国の鉱工業生産の推移 ……………………………………… 91
図 4-3　タイにおける経済社会再構築の構図：IMF，世界銀行，タイ政府（1997-99 年）
　　　　……………………………………………………………………………… 97
図 5-1　開発主義の概念図 ……………………………………………………… 112
図 5-2　開発独裁の概念図 ……………………………………………………… 113
図 5-3　東・東南アジア諸国の開発体制 ……………………………………… 115
図 6-1　工業化の段階的進展モデル：輸入代替と輸出代替 ………………… 135
図 6-2A　韓国半導体設備の輸入依存度 ……………………………………… 151
図 6-2B　韓国半導体材料の輸入依存度 ……………………………………… 151
図 7-1　企業の資本所有形態別・経営形態別分類 …………………………… 155
図 7-2　アジア諸国の上場企業数の推移（1980-99 年） …………………… 159
図 7-3　支配的資本の鼎構造 …………………………………………………… 167
図 8-1　ハイマーの製造企業進化論 …………………………………………… 187
図 9-1　株式所有と企業間関係の模式図 ……………………………………… 203
図 9-2　ファミリービジネスの所有と経営形態 ……………………………… 209
図 9-3　バンコク銀行グループの所有関係 …………………………………… 212
図 9-4　CP グループの資本所有（1994 年） ………………………………… 217
図 9-5　CP グループの経営改革と組織図（1997 年） ……………………… 218
図 9-6　CP グループの企業再編（1999 年 1 月以降） ……………………… 223
図 10-1　エンジニアリング技術の移転のサイクル ………………………… 239
図 11-1　雇用人口にしめる女性の比率 ……………………………………… 262
図 11-2　マレーシアの電機工場で働くイスラム女性（1993 年 9 月 8 日，著者撮影）… 263

図 11-3　タイ企業における 5S 運動（1996 年 11 月 14 日，著者撮影）………… 269
図 12-1　仕事観と労働力開発の概念図：アメリカ，日本，タイ ………… 285
図 12-2　学校系統の類型 ………………………………………… 287
図 12-3　タイの学校制度（1994 年現在：1978 年以降の制度）………… 288
図 12-4　4 カ国の大企業の採用と昇進のしくみ ………………… 291
図 12-5　サイアムセメント社の職級階層と役職（1993 年現在）………… 293
図 13-1A　主要 D-RAM 製造企業の市場占有率（1995 年）………… 300
図 13-1B　主要半導体メーカーの金融コスト（1996 年）………… 300
図 13-2　ポーターの「ダイヤモンド・モデル」と経済グローバル化・情報社会化・企業ガバナンス ………… 304
図 13-3　覇権国・国民国家・企業とその補完体制 ………… 311
付録図 1　タイ工業センサスの結果（業種別付加価値の構成比）………… 322

表 1-1　NICs に分類された諸国 ………………………………… 18
表 1-2　NICs と発展途上国，先進国の経済パフォーマンスの比較 ………… 18
表 2-1　技術導入の社会的能力（日本）………………………… 42
表 2-2A　日本・アメリカ・韓国のテレビ組立メーカーの海外進出 ………… 54
表 2-2B　日本・アメリカ・韓国のテレビ組立メーカーの海外進出 ………… 54
表 2-3　アジア諸国における電機電子産業の生産状況（1997 年）………… 56
表 3-1　工業化の社会的能力 ……………………………………… 62
表 3-2　先発工業国と後発工業国の特徴の比較 ………………… 78
表 4-1　地域別一人当たり GDP の実質成長率の推移（1965-97 年）………… 81
表 4-2　世界経済に占めるアジア地域の比重 …………………… 82
表 4-3　日本，アメリカ，ヨーロッパの銀行による新興市場向け貸付（1993-99 年）… 86
表 4-4　タイの対外債務と債務返済比率（1976-97 年）………… 88
表 4-5　アジア各国の上場企業の自己資本・負債比率（リバレッジ）の推移 ………… 93
表 4-6　アジア諸国の不良債権と金融制度改革の状況（1999 年）………… 102
表 4-7　アジア諸国の対 GDP 輸出比率の危機以前と危機以後の推移（1970-99 年）… 107
表 6-1　工業化戦略の問題点と主要な議論 ……………………… 131
表 6-2　韓国・台湾・タイの輸出金額上位品目の推移 ………… 139
表 6-3　タイ，韓国，台湾のセクター別就業人口構成 ………… 140
表 6-4　タイの主要商品別輸出額の推移（1970-95 年）………… 141
表 6-5　アジア諸国の産業政策の展開 …………………………… 148-149
表 7-1　アジア各国の大企業の所有形態別分布 ………………… 161
表 7-2　タイにおける国営・公企業の推移（1958-97 年）………… 168
表 7-3　アジア諸国の国営・公企業数の推移（1960-90 年）………… 169
表 7-4　アジア諸国の国営・公企業の産業基盤（1990 年以降）………… 170

表 7-5	アジア諸国における国営・公企業の民営化方針	173
表 8-1	親会社の国籍別多国籍企業の販売総額と国際化指標（1981 年）	176
表 8-2	タイ進出多国籍企業の国籍別分布（1988 年，1997 年）	178
表 8-3	タイ進出多国籍企業の業種別分布（1999 年現在）	183
表 8-4	タイ進出の外国製造企業（1997 年，1987 年）	190
表 8-5	タイ非金融系民間企業売上高上位 100 社の分布（1979-97 年）	196
表 8-6	タイ上場企業の株式市場価格と外国人取得分（1999 年 7 月現在）	197
表 9-1	財閥系グループへの上位集中度（1987/88 年，1996/97 年）	201
表 9-2	セントラルデパート（チラーティワット家）の所有と経営（1986 年現在）	208
表 9-3	CP グループの事業拡大と所有・経営改革	214
表 9-4	タイ系財閥の事業多角化（1980 年代〜経済危機）	220
表 10-1	生産技術の 3 分類	228
表 10-2	生産技術における技能形成の 3 類型	230
表 10-3	生産技術の移転のサイクル	236
表 10-4	生産システムの「アメリカ型」と「日本型」の比較	244
表 10-5	東南アジア諸国における日系企業の OJT 実施状況（1990 年 11 月）	247
表 10-6	各国の研究者，R&D 支出，R&D 比率	252
表 11-1	ドーアの大企業・労働組織の 2 つの類型	256
表 11-2	タイにおける職種別・地位別就業人口の推移（1980-98 年）	258
表 11-3	タイ製造業の従業員規模別事業所の分布（1986-98 年）	261
表 11-4	タイとシンガポールの女子労働者比率の推移	264
表 12-1	アジア諸国の教育段階別就学率（1960-92 年）	279
表 12-2	就職活動と学校の役割の国際比較（日本，アメリカ，イギリス）	283
表 12-3	バンコクと地方の国公立と私立の生徒数の割合（1994 年）	288
付録表 1	国際機関のアジア関連経済統計	315
付録表 2	インドネシアとタイの工業製品輸出比率	319
付録表 3	タイの地域別国民所得格差と世帯収入格差（1991，92 年）	320
付録表 4A	国民所得会計と投入産出表（I-O 表）の食い違い（1980 年）	323
付録表 4B	名目 GDP の旧シリーズと新シリーズの比較（1978-84 年）	324

人名索引

* 欧米人・中国人・韓国人は姓を，タイ人は名を表記し，（　）内に原綴を付記した。

ア　行

アイゼンハワー（Eisenhower, D. D.）　120-121
相田洋　42, 230n, 233, 244n
青木昌彦　13, 29, 30, 145
赤松要　42-44, 46n, 48, 136
穴沢眞　246
アバナシー（Abernathy, William J.）　69, 70
安部悦生　68n, 69
アベグレン（Abegglen, James C.）　71, 229, 233
安保哲夫　233, 235, 243, 248-249
天野郁夫　282, 286n
アムスデン（Amsden, Alice）　24, 27, 61n, 63n, 74n, 136, 147, 247n
荒巻健二　92, 93
石井米雄　3
石川滋　10, 48, 100n
石崎菜生　146n
板垣博　30n, 233, 235, 248-249
板垣與一　48
伊藤正二　12
伊藤元重　145
稲上毅　225
猪木武徳　30, 229, 231, 280-281
今村祥子　273
岩崎育夫　113n, 114, 117n, 158
ヴァーノン（Vernon, Raymond）　44-46, 53n
ヴァンデルメールシュ（Vandermeersch, Leon）　22
ウー（Woo, Jung-en）　147, 163n
ウェイド（Wade, Robert）　32, 147, 163n
ヴォーゲル（Vogel, Ezra F.）　27, 61, 62n, 63n, 117n, 284
ウォーマック（Womack, James P.）　29, 233
呉在恒（ウォン）　232n, 233
内橋克人　9, 72, 73
宇戸清治　296
宇野弘蔵　37
馬越徹　282
エヴァンス（Evans, Peter）　163, 188
絵所秀紀　10, 25n, 39n, 111n, 129, 132n
大川一司　41, 42n, 43n, 48, 137-138, 146, 254
大澤真理　312
大西裕　26n, 117n
大野健一　12, 13, 43n, 49n, 145
大野耐一　233
岡崎哲二　29, 30, 145
奥田宏司　99n, 100n
奥野正寛　29, 30
尾高煌之助　30, 48, 259n
オップ（Op Wasurat）　152, 191
オドンネル（O'Donnell, Guillermo）　114
小野一一郎　10, 132n

カ　行

ガーシェンクロン（Gerschenkron, Alexander）　37-40, 110
郝燕書　30n, 233
金子勝　311
カポラッソ（Caporaso, James A.）　20n
カミングス（Cummings, William）　284-285
苅谷剛彦　281-283
河合正弘　160n
川上桃子　74n, 252n
川人博　9, 298
橘川武郎　204n, 207
木宮正史　26n, 117n
金元重　26n, 117n
キム（Kim, Kyong-dong）　20n
金日坤　22
金泳鎬　41n, 163n, 238
清川雪彦　42n, 48, 243
清成忠男　66n, 68n
キンドルバーガー（Kindleberger, C. P.）　177
クウェック（Kwek Hong Png, 郭芳楓）

人名索引 365

202
クズネッツ（Kuznets, Simon） 42n
国宗浩三　89n, 92
熊沢誠　232n
クラーク（Clark, Kim B.）　69, 70
グライユット（Kraiyudht Dhiratayakinant）
　168
倉持和雄　258
グリット（Grit Permtanjit）　20n
クルーグマン（Krugman, P.）　95
グレゴール（Gregor, James）　114
クレッセンズ（Claessens, Stijin）　94, 96, 159, 160n, 327
黒木靖夫　72
ケネディー（Kennedy, John F.）　121
小池和男　30, 66, 231, 235n, 292
小池賢治　166, 205n
小池洋一　237n
高龍秀　226n, 275
ゴールド（Gold, Thomas）　20n
ゴーレイ（Golay, Frank H.）　123, 171
小島清　44n, 48
小島麗逸　12, 326
小浜裕久　43n, 137, 143, 146
ゴメツ（Gomez, Edmund）　166
菰田文男　235n

サ 行

榊原英資　92
サクセニアン（Saxenian, Anna Lee）　252n
桜井宏二郎　12, 13, 43n, 49n, 145
サックス（Sachs, Jeffrey）　25n, 98, 120n, 127
佐藤光　49n
佐藤幸人　27, 74n, 147, 234n
佐藤百合　12, 161, 164n, 201, 210
サリット（Sarit Thanarat）　115, 116, 118, 123, 272
サンシット（Sungsidh Phiriyarangsan）　166
ジェスダーソン（Jesudason, James）　166
シャオ（Hsiao, Hsin-Huang）　28
シュライファー（Shleifer, Andrei）　225
朱炎　158
シュムペーター（Schumpeter, J. A.）　68, 69
シュルツ（Schults, T. P.）　280
シュルツ（Schults, T. W.）　130n
ジョージ（George, Susan）　99n
蒋介石　115, 116

ジョモ（Jomo, K. S.）　43n, 92, 273
ジョンソン（Johnson, Chalmers）　25
白石隆　63n, 123n
末廣昭　12, 20n, 52, 74, 89n, 100, 112, 114, 121, 123n, 138n, 141, 147, 164, 166, 189, 192, 201, 211, 220, 242n, 260, 264, 273, 326
鈴木長年　137
鈴木佑司　114
スターン（Stern, J. J.）　146n
スティグラー（Stigler, George）　64
スティグリッツ（Stiglitz, Joseph）　92, 280
ストーク（Stalk, George Jr.）　71, 229, 233
ストップフォード（Stopford, J. M.）　175
スハルト（Suharto）　65, 95, 115, 123, 166, 169
スペンス（Spence, A. M.）　280
隅谷三喜男　146n, 259n
スリニヴァサン（Srinivasan, T. N.）　10, 131, 132n, 137
セーブル（Sabel, C. F.）　233
セスラマン（Sethuraman, S. V.）　260
セン（Sen, Amartya）　7, 127
ソロス（Soros, George）　90

タ 行

ダートウゾス（Dertouzos, Michael L.）　29, 233
ターナー（Turner, Ralph）　294n
高中公男　47n
髙林二郎　229-230, 234
高谷好一　3
高山正樹　119
竹内洋　282, 295
橘木俊詔　242n, 291
立本成文　3
谷浦孝雄　12, 247n
タニン（Thanin Chiarawanon）　215
ダニング（Dunning, D. H.）　185
タノーム（Thanom Kittikachon）　65, 115
田村紀之　133
チア・エックチアウ（Chia Ek Chiao, 謝易初）　213, 216n
チェネリー（Chenery, H.）　10, 131, 132n, 137
チュン（Juhn, Sung-Il）　146n, 247n
チャートリー（Chatri Sophonpanit, 陳有漢）　212
チャン（Chang, Ha-Joo）　152n, 301
チャンドラー（Chandler, Alfred, Jr.）　69,

73, 200, 206
チョウ(Chew, Soon-Beng)　273
陳其南　22n
チン・ソーポンパニット(Chin Sophonpanit, 陳弼臣)　211-212
土屋健治　3, 122
恒川恵市　99n, 114, 274
ティアン(Tian Chirathiwat, 鄭汝常)　207-208
ティンブレル(Timbrell, Martin)　180
デヨ(Deyo, Frederic)　23, 27, 43n, 137, 272
寺西重郎　48
涂照彦　139n
唐志強(Tong Chee Kiong)　202
東畑精一　2
ドーア(Dore, Ronald)　254-257, 269, 276, 284
トダロ(Todaro, Michael P.)　10, 260
ドナー(Doner, Richard)　30, 66n, 191
鳥居高　246
鳥居泰彦　260

　　　　ナ　行

中岡哲郎　42n, 74n, 135n, 229, 234, 235n, 243
中川敬一郎　205-206
中西徹　260
中村圭介　232n, 233
中村尚司　3
西川潤　10, 132n
ニッカーボッカー(Knickerbocker, F. T.)　186
仁田道夫　233
沼崎一郎　204n
ヌルクセ(Nurkse, Ragnar)　10, 132, 134
根岸佶　158, 204

　　　　ハ　行

パースック(Pasuk Phongpaichit)　43, 87
ハーツ(Hart, K.)　260
バーナード(Bernard, M.)　44n
バーリ(Berle, Adolf)　200, 210
パイブーン(Phaibun Wattanasiritham)　103
ハイマー(Hymer, Stephan)　177, 186, 187-188
ハイメ・ゾーベル・デ・アヤラ　157
ハガード(Haggard, Stephan)　21, 26, 27, 62, 136

朴正熙　26, 65, 115, 123
朴一　12, 163n
橋本寿朗　30, 42n, 145, 146, 233, 244n
ハッチクロフト(Hutchcroft, Paul D.)　165, 166
服部民夫　12, 74n, 147, 205n, 292n
馬場宏二　13, 127n
ハビビ(Habibie, B. J.)　150, 171
浜田和幸　90n
濱田博男　160n
ハミルトン(Hamilton, Gary)　158, 202
林武　235
林俊昭　12
速水佑次郎　10, 36n, 89n, 111, 130n
原不二夫　158, 169n
原洋之介　12, 43n, 130n
バラッサ(Balassa, Bela)　17, 34, 132, 136
パン・エンフォン　373
樋泉克夫　158
ピオリ(Piore, M. J.)　233
東茂樹　101, 193n
平石直昭　22n
平川均　12, 19, 43n, 137, 234n
ヒルシュマイヤー(Hirschmeier, J.)　72
廣田義人　74n
フィース(Feith, Herbert)　114
フィールズ(Fields, K. J.)　23, 26
フィッシャー(Fischer, Stanley)　95
フィングルトン(Fingleton, Eamonn)　134n, 238, 300-302
ブーケ(Boeke, J. H.)　133
フェイ(Fei, John C. H.)　48n, 133
深川由起子　30, 146n, 147, 161, 201, 234n
福崎久一　158
福島光丘　12, 92
藤森英男　137
藤原帰一　113, 114, 116, 125n
船津鶴代　297n
プラウェート(Prawes Wasi, Mo)　103
ブラッドフォード(Bradford, C. I., Jr.)　17
フリードマン(Friedman, D.)　65n
フルシチョフ(Khrushchyov, N. S.)　120
ブルトン(Bruton, H. J.)　134
プレビッシュ(Prebish, Raul)　132n
フレーベル(Fröbel, F.)　23, 51
ブローウェット(Browett, John)　16n
ヘウィーソン(Hewison, Kevin)　27, 164,

人名索引

ヘライナー（Helleiner, G. K.） 20, 53n, 188
ペンペル（Pempel, T. J.） 92
ホーズ（Hawes, Gary） 138n, 147, 166
ポーター（Porter, Michael） 57-59, 67, 71, 233, 303-304
ホームズ（Holmes, Henry） 240n, 269
星野妙子 205n
細野昭雄 86n, 99n, 274
堀井健三 2, 12, 172
堀坂浩太郎 157n, 163n
ホング（Hong, Sung-Gul） 23, 43n, 150n

マ 行

前川健一 260
マグノ（Magno, A. R.） 113n
舛山誠一（Masuyama, S.） 43n, 145
マッキンタイア（MacIntyre, A.） 63n, 164n, 166
松本厚治 233
マナパット（Manapat, Ricardo） 166
マハティール（Mahathir, Mohamed） 115, 166, 246
マルコス（Marcos, Ferdinand E.） 65, 113n, 115, 123, 166, 168, 174
丸山伸郎 12
ミーンズ（Means, Gardiner） 200, 210
水野順子 146n, 233
南亮進 41-42, 48, 259n
三平則夫 12, 100n, 150
宮崎義一 175
三好信浩 282
ミリカン（Millikan, M.） 121
三輪芳朗 64, 145
ミント（Myint, Hla） 10, 128-130, 137
村上泰亮 21n, 110-111

本山美彦 10
森美奈子 188n, 303
森澤恵子 100n
門田安弘 233

ヤ 行

安場保吉 10, 42n
柳田邦男 72
山口博一 3
山崎喜比古 298
山澤逸平 48
山本栄治 92
山本潔 229n
山本啓 20n
ユシーム（Useem, M.） 206
吉村真子 259n
米倉誠一郎 69, 71n, 72, 145, 252, 305

ラ・ワ行

リー・クワンユー（Lee Kuan Yew） 115, 116, 119
リー（Lee, Yeon-ho） 27
リカード（Ricard, D.） 36n, 129
リスト（List, Friedrich） 35-36
リピエッツ（Lipietz, Alain） 271
ルイス（Lewis, W. Arthur） 133, 260
レニス（Ranis, Gustav） 48n, 133
レフ（Leff, Nathaniel H.） 68n
ロー（Low, Linda） 166
ローゼンバウム（Rosenbaum, J. E.） 292
ロストウ（Rostow, W. W.） 38n, 121
ロソフスキー（Rosovsky, H.） 41, 42n, 254
ロダン（Rodan, Garry） 23, 27, 63n, 164, 273
ロビソン（Robison, Richard） 27, 28, 87, 92, 164, 166
渡辺利夫 10, 21n, 44, 60-61, 92, 259n

事項索引

* ( )内は略記・補足説明を，[ ]内は同一の意味をもつ他の用語を示している。
** 頁は，本文だけでなく，図表や注記(n)も含めて重要な箇所を掲げた。

A-Z

ADB →アジア開発銀行
BIS →国際決済銀行
HPAEs　83, 277
ILO →国際労働機構
IMF →国際通貨基金
IT →情報技術
learning by doing　27
learning by making　66, 234
M&A　225
NAIC →NAIC（ナイク）
NGO　29, 103, 271n
NICs →NICs（ニックス）
NIES →NIES（ニーズ）
OEM　237n
Off-JT　67, 248
OJT　67, 240, 247-248
R&D →研究開発（R&D）
UNIDO →国連工業開発機構

ア行

IT革命 →情報技術革命
アグリビジネス・グループ　74, 142
アグロインダストリー　74, 138-142, 193, 213, 263, 319
アジア域内分業　52, 55
アジア開発銀行［ADB］　98, 137, 313, 317
『アジア経済』（経済企画庁）　12, 92, 107, 251, 308, 313, 315, 317
アジア経済研究所　2, 10, 12, 48, 145, 158, 317-318
アジア経済論　12, 31, 43n, 81-84, 273
　──と統計の問題　81, 318-327
　──の神話　85
アジア通貨・経済危機　8, 33, 84-107
　──と金融制度改革　102
　──とコーポレート・ガバナンス　103, 226
　──と世界銀行　99-101
　──と多国籍企業　195-198
　──と労使関係　275-276
アジア的価値観［制度］　3, 95, 99
アジアNIES　19, 28, 43, 84, 107, 194
アジアNICs　17, 31, 43, 138-140
アジアNICs・NIES論　31
アジア四小龍［四匹の虎］　61, 82
圧縮された工業化　47, 78, 155, 172
アムノ［UMNO］ →マレー人統一国民組織
アメリカ会計基準（American FASB）　101, 226
アメリカ型生産システム　233, 244
アメリカ製造業調査委員会　233
アメリカナイゼーション　34, 100
安定成長論　24, 29
異常への対応　230, 236
一次産品輸出　131-132, 135, 137-139
イノベーション →革新
インターネット　307-308
インフォーマル・セクター　260
内向きの工業化　19, 61, 136
宇野経済学　37, 48
エマージング・マーケット →新興市場
ME革命 →マイクロエレクトロニクス革命
エンジニアリングの移転　239
オープン大学　287, 289
おそい昇進［おそい選抜］　250, 291-292
オフショア型産業　182
オルガナイザー →組織者

カ行

海外留学［アメリカ留学］　63, 117, 124, 219, 240, 293
外貨の制約（輸入代替）　6, 135, 141
会計・監査制度改革　99, 101, 224, 226
外国人労働者　265-266
会社観　256, 284-285
会社中心主義　310
会社別組合［企業別組合］　256, 271, 274, 311

事項索引　369

カイゼン（→積み重ね型革新も参照）　71
開発経済学　10, 111, 129
開発志向的国家　114, 121
開発主義　110-127, 271
　危機管理なき――　127, 309
　――的コーポラティズム論　23
　――的市場経済　111
　――と経済の自由化　125-126
　――の定義　111-112
開発主義イデオロギー　11, 116
開発政策の制度化　116
開発体制　114-115
開発独裁　3, 113, 114
開発と文化　127
開発の10年計画（国連）　121n
開放経済型政府　153, 309
改良主義（→国家主義も参照）　24, 32
価格メカニズムの正常化　24
革新［イノベーション］　44, 72
　赤松要の――　44
　シュムペーターの――　68-69
　製品・製造工程の――　71, 78, 229
　漸進的――　71
　ポーターの――　57-59
　革命的――　70, 73, 105, 254
　構築的――　70
　通常的・積み重ね型――　70-73, 105, 254
　――の発展段階論　69-73
革新的結合　66, 74, 77, 193
学歴　280
　タテ・ヨコの――　289, 292, 293
　――による分断　249, 307
加工する技術　229-230, 232-234
過剰流動性　88
華人系企業　123, 158, 164, 202-204
家族イデオロギー　21n
家族企業　205
家族資本主義　200, 206
　――の反工業的性格　206
家族投資会社　211, 215-216
学校系統　286-287
学校名歴主義　284, 289, 294
鼎構造（支配的資本）　161, 165, 167
金型産業　146, 229, 232, 237
カラーテレビ　53-56, 55n
過労死　9, 271n, 298, 310, 312
為替制度　24, 89, 92, 99, 117

環境問題［環境汚染］　142-143, 307, 316
関係資本主義　202
関係ネットワーク論　202-203
間隙的創造　70-71
雁行形態［的発展］論　42-44, 46-47, 136
『韓国報告書』　34n, 299-301
監査委員会　101, 224
監査役委員会　210
監視機能　→モニタリング
間接金融　78-79, 93
官民協議組織　29, 65
管理と競争　251, 266-271, 310
管理フロート制　90
官僚主義的権威主義体制　21, 23, 28, 114
官僚制度　63
関連・支援産業（→サポーティング産業も参照）　303-304
機械工業振興臨時措置法（日本）　33, 64, 144, 146n
議会制民主主義　123
機関投資家　226
危機管理体制　112
企業家　63, 66, 68
企業家活動（entrepreneurship）　66n
企業家精神　66, 72, 77
企業ガバナンス　→コーポレート・ガバナンス
企業間関係　203-204
企業システム論　12, 29, 59
企業進化論　187-188
企業内技術移転　235, 237, 251
企業内昇進　250, 291
企業内貿易　20, 53n, 188
企業ネットワーク　203-204, 304-305
企業の能力　66, 165
企業のライバル間競争　52-55, 298
企業論アプローチ　54, 175
技術移転のサイクル　234-236
技術革新　44, 69, 95, 132, 300
技術形成　29, 63, 67, 78, 135n, 235
　個人レベルの――　66, 240-241
　社会レベルの――　67, 242-243, 251
　組織［企業］レベルの――　67, 241
　――の組織的対応能力　67, 242
技術追跡の二重ギャップ　238
技術導入の社会的能力　42, 52, 137
技術のバックログ　37

技術ライセンスの供与　234
技能形成の3類型　230
キャッチアップ型工業化　4-6, 13, 39, 72, 112, 308-310
　——とアジア通貨・経済危機　104-107
　——と開発主義　112, 126
　——と教育制度　281-284, 297
　——と経済の自由化　126-127, 152-153
　——と国の競争優位　55, 303-305
　——と労務管理　270
　——の問題点　310-312
　——への批判　6-9
キャッチアップ型工業化モデル　49-51
キャッチアップ型工業化論　39, 77-79, 107
究極のK　298
救済融資（IMF）　98, 173
QCサークル（→小集団活動も参照）　233, 247, 248
教育システム［教育制度］　67, 78, 242
　タイの——　287-288
教育社会学　282
業界団体　29, 65n, 145
共産主義勢力　113, 121, 123
競争の社会学　282
共同体型会社　255
挙家離村　258
規律づけメカニズム（アムスデン）　24
近代経済成長論　7, 41, 42n, 140
近代的ファミリービジネス　216
金融コングロマリット（タイ）　224
金融制度改革　33, 102, 224
金融の自由化　8, 85-87, 159, 193, 219
金融抑圧　39, 84, 136
勤労倫理　21
クオーター（IMF）　98
国の開発　124-125
国の競争優位［論］　8, 57-59, 67, 71, 127, 198, 298, 310
国を基本単位とする　6, 111, 126, 251, 308
組立てる技術　229-232
クラスター分析　304-305
グループ・リーダー［作業長］　230
クローニー資本家　→取り巻き資本家
経営者革命　69, 200
経営者支配論　200, 206
経済安定化政策（IMF）　98-99
経済開発　63, 119-121, 123

経済開発庁（シンガポール）　64, 116, 149
経済開発庁（フィリピン）　64, 117
経済企画院（韓国）　26, 62, 63, 116
経済企画庁（日本）　4, 12, 90n, 225, 317, 319
経済社会再構築計画（タイ）　97, 100-104
経済成長論　10
経済テクノクラート　26, 62-63, 117
経済ナショナリズム　123, 171
経済の教育社会学　281
経済のグローバル化　153, 300
経済の自由化　125, 150, 153
　——と多国籍企業　193-195
経済発展局面の移行　137
権威主義体制　21, 95, 163
　官僚主義的——　21, 23, 28, 114
　柔らかな——　26
　——の熔解モデル　21
研究開発［R&D］　73, 149, 251-252, 316
兼業農家　258-259
研修制度　240, 242
交易条件の悪化説　132
後期後発国（ヴォーゲル）　61
工業化　7
　圧縮された——　47, 78, 155, 172
　内向きの——　19, 61, 136
　外向きの——　19, 61, 131, 136, 147
　フルセット型——　171
　輸出指向——　136
　輸入代替——　134-135
　——イデオロギー　39, 110
　——の圧縮過程　48
　——の段階的進展モデル　135
　——の波及メカニズム　46
工業化戦略　10, 131, 137
工業化の社会的能力　11, 41, 60-63, 67, 107, 138, 235n
工業化の担い手　11, 154, 200, 206
工業製品輸出　17-18, 20, 139, 318
工業センサス（タイ）　317, 321-322
合股（ごうこ）型企業　158, 204
攻勢的反応（多国籍企業）　186
構造調整融資（世界銀行）　99, 100n, 125-126, 150, 172-173
構造転換連鎖　49n
後発効果（ドーア）　254
後発工業国　4-6, 13, 35, 78, 112, 280
　——とファミリービジネス　205-207

事項索引　371

後発国の企業分類　155
後発国モデル　36, 78
後発性の利益・不利益　38, 40, 198, 237
後発性の利益の内部化　41, 59, 60
合弁事業　167, 192, 219, 234n
合理的選択仮説　23, 280
5S 運動　247, 269-270
コーポレート・ガバナンス　96, 100, 106, 255, 301
　——とアジア通貨・経済危機　106, 226
　——の概念分類　106, 225
国営・公企業　156, 167-172
　——と軍・政治指導者　166
　——の定義　156
　——の民営化　150, 172-174
国際決済銀行［BIS］　85, 86, 314-315
国際短期資金　88, 91
国際通貨基金［IMF］　98-100, 314-315
　——の経済安定化政策　98-100
国際労働機関［ILO］　120n, 260, 314, 315, 317
国内民間大企業　157, 163
国民経済学　36
国民車構想（マレーシア）　246
国民主義　122
国民所得統計（タイ）　323-325
国連教育科学文化機関　→ユネスコ
国連工業開発機構［UNIDO］　315-316
国家経済社会開発庁（NESDB, タイ）　63, 116, 323-325
国家資源委員会（台湾）　62, 63
国家主義（→改良主義も参照）　23, 24-25, 32, 62, 136
国家生産性庁（NPB, シンガポール）　64, 149
国家統計局（NSO, タイ）　258, 316, 321
国家と社会　11, 137
国家の自律性　23, 27, 163
国家の能力　→（政府の能力も参照）　33, 64
コミットメント（労働者・技術者）　232, 239, 242
ゴルカル［GOLKAR］（インドネシア）　115, 116
コングロマリット化　207, 219
コンテストベースの競争　24, 32, 65, 67, 146n

サ　行

サイアムセメント社　221-222, 224, 269, 293-294
財閥　41, 95, 155
　インドネシアの——　201, 210
　韓国の——　26-27, 93, 181, 201, 300
　タイの——　201, 220, 226n
　日本の——　41, 203, 204n, 207
　——の定義　199-200
債務累積危機　17
作業組織　67, 232, 248
サハユニオン・グループ（タイ）　191-192, 196
サポーティング産業　57, 94, 146, 308
産業化（→工業化も参照）　7
産業構造調整事業（タイ）　97, 101, 153
産業構造の高度化　21, 143, 182
　——とファミリービジネス　200, 219-221
産業構造審議会（日本）　29, 65, 84, 144
産業政策　6, 103, 111n, 145-146, 153
　アジアの——　145, 146-153
　選択的——　84
　——と世界銀行の評価　33, 144
　——の定義　143-144
産業［産業投資］の自由化　152, 182, 193, 219
産業立地要因説　185
3K（危険，きつい，きたない）　265
3K（競争，管理，会社）　9, 298
三者同盟論　163
3 部門モデル（トダロ）　260
CP グループ　75-77, 213-223
　——とブロイラー産業　75-77, 192-193
　——の経営改革　213-218
　——の事業多角化　218-221
　——の資本所有形態　217, 223
　——の人事管理　285n
事業の許認可権　65, 125-126
シグナル理論（教育）　280
資源ナショナリズム　189
仕事観　240n, 284-285
資産インフレ　87
市場志向的労働組織　78, 254
市場の失敗　26, 33, 36n, 64, 144
システム間競争　120-121
持続可能な成長　7, 104n
実物経済　7, 81-82, 94, 99, 101, 106
自転車産業（台湾）　237
自動車産業（アジア）　29, 82, 148, 189
自動車産業（タイ）　105n, 148, 191, 194

自動車部品国産化計画（タイ）　151, 152, 191
支配三者体制論　163
支配的資本　160
地場企業育成政策　146-147
資本家
　華人系――　123, 158, 211-212
　従属的――　164
　取り巻き――　126, 152n, 165-166
　買弁的――　164
　庇護された――　164-165
資本財産業　42
資本主義
　家族――　200, 206
　関係――　202
　経営者――　200, 204, 206
　周辺――　10
　福祉志向型――　276n
市民社会論　28, 104, 125
社会埋め込み論　23
社外重役　101, 210, 226, 292
社会的能力
　技術形成の――　41-42, 135n, 230-233, 235, 308
　技術導入の――　42, 52, 137
　工業化の――　11, 41, 60-63, 67, 107, 138, 235n
社会投資計画　103
ジャストインタイム　149, 232, 233, 245, 305
十一大重点工業プロジェクト（フィリピン）　147, 150, 171
自由化　85, 127, 150
　金融の――　8, 85, 87, 159, 193, 219
　経済の――　150, 153
　産業投資の――　152, 182, 193, 219
重化学工業化（アジア）　19, 147-150, 171
就学率（アジア）　279
就業別人口構成　140
終身雇用制度　41, 96, 253, 275
従属的資本家　164
従属的発展　20, 163
従属論［新従属論］　20, 23, 27, 163
十大工業建設（台湾）　147, 171
十大戦略産業（韓国）　147
住宅政策（シンガポール）　119
儒教文化圏論　21-22, 262, 270
受験競争社会　289, 295-297
証券市場（アジア）　159

小集団活動　245, 269
上場企業　159-160, 197, 215, 224-226
小農依存型経済　129-130
消費財産業　182
情報開示　224-226
情報格差（degital divide）　308
情報技術革命［IT 革命］　8, 106, 251, 308-309, 316
情報産業　301
職業選抜　281-282
職場の能力　66
職務区分　248
女性の労働参加率　261-263
女性労働者　76, 138n, 257, 263-264
所得格差　83, 307, 320-321
ジョブ・ローテーション　249
所有者支配　200
所有と経営の分離　154, 200, 210
シリコンバレー・モデル　71n, 233, 252n, 305
新結合（シュムペーター）　68, 71n
新興工業経済群　→ NIES
新興工業国　→ NICs
新興市場（国際金融）　85, 86
新国際分業秩序　51
新古典派経済学　23, 24
人材派遣会社　264
新帝国体制（ハイマー）　177, 188
人的資本アプローチ　280
人的ネットワーク　104, 252n
人民行動党（シンガポール）　115, 116, 273
スーパー・テクノクラシー　62
すきま市場　71, 73, 76
スクリーニング理論（教育）　280
スックリー・グループ（タイ）　191-192, 195
ステイクホルダー型　225-226
ストックホルダー型　225-226
政策金融　84, 144, 163n
政策転換能力　61
生産管理技術［システム］　29, 67, 78, 228, 231-232, 248
生産システム　78-79, 244, 248
生産技術　227-228
生産しながら学習する　27, 67, 234
生産性向上運動　118, 149, 254, 273-274
製造技術　227-228
成長イデオロギー　111, 124-125, 309, 312
政党政治　123

事項索引　373

制度・組織（institutions）　11, 30-32, 41, 64, 79, 84, 94n
制度・組織論的アプローチ　11, 29-30, 61n
制度的脆弱性（金融）　34, 93
製品技術　227
政府主導型工業化　39, 78, 144
セイフティネット　99, 162, 311-312
政府と企業の関係　26, 65, 152
政府と市場の関係　24-26, 32
政府の失敗（→市場の失敗も参照）　36n
政府の能力（→国家の能力も参照）　63-65
政府与党体制　116
整理解雇制（韓国）　275
『世界開発報告』（世界銀行）　12, 32-33, 64, 314
世界銀行　31-34, 67, 99, 172-174, 313-315
　　──の国家の役割論　33, 314
　　──と産業政策　33, 144
　　──のアジア企業調査　93, 96n
　　──の構造調整融資　99, 100n, 125, 150, 172-173
世界経済の異質化・同質化　43-44
石油化学産業　147, 150, 168, 174, 213
石油危機　17, 24, 58, 80, 172
石油精製産業　189, 191
世代交替（財閥）　219
セマウル運動（韓国）　118
繊維産業　39, 40, 46, 139, 147, 191-192
　　──と雇用形態的発展　47
全国賃金評議会［NWC］（シンガポール）　118, 147, 272
全国労働組合評議会［NTUC］（シンガポール）　118, 147, 272
選択的劣位　57
先端型サービス産業　301, 303
先端型製造業　238, 301
セントラル・グループ（タイ）　207-209, 222
洗面関連製品　182, 184
専門経営者　73
戦略産業管理庁（インドネシア）　150
戦略的提携　188n, 303
総合商社　41, 180
相互浸透現象（多国籍企業）　177, 186n
操作する技術　229-230
総需要管理政策　98
創造的反応（→適応的反応も参照）　68, 72
創造的破壊（シュムペーター）　68

相対的後進性の不利　40
相対的後進性の優位　37
組織革命モデル（日本）　71n, 305
組織志向的労働組織　78, 255, 276
組織者［オルガナイザー］　69, 74, 181
外向きの工業化　19, 61, 131, 136, 147

　　　　タ　行

大学就学率（アジア）　289
タイ式民主主義　123n
大発進（a big spurt）　38
ダイヤモンド・モデル　57-58, 304
大量生産方式　70, 244
ダウンサイジング　195, 222
多国籍企業　20, 44, 52, 77, 155, 175-185
　　タイの──　183, 190, 219
　　──の定義　179-180
多国籍企業研究センター［UNCTC］　179, 180n
多国籍企業要覧［世界多国籍企業要覧］　179-181
多能工化　232
多品種少量生産［多品種小ロット生産］　244, 245
単能熟練工　244
地域研究　2, 328
地域住民社会（community）　6, 103, 276, 311
地域統合　311
地位昇進競争（race）　298
チェボル　→財閥（韓国）
知識ネットワーク　303
知的熟練　66, 231
地方分権化政策　104
中小企業支援　64, 103, 146-147, 162, 276
調整の失敗　33
直接投資　85, 120, 177, 186, 194, 235, 327
貯蓄・投資率　22, 86n
通産省　25, 63, 86n, 101, 103, 143, 145, 146n
積み重ね型革新　71, 77, 105, 254
強い社会論（タイ）　103-104, 276, 311
ツリー型企業間関係　203
提案制度　247
定常軌道への回復　33
手から先の労働の輸出　138n, 263
鉄鋼業　38-39, 70, 82, 147, 230
テレビ産業　49-50, 52-55, 234
転換点　133, 234

電気通信事業　195, 213
電機電子産業　51, 56, 139, 189
伝染病現象（contagion）　90, 105
天然ゴム　134, 138, 318-319
投資委員会（タイ）　327
投資効率性　95
投入産出表（I-O 表）　323-324
東部臨海地域開発計画（タイ）　150, 171
トーナメント方式　292
独占的優位　184-185
時計産業（香港）　73-74
飛び地産業　182n
トヨタシステム　247
取締役会議　101, 209, 216
取り巻き資本家　126, 152n, 165-166
ドル・ペッグ制　89

ナ　行

NAIC（ナイク）型工業化　74, 130, 142-143, 320
ナショナリズム（→国民主義も参照）　36, 48, 112, 122-123
　　上からの――　39, 122
　　経済――　123, 171
　　抵抗の――　122, 125
　　統合の――　
NIES（ニーズ）（→アジア NIES も参照）　19
二重経済モデル　132, 133, 142
二重構造（労働市場）　259
NICs（ニックス）（→アジア NICs も参照）　16-19
担い手アプローチ　11, 63, 78
2 部門モデル（ルイス）　260
日本開発銀行　143-145
日本経済［社会］特殊論　4, 29
日本的生産システム　13, 29, 233
　　――のアジアへの適用　30n, 243-248, 265n
日本電子機械工業会　54-56
日本貿易振興会　101, 162n, 247
『人間開発報告』（国連）　314
年功型賃金　78, 253-254
農業開発　84, 130
農地改革（フィリピン）　118

ハ　行

パソコン産業　56, 72, 74, 252n
バブル経済　4, 87-88
はやい昇進［はやい選抜］　292
バンコク銀行グループ　211-212
パンチャシラ民主主義（インドネシア）　123n
バンドワゴン効果　186
半導体産業（アジア）　50, 56, 72, 82, 150n, 151, 221, 300
比較制度分析　29, 30
東アジア工業化モデル　3, 105
『東アジアの奇跡』（世界銀行）　3, 28, 80-84, 92, 94n, 144, 146n, 277-278
ビッグ・ビジネス　38, 40, 71n, 154, 305
一橋大学グループ　48
疲労社会　298
貧困の悪循環　129, 316
品質管理　149, 248, 268, 274
品質の作り込み　232
ファミリービジネス　95, 155, 165, 189, 209
　　近代的――　216
　　――の定義　199-200
ファンダメンタルズ　84, 87
　　経済安定の――　84
　　成長の――　33, 84, 88, 92n
フォードシステム　244
複線型成長　135n
不動産投機　86, 89
ブミプトラ政策［新経済政策］　166, 169, 172
プラント輸出　137, 234
プリブミ（インドネシア）　157, 164
不良債権問題　89, 101, 102
フレキシブル生産方式　231, 233, 254
ブロイラー産業（タイ）　74-77, 138, 192, 213
プロダクトサイクル論　44-46, 51, 185
プロトン社（マレーシア）　172, 246
ヘッジファンド　8, 90
ベンチャー・キャピタル　103, 147, 305
ポートフォリオ［証券］投資　85, 177
防衛的反応（多国籍企業）　186
貿易・産業のリンケージ　6, 43, 307
浦項綜合製鉄所［POSCO］　148, 246, 247n
保護貿易　36
ポスト開発論　9, 127
ポスト工業化論　300-301, 307
ほどほどの経済（タイ）　104
ポピュリズム　25, 117, 274
豊隆グループ［Hong Leon］　202

マ行

マーケットベースの競争（→コンテストベースの競争も参照）　32
マイクロエレクトロニクス［ME］革命　238, 244, 305
マイクロソフト社（米）　180, 302
マニュアル化　241, 250
マレー人統一国民組織［UMNO］　115, 116, 166
3つのR（Rule, Rewards, Referee）　32, 65, 67
緑の革命　130
民主化運動　21, 104
民族系企業　157
民族主義　→ナショナリズム
銘柄大学主義　289
メリトクラシー　283
モニタリング［監視機能］　32-33, 84, 210, 309
モノカルチャー経済　132
モノを作る技術　9, 105, 228-230

ヤ行

焼き鳥輸出　76, 138
輸出加工区　136, 137
輸出指向型工業化　136
輸出振興　6, 61, 84, 111, 136
輸出代替（ミント）　137-138
輸出ペシミズム論　132, 134
輸入・生産・輸出のサイクル　5-6, 43, 46-47, 135
輸入技術　5, 7, 42n, 48n, 66, 235, 243, 297
輸入代替工業化　6, 19, 134-135, 141
──の局面転換　143
輸入誘発的輸出構造　94, 135, 151
ユネスコ［UNESCO］　252, 289, 314-315, 317
養殖エビ　138, 142-143, 193, 213, 307
幼稚産業保護　36
抑圧的政治体制　20, 112-114
余剰はけ口論　129
呼び水効果（産業政策）　145

ラ行

ラテンアメリカ　65, 81, 85-86, 98, 114, 262n, 274, 279
──の経済危機　17, 25, 99n
離職［労働移動］　249-250, 256
リバレッジ　93, 327
流血的テーラー主義　271
流動性危機説　91, 96
離陸［テイクオフ］　38n
臨時労働者［臨時従業員］　255, 264-265
零細企業支援［Micro Finance］　104n, 162
冷戦体制　112, 119-121, 272, 274
レントシーキング　66n
労使関係　253, 270-271
労使関係への介入　117-118, 271-272
労使協調路線　118, 248, 272
労働運動　118, 271-274, 276
労働組合　118, 256, 274
労働組合総聯盟（韓国）　272
労働訓練　241-242, 256
労働市場　78-79
　内部──　79, 284, 290, 294
　──の柔軟化　275
　──の二重構造　259
労働集約型輸出産業　19, 57, 94, 135, 226, 231, 263
労働組織　78, 254-256
労働の無制限供給　133
労働力調査（タイ）　316-317
労務管理　268

《著者略歴》

末廣　昭（すえひろ　あきら）

　1951年　鳥取県生まれ
　1974年　東京大学経済学部卒業
　1976年　東京大学大学院経済学研究科修了
　現　在　東京大学社会科学研究所教授（経済学博士）
　著　書　*Capital Accumulation in Thailand 1855-1985*（Tokyo : UNESCO Centre for East Asian Cultural Studies, 1989　大平正芳記念賞，日経経済図書文化賞）
　　　　　『タイ　開発と民主主義』（岩波書店，1993 年）
　　　　　『進化する多国籍企業』（岩波書店，2003 年）
　　　　　『ファミリービジネス論』（名古屋大学出版会，2006 年）
　　　　　Catch-up Industrialization（Singapore : NUS Press, 2008）
　　　　　『タイ　中進国の模索』（岩波書店，2009 年）他

キャッチアップ型工業化論

2000 年 11 月 10 日　初版第 1 刷発行
2010 年 4 月 10 日　初版第 4 刷発行

定価はカバーに表示しています

　　　　著　者　　末　廣　　昭
　　　　発行者　　石　井　三　記
　　　　発行所　　財団法人　名古屋大学出版会
　　　　〒 464-0814　名古屋市千種区不老町 1 名古屋大学構内
　　　　電話(052)781-5027／FAX(052)781-0697

Ⓒ Akira Suehiro, 2000　　　　　　　　　　　Printed in Japan
印刷・製本 ㈱クイックス　　　　　　　ISBN978-4-8158-0394-0
乱丁・落丁はお取替えいたします。

Ⓡ〈日本複写権センター委託出版物〉
本書の全部または一部を無断で複写複製（コピー）することは，著作権法上での例外を除き，禁じられています．本書からの複写を希望される場合は，必ず事前に日本複写権センター（03-3401-2382）の許諾を受けてください．

末廣　昭著
ファミリービジネス論
―後発工業化の担い手―
A5・378頁
本体4,600円

鈴木恒夫／小早川洋一／和田一夫著
企業家ネットワークの形成と展開
―データベースからみた近代日本の地域経済―
菊・448頁
本体6,600円

和田一夫著
ものづくりの寓話
―フォードからトヨタへ―
A5・628頁
本体6,200円

前田裕子著
水洗トイレの産業史
―20世紀日本の見えざるイノベーション―
A5・338頁
本体4,600円

清川雪彦著
近代製糸技術とアジア
―技術導入の比較経済史―
A5・626頁
本体7,400円

中兼和津次監修
シリーズ現代中国経済［全8巻］
四六・平均270頁
本体各2,800円

中兼和津次著
体制移行の政治経済学
―なぜ社会主義国は資本主義にむけて脱走するのか―
A5・354頁
本体3,200円

韓　載香著
「在日企業」の産業経済史
―その社会的基盤とダイナミズム―
A5・464頁
本体6,000円